北大社·"十三五"普通高等教育本科规划教材
高等院校汽车专业"互联网+"创新规划教材

汽车制造工艺学

主　编　　姚　嘉　马丽丽
副主编　　卢　伟　匡　兵　唐荣江
主　审　　刘夫云

内 容 简 介

本书内容涉及汽车整车制造和零部件制造工艺的相关知识,具体包括汽车制造工艺过程基础及工艺文件,毛坯制造工艺与汽车零件加工基础,汽车零件结构工艺性与机械加工质量,尺寸链原理与应用,典型汽车零件的制造工艺,汽车车架、车轮制造工艺,汽车车身制造工艺,整车装配,汽车轻量化制造工艺,电动汽车电池制造工艺。

本书可作为高等院校车辆工程专业学生的教材,也可作为其他相关专业学生和工程技术人员的参考书。

图书在版编目(CIP)数据

汽车制造工艺学/姚嘉, 马丽丽主编. —北京: 北京大学出版社,2022.6
高等院校汽车专业 "互联网+" 创新规划教材
ISBN 978-7-301-32963-4

Ⅰ.①汽… Ⅱ.①姚… ②马 Ⅲ.①汽车—生产工艺—高等学校—教材 Ⅳ.①U466

中国版本图书馆 CIP 数据核字(2022)第 049316 号

书 名	汽车制造工艺学
	QICHE ZHIZAO GONGYI XUE
著作责任者	姚 嘉 马丽丽 主编
策 划 编 辑	童君鑫
责 任 编 辑	孙 丹 童君鑫
数 字 编 辑	蒙俞材
标 准 书 号	ISBN 978-7-301-32963-4
出 版 发 行	北京大学出版社
地 址	北京市海淀区成府路 205 号 100871
网 址	http://www.pup.cn 新浪微博:@北京大学出版社
电 子 邮 箱	编辑部 pup6@pup.cn 总编室 zpup@pup.cn
电 话	邮购部 010-62752015 发行部 010-62750672 编辑部 010-62750667
印 刷 者	北京溢漾印刷有限公司
经 销 者	新华书店
	787 毫米×1092 毫米 16 开本 18.25 印张 438 千字
	2022 年 6 月第 1 版 2025 年 6 月第 2 次印刷
定 价	59.00 元

未经许可,不得以任何方式复制或抄袭本书之部分或全部内容。
版权所有,侵权必究
举报电话: 010-62752024 电子邮箱: fd@pup.cn
图书如有印装质量问题,请与出版部联系,电话: 010-62756370

前　　言

　　本书在研究汽车各种基本制造工艺的基础上，系统地总结了汽车制造工艺所涉及的汽车零件的制造工艺，汽车零部件装配技术工艺，汽车车身制造工艺，汽车车架、车轮制造工艺及汽车的总装工艺，梳理了汽车工艺学的知识体系，并且考虑到汽车轻量化和新能源电动汽车的技术发展，加入了汽车新材料的制备加工工艺内容和汽车电池部分制造工艺内容，完善了汽车制造工艺学的教学内容体系。

　　本书可分为三部分内容。第一部分为第1～5章，全面介绍了汽车零件的制造工艺，以汽车零件的制造工艺实例引出零件的加工工艺过程，介绍了汽车零件制造工艺和总成工艺应掌握的基本知识，同时注重具体零件工艺过程的实例分析，为课程设计实践环节的开展奠定基础。第二部分为第6～8章，对现代化的汽车制造企业所涉及的整车装配工艺进行了详细总结，讲述了汽车装配工艺基础，车身制造工艺，车架、车轮制造工艺。第三部分为第9～10章，内容针对汽车轻量化、新材料化和新能源化设置，对轻量化汽车材料的加工工艺和电动汽车能源电池的制备工艺展开论述，完善汽车制造工艺的系统化知识。

　　本书结合了编者的多年教学经验，涵盖了汽车制造工艺学所涉及的主要知识点，对汽车制造工艺学的课程设计进行了详细介绍。本书每章都设置了"教学目标""教学重点""教学难点"模块，对每章内容进行说明，使学生快速了解要学习什么以及重点学习什么。同时，本书紧密结合汽车制造工艺的实践，重点突出了汽车具体零部件的制造工艺流程整理。本书创造性地采用"互联网＋"模式，给出了互动教学的探索性问题模块，使学生可以有针对性地借助互联网研究问题，达成实践训练的目标；使学生通过网络资料（如视频）归纳和总结实践中的工艺问题。

　　本书由桂林电子科技大学姚嘉、佳木斯大学马丽丽任主编，桂林电子科技大学卢伟、匡兵、唐荣江任副主编。其中，姚嘉编写了第1～3章，马丽丽编写了第6、7章，卢伟编写了第4、5章，匡兵编写了第9、10章，唐荣江编写了第8章。

　　本书由桂林电子科技大学刘夫云教授主审，感谢其对全书进行了仔细的审阅并提出了宝贵的修改意见；感谢佳木斯大学研究生李剑英和肖应辉对本书编写提供的帮助。

　　由于编者水平有限，书中难免存在疏漏之处，欢迎广大读者不吝指正。

编　者
2022年2月

资源索引

目　　录

第1章　汽车制造工艺过程基础及工艺文件 …………………… 1
1.1　汽车制造工艺过程 …………… 1
1.2　机械加工工艺规程 …………… 5
1.3　制定工艺路线 ………………… 10
1.4　工序设计 ……………………… 17
1.5　提高机械加工生产率的工艺途径 … 24
"互联网＋"拓展问题 ……………… 27
思考与练习题 ……………………… 28

第2章　毛坯制造工艺与汽车零件加工基础 ………………… 29
2.1　毛坯的成形工艺 ……………… 30
2.2　汽车零件尺寸和形状的获得方法 …………………………… 35
2.3　基准与工件的定位规则 ……… 37
2.4　定位元件 ……………………… 45
2.5　定位误差 ……………………… 53
2.6　工件的装夹与夹紧装置 ……… 58
"互联网＋"拓展问题 ……………… 66
思考与练习题 ……………………… 66

第3章　汽车零件结构工艺性与机械加工质量 ………………… 68
3.1　汽车零件结构工艺性 ………… 68
3.2　机械加工质量 ………………… 76
3.3　影响机械加工精度的主要因素 … 78
3.4　表面质量的形成及对零件使用性能的影响 ………………… 92
"互联网＋"拓展问题 ……………… 97
思考与练习题 ……………………… 98

第4章　尺寸链原理与应用 …………… 100
4.1　尺寸链的基本概念 …………… 100
4.2　尺寸链计算的基本公式 ……… 104
4.3　装配尺寸链的建立 …………… 109
4.4　保证装配精度的方法和装配尺寸链的解算 ………………… 112
4.5　工艺尺寸链的计算 …………… 132
"互联网＋"拓展问题 ……………… 138
思考与练习题 ……………………… 138

第5章　典型汽车零件的制造工艺 …… 141
5.1　齿轮制造工艺 ………………… 141
5.2　曲轴制造工艺 ………………… 157
"互联网＋"拓展问题 ……………… 163
思考与练习题 ……………………… 163

第6章　汽车车架、车轮制造工艺 …… 164
6.1　汽车车架结构及材料 ………… 164
6.2　车架的冲压工艺 ……………… 166
6.3　车轮的制造工艺 ……………… 169
"互联网＋"拓展问题 ……………… 178
思考与练习题 ……………………… 178

第7章　汽车车身制造工艺 …………… 179
7.1　汽车车身结构与冲压材料 …… 179
7.2　汽车车身覆盖件冲压工艺 …… 185
7.3　车身覆盖件拉深件设计 ……… 190
7.4　车身覆盖件冲压模具 ………… 195
7.5　汽车车身焊接方法分类 ……… 201
7.6　汽车车身装焊 ………………… 207
7.7　汽车车身涂装工艺 …………… 211
7.8　汽车车身涂装工艺发展 ……… 218
"互联网＋"拓展问题 ……………… 222
思考与练习题 ……………………… 222

第8章　整车装配 ……………………… 224
8.1　装配的基本知识 ……………… 224
8.2　汽车总装配的内容与工艺过程 … 231
8.3　汽车总装工艺技术的发展展望 … 240
"互联网＋"拓展问题 ……………… 245
思考与练习题 ……………………… 245

第9章　汽车轻量化制造工艺 ………… 246
9.1　汽车轻量化概述 ……………… 246
9.2　铝合金部件的粉末冶金制备工艺 …………………………… 252

9.3 复合材料与汽车轻量化 …………… 256
"互联网＋"拓展问题 ………………… 262
思考与练习题………………………… 262

第 10 章 电动汽车动力电池的制造工艺 …………………… 263

10.1 动力电池的类型与性能比较 …… 263
10.2 动力锂离子蓄电池的制造工艺 ………………………… 265
10.3 超级电容器的制造与检测 ……… 274
"互联网＋"拓展问题 ………………… 281
思考与练习题………………………… 281

参考文献 ……………………………… 282

附录　AI 伴学内容及提示词 …………… 283

第 1 章 汽车制造工艺过程基础及工艺文件

教学目标

要求掌握汽车制造工艺过程的内容，机械加工工艺过程的组成，机械加工的主要工艺文件，机械加工工艺规程的制定原则、步骤和内容，工艺路线的制定，加工阶段的划分及原因，机床（设备）和工艺装备的选择，提高机械加工生产率的工艺途径等。本章是汽车制造工艺学的基础，为后续解决工艺设计的具体问题提供理论依据。

教学重点

汽车制造工艺过程的内容；机械加工工艺过程的组成；工序的相关概念；机械加工工艺规程的制定原则、步骤和内容，工序集中与分散的原则；加工余量及工序尺寸的解算。

教学难点

工序集中与分散的原则的选用；加工余量及工序尺寸的解算；工艺卡片和工序卡片的制定方法。

1.1 汽车制造工艺过程

1.1.1 汽车制造工艺过程的内容

汽车制造工艺过程是指在汽车生产过程中，直接改变生产对象的形状、尺寸、相对位置和性质等，形成成品或半成品的全过程。汽车制造工艺过程主要包括毛坯成形、热处理、机械加工、装配等工艺过程。

1. 毛坯成形工艺过程

毛坯成形工艺过程是指通过铸造、锻造或冲压等方法将原材料制成一定形状和尺寸的铸件毛坯、锻件毛坯或冲压件毛坯的工艺过程。毛坯成形工艺包括汽车零件制造中的发动机气缸体、变速器箱体、后桥壳等铸件毛坯；连杆、万向节、主减速器中的主动锥齿轮等锻件毛坯；车身各部件、车架纵横梁等冲压件毛坯，还包括塑料成形工艺、粉末冶金成形工艺。

2. 热处理工艺过程

热处理工艺过程是指用热处理方法（如退火、正火、调质、淬火、回火、表面热处理等），改变毛坯或零件的使用性能和工艺性能，挖掘材料的性能潜力，提高产品质量，延长使用寿命的工艺过程。热处理工艺包括汽车零件制造中铸锻件毛坯的退火和正火、齿轮表面的淬火和回火等。

3. 机械加工工艺过程

机械加工工艺过程是指在金属切削机床设备上利用切削刀具或其他工具，在机械力的作用下将毛坯或工件加工成零件的工艺过程。它是进一步改变毛坯形状和尺寸的过程，也称提高零件尺寸精度和表面质量的工艺过程。机械加工工艺包括汽车零件制造中常采用的车削、铣削、钻削、刨削、镗削、磨削、拉削、铰削、抛光、研磨，齿轮轮齿加工中的滚齿、插齿、剃齿、拉齿，以及无屑加工中的滚挤压、轧制、拉拔，等等。

汽车制造工艺过程

连杆锻件毛坯

机械加工工艺过程

4. 装配工艺过程

装配工艺过程是指通过焊接、铆接、粘接等方式将半成品或成品连接成部件，或将零件按一定装配技术要求装配成部件（总成）的工艺过程，也称连接与装配工艺过程，是改变零件、部件或总成间相对位置的过程，如车架、发动机、变速器、车身等总成的装配。汽车整车装配也属于装配工艺范畴。

1.1.2 机械加工工艺过程的组成

机械加工工艺过程及装配工艺过程都是由按一定顺序排列的若干道工序组成的。**工序是组成工艺过程的最基本单元。**下面以零件的机械加工为例，说明机械加工工艺过程的组成。

1. 工序及其划分

工序是指一名（或一组）工人在一个工作地（机床设备）加工同一个（或多个）工件连续完成的工艺过程。划分工序的主要依据是工作地是否改变和加工是否连续完成（顺序加工或平行加工）。图1.1所示为铣削汽车变速器输入轴毛坯大、小头两端面的工序划分。其中，图1.1（a）所示为在一台专用端面铣床上用两把铣刀同时铣削大、小头两端面，是在一道工序中平行加工完成的；图1.1（b）所示为在两台普通卧式铣床上分别铣削大、小头两端面,是在两道工序中分别加工完成的;图 1.1(c)所示为在一台普通卧式铣床上,工件装夹在机床夹具上先铣削大头端面(如Ⅰ),再将工件掉头装夹在同一机床夹具上铣削小头端面(如Ⅱ),是在同一台机床上顺序加工完成的,属于一道工序。

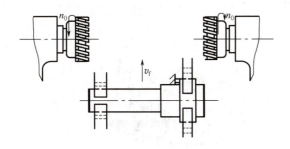

(a)在一台专用端面铣床上同时铣削大、小头两端面(一道工序)

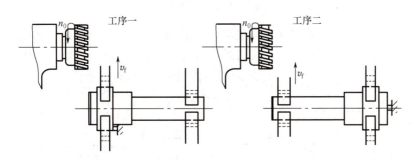

(b)在两台普通卧式铣床上分别铣削大、小头两端面(两道工序)

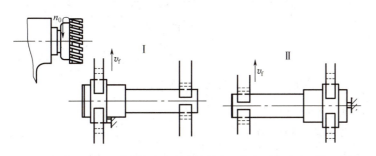

(c)在一台普通卧式铣床上顺序铣削大、小头两端面(一道工序)

n_0—刀具转速;v_f—工作进给速度

图 1.1 铣削汽车变速器输入轴毛坯大、小头两端面的工序划分

焊接

组装引擎

2. 工序内容

工序内容包括安装、工位、工步和进给。

(1)安装。工件在一道工序中通过一次装夹后完成的工艺过程称为安装。一道工序中可以有一次安装或多次安装。图 1.1(a)和图 1.1(b)均为一道工序中只有一次安装;图 1.1(c)为一道工序中有两次安装。由于在一道工序中只有一次安装完成两端面的加工方案具有生产效率高、位置误差小的优点,因此,在零件机械加工中应力求减少安装次数,尽可能在一次安装中完成一道工序的加工内容。

(2)工位。一次装夹后,工件与机床夹具或设备的可动部分一起相对于刀具或设备的固定部分所占据的每个位置称为工位。可借助机床夹具的分度机构或机床设备工作台的移位或转位变换工位。图1.2所示为在回转台上加工工件。采用一道工序一次安装三个工位比采用三道工序三次安装完成钻孔、扩孔、铰孔加工省时、效率高、位置误差小,特别是在采用毛坯表面装夹的情况下。

回转工作台

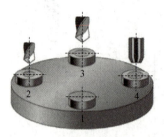

1—装卸工件工位;2—钻孔工位;3—扩孔工位;4—铰孔工位

图1.2 在回转工作台上加工工件

(3)工步。在加工表面、切削刀具和切削用量不变的情况下,连续完成的加工过程称为工步。如图1.3所示,使用一把车刀,采用同一切削用量顺序车削变速器输入轴外圆表面①、②、③、④、⑤,在五个工步中完成轴的五段不同直径的车削加工。

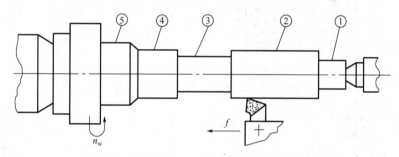

①~⑤—加工表面;n_w—主轴转速;f—进给量

图1.3 车削变速器输入轴外圆表面

在大批量加工生产汽车零件过程中,为了提高生产率,常采用多把刀具在一个工步中同时加工工件的多个表面,该工步称为复合工步。如图1.4(a)所示,在立轴转塔车床上一个复合工步同时完成钻孔及多个外圆和端面的车削加工;如图1.4(b)所示,在一个复合工步采用复合扩孔钻空成钻孔、扩孔。

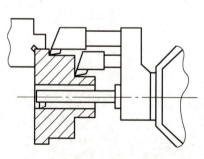
(a)立轴转塔车床的一个复合工步

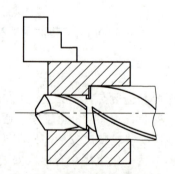
(b)钻孔、扩孔复合工步

图1.4 在立轴转塔车床上加工零件

(4)进给(图1.5)。切削刀具在加工表面切削一次完成的工步内容称为进给,又称走刀。根据被切除的金属厚度不同,一个工步可以包括一次进给或多次进给。

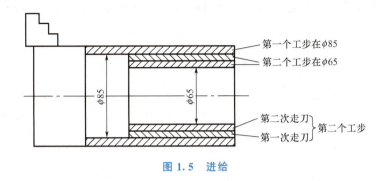

图1.5 进给

1.2 机械加工工艺规程

1.2.1 机械加工工艺规程的作用

机械加工工艺规程是指按一定格式确定产品或零部件的制造工艺过程和操作方法的**技术文件**。它是在具体生产条件下,本着最合理、最经济的原则编制而成的,经审批后用来指导生产操作和生产管理、工艺管理的指令性工艺文件。

机械加工工艺规程应满足技术和经济两方面的要求。在技术方面,能可靠地保证零件设计图样所规定的全部加工要求;在经济方面,要以最低的经济成本、最高的设备利用率、最少的时间来完成机械加工工艺过程。

制定机械加工工艺规程一般应包括拟订工件加工工艺路线和确定各工序内容两大部分,具体包括所经过的车间或工段、各工序的具体内容及所采用的机床和工艺装备、工件的检验项目及检验方法、切削用量、工时定额等。

机械加工工艺规程是机械制造企业的重要技术文件之一,其主要作用如下。

(1)指导生产。合理的机械加工工艺规程是结合企业具体情况,依据工艺理论和必要的工艺试验制定而成的,是保证产品质量与经济效益的指导性文件。工人必须按照科学的机械加工工艺规程进行生产。

机械加工工艺规程是生产加工、检验验收、工时考核、生产调度的主要依据,对产品的生产周期、质量、生产率都有直接影响。但是,**机械加工工艺规程不是一成不变的**,工艺人员应不断总结工人的革新创造成果,及时吸取国内外先进工艺技术,不断地改进和完善现行工艺,以便更好地指导生产。

(2)生产组织和计划管理工作的基本依据。在生产管理中,产品投产前原材料及毛坯的供应、通用工艺装备的准备、机械负荷的调整、专用工艺装备的设计与制造、作业计划的编排、劳动力的组织、生产成本的核算等,都以机械加工工艺规程为基本依据。

（3）新建或扩建工厂（或车间）的依据。在新建或扩建工厂（或车间）时，只有依据机械加工工艺规程和生产纲领才能正确地确定生产所需的机床及其他设备的种类、规格和数量；确定车间的面积、机床的布置、动力用电、劳动力的配置、需要的工种及辅助部门的安排等。

1.2.2 机械加工工艺规程的类型及格式

1. 工艺规程的类型

按照 GB/T 24737.5—2009《工艺管理导则 第 5 部分：工艺规程设计》，工艺规程类型如下。

（1）专用工艺规程，针对某一个产品或零部件所设计的工艺规程。

（2）通用工艺规程。

① 典型工艺规程，为一组结构特征和工艺特征相似的零部件所设计的通用工艺规程。

② 成组工艺规程，按成组技术原理将零部件分类成组，针对每一组零件所设计的通用工艺规程。

（3）标准工艺规程，已纳入标准的工艺规程。

2. 工艺规程的编写格式

为加强科学管理和技术交流，JB/T 9165.2—1998《工艺规程格式》要求各机械制造企业按统一的规定格式编写工艺规程。按此标准有机械加工工艺规程和装配工艺规程两大部分。

机械加工工艺规程的主要内容如下。

（1）机械加工工艺过程卡片。

（2）机械加工工序卡片。

（3）标准零件或典型零件工艺过程卡片。

（4）单轴自动车床调整卡片。

（5）多轴自动车床调整卡片。

（6）机械加工工序操作指导卡片。

（7）检验卡片。

装配工艺规程包括装配工艺过程卡片和装配工序卡片。

将工艺规程的内容填入一定格式的卡片，即成为生产准备和施工依据的工艺文件。

汽车后桥主动锥齿轮机械加工工艺过程卡片见表 1-1。这种卡片是以工序为单位简要说明零件机械加工过程的一种工艺文件，也称工艺路线卡，包括工序号、工序名称、工序内容、车间、工段、设备、工艺装备、工时等，主要用于单件小批量生产和中批量生产的零件，大批量生产可酌情制定。

表1-1 汽车后桥主动锥齿轮机械加工工艺过程卡片

机械加工工艺过程卡片				产品型号		零(部)件图号		1	共2页
				产品名称	离合器盘毂	零(部)件名称	离合器盘毂 离合器盘毂盖		第1页
材料牌号	45钢	毛坯种类	铸件	毛坯外形尺寸	φ92mm× 47mm	每毛坯可制件数	1	每台件数	1	备注	

工序号	工序名称	工序内容	车间	工段	设备	工艺装备	工时	
							准终	单件
1	毛坯锻造	模锻						
2	热处理	正火处理	热					
3	粗车	以φ47mm处端面及外圆定位,粗车左端面,外圆φ48mm、φ89mm和φ53mm,圆角R8mm	金		C620-1	自定心卡盘、高速钢车刀、游标卡尺		78s
4	粗车	以左端面及φ53mm外圆定位,粗车右端面,外圆φ47mm,镗孔φ29.2mm	金		C620-1	自定心卡盘、高速钢车刀、游标卡尺		120s
5	半精车	钻镗花键孔至尺寸φ31$_{-0.2}$	金		C616-A	自定心卡盘、高速钢车刀、游标卡尺		22s
6	热处理	调质处理27~34HRC	热					
7	半精车	半精车φ89mm端面,外圆φ53mm	金		C620-1	芯轴装夹、高速钢车刀、游标卡尺		20s
8	倒角	30°倒角	金		C620-1	芯轴装夹、高速钢车刀		5s
9	倒角	30°倒角	金		C620-1	芯轴装夹、高速钢车刀		5s

机械加工工艺过程卡片是制定其他工艺文件的基础,也是生产技术准备、编制作业计划和组织生产的依据。在这种卡片中,各工序的说明不够具体,一般不能直接指导工人操作,多用于生产管理。

汽车后桥主动锥齿轮机械加工工序卡片见表 1-2。它是在机械加工工艺过程卡片的基础上，为每道工序编制的一种工艺文件。应在机械加工工序卡片中画出工序简图，图上应标明定位基准、工序尺寸及公差、几何公差和表面粗糙度要求，并用粗实线表示加工部位等，还应详细说明该工序中每个工步的加工内容、工艺参数、操作要求及所用设备和工艺装备等。机械加工工序卡片主要用于大批量生产的所有零件、中批量生产复杂产品的关键零件及单件小批量生产的关键零件。

表 1-2　汽车后桥主动锥齿轮机械加工工序卡片

（工厂）	机械加工工序卡片	产品型号		零（部）件图号			
		产品名称	中型载货汽车	零（部）件名称	后桥主动锥齿轮	共 页	第 页
插图	(附工序简图) 300 47 Ra 12.5　　Ra 12.5 Y　　Y	车间	工序号	工序名称	材料牌号		
			1	铣端面钻中心孔	20CrMnTi		
		毛坯种类	毛坯外形尺寸	每种毛坯可制件数	每台件数		
		模锻		1	1		
		设备名称	设备型号	设备编号	同时加工件数		
		双面铣、钻专用机床			1		
		夹具编号	夹具名称		切削液		
					乳化液		
		工位器具编号	工位器具名称		工序工时		
					准终	单件/min	
						6.5	

	工步号	工步内容	工艺装备	主轴转速/(r/min)	切削速度/(m/min)	进给量/(mm/r)	背吃刀量/mm	进给次数	工序工时	
									机动	辅助
描校	1	铣两端面，保证尺寸 300mm 和 47mm；表面粗糙度 $Ra12.5\mu m$	卡规、卡尺	300	117	0.4				
	2	两端面钻带有护锥的 B4/12.5 中心孔，保护锥直径 $\phi12.5mm$，表面粗糙度 $Ra6.3\mu m$	中心孔量规	895	33	0.1				

续表

底图号											
装订号								设计 (日期)	审核 (日期)	标准化 (日期)	会签 (日期)
	标记	处数	更改文件号	签字	日期	标记	处数	更改文件号	签字	日期	

1.2.3 制定机械加工工艺规程的原则和步骤

1. 制定机械加工工艺规程的原则

制定机械加工工艺规程应该遵循以下原则。

（1）充分利用本企业现有生产条件和资源。

（2）必须可靠地保证实现零件图样上的所有技术要求，以保证产品质量，如发现产品图样的技术要求不当，则向有关部门提出修改建议，不得擅自修改或违背图样要求。

（3）创造良好的劳动条件，减轻工人劳动强度，提高生产效率，保障生产安全和文明生产。

（4）在保证产品质量和批量的前提下，尽量降低工艺成本。

（5）尽可能采用国内外先进工艺技术和经验。

（6）做到正确、完整、统一和清晰，所用术语、符号、编码、计量单位等都符合相关标准。

2. 制定机械加工工艺规程的步骤

制定机械加工工艺规程时，应具备以下原始资料：产品或部件（总成）的装配图样及零件工作图；产品验收的质量标准；产品的生产纲领；工厂（车间）现有场地、设备和生产条件；毛坯的生产条件或协作关系；现有生产条件和资料（包括工艺装备及专业设备的制造能力、有关机械加工车间的设备和工艺装备的条件、技术工人的水平及各种工艺资料和技术标准等，国内外同类产品的有关工艺资料等，现行有关文件和法规）。

在掌握上述原始资料的基础上，按以下步骤制定机械加工工艺规程。

（1）分析、研究产品（总成）装配图样，审查零件图样，对零件进行结构工艺性分析。零件结构工艺性是指所设计的零件在满足使用要求的前提下制造的可行性和经济性。制定机械加工工艺规程时，首先应分析零件在部件（总成）中的位置、功能及技术要求，并根据零件的结构形状和技术要求等找出零件的机械加工工艺特点。

（2）确定毛坯，包括毛坯类型及制造方法。

（3）拟订工艺路线。**工艺路线是指零件在生产过程中由毛坯到成品所经过的工序的顺**

序。拟订工艺路线主要包括选择零件定位基准、定位方式与夹紧方案、各表面加工方法及过程，安排各加工工序的顺序等内容。

(4) 确定各工序所需的设备及工艺装备。

(5) 确定各工序的加工余量，计算工序尺寸及公差。

(6) 确定各工序的切削用量和时间定额。

(7) 确定各主要工序的技术要求及检验方法。

(8) 编制并填写工艺文件。

1.3　制定工艺路线

1.3.1　制定工艺路线时需考虑的问题

制定工艺路线是机械加工工艺规程制定中的关键步骤，是制定机械加工工艺规程的总体设计。拟订的工艺路线的合理性不但影响加工质量和生产率，而且涉及工人、设备、工艺装备及生产场地等的合理利用，从而影响生产成本。因此，制定工艺路线时应在仔细分析零件图、合理确定毛坯的基础上，结合具体的生产类型和生产条件，合理选择定位基准、各表面加工方法与加工方案，合理确定工序集中与工序分散的程度及零件加工顺序的安排等。一般设计时应提出多种方案，通过分析对比择优选用。

1.3.2　选择定位基准

选择定位基准的合理性不仅影响零件的尺寸精度和位置精度，而且对零件各表面的加工顺序有很大影响。定位基准可分为粗基准和精基准。当零件从毛坯开始进行机械加工时，第一道工序只能用毛坯上未经加工的表面为定位基准，这种定位基准称为粗基准。在随后的工序中，应以加工过的表面为定位基准，这种定位基准称为精基准。

1.3.3　选择表面加工经济精度和加工方法

各种加工方法（如车、铣、刨、磨、钻、镗、拉等）所能达到的加工精度和表面粗糙度都有一定范围，加工中获得的工件表面尺寸、形状、位置总会存在一定的加工误差。因此，设计者进行机械设计时，应根据机器设备和零件的功能要求，选择合适的精度等级，使某种加工方法能"经济"地达到该精度等级。加工经济精度是指在正常生产条件（采用符合质量标准的机床、工艺装备，使用标准技术等级的工人，不延长加工时间）下，所能保证的各种精度等级和表面粗糙度。若延长加工时间，则会增加成本，虽然能提高精度，但是不经济。经济表面粗糙度的概念类似于经济精度的概念。各种加工方法与一定的经济精度和经济表面粗糙度范围对应，因此加工方法应当与工件的加工要求相适应。

选择零件表面的加工方法时，主要根据零件结构及加工表面的结构特点、加工技术要求、材料及其硬度、生产类型、生产率和经济性、企业的设备条件等，分析比较后择优选择。一个表面达到相同加工质量要求的加工过程及最终加工方法往往有多种方案，而对于不同方案，由于工序间的加工余量、工序尺寸及公差不同，因此生产率和加工成本不同。

1. 根据加工表面的加工精度和表面粗糙度要求确定最终加工方法

选择表面加工方法时，应根据每个加工表面的技术要求，选择最终加工方法。最终加工方法的经济精度和经济表面粗糙度必须能可靠地保证加工要求。一般情况下，最终加工方法对加工前表面的尺寸精度和表面粗糙度有一定要求，因此，大多数表面在终加工之前需要进行必要的预加工。如加工孔时，精铰前需要粗铰，而粗铰前一般需要钻、扩。终加工和预加工时可提出多个方案，分析比较后择优选用。

例如，加工一个直径为 $\phi 28H7$、表面粗糙度为 $Ra1.6\mu m$ 的孔有三种方案（钻孔—扩孔—粗铰—精铰、钻孔—拉孔、钻孔—粗镗—半精镗—精镗），可以根据零件及加工表面的结构特点和产量等，决定采用哪种方案。又如，加工除淬火钢以外的各种金属材料的外圆柱面，当公差等级为 IT11～IT13、表面粗糙度为 $Ra12.5\sim Ra50\mu m$ 时，采用粗车即可；当公差等级为 IT7～IT8、表面粗糙度为 $Ra0.8\sim Ra1.6\mu m$ 时，可采用粗车—半精车—精车；如采用磨削加工方法，则成本较高，不经济。反之，在加工公差等级为 IT6 的外圆柱表面时，需在车削后进行磨削，如不用磨削只用车削，则需仔细刃磨刀具、精细调整机床、采用较小的进给量等，加工时间较长，不经济，而且难以保证精度要求。因此在选择各种表面加工方法和加工方案时，如现场加工条件允许，则应选择与该加工表面的精度等级相适应的加工方法和加工方案，以保证在满足加工精度和表面粗糙度要求的同时，生产率较高，经济性较好。**经济精度不是一成不变的**，随着科学技术的发展、工艺的改进、设备与工艺装备的更新，经济精度会逐步提高。

为了正确地选择加工方法和加工方案，应了解生产过程中各种加工方法和加工方案的特点及经济加工精度和经济表面粗糙度。表1-3至表1-5分别为外圆柱面加工方法、平面加工方法、孔加工方法。

表1-3 外圆柱面加工方法

序号	加工方法	加工经济精度（公差等级表示）	经济表面粗糙度 $Ra/\mu m$	适用范围
1	粗车	IT11 以下	12.5～50	适用于除淬火钢以外的各种金属
2	粗车—半精车	IT8～IT10	3.2～6.3	
3	粗车—半精车—精车	IT7～IT8	0.8～1.6	
4	粗车—半精车—精车—滚压（或抛光）	IT7～IT8	0.025～0.2	
5	粗车—半精车—磨削	IT7～IT8	0.4～0.8	主要用于淬火钢，也可用于未淬火钢，但不宜用于非铁合金
6	粗车—半精车—粗磨—精磨	IT6～IT7	0.1～0.4	
7	粗车—半精车—粗磨—精磨—超精加工（或轮式超精磨）	IT5	0.012～0.1	

续表

序号	加工方法	加工经济精度（公差等级表示）	经济表面粗糙度 $Ra/\mu m$	适用范围
8	粗车—半精车—精车—精细车（金刚石车）	IT6～IT7	0.025～0.4	主要用于要求较高的非铁合金
9	粗车—半精车—粗磨—精磨—超精磨	IT5 以上	0.06～0.25	用于精度极高的外圆
10	粗车—半精车—粗磨—精磨—研磨	IT5 以上	0.06～0.1	

表 1-4 平面加工方法

序号	加工方法	加工经济精度（公差等级表示）	经济表面粗糙度 $Ra/\mu m$	适用范围
1	粗车	IT11～IT13	12.5～50	用于端面
2	粗车—半精车	IT8～IT10	3.2～6.3	
3	粗车—半精车—精车	IT7～IT8	0.8～1.6	
4	粗车—半精车—磨削	IT6～IT8	0.2～0.8	
5	粗刨（或粗铣）	IT11～IT13	6.3～12.5	一般不淬硬平面（端铣表面粗糙度较小）
6	粗刨（或粗铣）—精刨（或精铣）	IT8～IT10	1.6～6.3	
7	粗刨（或粗铣）—精刨（或精铣）—刮研	IT6～IT7	0.1～0.8	精度要求较高的不淬硬平面，批量较大时宜采用宽刃精刨方案
8	粗刨（或粗铣）—精刨（或精铣）—宽刃精刨	IT7	0.2～0.8	
9	粗刨（或粗铣）—精刨（或精铣）—磨削	IT7	0.2～0.8	精度要求高的淬硬平面或不淬硬平面
10	粗刨（或粗铣）—精刨（或精铣）—粗磨—精磨	IT6～IT7	0.25～0.4	
11	粗铣—拉削	IT7～IT9	0.2～0.8	用于大量生产，较小的平面（精度视拉刀精度而定）
12	粗铣—精铣—磨削—刮研	IT5 以上	0.06～0.1	用于高精度平面

表 1-5　孔加工方法

序号	加工方法	加工经济精度（公差等级表示）	经济表面粗糙度 $Ra/\mu m$	适用范围
1	钻	IT11～IT12	12.5～50	用于未淬火钢及铸铁的实心毛坯，也可用于非铁合金（但表面粗糙度较大，孔径小于15～20mm）
2	钻—扩	IT9	3.2～6.3	
3	钻—粗铰—精铰	IT7～IT8	0.8～1.6	
4	钻—扩	IT10～IT11	0.2～0.8	适合加工材料同前三种加工方法，但孔径大于15～20mm
5	钻—扩—铰	IT8～IT9	6.3～12.5	
6	钻—扩—粗铰—精铰	IT7	1.6～6.3	
7	钻—扩—机铰—手铰	IT6～IT7	0.1～0.8	
8	钻—扩—拉	IT7～IT9	0.2～0.8	适合大批量生产（精度由拉刀的精度而定）
9	粗镗（或扩孔）	IT11～IT12	0.2～0.8	用于除淬火钢外的各种材料，毛坯有铸出孔或锻出孔
10	粗镗（粗扩）—半精镗（精扩）	IT8～IT9	0.25～0.4	
11	粗镗（粗扩）—半精镗（精扩）—精镗（铰）	IT7～IT8	0.2～0.8	
12	粗镗（粗扩）—半精镗（精扩）—精镗—浮动镗刀精镗	IT6～IT7	0.06～0.1	

2. 考虑工件材料的性质

加工方法的选择常受工件材料性质的限制。例如，淬火钢的精加工要用磨削；而为避免磨削时堵塞砂轮，有色金属的精加工不宜用磨削，常采用金刚镗（精细镗）或高速精细车等。

3. 考虑工件的结构形状和尺寸

零件的结构和表面特点不同，选择的加工方法也不同。例如，小孔一般采用钻、扩、铰的加工方法；大孔常采用镗削的加工方法。箱体零件的端平面通常用铣削加工，小孔通常用钻削加工，回转体零件上直径较大的孔和端平面通常用车削加工或磨削加工。

4. 考虑生产类型和经济性

加工方法要与生产类型相适应。除保证加工质量外，还要满足生产率和经济性的要求。加工方案不同，生产率也不同；采用设备和刀具不同，经济性也不同。例如，大批量生产时可采用专用的高效生产设备，选用生产率高、质量稳定的加工方法，某些零件的平面加工和孔加工可用拉削加工代替铣削平面和镗孔等；单件小批量生产时应选择设备和工艺装备易调整、准备工作量小、工人易操作的加工方法。

5. 考虑企业具体生产条件

选择加工方法时不能脱离企业实际，应充分利用现有设备和工艺手段，发挥技术人员的创造性，挖掘企业潜力，重视新技术、新工艺的推广应用，不断提高工艺水平。

6. 特殊要求

有些加工表面具有特殊要求，如表面纹路方向的要求，而不同加工方法的纹路方向有所不同（如铰削和镗削的纹路方向与拉削的纹路方向不同），选择加工方法时应考虑加工表面的特殊要求。

1.3.4 加工阶段的划分及划分原因

1. 加工阶段的划分

当零件的加工质量要求较高时，通常将零件及其表面的加工工艺过程划分为多个阶段，加工时由粗到精，各阶段按顺序进行。为保证零件的加工质量和合理地使用设备、人力，**机械加工工艺过程一般可划分为粗加工、半精加工和精加工三个阶段**。如果零件的加工精度要求特别高，尤其表面粗糙度要求特别小，则需要安排精整、光整加工阶段。各阶段的主要任务如下。

（1）粗加工阶段。粗加工是从毛坯上切除较大加工余量的加工阶段。在此加工阶段，需要高效地切除零件主要表面及一些加工余量较大表面的大部分加工余量，使毛坯的形状和尺寸接近成品。

（2）半精加工阶段。半精加工阶段的任务是切除主要表面粗加工后留下的误差，为主要表面的精加工做好准备，并完成一些精度要求不高的表面的终加工。在此加工阶段，一般先加工零件的主要表面，再加工次要表面（如键槽、紧固用的螺栓孔及螺纹孔等）。此外，对于一些有装合要求的零件（如连杆体与连杆盖），装合面的加工及装合工序也在此加工阶段完成。

（3）精加工阶段。精加工阶段的任务是从工件上切除少量余量，保证各主要表面达到零件图样规定的加工质量和技术要求。

（4）精整、光整加工阶段。对于加工质量要求很高（公差等级为IT6以上、表面粗糙度 $Ra \leqslant 0.2\mu m$）的零件，需在精加工后增加精整、光整加工阶段。精整、光整加工是精加工后从工件表面不切除或切除极薄金属层，以提高加工表面的尺寸精度及形状精度，减小表面粗糙度或强化表面。汽车发动机凸轮轴轴颈及凸轮表面、曲轴轴颈、制动盘端面等均需精整、光整加工。

2. 加工阶段的划分原因

（1）保证零件加工质量。粗加工时切除的金属层较厚，会产生较大的切削力和切削热，所需的夹紧力也较大，因而工件会产生较大的弹性变形和热变形。另外，粗加工后，由于内应力重新分布，因此工件会产生较大变形。划分阶段后，粗加工造成的误差可通过半精加工和精加工消除。

(2) 有利于合理使用设备。粗加工时可使用功率大、刚度好、精度较低的高效率机床，以提高生产率。精加工可使用高精度机床，以保证加工精度要求。这样既充分发挥了各机床的性能特点，又延长了高精度机床的使用寿命。

(3) 便于及时发现毛坯缺陷。由于粗加工切除了各表面的大部分余量，可尽早发现毛坯的缺陷（如气孔、砂眼、余量不足等），及时修补或报废，避免继续加工造成浪费。

(4) 避免损伤已加工表面。将精加工安排在最后，可以在加工过程中使精加工表面少受损伤或不受损伤。

(5) 便于安排必要的热处理工序。划分阶段后，选择适当的时机在机械加工过程中插入热处理，使冷、热工序配合得更好，避免热处理带来的变形。

加工阶段的划分不是绝对的，应用时要灵活掌握。例如，对于刚性好的重型零件，由于装夹及运输很费时，因此常在一次装夹下完成粗加工、精加工。为弥补不划分阶段带来的缺陷，可在粗加工后松开夹紧机构，让工件有变形的可能，再用较小的力重新夹紧工件，继续进行精加工。对于批量较小、形状简单、毛坯精度高、加工要求低的零件，可不划分加工阶段。

1.3.5 加工工序的安排

加工工序包括机械加工工序、热处理工序及辅助工序。在制定工艺路线时，应综合考虑三个加工工序。

1. 机械加工工序的安排

机械加工工序的安排原则如下。

(1) 基准先行。**基准先行即先加工基准表面，后加工其他表面。**选作精基准的表面，应安排在起始工序先加工，再以加工出的表面定位，加工其他表面。例如，对于箱体零件，一般是先以主要孔为粗基准加工平面，再以平面为精基准加工孔系；对于轴类零件（如汽车发动机曲轴、凸轮轴等），先以外圆为粗基准铣端面、钻中心孔，再以中心孔为精基准粗、精加工其他表面。为保证精度要求，精加工开始之前，应先修整中心孔，再安排其他表面的精加工、精整加工和光整加工。

(2) 先主后次。先主后次即先加工主要表面，后加工次要表面。零件的主要表面一般是指加工精度或表面质量要求较高的表面，通常为零件的装配基准（基面）及主要工作面。主要表面的加工质量对整个零件的质量影响很大，其加工工序往往也比较多，因此应先安排主要表面的加工工序，再在其间穿插加工次要表面（如无配合尺寸的表面、键槽、紧固用的螺栓孔及螺孔等）。

受结构特点影响，某些总成件的最后精加工必须安排在总成（合件或组件）装配之后进行。如发动机连杆总成需在连杆体与连杆盖装配后精磨两端面，再细镗和珩磨大、小头孔。

(3) 先粗后精。先粗后精即先安排粗加工，后安排精加工。通过划分加工阶段，各表面应按粗加工—半精加工—精加工—精整、光整加工的顺序依次加工，从而逐步提高表面的加工精度与表面质量。

(4) 先面后孔。先面后孔即先加工平面，后加工孔。对于孔和面均需加工的工件（如箱体、支架、连杆等），因为平面轮廓平整、面积大，所以先加工与孔有位置精度要求的平面,再以平面定位加工孔,既能保证加工时孔有稳定可靠的定位基准,又有利于保证孔与平面间的位置精度,还可避免发生在毛坯面上镗孔、钻孔、扩孔时刀具不易定心、磨损、打刀等现象。

2. 热处理工序的安排

热处理工序的安排原则如下。

(1) 预备热处理。预备热处理的目的是消除毛坯制造过程中产生的内应力、改善金属材料的切削加工性能、为最终热处理做组织准备。正火和退火常安排在粗加工之前,以改善切削加工性能和消除毛坯的残余应力;对于复杂铸件(如发动机气缸体、气缸盖等),应在粗加工之前安排去应力退火或高温时效处理。调质一般安排在粗加工与半精加工之间,有利于消除粗加工产生的残余应力对工件的影响,为最终热处理做组织准备。时效处理的目的是消除内应力、减小工件变形,一般安排在粗加工之后、精加工之前;对于精度要求较高的零件,可在半精加工之后再安排一次时效处理。

(2) 最终热处理。最终热处理的目的是提高金属材料的力学性能,如提高零件的硬度和耐磨性等。最终热处理有淬火—回火、渗碳淬火—回火、渗氮等。对于仅要求改善力学性能的工件,有时正火、调质等也作为最终热处理。最终热处理一般应安排在粗加工、半精加工之后,精加工之前;变形较大的热处理(如渗碳淬火、调质等)应安排在精加工之前,以便在精加工时纠正热处理的变形;变形较小的热处理(如渗氮等)可安排在精加工之后。

(3) 表面处理。为了表面防腐或表面装饰,有时需要对表面进行涂镀或发蓝、发黑处理。涂镀是指在金属、非金属基体上沉积一层所需的金属或合金的过程。发蓝、发黑处理是指将钢件放入一定温度的碱性溶液,使零件表面生成蓝色或黑色的氧化膜的工艺,也称煮黑处理。表面处理通常安排在机械加工工艺过程的最后。

3. 辅助工序的安排

辅助工序包括工件的检验、去飞边、清洗、去磁和防锈等。辅助工序是机械加工的必要工序,安排不当或遗漏会给后续工序和装配带来困难,影响产品质量甚至机器的使用性能。例如,未去飞边的零件装配到产品中会影响装配精度或危及工人安全,机器运行一段时间后,飞边变成碎屑后混入润滑油,将影响机器的使用寿命;如果用磁力夹紧过的零件不去磁,则可能将微细切屑带入产品,严重影响机器的使用寿命,甚至可能造成不必要的事故。因此,必须十分重视辅助工序的安排。

检验是主要的辅助工序,对保证产品质量有重要的作用。检验应安排在粗加工阶段结束后;转换车间的前后,特别是进入热处理工序的前后;重要工序之前或加工工时较长的工序前后;特种性能检验(如磁力探伤、密封性检验等)之前;全部加工工序结束之后。

1.3.6 工序集中与工序分散

选定零件上各表面的加工方法及加工阶段的划分后,还需考虑各工序完成的加工内容及其安排问题。制定工艺路线可以采用两种原则——工序集中与工序分散,决定了设备类型的选择。

1. 工序集中与工序分散的概念

工序集中是指将工件的某些加工内容集中在一道工序内，且在一台设备上完成，因此每道工序的加工内容较多。工序集中可分为采用技术措施集中的机械集中（如采用多刀、多刃、多轴或数控机床加工等）和采用人为组织措施集中的组织集中（如卧式车床的顺序加工）。**工序分散是指将工件的加工内容分散在较多工序内，且在不同的机床上完成**，每道工序的加工内容很少，有时甚至只有一个工步。

2. 工序集中与工序分散的特点

（1）工序集中的特点。
① 采用高效率的专用设备和工艺装备，生产效率高。
② 减少了装夹次数，易保证各表面间的相互位置精度，还能缩短辅助时间。
③ 工序少，机床数量、操作工人数量和生产占地面积都有所减小，节省人力、物力，还可简化生产计划和组织工作。
④ 通常需要采用专用设备和工艺装备，使投资增加，专用设备和工艺装备的调整、维修较困难，生产准备工作量大，转换新产品较麻烦。

（2）工序分散的特点。
① 设备和工艺装备简单、调整方便、工人易掌握，容易适应产品的变换。
② 可以采用最合理的切削用量，减少基本加工时间。
③ 对操作工人的技术水平要求较低。
④ 设备和工艺装备多，操作工人多，生产占地面积大。

3. 工序集中与工序分散的选择原则

工序集中与工序分散各有利弊，选择时应根据企业的生产规模、产品的生产类型、现有的生产条件、零件的结构特点和技术要求、各工序的生产节拍综合分析选定。具体选择原则如下。

（1）一般说来，单件小批量生产采用工序集中，以简化生产组织工作；批量生产应尽可能采用高效机床，使工序适当集中；大批量生产中，工件结构较复杂，适合采用工序集中，可以采用各种高效组合机床、自动机床等进行加工。对于结构较简单的工件（如轴承和刚度较差、精度较高的精密工件），也可采用工序分散。

（2）产品品种较多且经常变换，适合采用工序分散。

（3）对工件加工质量要求较高时，一般采用工序分散，可以用高精度机床来保证加工质量要求。

（4）对于重型工件，适合采用工序集中，减小工件装卸和运输的工作量。

随着科学技术的进步、先进制造技术的发展，更倾向于选用工序集中。

1.4 工序设计

确定工艺路线后，还要确定各工序的具体内容，包括加工余量和工序尺寸、机床（设备）和工艺装备、切削用量、时间定额等。

1.4.1 加工余量和工序尺寸的确定

1. 加工余量的概念

为保证工件加工质量，需要从加工表面切除一层金属，这层金属的厚度称为加工余量。在工件由毛坯加工成成品的过程中，在某加工表面切除的金属层的总厚度，即某加工表面的毛坯尺寸与零件设计尺寸之差，称为该表面的总余量 Z_0。每道工序切除的金属层厚度，即相邻工序的工序尺寸之差，称为该加工表面的工序余量 Z_i。显然，总余量为同一个表面各工序加工余量的总和，即

$$Z_0 = \sum_{i=1}^{n} Z_i$$

式中　n——某加工表面的工序（工步）数目。

加工余量还有单面和双面之分。对于平面加工，如图 1.6（a）、图 1.6（b）所示，称为单面余量。对于外圆和内孔，加工余量是在直径方向上对称分布的，如图 1.6（c）、图 1.6（d）所示，称为双面余量。

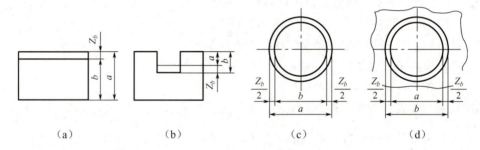

图 1.6　单面余量和双面余量

由于各工序尺寸都有公差，因此各工序实际切除的余量是变化的。工序尺寸极限偏差一般规定为"注向体内"方向，即对于轴类等外表面尺寸，工序尺寸极限偏差取单向负偏差（按 h 标注），工序尺寸的基本尺寸等于最大极限尺寸；对于孔类等内表面尺寸，工序尺寸极限偏差取单向正偏差（按 H 标注），工序尺寸的基本尺寸等于最小极限尺寸。但毛坯的制造偏差为双向标注。图 1.7（a）、图 1.7（b）所示分别为加工外表面尺寸、内表面尺寸时的工序尺寸及按上述规定确定的极限偏差与工序基本余量（工序余量的基本尺寸，简称工序余量）之间的关系。若 A_i 表示本工序的工序尺寸，A_{i-1} 为上工序的工序尺寸，则工序余量

$$Z_i = \begin{cases} A_{i-1} - A_i & (\text{外表面尺寸}) \\ A_i - A_{i-1} & (\text{内表面尺寸}) \end{cases}$$

最大工序余量

$$Z_{\max} = \left. \begin{cases} A_{(i-1)\max} - A_{i\min} & (\text{外表面尺寸}) \\ A_{i\max} - A_{(i-1)\min} & (\text{内表面尺寸}) \end{cases} \right\} = Z_i + T_{A_i}$$

最小工序余量

$$Z_{\min} = \left. \begin{cases} A_{(i-1)\min} - A_{i\max} & (\text{外表面尺寸}) \\ A_{i\min} - A_{(i-1)\max} & (\text{内表面尺寸}) \end{cases} \right\} = Z_i - T_{A_{i-1}}$$

工序余量公差

$$T_{Z_i} = Z_{i\max} - Z_{i\min} = T_{A_i} + T_{A_i-1}$$

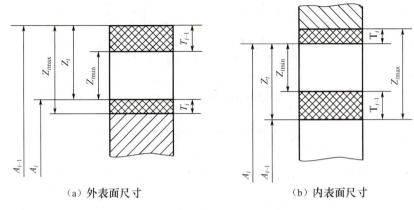

(a) 外表面尺寸　　　　　　　　(b) 内表面尺寸

图 1.7　工序尺寸与工序余量之间的关系

加工余量及其均匀性对加工质量和生产率有较大影响。加工余量不够，将不足以切除零件上有误差和缺陷的表面，而达不到加工要求，提高了废品率；加工余量过大，不但增大了机械加工工作量，而且增加了材料、工具和电力的消耗，从而增加了成本。此外，加工余量不均匀会产生误差复映，影响加工质量。因此，应该合理地规定加工余量。

2. 影响加工余量的因素

确定加工余量可用经验法、查表法和分析计算法。一般情况下，工厂按经验估计或参考相关手册确定。用经验法和查表法确定加工余量，均不能全面考虑毛坯制造和机械加工中影响加工余量的因素，需根据各种影响因素加以修正。影响加工余量的因素如下。

（1）上工序的尺寸公差 T_{i-1}（图 1.8）。上工序加工后的表面存在尺寸公差范围内的形状误差（如圆度、圆柱度和平面度等）和位置误差（平面间平行度等），为使加工表面不残留上工序的这些误差，工序余量必须大于上工序的尺寸公差。

（2）上工序加工后留下的表面粗糙度 R_{i-1} 和表面缺陷层（冷硬、脱碳等）深度 H_{i-1}（图 1.9）。为了使加工后的表面不留下上工序的表面粗糙度和表面缺陷层，加工余量至少要包括上工序的表面粗糙度 R_{i-1} 和表面缺陷层深度 H_{i-1}。

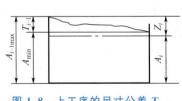　　　　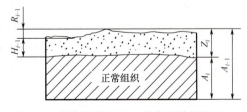

图 1.8　上工序的尺寸公差 T_{i-1}　　　　图 1.9　表面粗糙度 R_{i-1} 和表面缺陷层 H_{i-1}

（3）工件各表面相互位置的空间偏差 $\vec{\rho}_{i-1}$。由于加工后存在不包括在尺寸公差范围内的形状误差和位置误差，如轴线的直线度、位置度，轴线间的同轴度、垂直度等，因此需去除这些误差，增大加工余量。如加工图 1.10 所示的外圆，为了修正由轴线弯曲造成的直线度误差 0.025mm，应增大加工余量至 0.05mm 以上。

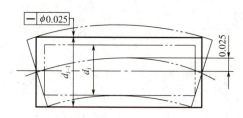

d_i—本工序尺寸；d_{i-1}—上工序尺寸

图 1.10 轴线的直线度误差对加工余量的影响

(4) 本工序的装夹误差 $\vec{\varepsilon}_i$。由于存在定位误差和夹紧误差，因此工序基准的位置将发生变化，需要增大加工余量。

由于 $\vec{\rho}_{i-1}$ 和 $\vec{\varepsilon}_i$ 都是有一定方向性的，因此当两者同时存在时，它们的合成应为向量和。综上所述，对平面加工的单面余量的计算：

$$Z_i = T_{i-1} + R_{i-1} + H_{i-1} + |\vec{\rho}_{i-1} + \vec{\varepsilon}_i|$$

外圆和内孔的双面余量

$$Z_i = T_{i-1} + 2(R_{i-1} + H_{i-1}) + 2|\vec{\rho}_{i-1} + \vec{\varepsilon}_i|$$

在应用上述公式时，应根据具体情况进行修正。如浮动镗刀镗孔和拉孔都是以孔本身为导向的，不能修正孔偏斜等位置误差，因此，孔加工余量

$$Z_i = T_{i-1} + 2(R_{i-1} + H_{i-1})$$

研磨、超精加工等光整加工工序的主要任务是减小上工序的表面粗糙度，其双面余量

$$Z_i = 2R_{i-1}$$

虽然根据影响加工余量的因素逐项分析计算来确定加工余量比较准确，但计算时需要参考很多有关资料数据，还要花费很多时间获取这些资料数据，因此很少应用，只在大批量生产中加工一些重要的表面时采用。

3. 确定工序尺寸及其公差

确定工序尺寸及其公差是制定工艺规程的主要工作之一，下面仅介绍设计基准与工序基准重合的情况下，外圆和内孔的工序尺寸及其公差的确定。

需要多次加工外圆和内孔表面时，由于各道工序（工步）加工同一个表面时工序基准相同，且与设计基准重合，因此只需根据工序余量和各工序尺寸的关系即可确定各中间工序尺寸，主要过程如下。

(1) 先根据毛坯种类、质量和结构尺寸确定加工表面的加工总余量，再根据工艺过程确定各工序余量，并校核第一道工序的加工余量是否合理。

(2) 由最终工序（设计尺寸）开始至第一道工序，逐步推算每道工序的工序尺寸。

(3) 除最终工序（该工序应按设计要求确定工序尺寸及极限偏差）外，根据各道工序加工方法的加工经济精度或企业规定，确定各中间工序的工序尺寸公差。

(4) 按工序尺寸偏差"注向体内"原则标注各中间工序的工序尺寸及极限偏差。

〔例 1-1〕 图 1.11 所示的汽车变速器齿轮内孔尺寸，其加工要求为 $\phi 58^{+0.03}_{0}$ mm，毛坯为模锻件。加工方法及过程为扩孔—拉孔—磨孔。确定工序尺寸时，根据有关资料确定孔的加工总余量为 8mm，毛坯尺寸偏差为 $^{+2.0}_{-1.0}$ mm，磨孔时工序余量为 0.25mm，拉孔时工序余量为 1.05mm。

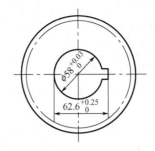

图 1.11 汽车变速器齿轮内孔尺寸

解： 计算扩孔加工余量为 8－0.25－1.05＝6.7（mm）。由于磨孔的尺寸精度应达到图样要求，因此确定工序尺寸公差为 0.03mm。根据加工经济精度及各工序前导工序精度要求，确定磨孔工序尺寸公差为 0.03mm（IT7），扩孔工序工序公差为 0.12mm（IT10）。由上述数据计算出各工序尺寸，并按工序尺寸偏差"注向体内"原则确定各中间工序的极限偏差。工序尺寸及其公差的计算见表 1－6。

表 1－6 工序尺寸及其公差的计算

工序名称	工序余量/mm	工序尺寸/mm	工序（毛坯）公差/mm	工序（毛坯）尺寸及公差/mm
磨孔	0.25	58	0.03（IT7）	$\phi 58^{+0.03}_{0}$
拉孔	1.05	57.75（58－0.25）	0.074（IT9）	$\phi 57.75^{+0.074}_{0}$
扩孔	6.7	56.7（57.75－1.05）	0.12（IT10）	$\phi 56.7^{+0.12}_{0}$
毛坯孔	—	50（56.7－6.7）	3	$\phi 50^{+2.0}_{-1.0}$

1.4.2 机床（设备）和工艺装备的选择

机床（设备）和工艺装备的选择是制定工艺规程的重要环节之一，是保证工件加工质量和达到一定生产率的基础条件，并对零件加工的经济性有重要影响。为了合理选择机床（设备）和工艺装备，必须详细了解各种机床（设备）的规格、性能和工艺装备（尤其是刀具、量具和夹具）的种类、规格等，并准备必要的技术资料。

1. 机床（设备）的选择

在制定工艺路线时，确定工件加工表面的加工方法以后，各工种所用机床（设备）类型就已基本确定。但每个类型的机床（设备）都有不同形式，其工艺范围、技术规格、加工精度及表面粗糙度、生产率及自动化程度等各不相同。选用机床（设备）时，除应对机床（设备）的技术性能有充分了解之外，还要考虑以下几点。

（1）机床（设备）的精度应与工件要求的加工精度相适应。机床的精度过低，满足不了加工质量要求；机床的精度过高，会增加零件的制造成本。单件小批量生产时，如果没有高精度的设备加工高精度的零件，则为充分利用现有机床，可以选用精度低一些的机床，在工艺上采取措施来满足加工精度的要求。

（2）机床（设备）的技术规格应与工件的尺寸相适应。小工件选用小机床加工，大工件选用大机床加工，做到设备合理利用，避免盲目增大或减小机床规格而出现"大马拉小车"或"小马拉大车"现象。

（3）机床（设备）的生产率和自动化程度应与零件的生产纲领相适应。单件小批量生产应选择工艺范围较广的通用机床，大批量生产尽量选用生产率和自动化程度较高的专门化机床或专用机床。

（4）机床（设备）的选择应与现有生产条件相适应。应尽量充分利用现有机床，如果没有合适的机床可供选用，应合理提出专用设备设计或旧机床改装的任务书，或提供购置新设备的具体型号。

（5）合理选用数控机床、加工中心等先进设备。下列情况需考虑采用数控机床或加工中心。

① 采用普通机床需要设计、制造复杂的专用机床夹具或加工效率低、手工操作劳动强度大的加工。

② 轮廓形状复杂、加工精度要求较高的复杂曲线或复杂曲面的加工。

③ 准备以后多次改型设计的零件加工。

④ 当加工工序集中程度较高，如需在一次装夹中完成钻、镗、铰、锪、攻螺纹、铣削平面等加工内容的箱体类零件时，可采用加工中心。

2. 工艺装备的选择

工艺装备选择的合理性直接影响工件的加工精度、生产效率和经济效益，应根据生产类型、具体加工条件、工件结构特点和技术要求等选择工艺装备。

（1）夹具的选择。选择夹具时主要考虑生产类型。单件小批量生产应尽量采用通用夹具和机床附件，如卡盘、机用平口虎钳、分度头等。汽车生产属于成批大量生产，各工序使用的机床夹具（除车床、外圆磨床等少数机床使用通用机床夹具外）大多数采用高效专用机床夹具。为满足多品种、小批量的柔性化生产要求，可采用可调夹具或成组夹具。夹具的精度应与工件的加工精度相适应。

（2）刀具的选择。刀具的选择（种类、规格、材料、精度）主要取决于表面的加工方法、加工表面的尺寸、工件材料、切削用量及工序的加工要求等。在选择时尽量采用标准刀具。在组合机床及其自动线上加工时，由于需要工序集中，因此可采用专用复合刀具，如相同工艺的复合刀具（复合扩孔钻等）和不同工艺的复合刀具（钻—扩—铰复合刀具等），不仅可以提高加工精度和生产率，而且可以提高经济性。

（3）量具的选择。选择量具时应根据生产类型和要求的检验项目及其精度而定。单件小批量生产应广泛采用通用量具，如游标卡尺、百分表和千分尺等；大批量生产应尽量选用效率较高的专用量具，如各种极限量块、专用检验夹具和测量仪器等。量具的量程和精度要与工件的尺寸和精度相适应。

1.4.3　切削用量的确定

合理选用切削用量是科学管理生产、提高生产效率、保证加工质量和刀具使用寿命，获得较高技术经济指标的重要前提之一。切削用量选择不当会使工序加工时间增加，设备利用率下降，工具消耗增大，从而增加产品成本。

确定切削用量应在确定机床、刀具、加工余量等之后，综合考虑工序的具体内容、加工精度和表面粗糙度、零件的生产纲领、刀具的材料及使用寿命等因素。确定切削用量的一般原则是保证加工质量，在规定的刀具使用寿命条件下，使机动时间少、生产率高。确定切削用量时，依次选择背吃刀量 a_p、进给量 f 和切削速度 v_c。

1. 背吃刀量 a_p 的选择

选择背吃刀量时主要考虑工件的加工余量和工艺系统的刚度。粗加工工序的背吃刀量应尽量将粗加工余量一次切除，半精加工、精加工工序的背吃刀量由相应的加工方法所需的加工余量确定。当加工余量太大，不能一次切除时，应尽量减少工作行程，按"先多后少"原则多次切除。

2. 进给量 f 的选择

粗加工时，选择进给量时主要考虑工艺系统的刚度与强度，如机床进给系统的刚度与强度、刀杆尺寸、刀片厚度及工件尺寸等。在工艺系统的刚度和强度允许的条件下，应尽量选取较大进给量。精加工时，选择进给量时主要考虑工件的加工精度和表面粗糙度要求。

3. 切削速度 v_c 的选择

确定背吃刀量和进给量之后，可在保证合理刀具使用寿命的前提下，确定切削速度。切削速度可根据切削原理的公式计算，或者从根据已知的加工条件得出的标准切削速度表格中选取。

单件小批量生产时，为了简化工艺文件，常不具体规定切削用量，而由操作者根据具体情况确定。批量较大时，特别是组合机床、自动机床及多刀加工工序的切削用量，应科学、严格地确定。在采用组合机床、自动机床等多刀具同时加工时，加工精度、生产率和刀具使用寿命对切削用量的影响很大，为保证机床正常工作，不经常换刀，切削用量要比采用一般机床加工时小一些。在确定切削用量的具体数据时，可凭经验，也可查阅有关手册中的表格，或在查表的基础上根据经验和加工具体情况适当修正数据。

1.4.4 时间定额的制定

时间定额是指在一定的生产条件下，规定每个工人完成单件合格产品或一道工序所需时间。时间定额不仅是衡量劳动生产率的指标，而且是安排生产计划、计算生产成本的重要依据，还是新建或扩建工厂（或车间）时计算设备和工人数量的依据。时间定额应该具有平均先进水平，过高或过低都不利于生产。

时间定额由下列部分组成。

1. 基本时间 T_b

基本时间是指直接改变生产对象的尺寸、形状、相对位置、表面状态或材料性质等工艺过程所消耗的时间。对机械加工而言，就是切除工序余量所消耗的时间（包括刀具切入、切出的时间）。基本时间可以根据切削用量和行程长度计算。

2. 辅助时间 T_a

辅助时间是指为实现工艺过程而必须进行的各种辅助工作所消耗的时间，如装卸工件、开停机床、改变切削用量、试切和测量工件、进刀和退刀等所需的时间。

基本时间与辅助时间之和称为作业时间 T_B。它是指直接用于制造产品或零部件所消耗的时间。

3. 布置工作场地时间 T_s

布置工作场地时间是指为使加工正常进行，工人管理工作场地（如更换和调整刀具、润滑和擦拭机床、清理切屑、修整砂轮、收拾工具等）所消耗的时间。它不是直接消耗在每个工件上的时间，而是消耗在一个工作班内，再折算到每个工件上（一般按作业时间的2%～7%计算）的时间。

4. 生理和自然需要时间 T_r

生理和自然需要时间是指工人在工作班内为恢复体力和满足生理需要等所消耗的时间，也是以一个工作班为计量单位，再折算到每个工件上。对于工人操作的机械加工工序，一般按作业时间的2%～4%计算。

以上四部分时间的总和称为单件时间 T_p。

5. 准备与终结时间 T_e

准备与终结时间简称准终时间，是指工人在加工一批工件时进行准备和结束工作所消耗的时间。加工开始前，通常要熟悉工艺文件，领取毛坯、材料、工艺装备，调整机床，安装刀具和夹具，确定切削用量等；加工结束后，需送交产品，拆下、归还工艺装备等。准终时间对一批工件来说只消耗一次，零件批量越大，分摊到每个工件上的准终时间 T_e/n（n 为工件数量）就越小。

因此，成批生产的单件核算时间

$$T_c = T_p + T_e/n = T_b + T_a + T_s + T_r + T_e/n$$

大批量生产中，由于 n 的数值很大，因此 $T_e/n \approx 0$，可忽略不计。

1.5　提高机械加工生产率的工艺途径

生产率是指一个工人或一台机床（设备）在单位时间内生产出合格产品的数量。它是衡量生产效率的一个综合性技术经济指标。提高生产率不仅是一个工艺问题，而且涉及其他工作，如产品设计、企业管理、劳动组织、员工素质等。与提高机械加工生产率有关的工艺途径如下。

1.5.1　缩短单件加工时间定额的工艺措施

因为机械加工的生产率与时间定额互为倒数，所以缩短单件加工时间定额中的每个组成部分都可提高生产率，故可从以下几方面考虑。

1. 缩短基本时间

（1）提高切削用量。使用新型刀具材料是提高切削用量的主要途径。新型刀具材料使切削速度得到了很大提高。涂层硬质合金刀具的切削速度可达 5m/s，陶瓷刀具的切削速度可达 10m/s，立方氮化硼和人造金刚石刀具的切削速度可达 10～20m/s。在磨削加工中，采用高速和强力磨削可大幅度提高生产率。高速磨削的砂轮线速度可达90～120m/s；强力磨削的磨削深度可达 6～12mm，可取代铣削等加工方法进行表面粗加工。

（2）缩短工作行程长度。使用多刀同时加工一个表面或多个表面可缩短工作行程长度，从而缩短基本时间。图 1.12 所示为多刀同时镗削同轴线两个孔，工作行程长度只为镗削较长孔的工作行程长度。

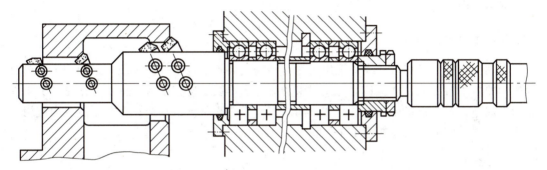

图 1.12　多刀同时镗削同轴线两个孔

（3）采用多件加工，具体有以下三种形式。

① 顺序多件加工。工件按进给方向一个接一个装夹，减少了刀具切入时间和切出时间，减少了分摊到每个工件的基本时间，多用于滚齿、平面磨削和各种铣削加工等。

② 平行多件加工。在一次工作行程中，同时加工多个并排工件，多件加工的基本时间重合，减少了每个工件的基本时间，多用于铣削、平面磨削等加工。

③ 平行顺序加工。平行顺序加工是上述两种方式的结合，适用于加工工件尺寸较小、批量较大的工件，如垫圈等，多用于立轴平面磨削和铣削等加工。

2. 缩短辅助时间

缩短辅助时间的主要方法是使辅助动作实现机械化和自动化，或使辅助时间与基本时间部分或全部重叠。

（1）采用先进专用机床夹具，缩短装夹工件时间。例如，在大批量生产中采用高效的气动、液压夹具；在单件小批量生产中推行成组工艺，采用成组夹具和可调整夹具。也可采用多工位夹具或回转工作台，使辅助时间与基本时间重叠。

（2）采用自动测量系统，减少加工中停机测量的辅助时间。自动测量系统在加工过程中自动显示测量工件的实际尺寸，并能根据测量结果控制机床自动循环，节省了辅助时间。

（3）减少准终时间。在成批生产中，增大零件批量可以减少分摊到每个零件的准终时间。在中、小批量生产中，可把结构相似的零件组织到一起进行加工，在更换另一种零件加工时，机床夹具和刀具只需少量调整或不调整，即可进行加工，减少了准备时间。

1.5.2 高效机床加工和自动生产线加工

1. 高效机床加工

在汽车生产中，由于零件批量大、生产稳定，因此广泛使用各种高效机床进行加工。高效机床与普通机床相比，主要特点是功率大，可同时用多把刀具对工件进行多面加工，其效率相当于多台普通机床。此外，高效机床的自动化程度普遍较高，减少了各种人为因素的影响，加工质量稳定。

汽车生产中广泛应用的高效机床有多轴自动机床，多刀自动、半自动机床，液压仿形机床，凸轮多刀车床，曲轴主轴颈及连杆轴颈多刀车床，曲轴铣床，曲轴车-拉机床，多工位或多面组合机床等。

2. 自动生产线加工

自动生产线（简称自动线）是用工件自动输送装置及自动控制系统，把按加工工艺过程排列的若干自动机床（设备）连接起来的流水生产线。操作工人的主要工作是装上工件和卸下成品，并监视机床（设备）和自动线工作是否正常。自动线在汽车制造业中应用非常广泛。组合机床自动线如图 1.13 所示。

组合机床

图 1.13　组合机床自动线

1.5.3 计算机辅助工艺过程设计

传统工艺过程设计是由工艺人员手工逐步设计完成的。工艺过程设计面对大量信息，既包括加工对象、原材料的形状与加工性、成品的形状与精度和产量等方面的信息，又包括生产设备和工艺装备等方面的信息。设计工艺过程时，由于必须全面、周密地分析和处理这些信息，并且各种因素之间的关系错综复杂，因此手工设计工艺过程要花费大量的人力和时间。工艺过程设计的主要工作是在大量信息的基础上进行选择（加工方法、加工顺序、设备、工具等），计算（加工余量、工序尺寸及其极限偏差、切削用量、工时等）和工艺文件文档化等工作。计算机能够有效地管理大量数据，进行快速、精确的计算和多种形式的比较、判断与选择。计算机的这些功能恰恰能适应工艺过程设计的需要，于是出现了计算机辅助工艺过程设计（computer aided process planning，CAPP）。

计算机辅助工艺过程设计是利用计算机技术辅助工艺人员设计零件从毛坯到成品的制造方法,是将企业的产品设计数据转换为产品制造数据的一种技术。早期开发的计算机辅助工艺过程设计系统主要采用检索方式,即系统工作时,先检索出适合一组相似零件的标准工艺,再通过编辑修改,生成具体零件的工艺过程。随着计算机技术的发展,许多以逻辑决策规则为基础的创成式系统及以人工智能为基础的专家系统相继出现,使计算机辅助工艺过程设计从传统向智能化方向发展,系统的适用对象也从简单的回转体零件向复杂的非回转体零件方向发展。

计算机辅助工艺过程设计有如下方法。

1. 检索法

检索法也称派生式工艺设计系统。在这种系统中,需要事先为按成组技术原理划分的各零件组设计标准的工艺过程,并将它们以文件形成存入计算机数据库。当为某个零件设计工艺过程时,首先输入零件信息并进行分类编码,系统根据编码从数据库中检索出该零件组的标准工艺过程;然后按照零件的具体特点,对标准工艺进行必要的修改;最后设计出适合该零件的工艺过程,并制成文件。

2. 创成法

创成法也称生成式工艺设计系统。它与检索法不同,不以对原有的标准工艺过程的检索和修改为基础,而是向计算机输入零件的几何信息和工艺信息(材料、毛坯、加工精度和表面质量要求),系统按照进行各种工艺决策的算法和逻辑法则,自动从无到有地设计零件的工艺过程。用这种系统设计的工艺过程在加工方法选择、工序顺序和文件格式等方面都有良好的一致性,并能实现工艺过程方案的优化。

3. 专家系统法

专家系统法是在一定专业领域内,将专家的有关经验和知识表示成计算机能接受和处理的符号形式,采用专家的推理和控制策略解决该领域内只有专家才能解决问题的方法。专家系统是人工智能的一个发展方向,是以知识为基础的智能系统。

专家系统一般由知识库、零件信息输入、推理机、知识获取和人机接口等模块组成。在设计一个零件的工艺过程时,系统根据输入的零件信息,不断地访问知识库,并通过推理机中的控制策略,从知识库中搜索能处理当前状态的规则,并执行这种规则,按顺序确定每次执行规则得到的结论,直到处理完零件的全部信息。

"互联网+" 拓展问题

1. 查阅网络资料,解释具体的精整、光整加工的加工方法和加工原理(具体包括珩磨和其他超精加工等)。

2. 查找倒挡齿轮轴的结构形式和设计图纸,制作倒挡齿轮轴的加工工艺卡片和主要工序的工序卡片。

思考与练习题

一、名词解释

机械加工工艺规程，工艺路线，加工余量，工序余量，时间定额，基本时间，辅助时间，准终时间，生产率，自动生产线，计算机辅助工艺过程设计

二、单项选择题

1. 粗基准是指（　　）。
   A. 未经加工的毛坯表面作定位基准
   B. 已加工表面作定位基准
   C. 粗加工时的定位基准
   D. 精加工时的定位基准

2. 加工轴类零件时，为了实现基准统一原则，常采用（　　）作为定位基准。
   A. 精度高的外圆　　　　　　　　B. 一个不加工的外圆
   C. 两端中心孔　　　　　　　　　D. 一个中心孔和一个不加工的外圆

3. 下列加工工序中，（　　）不是自为基准加工的。
   A. 浮动镗刀镗孔　　　　　　　　B. 无心磨床磨外圆
   C. 齿轮淬火后磨齿面　　　　　　D. 浮动铰刀铰孔

4. 铜棒外圆的公差等级为IT6，表面粗糙度要求$Ra0.8\mu m$，合理的加工路线为（　　）
   A. 粗车—半精车—精车
   B. 粗车—半精车—粗磨—精磨
   C. 粗车—半精车—精车—金刚石车
   D. 粗车—半精车—精车—磨—研磨

5. 在安排工艺路线时，消除工件内应力的热处理工序应安排在（　　）。
   A. 粗加工之前　　　　　　　　　B. 精加工之前
   C. 精加工之后　　　　　　　　　D. 都可以

6. 工序集中有利于保证各加工表面的（　　）。
   A. 尺寸精度　　　　　　　　　　B. 相互位置精度
   C. 形状精度　　　　　　　　　　D. 表面粗糙度

7. 领用夹具并安装在机床上属于单位时间的（　　）。
   A. 基本时间　　　　　　　　　　B. 辅助时间
   C. 生理和自然需要时间　　　　　D. 准终时间

三、简述题

1. 制定机械加工工艺规程的原则和步骤分别是什么？
2. 粗基准、精基准的选择原则分别有哪些？如何处理选择时出现的矛盾？
3. 如何划分加工阶段？每个加工阶段的任务分别是什么？
4. 工序集中与工序分散有何不同？在制定工艺路线时如何选择？

第 2 章

毛坯制造工艺与汽车零件加工基础

 教学目标

要求掌握毛坯的基本成形工艺，包括锻造、铸造、精化及近净成形工艺；了解获得汽车零件尺寸和形状的方法；掌握基准与工件的定位规则：设计基准，工艺基准（工序基准、定位基准、测量基准、装配基准）的定义和确定；掌握六点定位原理，工件正确定位应限制的自由度，完全定位、不完全定位、欠定位、过定位的概念和区别；掌握工件的定位方式及定位元件的选择，具体包括以平面定位（支承钉、支承板、可调支承、自位支承、辅助支承），以圆柱孔定位（定位销、定位心轴、圆锥销），以外圆柱面定位（V形块、定位套、半圆套），以组合表面定位；掌握工件的装夹方法，夹紧装置的组成，基本夹紧机构，专用夹具。本章主要学习汽车零件从得到毛坯到工艺基准设计及定位夹紧的过程，包括零件加工的必要准备过程涉及的全部工艺内容，为后续工艺过程的开展奠定理论基础。

 教学重点

基准重合规律，六点定位原理，工件的定位方式及定位元件的选择，定位元件的分类讲解。

 教学难点

基准重合规律，欠定位、过定位的解决方案，工件正确定位，定位误差的分析与计算。

2.1 毛坯的成形工艺

汽车上的许多零件是经铸造、模锻和冲压制成的,如气缸体、气缸套、气缸盖、曲轴、活塞、变速器箱体、桥壳、轮毂等,都是采用铸造方法先制成铸件毛坯,再经过机械加工制成零件的。铸件占汽车总质量的19%(轿车)~23%(货车),占发动机总质量的80%~90%;连杆、齿轮、前轴等零件多采用模锻方法先制成锻件毛坯,再经过机械加工制成零件;车身覆盖件和车架等零件均采用冲压方法制成半成品和成品;锻件和冲压件占汽车总质量的70%左右。显而易见,铸造、锻造和冲压加工技术在汽车生产过程中有举足轻重的地位。本节简要介绍为汽车制造提供零件毛坯的铸造工艺和模锻工艺。

2.1.1 铸造工艺

将液态金属浇注到与零件形状、尺寸相对应的铸型型腔中,待冷却凝固、清理后获得铸件毛坯或零件的工艺方法,称为铸造。

1. 铸造工艺分类

按成形特点不同,铸造可分为砂型铸造和特种铸造两大类。砂型铸造是最基本的成形工艺方法,在汽车制造中应用较多。特种铸造又分为熔模铸造、金属型铸造、压力铸造、离心铸造等。

2. 铸造成形工艺过程

以砂型铸造为例,其工艺过程为制造铸型—熔炼金属—浇注—冷却凝固—取出铸件—清砂、去除浇冒口—检验—热处理—入库等。

3. 铸造成形工艺的优点

铸造是成批或大批量生产汽车铸件毛坯的主要成形工艺,与其他成形工艺相比,优点如下。

(1)生产成本低,工艺灵活性强,适用范围广,几乎不受零件尺寸、形状结构复杂程度、金属材料种类、生产批量的限制。如气缸体、气缸盖等特别复杂的零件毛坯的成形是用其他成形工艺难以解决的。

(2)采用压力铸造、熔模铸造等铸造工艺,还可获得少、无切屑加工的铸造零件。

4. 汽车铸件的常用成形方法

汽车的很多铸铁件采用砂型铸造成形,铝合金铸件多采用特种铸造成形,回转类零件常采用离心铸造成形。

(1)砂型铸造成形。汽车上的箱体类和部分轴类、盘类等铸铁件(如发动机气缸体、气缸盖、曲轴、变速器箱体、飞轮壳、桥壳、轮毂等)常采用砂型铸造成形。图2.1所示为砂型铸造成形零件。

(2)特种铸造成形。汽车上的铝合金活塞常采用金属型铸造成形,如图2.2所示。采

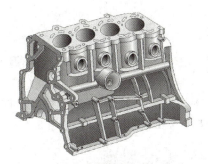

(a) 灰铸铁气缸体　　　　（b) 球墨铸铁曲轴毛坯经机械加工后的零件

图 2.1　砂型铸造成形零件

用铝合金制造的汽车自动变速器箱体、车轮甚至气缸体等，常采用 500~2500t 的压铸机压力铸造成形。

（3）离心铸造成形（图 2.3）。离心铸造是将液体金属注入高速旋转的铸型内，使金属液做离心运动充满铸型和形成铸件的方法。由于离心运动能使液体金属在径向很好地充满铸型并形成铸件的自由表面，不用型芯获得圆柱形的内孔；有助于排除液体金属中的气体和夹杂物，影响金属的结晶过程，因此可改善铸件的机械性能和物理性能。

图 2.2　金属型铸造成形的铝合金活塞

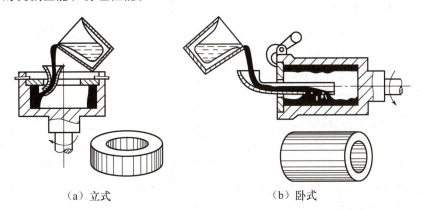

（a）立式　　　　　　（b）卧式

图 2.3　离心铸造成形工艺

砂型铸造成形零件

金属型铸造成形的铝合金活塞

离心铸造成形工艺

2.1.2　模锻工艺

外力使坯料在锻模模膛内变形流动而获得与模膛形状相同的锻件的工艺方法，称为模锻。

1. 模锻工艺分类

按变形特点不同，模锻可分为开式模锻和闭式模锻；按使用设备不同，模锻可分为锤上模锻、胎模锻、压力机上模锻等。

模锻适合中小型盘类、轴类和叉架类零件的毛坯成形，在汽车大批量生产中应用较广，如连杆、转向节、摇臂、万向节及大多数齿轮等都用模锻获得毛坯件，如图 2.4 所示。

图 2.4 模锻毛坯件

2. 模锻成形工艺过程

以锤上模锻为例，其工艺过程为下料—毛坯质量检验—加热—模锻（预锻、终锻）—切边冲孔—表面清理—校正—精压—热处理—质量检验—入库等。

3. 模锻成形工艺的优点

模锻是成批或大批量生产汽车锻件毛坯的主要制造工艺方法，其在锻压设备动力作用下，使毛坯在锻模模腔中被迫塑性流动成形。模锻成形工艺的优点如下：①生产效率高，锻件成本较低，操作简单，劳动强度小；②可锻制形状较复杂的锻件，形状精度、尺寸精度和表面质量较高；③模锻件内金属流线分布合理，力学性能好；④模锻件的机械加工余量较小，材料利用率较高；⑤易组织机械化、自动化生产线。

2.1.3 毛坯精化及近净成形工艺

由于一般铸造件和模锻件存在机械加工余量、毛边、工艺敷料等，因此材料利用率通常为 50%～70%。为了提高生产率和材料利用率，现代汽车制造企业不断应用精密铸造和精密模锻成形工艺，提高铸件、锻件毛坯精度，使毛坯精化及近净成形，使零件实现少、无切屑加工便可获得半成品或成品零件。

1. 精密压力铸造

精密压力铸造的铸造精度及表面质量比其他铸造方法的高，获得的尺寸公差等级为 IT11～IT13，表面粗糙度 $Ra0.8$～$Ra3.2\mu m$，且金属组织致密、强度提高 25%～30% 的精密铸件可实现少、无切屑加工。压力铸造工艺过程如图 2.5 所示。在汽车制造生产中，精密压力铸造应用很广。

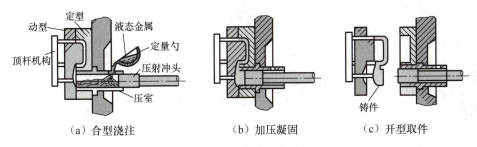

(a) 合型浇注　　　　（b) 加压凝固　　　　（c) 开型取件

图 2.5　压力铸造工艺过程

2. 熔模铸造

由于熔模铸造铸型是一个整体，无分型面，尺寸精确，型腔表面光洁，因此可获得尺寸公差等级为 IT11～IT14、表面粗糙度 $Ra1.6\sim Ra12.5\mu m$ 的形状复杂的薄壁（最小壁厚为 0.7mm）精密铸件。熔模铸造广泛应用于汽车、航空、兵器等制造业，如制造汽车仪表、涡轮发动机的叶片等小型零件，已成为少、无切屑加工零件及难切削加工零件的重要的工艺方法。熔模铸造工艺过程如图 2.6 所示。

熔模铸造

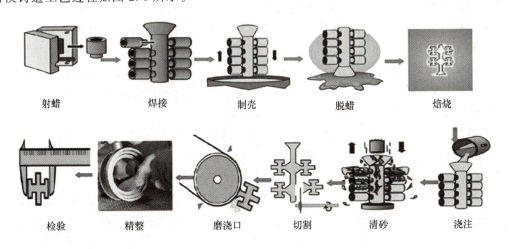

图 2.6　熔模铸造工艺过程

3. 精密模锻

精密模锻可直接锻制形状精度和尺寸精度较高，表面光洁，锻后少、无切削加工的高精度锻件，是精化毛坯或直接获得成品零件的一种先进模锻工艺。如精密模锻汽车差速器行星锥齿轮零件，锻件尺寸偏差可在±0.02mm 以内。

〔例 2-1〕汽车发动机连杆的精密模锻。

为保证连杆锻件的精度和质量偏差（≤±5g），以适用于连杆的后续加工，汽车发动机连杆常采用精密模锻成形。图 2.7 所示为汽车发动机连杆，其精锻工艺流程为精密下料—电加热—辊锻制坯—液压精密模锻（预锻、终锻）—热切边—热校正—热处理—喷丸—金相组织检验—力学性能检验—探伤—精压—外观检查—称重—弯检—防腐包装—入库。

连杆加工

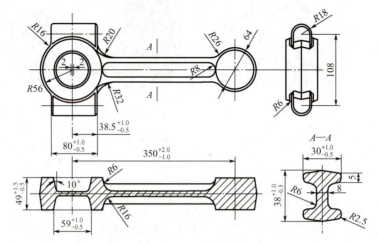

图 2.7 汽车发动机连杆

4. 金属回转加工

金属回转加工是指成形轧辊与轧件（金属毛坯）做相对转动（轧件回转或轧辊回转或两者都回转）的塑性成形加工方法，如特种轧制、辗环、摆动辗压、旋压等。其特点是在回转过程中使毛坯发生连续局部塑性变形，不仅减小了成形设备的工作压力，而且使以模锻方法难以成形的锻件在回转过程中逐步变形而成形。在汽车制造中，金属回转加工可用于加工环形齿轮、半轴套管等，以获得少、无切屑加工的精密锻件。

〔例 2-2〕 后桥半轴套管的正挤与横轧成形。

后桥半轴套管是变径变截面的中空管形件，很多国家采用整体模锻工艺加工，该工艺的最大缺点是材料的利用率很低（低于 35%），后续机械加工的加工量大，生产率低，制造成本高。我国自主研发的正挤与横轧成形工艺实现了该类锻件的精化近净成形。

后桥半轴套管正挤与横轧成形工艺原理如图 2.8 所示。局部加热的管坯由芯模推进由三个成形轧辊组成的回转型腔中，轴向进给时，由轧辊成形角产生的阻力迫使管坯前端产生缩径，在轴向推挤与径向横轧的复合力作用下，管坯在经过两个成形角后产生两次缩径，在缩径的同时增大壁厚和长度。半轴套管的外形由轧辊形状保证，内腔由芯模保证。此工艺比模锻工艺材料利用率提高 20%，减小机械加工量 33%，提高生产效率 1~3 倍。

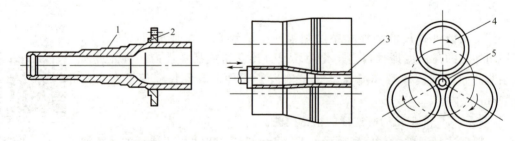

（a）产品分体式结构　　　　　　（b）正挤与横轧成形原理

1—半轴套管体；2—凸缘；3—芯模；4—成型轧辊；5—轧件

图 2.8 后桥半轴套管正挤与横轧成形工艺原理

此外，摆动辗压技术、楔横轧与径向锻造复合技术等也不断用于汽车阶梯轴及偏心轴、半轴与齿轮坯、空心变速杆等锻件的精化成形。

2.2 汽车零件尺寸和形状的获得方法

汽车零件机械加工方法很多，其目的都是使汽车零件获得要求的尺寸精度、形状精度、位置精度和表面质量。

楔横轧

2.2.1 零件机械加工尺寸的获得方法

1. 试切法

反复进行试切、测量、调整、再试切，直到工件尺寸达到要求为止的加工方法，称为试切法。加工过程中，由于需多次试切、测量、调整，因此生产率低。但其不需要复杂的装置，加工精度取决于工人的技术水平和计量器具的精度，常用于单件小批量生产。

2. 调整法

在加工一批工件之前，调整好刀具与工件在机床上的相对位置，并在加工过程中保持该位置不变，以保证工件加工尺寸的方法，称为调整法。图 2.9 所示为活塞销孔镗削，加工前，先用图 2.9（a）所示的镗刀调整器调整好镗刀伸长尺寸，再镗活塞销孔，如图 2.9（b）所示。

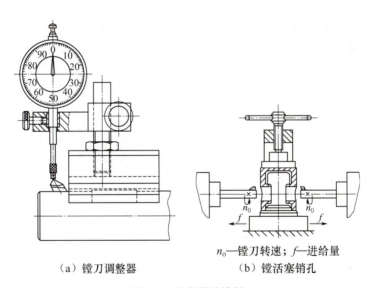

n_0—镗刀转速；f—进给量

（a）镗刀调整器　　（b）镗活塞销孔

图 2.9　活塞销孔镗削

调整法的生产率比试切法高，加工尺寸的稳定性更好；对机床操作要求不高，但对调整要求高；常用于成批和大批量生产，广泛用于半自动机床自动生产线。

3. 定尺寸刀具法

利用刀具的相应尺寸保证工件被加工部位尺寸的方法，称为定尺寸刀具法。如用麻花钻、铰刀、拉刀加工孔，用三面刃铣刀铣槽，用齿轮盘铣刀铣齿等。这种方法生产率高，被加工尺寸精度取决于刀具尺寸和机床精度等，常用于孔、槽的表面加工，适合各种生产类型。

4. 主动测量法

在加工过程中，利用检测装置对加工尺寸进行跟踪测量，比较测量结果与工件要求尺寸，使机床继续工作或使机床停止的方法，称为主动测量法。在一些精密机床中，已利用数字显示的检测装置测量和控制被加工表面的尺寸。此方法质量稳定，生产率高。

5. 自动控制法

把测量装置、进给装置和控制系统组成一个自动加工控制系统，自动完成加工过程，实现对被加工零件表面尺寸的自动控制方法，称为自动控制法。这种方法常应用在半自动及自动内、外圆磨床和数控机床上，能适应加工过程中加工条件的变化，自动调整加工用量，按规定条件实现加工过程最优化和对机床进行自动控制的加工。自动控制法加工质量稳定，生产率高，加工尺寸误差小，加工柔性好，能适应多种生产，是机械制造的发展方向和计算机辅助制造的基础。此方法适用于产量大的汽车制造业。

2.2.2 零件机械加工形状的获得方法

1. 轨迹法

依靠刀具的运动轨迹获得工件所需形状的方法，称为轨迹法。由于刀具运动轨迹取决于刀具和工件相对位置的成形运动，因此轨迹法加工的形状精度取决于成形运动的精度。普通车削、铣削、刨削、磨削等均属于轨迹法加工。

2. 仿形法

刀具按照仿形装置（样板或靠模）形状运动进给获得工件形状的加工方法，称为仿形法（实际上也属于轨迹法）。仿形法加工的形状精度取决于仿形装置的精度及其他成形运动的精度。仿形车削手柄、仿形铣削模具等均属于仿形法加工。

3. 成形法

利用成形刀具加工获得工件表面形状的方法，称为成形法。成形法加工的形状精度取决于成形刀具切削刃的形状精度和其他成形运动的精度。用成形刀具车螺纹、铣槽，用拉刀拉孔、拉槽等均属于成形法加工。

4. 展成法

利用工件和刀具的相对运动中切削刃做展成切削运动而获得工件表面形状的加工方法，称为展成法。被加工表面是切削刃和工件做展成切削运动过程中形成的包络面，故也称包络法。包络面的精度取决于切削刃的形状和展成运动的精度。滚齿、插齿、磨齿、剃齿、珩齿等均属于展成法加工。

2.3 基准与工件的定位规则

机械零件是由若干几何要素（点、线、面）组成的，各几何要素之间都有一定的尺寸和位置公差要求。用来确定生产对象上几何要素间几何关系所依据的点、线、面称为基准。根据作用和应用场合的不同，基准可分为设计基准和工艺基准。

2.3.1 设计基准

设计图样上采用的基准称为设计基准。如图 2.10 所示，设计基准可以是点、线、面，既可以是实际存在的，又可以是假想的，还可以是互为的。设计图样上标注的尺寸均称为设计尺寸。

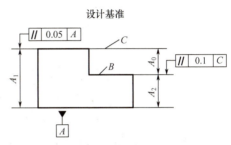

图 2.10 设计基准

2.3.2 工艺基准

在工艺过程中采用的基准称为工艺基准。常见工艺基准有工序基准、定位基准、测量基准和装配基准等。

1. 工序基准

工序卡上用来表示工件被加工表面加工要求及工件装夹情况的简图，称为工序图。在工序图上用来确定本道工序被加工表面加工尺寸、位置公差的基准，称为工序基准。

图 2.11 所示为车削工序图，外圆表面 5 装夹在自定心卡盘中，端面 6 靠在卡爪平面上，加工端面 F、1、2，内孔 3 及外圆 4，分别保证轴向尺寸 L_0、L_1、L_2，外圆直径尺寸 ϕd 及内孔直径尺寸 ϕD。端面 6 是端面 F 的工序基准，端面 F 是端面 1 和端面 2 的工序基准，端面 1、端面 2 通过加工尺寸 L_1、L_2 及平行度公差与工序基准 F 相联系。外圆直径尺寸 ϕd 和内孔直径尺寸 ϕD 的工序基准为其轴线。联系被加工表面与工序基准间的加工尺寸是本工序应直接保证的尺寸，称为工序尺寸。

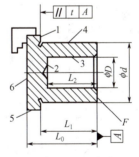

1、2、6、F—端面；3—内孔；4—外圆；
5—外圆表面；L_0、L_1、L_2—轴向尺寸；
ϕd—外圆直径；ϕD—内孔直径

图 2.11 车削工序图

从上述分析可知，工序基准可以是实际存在的，也可以是假想的点、线、面。因为工序尺寸以工序基准为起点，指向被加工表面，所以工序尺寸具有方向性。多数情况下，工序基准与设计基准重合。

2. 定位基准

加工中确定工件在机床上或机床夹具中占有正确位置的基准，称为定位基准。有时作为定位基准的点、线、面（如外圆和内孔的轴线、对称面等）在工件上不一定实际存在，而常由某些实际存在的表面体现,这些体现假想的定位基准的表面称为定位基面。如图 2.11 所示,工件装夹在自定心卡盘中,外圆表面 5 与卡爪接触,端面 6 靠在卡盘平面上,从而实现径向(轴线)和轴向的定位。端面 6 是实际存在的定位基准,它确定了工件的轴向位置;外圆轴线是假想的定位基准,它确定了工件的径向位置;外圆表面 5 是径向定位的定位基面。定位基准实例如图 2.12 所示。

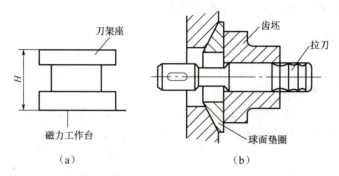

图 2.12 定位基准实例

定位基准(基面)有粗基准和精基准之分。用未加工过的表面做定位基准(基面),称为粗基准;用已加工过的表面做定位基准(基面),称为精基准。一般情况下,定位基准应与工序基准和设计基准重合,否则将产生基准不重合误差。

3. 测量基准

测量时采用的基准(用来确定被测量尺寸、形状和位置的基准)称为测量基准。测量基准可以是实际存在的,也可以是假想的。实际存在的测量基准也称测量基面。测量基准实例如图 2.13 所示。

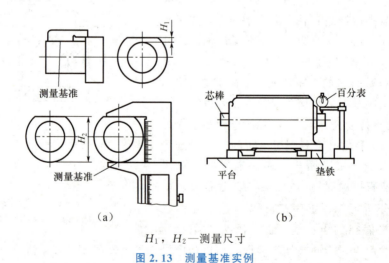

H_1,H_2—测量尺寸

图 2.13 测量基准实例

4. 装配基准

装配时用来确定零件或部件在产品中的相对位置所采用的基准,称为装配基准。装配基准可以是实际存在的,也可以是假想的。实际存在的装配基准称为装配基面。如

图 2.14 所示,齿轮轴向的装配基面是图中的 B 面;齿轮径向的装配基准是其内孔轴线,内孔表面 A 是装配基面。

5. 基准重合

基准重合是工程设计中应遵循的产品设计基本原则。在进行产品设计时,应尽量把装配基准作为零件图样上的设计基准,以直接保证装配精度的要求。加工零件时,应使工序基准与设计基准重合,以直接保证零件的加工精度;工序基准与定位基准重合,不仅可避免进行复杂的尺寸换算,而且可避免产生基准不重合误差。

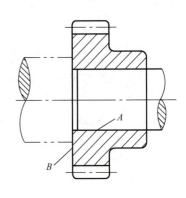

图 2.14 齿轮与轴的装配基准

2.3.3 工件的六点定位原理

1. 工件的自由度

一个自由刚体在空间有且仅有六个自由度。任何一个工件,如果不加任何限制,则其空间位置是不确定的,可以向任意方向移动或转动。工件具有的这种运动的可能性,称为工件的自由度。如图 2.15 所示的工件,既能沿 x、y、z 三个坐标轴移动,称为移动自由度,分别表示为 $\vec{x}$、$\vec{y}$、$\vec{z}$;又能绕 x、y、z 三个坐标轴转动,称为转动自由度,分别表示为 $\hat{x}$、$\hat{y}$、$\hat{z}$。

2. 六点定位原理

由前述可知,要使一个工件在空间有确定的位置,就必须设置相应的六个约束,分别限制其六个自由度。如果六个自由度都被限制,则工件在空间的位置完全确定。

如图 2.16 所示,在空间直角坐标系 xOy 面上布置 1、2、3 三个不共线的支承点,使工件底面与三个点保持接触,则限制了 $\hat{x}$、$\hat{y}$、$\vec{z}$ 三个自由度;在 xOz 面上布置两个支承点 4、5 与工件接触,则限制了工件的 $\vec{x}$、$\hat{z}$ 两个自由度;在 yOz 面布置一个支承点 6 与工件接触,则限制了工件的 $\vec{y}$ 自由度。于是工件的六个自由度全部被限制。用合理分布的六个支承点限制工件的六个自由度,确定工件唯一确切位置的原理,称为六点定位原理,也称六点定位原则。

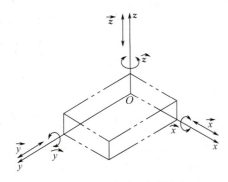

图 2.15 工件的六个自由度

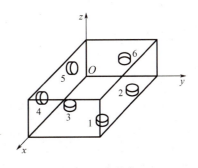

1~6—支承点

图 2.16 矩形工件定位

3. 应用六点定位原理时需注意的问题

（1）定位支承点是由定位元件抽象而来的。在夹具的实际结构中，定位支承点是通过具体的定位元件体现的，即支承点不一定用点或销的顶端，而用面或线代替。由几何概念可知，两点确定一条直线，不共线的三个点可以确定一个平面，即一条直线可以代替两个支承点，一个平面可代替三个支承点。在具体应用时，还可用窄长的平面（条形支承）代替直线，用较小的平面代替点。

（2）只有定位支承点与工件定位基准面始终保持接触，才能起到限制自由度的作用。

（3）分析定位支承点的定位作用时，不考虑力的影响。工件的某个自由度被限制是指工件在某个坐标方向有了确定的位置，并不是指工件在受到使其脱离定位支承点的外力时不能运动。夹紧装置可使工件在外力作用下不能运动。

2.3.4 工件正确定位应限制的自由度

1. 限制工件自由度与加工要求的关系

（1）用静调整法加工一批工件之前，为保证工件的加工要求，必须先调整好机床夹具与机床、刀具间的相对位置。因此，工件的工序基准相对于机床、刀具必须保持正确位置。工件的正确定位就是工序基准的正确定位。

（2）工件正确定位应限制的自由度，由其加工要求和工序基准的形式决定。工件应被限制的自由度与工件被加工面的位置要求存在对应关系。当工件被加工面只有一个方向的位置要求时，需限制三个自由度；当工件被加工面有两个方向的位置要求时，需限制五个自由度；当工件被加工面有三个方向的位置要求时，需限制六个自由度。但加工过程中，并非所有工件的六个自由度都必须限制。为保证加工要求，对加工有影响而必须限制的自由度，称为第一自由度；与加工要求无关的自由度称为第二自由度，不必限制。

（3）为确保被加工要素对基准要素的距离尺寸要求，需限制的自由度与工件定位基准的形状有关，而位置公差要求需限制的自由度与被加工要素及基准要素的形状有关。其具体确定方法如下：独立拟出确保各单项距离尺寸或位置公差要求而限制的自由度后，按综合叠加但不重复的方法，得到确保多项精度要求应限制的自由度。

〔例 2-3〕 如图 2.17 所示，在工件上铣键槽有两个方向的位置要求：一是为保证键槽底面与 A 面的距离尺寸及平行度要求，必须限制 $\vec{z}$、$\hat{x}$、$\hat{y}$ 三个自由度；二是为确保键槽侧面与 B 面的平行度及距离尺寸要求，必须限制 $\vec{x}$、$\hat{y}$、$\hat{z}$ 三个自由度。按照综合叠加方法，为保证键槽的位置精度，必须限制 $\vec{x}$、$\vec{z}$、$\hat{x}$、$\hat{y}$、$\hat{z}$ 五个自由度。如键槽的长度有要求，则被加工面有三个方向的位置要求，必须限制工件的六个自由度。

2. 工件定位中的四种情况

（1）完全定位。完全定位是指不重复地限制工件的六个自由度的定位。当工件在 x、y、z 三个坐标方向均有尺寸要求或位置精度要求时，一般采用这种定位方式，如图 2.18 所示。

（2）不完全定位。根据工件的加工要求，有时并不需要限制工件的全部自由度，这种定位方式称为不完全定位，如图 2.19 所示。

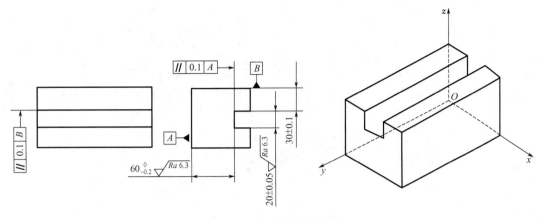

图 2.17 在工件上铣键槽

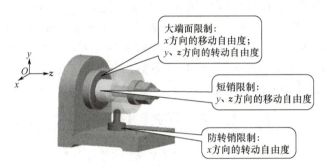

图 2.18 完全定位

图 2.19 不完全定位

（3）欠定位。**根据工件加工要求，应该限制的自由度没有完全被限制的定位方式，称为欠定位**。由于欠定位无法保证加工要求，因此在确定工件定位方案时，不允许发生欠定位。如图 2.19 中没有设计防转销，为欠定位。

（4）过定位。夹具上的两个或两个以上的定位元件重复限制同一个自由度的现象，称过定位，也称重复定位或超定位，如图 2.20 所示。

一般减少或消除过定位现象的方法有以下两种：一种是改变定位元件的结构，如减小定位元件工作面的接触长度，或者减小定位元件的配合尺寸，增大配合间隙等；另一种是控制或者提高工件定位基准之间及定位元件工作表面之间的位置精度。

为简化分析自由度，可将对工件工序各项加工要求应限制的自由度分析，转换成对各

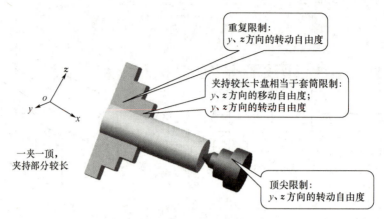

图 2.20 过定位

项加工要求的工序基准的自由度分析。常见工序基准有点、线、平面,它们在直角坐标系中的位置分别由点(三个移动自由度)、线(两个移动自由度和两个转动自由度)、平面(一个移动自由度和两个转动自由度)决定。如果某些自由度对加工要求有影响,则必须限制该自由度。表 2-1 所示为常见定位原件限制自由度的情况。表 2-2 所示为常见加工形式为保证加工要求应限制的自由度。

表 2-1 常见定位原件限制自由度的情况

工件的定位面	夹具的定位元件			
	定位情况	一个支承钉	两个支承钉	三个支承钉
平面(支承钉)	图示			
	限制的自由度	$\vec{x}$	$\vec{y}\ \vec{z}$	$\vec{z}\ \hat{x}\ \hat{y}$
	定位情况	一块条形支承板	两块条形支承板	一块矩形支承板
平面(支承板)	图示			
	限制的自由度	$\vec{y}\ \vec{z}$	$\vec{z}\ \hat{x}\ \hat{y}$	$\vec{z}\ \hat{x}\ \hat{y}$

续表

工件的定位面	夹具的定位元件				
圆孔	圆柱销	定位情况	短圆柱销	长圆柱销	两段短圆柱销
		图示	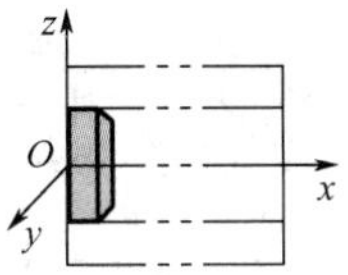	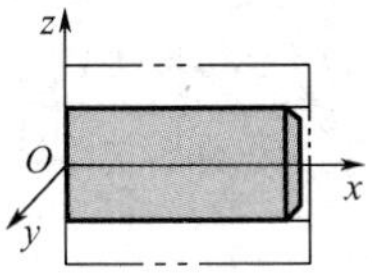	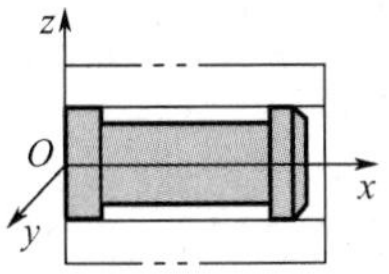
		限制的自由度	$\vec{y}$ $\vec{z}$	$\vec{y}$ $\vec{z}$ $\overset{\curvearrowright}{y}$ $\overset{\curvearrowright}{z}$	$\vec{y}$ $\vec{z}$ $\overset{\curvearrowright}{y}$ $\overset{\curvearrowright}{z}$
		定位情况	菱形销	长销小平面组合	短销大平面组合
		图示	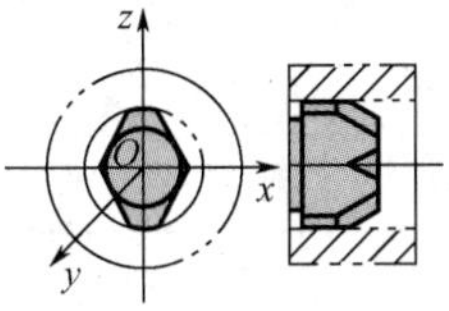	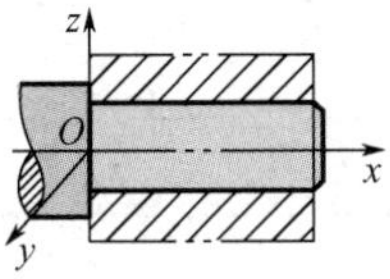	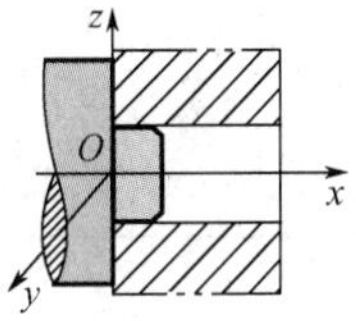
		限制的自由度	$\vec{z}$	$\vec{x}$ $\vec{y}$ $\vec{z}$ $\overset{\curvearrowright}{y}$ $\overset{\curvearrowright}{z}$	$\vec{x}$ $\vec{y}$ $\vec{z}$ $\overset{\curvearrowright}{y}$ $\overset{\curvearrowright}{z}$
	圆锥销	定位情况	固定锥销	浮动留锥销	固定锥销与浮动锥销组合
		图示	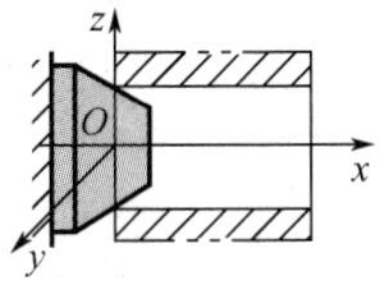	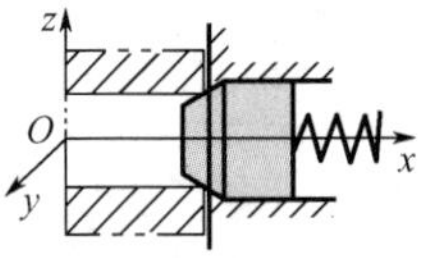	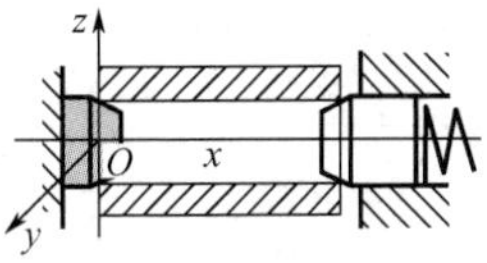
		限制的自由度	$\vec{x}$ $\vec{y}$ $\vec{z}$	$\vec{y}$ $\vec{z}$	$\vec{x}$ $\vec{y}$ $\vec{z}$ $\overset{\curvearrowright}{y}$ $\overset{\curvearrowright}{z}$
	心轴	定位情况	长圆柱心轴	短圆柱心轴	小锥度心轴
		图示	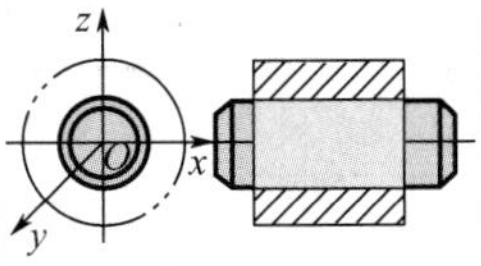	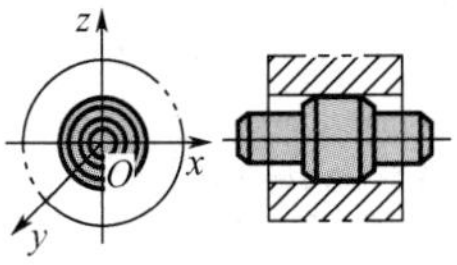	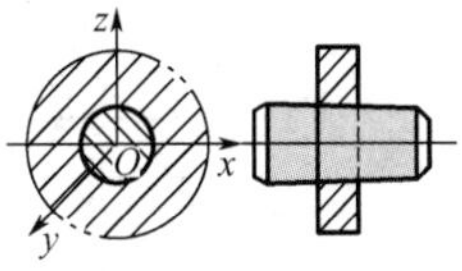
		限制的自由度	$\vec{x}$ $\vec{z}$ $\overset{\curvearrowright}{x}$ $\overset{\curvearrowright}{z}$	$\vec{x}$ $\vec{z}$	$\vec{x}$ $\vec{z}$ $\overset{\curvearrowright}{x}$ $\overset{\curvearrowright}{z}$

续表

工件的定位面	夹具的定位元件				
外圆柱面	V形块	定位情况	一块短V形块	两块短V形块	一块长V形块
		图示	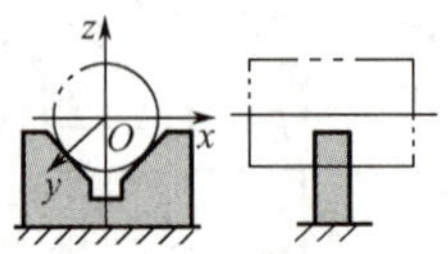	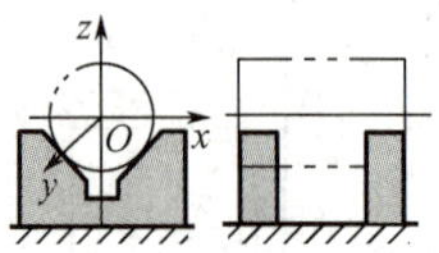	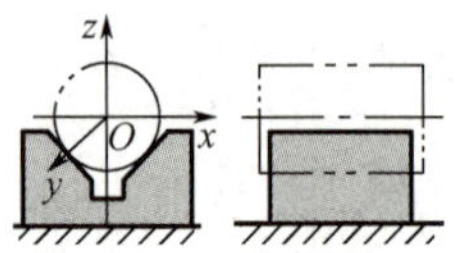
		限制的自由度	$\vec{x}\ \vec{z}$	$\vec{x}\ \vec{z}\ \hat{x}\ \hat{z}$	$\vec{x}\ \vec{z}\ \hat{x}\ \hat{z}$
	定位套	定位情况	一个短定位套	两个短定位套	一个长定位套
		图示	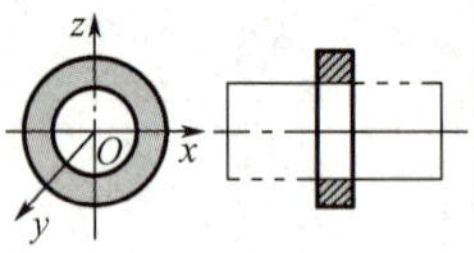	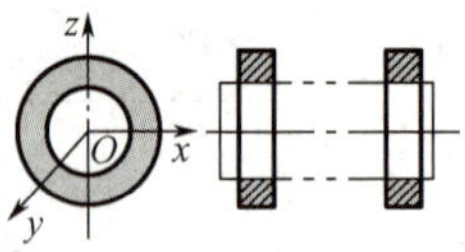	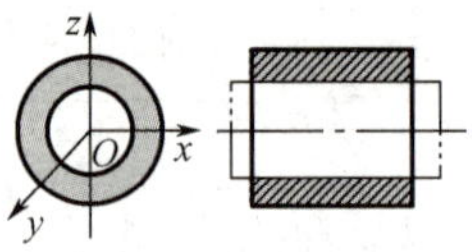
		限制的自由度	$\vec{x}\ \vec{z}$	$\vec{x}\ \vec{z}\ \hat{x}\ \hat{z}$	$\vec{x}\ \vec{z}\ \hat{x}\ \hat{z}$

表 2-2　常见加工形式为保证加工要求应限制的自由度

序号	加工形式	第一类自由度	序号	加工形式	第一类自由度
1	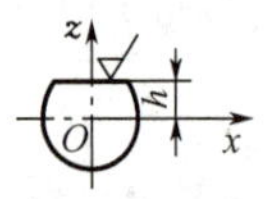	$\vec{z}$	5	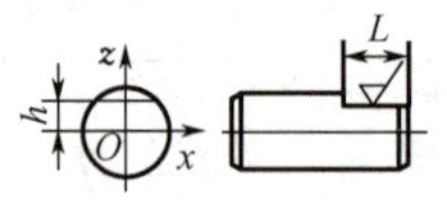	$\vec{y}\ \vec{z}\ \hat{x}\ \hat{z}$
2	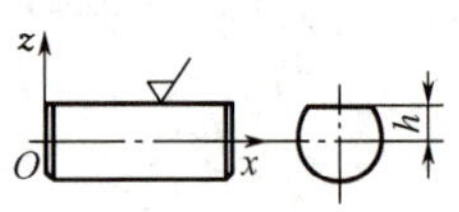	$\vec{z}\ \hat{y}$	6	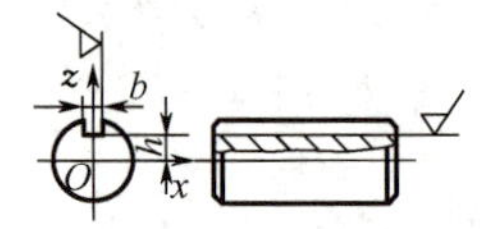	$\vec{x}\ \vec{z}\ \hat{x}\ \hat{z}$
3	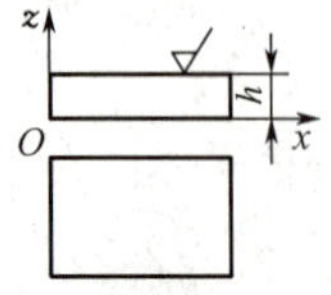	$\vec{z}\ \hat{x}\ \hat{y}$	7	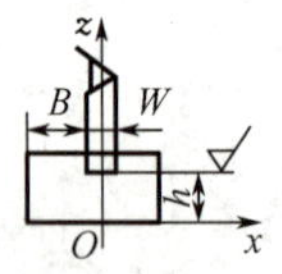	$\vec{x}\ \vec{z}\ \hat{x}\ \hat{y}\ \hat{z}$
4	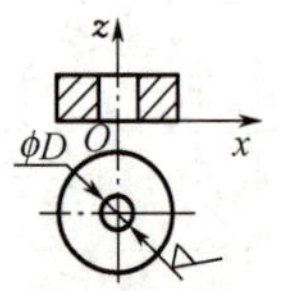	$\vec{x}\ \vec{y}\ \hat{x}\ \hat{y}$	8	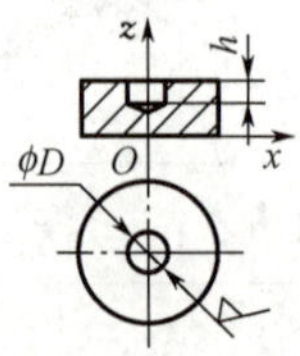	$\vec{x}\ \vec{y}\ \vec{z}\ \hat{x}\ \hat{y}$

续表

序号	加工形式	第一类自由度	序号	加工形式	第一类自由度
9		$\vec{x}\ \vec{z}$ $\vec{x}\ \vec{y}\ \vec{z}$	11		$\vec{x}\ \vec{y}$ $\vec{x}\ \vec{y}\ \vec{z}$
10		$\vec{x}\ \vec{y}$ $\vec{x}\ \vec{y}\ \vec{z}$	12		$\vec{x}\ \vec{y}\ \vec{z}$ $\vec{x}\ \vec{y}\ \vec{z}$

2.4 定位元件

工件定位常采用不同定位基准，如以平面定位、以圆柱孔定位、以外圆柱面定位、以组合表面定位等。不同定位基准需要采用不同定位元件进行定位。

2.4.1 工件以平面定位及其定位元件

在机械加工中，以平面作为定位基准是常用定位方式，如箱体、机座、支架、板状类零件等。其所用定位元件根据是否起限制自由度的作用、能否调节等分为以下几种。

1. 固定支承

固定支承分为支承钉和支承板两种类型。

（1）支承钉。支承钉有三种形式，适用于不同场合。图2.21（a）所示的平头支承钉用于工件已经加工过的平面定位；图2.21（b）所示的球头支承钉用于工件以毛面定位；图2.21（c）所示的齿纹头支承钉用于工件侧面定位，它能增大摩擦系数，防止工件滑动。需要更换的支承钉应加衬套。一个支承钉相当于一点支承，限制一个自由度；在一个平面内，两个支承钉限制两个自由度；不在同一条直线上的三个支承钉限制三个自由度。

（2）支承板。图2.22所示为两种标准支承板，都可用于工件已加工表面定位。其中，A型支承板结构简单，但孔边切屑不易清除干净，适用于侧面定位和顶面定位；B型支承板便于清除切屑，适用于底面定位。

支承钉、支承板和衬套都已标准化，其公差配合、材料、热处理等可查相关机械行业标准。工件底面较大时，常将多块支承板组合成一个大的支承平面，各支承板组装到夹面磨床上，将其支承平面一起磨平，以保证高度相等。限制三个自由度的支承，一般称为主要支承；一个支承板相当于两个支承点，限制两个自由度，一般称为导向支承；限制一个自由度的支承，称为止推支承。

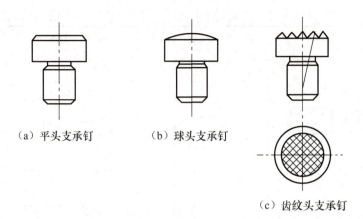

图 2.21 支承钉形式

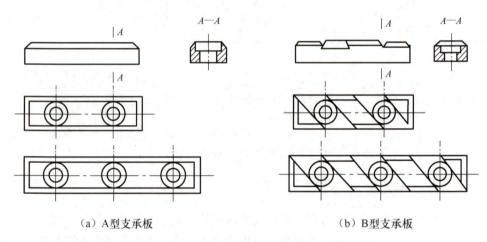

(a) A型支承板　　　　　　(b) B型支承板

图 2.22 支承板结构及其定位

2. 可调支承

在工件定位过程中,要求定期或不定期调整支承钉的高度时,应根据不同的应用场合,采用图 2.23 所示的四种可调支承。可调支承用于分批铸造的毛坯,适用于形状尺寸变化较大且以粗基准定位的场合。若采用固定支承,则将由各批毛坯尺寸不稳定引起后续工序的加工余量发生较大变化,影响加工质量。

在加工一批工件前,需调整一次可调支承。在加工同一批工件过程中,可调支承相当于固定支承。在调整可调支承后,需要用锁紧螺母锁紧。

3. 自位支承(浮动支承)

在工件定位过程中,能自动调整位置的支承称为自位支承。其作用是提高工件装夹刚度和稳定性。图 2.24 所示为三种形式的自位支撑。

自位支承的工作特点如下:浮动支承点的位置随工件定位基准位置的变化自动调节。当基准面有误差时,压下其中一点,其余点上升,直至全部接触为止。故其仍相当于固定支承,只限制一个自由度。由于自位支承增加了接触点,因此可提高工件的刚度和稳定性，但夹具结构稍复杂，适用于工件以毛面定位或刚度不足的场合。

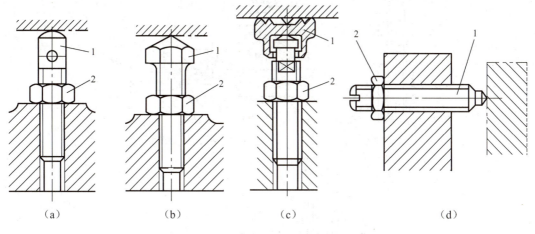

1—调整螺钉；2—锁紧螺母
图 2.23 可调支承

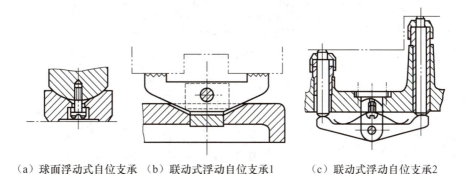

（a）球面浮动式自位支承　（b）联动式浮动自位支承1　（c）联动式浮动自位支承2
图 2.24 三种形式自位支承

4. 辅助支承

在工件定位过程中，不限制工件自由度、用于辅助定位的支承称为辅助支承。生产过程中，工件的结构形状及夹紧力、切削力、工件重力等可能使工件在定位后产生变形或定位不稳定，为了提高工件的装夹刚度、稳定性和可靠性，常设置辅助支承。但辅助支承不起限制工件自由度的作用，且每次加工均需重新调整支承点高度，支承位置应有利于工件承受夹紧力和切削力。

辅助支承的类型如下。

① 螺旋式辅助支承［图 2.25（a）］。这种支承结构简单，但效率较低。

② 推引式辅助支承［图 2.25（b）］。这种支承的弹簧推动滑柱与工件接触，用滑块锁紧。弹簧力应能使滑柱弹出，但不能顶起工件。

③ 自位式辅助支承［图 2.25（c）］。这种支承适用于工件较重、垂直作用的切削负荷较大的场合。工件定位后，推动手轮与工件接触，转动手轮，使斜模开槽部分胀开而锁紧。

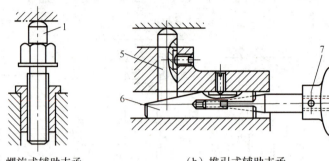

（a）螺旋式辅助支承　　　　（b）推引式辅助支承

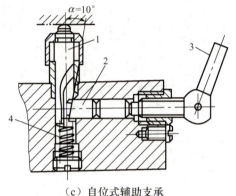

（c）自位式辅助支承

1，5—支撑钉；2—推杆；3，7—手柄；4—弹簧；6—斜楔式推杆

图 2.25　辅助支承

〔例 2-4〕图 2.26 所示为辅助支承应用实例，工件以内孔和端面定位钻小头孔。若右端不设置支承，则工件装夹好后，右边悬空，刚度差。若在 A 处设置辅助支承，则能增大工件的装夹刚度，但不起限制自由度的作用，也不允许破坏原有定位。因此，它必须逐个调整工件，以适应工件支承表面的位置误差。

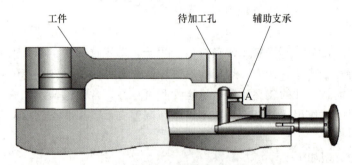

图 2.26　辅助支承应用实例

2.4.2　工件以圆柱孔定位及其定位元件

工件以圆柱孔作为定位基准时，常用圆柱定位销、圆锥定位销、定位心轴等定位元件。

1. 圆柱定位销

按与工件内孔的配合长度，圆柱定位销分为长圆柱定位销和短圆柱定位销，长圆柱定位销可限制四个自由度，短圆柱定位销只能限制端面上的两个自由度。

图 2.27 所示为常用圆柱定位销。定位销头部作出圆角或倒角，以便装入工件定位孔，如图 2.27（a）至图 2.27（c）所示。夹具体上应有沉孔，使定位销圆角部分沉入孔内而不影响定位。大批量生产时，为了便于更换定位销，可设计成图 2.27（d）所示的带衬套结构。为了便于工件顺利装入，定位销的头部应有 15°倒角。

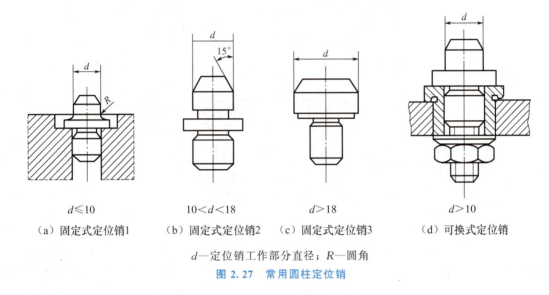

(a) 固定式定位销1　　(b) 固定式定位销2　　(c) 固定式定位销3　　(d) 可换式定位销

d—定位销工作部分直径；R—圆角

图 2.27　常用圆柱定位销

2. 圆锥定位销

图 2.28 所示为工件以圆孔在圆锥定位销上定位示意。图 2.28（a）所示的圆锥定位销用于粗基准定位，图 2.28（b）所示的圆锥定位销用于精基准定位。圆锥定位销限制工件三个移动自由度。

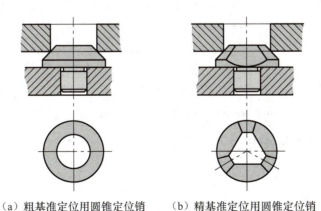

(a) 粗基准定位用圆锥定位销　　(b) 精基准定位用圆锥定位销

图 2.28　工作以圆孔在圆锥定位销上定位示意

3. 定位心轴

图 2.29 所示为常用定位心轴。

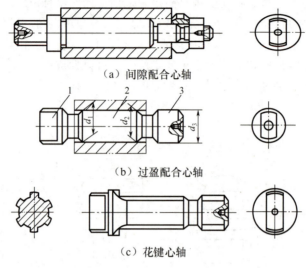

(a) 间隙配合心轴

(b) 过盈配合心轴

(c) 花键心轴

1—安装部分；2—工作部分；3—导向部分

图 2.29　常用定位心轴

图 2.29 (a) 所示为间隙配合心轴。心轴工作部分按 h6、g6 或 f7 制造，装卸比较方便，但定心精度不高。采用间隙配合心轴时，为了减小工件由间隙造成的倾斜，常用孔和端面联合定位。故要求工件孔与端面之间、定位元件的圆柱工作表面与端面之间都有较大的垂直度，应在一次装夹中加工出来。带轴肩的间隙配合心轴可限制五个自由度，其中心轴定位部分限制四个自由度。

图 2.29 (b) 所示为过盈配合心轴，限制四个自由度。心轴由引导部分、工作部分及与传动装置（如拨盘、鸡心夹头等）相联系的传动部分组成。引导部分的作用是使工件迅速、正确地套入心轴，其直径 d_3 按 e8 制造，d_3 的公称尺寸为工件孔的下极限尺寸，约为基准孔长度的一半。工作部分直径按 r6 制造，其公称尺寸为工件孔的上极限尺寸。当工件孔的长径比 (L/d) 大于 1 时，心轴工作部分应稍带锥度。此时直径 d_1 应按 r6 制造，其公称尺寸为工件孔的上极限尺寸；直径 d_2 应按 h6 制造，其公称尺寸为工件孔的下极限尺寸。过盈配合心轴容易制造、定心精度高，无须另设夹紧装置；但装卸工件不便，易损伤工件定位孔，多用于定心精度要求高的精加工场合。

图 2.29 (c) 所示为花键心轴，用于加工以花键孔定位的工件。

2.4.3　工件以外圆柱面定位及其定位元件

1. V 形块

工件以外圆柱面定位时，最常用的定位元件是 V 形块。V 形块工作面间的夹角 α 常取 60°、90°、120°，其中应用最多的是 90°。90°V 形块的典型结构和尺寸已标准化，可根据定位圆柱面的长度和直径进行选择。图 2.30 所示为常用 V 形块的结构形式。其中，

图2.30（a）所示的V形块用于较短的加工过的圆柱面定位；图2.30（b）所示的V形块用于较长的粗糙的圆柱面定位；图2.30（c）所示的V形块用于较长的加工过的圆柱面定位；图2.30（d）所示的V形块用于尺寸较大的圆柱面定位，这种V形块底座采用铸件，V形面采用淬火钢件，V形块是由两者镶合而成的。

V形块既能用于精基准面定位，又能用于粗基准面定位；既能用于完整的圆柱面，又能用于局部圆柱面；具有对中性（使工件的定位基准总处于V形块两个工作表面的对称面内），因此，当工件以外圆柱面定位时，V形块是应用最多的定位元件。

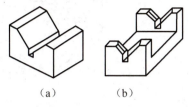
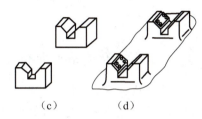

图 2.30　常用 V 形块的结构形式

2. 定位套

工件以外圆柱面在圆孔中定位时，其定位元件常做成钢套。图2.31所示为常用定位套。为了限制工件的轴向自由度，定位套常与端面联合定位。当工件端面为主定位基准时，应控制定位套的长度，以免夹紧时工件产生不允许的变形。

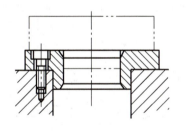
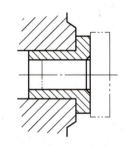

图 2.31　常用定位套

图2.31（a）所示为带大端面的短定位套，用于工件以端面为主定位基准，工件以短圆柱面在定位套内孔中定位，限制工件两个自由度；同时以端面在定位套的大端面上定位，限制工件三个自由度，共限制工件五个自由度。

图2.31（b）所示为带小端面的长定位套，工件以较长的外圆柱面在长定位套的孔中定位，限制工件四个自由度；同时以端面在定位套的小端面上定位，限制工件一个自由度，共限制工件五个自由度。

定位套结构简单、容易制造，但定心精度不高，只适用于工件以精基准定位的场合，且为了便于装入工件，在定位套孔口端应有15°或30°倒角或圆角。

3. 半圆套

图2.32所示为工件在半圆套中定位，下面的半圆套是定位元件，上面的半圆套起夹紧作用。图2.32（a）所示为可卸式半圆套，图2.32（b）所示为铰链式半圆套，后者装卸工件方便。半圆套主要用于大型轴类零件及不便于轴向装夹的零件。定位基面的精度不低于IT8～IT9，半圆套的最小内径应取工件定位基面的最大直径。

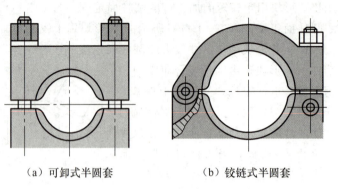

(a) 可卸式半圆套　　　　(b) 铰链式半圆套

图 2.32　工件在半圆套中定位

2.4.4　工件以组合表面定位

在实际生产中，为满足工序的加工要求，一般采用多个定位基准（基面）的组合方式进行定位，即组合表面定位，如图 2.33 所示。工件以组合表面定位的形式较多，常用组合定位基准（基面）有前后顶尖孔、一孔一端面、一端面一外圆、两阶梯外圆及一端面、一长孔一外圆、一面两孔等。相应地，采用定位元件的组合定位，如前后顶尖、定位销（或心轴）与支承钉组合、V 形块与支承钉组合、长定位销与 V 形块组合、支承板与双销组合等。

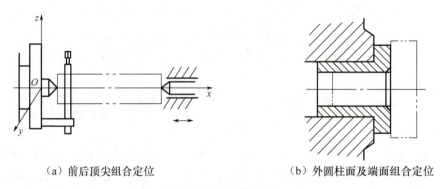

(a) 前后顶尖组合定位　　　　(b) 外圆柱面及端面组合定位

图 2.33　组合表面定位

加工汽车箱体类零件（如变速器壳体、气缸体、离合器壳体等）时，常以一个平面及其上的两个工艺孔组合为定位基准，简称一面两孔定位。在机床夹具上相应地用一个大支承板（一般由多个支承板组合）和两个短销作为定位元件组合，简称一面两销定位。图 2.34（a）所示为箱体零件以底平面及其上的两个工艺孔 D_1、D_2 为定位基准，在机床夹具上相应地用支承板及其上的两个短圆柱销 d_1、d_2 作为定位元件。定位时，短圆柱销 d_1 与孔 D_1、短圆柱销 d_2 与孔 D_2 的最小配合间隙分别为 X_1 和 X_2。支承平面限制 $\vec{z}$、$\vec{x}$ 和 $\vec{y}$ 三个自由度，短圆柱销 d_1 限制 $\vec{x}$ 和 $\vec{z}$ 两个自由度，短圆柱销 d_2 限制 $\vec{x}$ 和 $\vec{z}$ 两个自由度。这样，$\vec{x}$ 自由度同时被短圆柱销 d_1 和 d_2 限制，出现了过定位。当两孔和两销间的中心距都存在较大误差时[图 2.34（b）]，当短圆柱销 d_1 与孔 D_1 配合且两中心重合，短圆柱销 d_1 与短圆柱销 d_2 中心距为 $L_x - T_{Lx}/2$，孔 D_1 与孔 D_2 中心距为 $L_g + T_{Lg}/2$，$(T_{Lx} + T_{Lg})/2 > X_{\min}/2$ 时，短圆柱销 d_2 与孔 D_2 将发生干涉而套不进去。为解决这个问题，可将短圆柱销 d_2 沿两销中心距方向削边，变成短菱形销，即在发生过定位的方向将短圆柱销 d_2 削边，短菱形销只限制 z 一个转动自由度。最终自由度限制情况如图 2.35 所示。

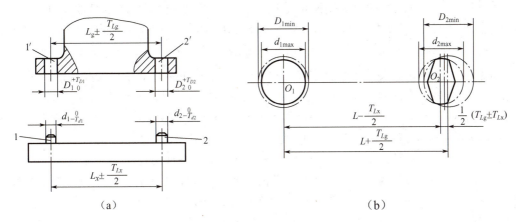

1，2—短销；1′，2′—工件上的孔

图 2.34　工件以一面两孔定位

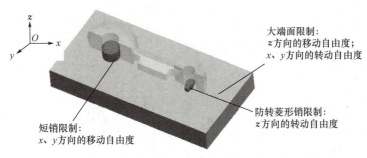

图 2.35　最终自由度限制情况

由上述可知，组合定位时，过定位将造成工件定位不稳定，或者使定位元件或工件发生干涉而影响加工精度。因此，一般情况下，应该尽量避免出现过定位。如果发生过定位，在定位基准之间和定位元件之间的尺寸精度或位置精度很高的情况下，不出现定位不稳定或定位干涉，且对加工精度的影响不超过工件加工允许的范围还是允许的。在粗加工某些刚性较差的工件时，为了增强工件支承刚性，加工工件时可以控制变形，也能获得较好的加工精度，有时有意识地设置过定位元件。例如粗加工汽车内燃机曲轴、凸轮轴等刚性差的零件时，有意识地设置若干过定位元件。

2.5　定位误差

2.5.1　定位误差的定义及产生的原因

用静调整法加工一批工件时，在定位过程中会遇到工件的定位基准与工序基准不重合，以及工件的定位基准（基面）与定位元件工作表面存在制造误差等情况，这些都会引起工件的工序基准偏离理想位置而产生加工误差。**定位误差是指由定位不准确导致工件工**

序基准偏离理想位置，引起工序尺寸变化的加工误差。定位误差的值为工件的工序基准沿工序尺寸方向发生的最大位移量，用符号 Δ_d 表示。

下面以实例说明定位误差产生的原因和定位误差的值。

〔例 2-5〕 在卧式铣床上，用静调整法加工一批图 2.36（a）所示盘形零件上的槽，要求保证工序尺寸 $b_0^{+T_b}$ 及 $A \pm T_A/2$。工件 1 以内孔定位（定位基准为内孔轴线）装夹在图 2.36（b）所示的夹具心轴 2 上，心轴直径为 $d_{-T_d}^0$。工件工序尺寸 b 由铣刀 3 的宽度尺寸直接保证，与定位无关；工件工序尺寸 A 由工件相对于刀具的正确定位保证。若工件内孔与夹具心轴配合间隙为零，则工件内孔的轴线与夹具心轴的轴线重合；刀具的位置是按心轴的轴线调整的，在加工过程中，如不考虑其他加工误差（如刀具磨损、铣刀杆的变形等），则其位置保持不变。当加工的工序尺寸是图 2.36（a）中的 A 时，工序基准与定位基准不重合。当工件外圆直径 d_g 有尺寸误差时，工序基准会在工序尺寸方向上产生位置变化，其最大位移值为 $T_{d_g}/2$。这种由定位基准与工序基准不重合引起的加工误差称为基准不重合误差。基准不重合误差的值等于在工序尺寸方向上工序基准至定位基准间的尺寸公差值，用 $\Delta_{j,b}$ 表示。

$$\Delta_{d(A)} = \Delta_{j,b(A)} = \frac{T_{d_g}}{2}$$

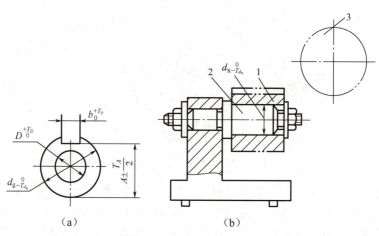

1—工件；2—夹具心轴；3—铣刀

图 2.36 铣槽加工

上述定位误差是在内孔与心轴配合间隙为零的条件下分析的。实际上，内孔与心轴存在最小配合间隙 X，并且它们本身存在制造误差。工件在重力作用下，内孔与心轴上的母线接触会使内孔轴线偏离理想位置而下移。此时，如果不考虑工件外圆 d_g 的制造误差，则工序尺寸会出现加工误差。我们将由工件定位基面（内孔）和定位元件（心轴）制造不准确导致定位基准在工序尺寸方向上产生位置变化而引起的加工误差，称为基准位移误差。基准位移误差的值等于在工序尺寸方向上定位基准的最大位移量，用 $\Delta_{j,y}$ 表示。

$$\Delta_{d(A)} = \Delta_{j,y(A)} = \frac{T_{D_g} + T_{d_x} + X}{2}$$

由上述分析可知，产生定位误差的原因有以下两个。

(1) 工件的工序基准与定位基准不重合，产生基准不重合误差 $\Delta_{j,b}$。

(2) 工件定位基准（基面）和夹具定位元件本身存在制造误差及最小配合间隙（心轴与内孔配合时），使定位基准偏离理想位置，产生基准位移误差 $\Delta_{j,y}$。

加工时，若上述两个原因同时存在，则定位误差 Δ_d 为 $\Delta_{j,b}$ 和 $\Delta_{j,y}$ 的代数和，即

$$\Delta_d = \Delta_{j,b} + \Delta_{j,y} \tag{2-1}$$

要提高定位精度，除了应使工件的工序基准与定位基准重合外，还应尽量提高工件的定位基准（基面）和夹具定位元件的制造精度，并减小配合间隙（心轴与内孔配合时）。

2.5.2 定位误差的分析与计算

由上述可知，计算定位误差 Δ_d 就是计算工件的工序基准在工序尺寸方向上的最大位移值。

1. 工件以平面定位时的定位误差

工件以平面定位时，夹具上相应的定位元件是支承钉和支承板。工件定位基面的平面度误差和夹具定位元件的平面度误差都会产生定位误差。当用已加工平面作为定位基准时，该误差很小，一般可忽略不计；但工件定位基准之间的位置误差较大，将产生基准位移误差。

〔例 2-6〕在图 2.37 所示的长方体上加工槽，要求保证工序尺寸 b、H 和 B，其中槽宽 b 是用铣刀宽度直接保证的；工序尺寸 H 和 B 依靠工件相对于铣刀的正确定位保证。当以定位基准 K_1 和 K_2 定位时，由于定位基准与工序基准重合，因此基准不重合误差等于零。当定位基准 K_1 与 K_2 之间存在垂直度误差（以 $90° \pm \Delta\alpha$ 表示），在调整好的机床上加工一批工件时，由于存在定位基准之间的位置误差，因此工序基准 K_2 的位置发生变化，工序尺寸 B 将产生加工误差——基准位移误差，定位误差为

$$\Delta_{d(B)} = \Delta_{j,y(B)} = 2h\tan\Delta\alpha$$

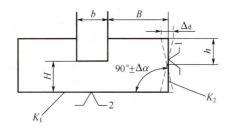

图 2.37 在长方体上加工槽

2. 工件以内孔定位时的定位误差

工件以内孔定位时，机床夹具上的定位元件有心轴和定位销。当工件定位基面内孔与心轴以过盈配合时，定位轴间无配合间隙，内孔与心轴的轴线重合，不会产生基准位移误差。当工件定位内孔与心轴以间隙配合时，将产生基准位移误差。下面分两种情况进行分析。

（1）心轴（定位销）水平放置。在工件上钻孔 ϕD，工序尺寸为 $A \pm T_A/2$，如图 2.38(a) 所示。

从前述已知，因为工件定位基准与工序基准均为内孔轴线，所以基准不重合误差为

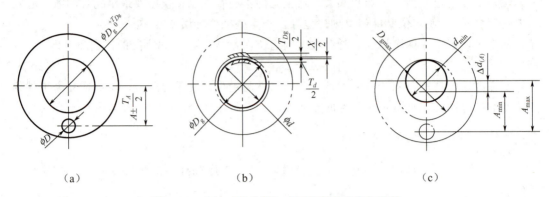

(a)　　　　　　　　(b)　　　　　　　　(c)

图 2.38　心轴（定位销）水平放置时的定位误差

零。因为内孔及心轴均存在制造误差和最小配合间隙［图 2.38（b）］，所以当工件装在心轴（或定位销）上时，工件定位基准因重力影响而下移，定位基准（工序基准）发生偏移，如图 2.38（c）所示，基准位移误差为

$$\Delta_{d(A)}=\Delta_{j,y(A)}=\frac{1}{2}(T_{D_g}+T_{d_x}+X) \qquad (2-2)$$

（2）心轴（定位销）垂直放置。仍以图 2.36（a）为例，在立式钻床上钻孔 ϕD 并保证工序尺寸 $A\pm T_A/2$。由图 2.39 可以看出，由基准位移误差 $\Delta_{j,y}$ 引起的工序基准（定位基准）位移量是以心轴轴线为圆心，以最大配合间隙为直径的圆。因此心轴垂直放置时的基准位移误差比水平放置时增大一倍，即

$$\Delta_{d(A)}=\Delta_{j,y(A)}=T_{D_g}+T_{d_x}+X \qquad (2-3)$$

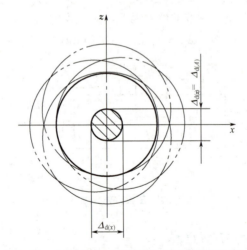

图 2.39　心轴（定位销）垂直放置时的定位误差

如果工序基准不是内孔轴线，而是工件外圆的上母线或下母线，则定位误差还应加上基准不重合误差。

3. 工件以外圆定位时的定位误差

〔例 2-7〕下面以工件外圆作为定位基面，将外圆放在 V 形块上定位为例，说明定位误差的计算及产生原因。如图 2.40 所示，在圆柱体上铣槽要保证槽宽尺寸 b、槽底尺寸 h

和槽对外圆的对称度。槽宽尺寸 b 由铣刀尺寸直接保证，与定位无关，定位误差等于零。槽对外圆轴线的对称度，因为定位基准与工序基准重合，定位基面外圆尺寸的变化会引起定位基准位置变化，但不会引起工序基准水平位移，所以对称度的定位误差等于零。槽底工序尺寸有三种尺寸标注方案，如图 2.40 所示，其工序基准不同，产生的定位误差的原因和值不同。

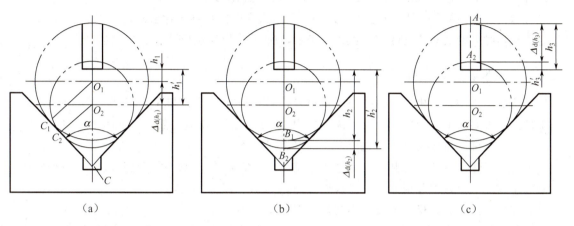

图 2.40　槽底工序尺寸的三种尺寸标注方案

（1）以外圆轴线 O 为工序基准。在图 2.40（a）所示的外圆上铣槽，工件外圆直径为 $d_g{}_{-T_{d_g}}^{\ 0}$，保证工序尺寸 h_1。工序基准为外圆轴线，与定位基准重合，不存在基准不重合误差。但是由于一批工件的定位基面——外圆存在制造误差，因此工序基准（定位基准）O_1 在 V 形块对称平面上产生位移——基准位移误差。定位误差可通过 $\triangle O_1 C_1 C$ 与 $\triangle O_2 C_2 C$ 的几何关系求出。

$$\Delta_{d(h_1)} = \overline{O_1 O_2} = \overline{O_1 C} + \overline{O_2 C} = \frac{d_g}{2\sin\frac{\alpha}{2}} - \frac{d_g - T_{d_g}}{2\sin\frac{\alpha}{2}} = \frac{T_{d_g}}{2\sin\frac{\alpha}{2}} = \Delta_{j,y} \qquad (2-4)$$

（2）以外圆下母线 B 为工序基准。铣槽时以图 2.40（b）所示的外圆下母线 B_1 为工序基准，保证工序尺寸 h_2。此时，定位误差除存在基准位移误差外，还存在由工序基准（B_1 点）与定位基准（O_1 点）不重合产生的基准不重合误差。由图 2.40（b）可知，定位误差

$$\Delta_{d(h_2)} = \overline{B_1 B_2} = \overline{O_1 O_2} + \overline{O_2 B_2} - \overline{O_1 B_1} = \frac{T_{d_g}}{2\sin\frac{\alpha}{2}} + \frac{d_g - T_{d_g}}{2} - \frac{d_g}{2}$$

$$= \frac{T_{d_g}}{2}\left(\frac{1}{\sin\frac{\alpha}{2}} - 1\right) = \Delta_{j,y} - \Delta_{j,b} \qquad (2-5)$$

（3）以外圆上母线 A 为工序基准。在图 2.40（c）所示的外圆上铣槽，需保证工序尺寸 h_3。定位误差由基准不重合误差和基准位移误差共同引起。定位误差

$$\Delta_{d(h_3)} = \overline{A_1 A_2} = \overline{O_1 A_1} + \overline{O_1 O_2} - \overline{O_2 A_2} = \frac{d_g}{2} + \frac{T_{d_g}}{2\sin\frac{\alpha}{2}} - \frac{d_g - T_{d_g}}{2}$$

$$=\frac{T_{d_g}}{2}\left(\frac{1}{\sin\frac{\alpha}{2}}+1\right)=\Delta_{j,y}+\Delta_{j,b} \qquad (2-6)$$

由上述分析可知，外圆柱体在 V 形块上定位铣槽时，槽深尺寸的工序基准不同，其定位误差产生的原因不同，定位误差的值也不同，即 $\Delta_{d(h_2)}<\Delta_{d(h_1)}<\Delta_{d(h_3)}$。从减小定位误差方面考虑，标注方案（2）为最佳方案。定位误差与定位基面外圆尺寸公差 T_{d_g} 和 V 形块夹角 α 有关，α 越大，定位误差越小，但 α 太大时定位稳定性会降低。因为用 V 形块定位铣槽时，槽的对称度的定位误差等于零，所以 V 形块定位具有良好的对中性。

2.5.3 加工误差不等式

机械加工中，产生加工误差的因素很多，只要加工误差总和在工序尺寸公差范围内，工件的加工要求就是合格的。机械加工过程中，产生加工误差主要有以下四个原因。

（1）工件在机床夹具中定位时产生的定位误差 Δ_d。

（2）机床夹具的对刀和导向元件对定位元件间的误差，以及机床夹具定位元件对夹具安装基面间的位置误差引起的对刀误差 $\Delta_{d,d}$。

（3）机床夹具在机床上安装不准确引起的安装误差 Δ_a。

（4）机械加工过程中的其他误差，如机床、刀具本身的制造误差，加工过程中的弹性变形及热变形等引起的加工误差 Δ_c。

为了保证工件的加工要求，上述四个原因产生的加工误差总和不应大于工件加工要求（工序尺寸和位置公差）的公差 T，即应满足下列不等式：

$$\Delta_d+\Delta_{d,d}+\Delta_a+\Delta_c \leqslant T$$

设计机床夹具方案时，按照工件加工要求（工序尺寸或位置公差）的公差进行预分配，将工件加工要求的公差大体上分成三等份。定位误差 Δ_d 占 1/3，对刀误差 $\Delta_{d,d}$ 和夹具安装误差 Δ_a 占 1/3，其他加工误差 Δ_c 占 1/3。公差的预分配仅作为误差估算的初步方案。设计机床夹具时，应根据具体情况进行适当的调整。一般对机床夹具定位方案进行定位误差计算时，求得的定位误差不应超过工件加工要求公差的 1/3，此时可认为定位方案可行。

2.6　工件的装夹与夹紧装置

在机床上加工工件时，为保证工件在该工序加工的表面达到规定的尺寸公差和位置公差要求，必须使工件占有正确位置，即定位。若工件只有定位而无夹紧，则在切削加工中受切削力和重力等作用，定位会受到破坏。因此将工件定位后，使其在加工过程中保持定位位置不变的操作过程称为夹紧。**工件在机床上既定位又夹紧的过程，称为装夹。**机床夹具的主要功能是完成工件的装夹工作。工件装夹情况直接影响工件的加工精度。

2.6.1 工件装夹的基本要求

工件装夹时，应满足以下两个基本要求。

（1）加工之前，工件必须正确定位，即工件应相对于机床和刀具占有正确位置。

（2）加工过程中，工件必须合理夹紧，即保证作用于工件上的各种外力不破坏定位。

2.6.2 工件装夹的方法

工件装夹的方法有找正装夹法和夹具装夹法两种。

1. 找正装夹法

（1）直接找正装夹法。以工件的实际表面为定位依据，用找正工具（如划针和指示表）找正工件的正确位置以实现定位，再将工件夹紧的方法，称为直接找正装夹法。被找正的表面就是工件的定位基准。这种装夹方法的定位精度与所用量具的精度和操作者的技术水平有关；找正所需时间长，生产率低，结果不稳定，一般只适用于单件小批生产。

（2）划线找正装夹法。工人以划线方式在工件上划出待加工表面所在位置的线痕作为定位依据，定位时用划针找正位置，再将工件夹紧的装夹方法，称为划线找正装夹法。图 2.41 所示为在汽车变速器拨叉上加工螺纹孔的找正装夹。若加工工件较少，则可以按划线找正装夹。首先将拨叉安装在划线平台的方箱上，在螺纹孔处涂上颜色，按要求找出螺纹孔中心位置，并在孔中心处划出十字线痕和底孔圆线痕；然后将待加工拨叉装在台虎钳上，用划针找正拨叉的正确位置。加工时，将钻头对准已划出孔中心线痕的位置进行钻孔和攻螺纹。这种装夹方法生产率低，定位精度也低，而且对工人的技术水平要求较高，一般只适用于单件小批生产中加工复杂且笨重的毛坯件，或零件不宜直接使用通用机床夹具装夹的场合。

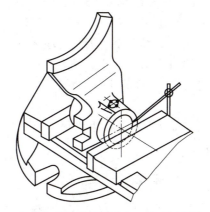

图 2.41 在汽车变速器拨叉上加工螺纹孔的找正装夹

2. 夹具装夹法

夹具装夹法是指靠夹具将工件定位、夹紧，以保证工件相对于刀具、机床的正确位置的方法。常用夹具有通用夹具和专用夹具两种。车床自定心卡盘和铣床用机用平口虎钳是常用的通用夹具。使用夹具装夹时，工件在夹具中迅速、正确地被定位与夹紧，不需要找正就能保证工件与机床、刀具间的正确位置。这种装夹方法生产率高，定位精度好，广泛用于成批以上生产和单件小批生产的关键工序中。

2.6.3 夹紧装置的组成及对夹紧装置的要求

工件定位后，为使加工过程顺利实现，必须采用一定的装置将工件压紧夹牢，防止工件在切削力、重力、惯性力等的作用下发生位移或振动，这种将工件压紧夹牢的装置称为夹紧装置。

1. 夹紧装置的组成

夹紧装置由力源装置、传力机构、执行元件三部分组成，具体按图 2.42 所示进行说明。

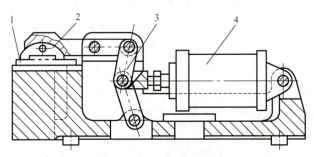

1—工件；2—夹紧元件；3—中间传动机构；4—气缸

图 2.42 夹紧装置的组成

（1）力源装置。提供原始夹紧力的装置称为力源装置，分为手动夹紧和机动夹紧两种。手动夹紧的力源来自人力，比较费时费力。为了改善劳动条件和提高生产率，在大批量生产中均采用机动夹紧。机动夹紧的力源来自液压、气压、电磁、电动、气-液联动、真空等动力夹紧装置。图 2.42 中的气缸就是一种力源装置。

（2）传力机构。传力机构是动力源与执行元件之间传递动力的机构。传力机构的作用如下：改变作用力的方向；改变作用力的大小；具有一定的自锁性能，以便在夹紧力消失后，仍能保证整个夹紧系统处于可靠的夹紧状态，这一点在手动夹紧时尤为重要。图 2.42 中的传力机构是杠杆。

（3）执行元件。执行元件是直接与工件接触，完成夹紧作用的最终执行元件。图 2.42 中的压块是执行元件。

多工件一次性装夹

2. 对夹紧装置的要求

（1）工件不移动。夹紧过程中，应能保证工件定位后获得正确位置。

（2）夹紧力适当。夹紧力既要保证工件在整个加工过程中位置稳定不变、不振动，又要保证工件不产生不适当的夹紧变形和表面损伤。

（3）工艺性能好。夹紧装置的自动化和复杂程度应与生产纲领相适应，在保证生产效率的前提下，其结构应力求简单，便于制造和维修。

（4）使用性能好。夹紧装置的操作应当方便、安全、省力。传力机构应有足够的夹紧行程，手动夹紧要有自锁性能，以保证夹紧可靠。

3. 夹紧力的确定

夹紧工件时应考虑夹紧力的作用点、方向、大小。

（1）夹紧力的作用点。

① 夹紧力的作用点应落在定位元件的支承范围内，应尽可能使夹紧点与支承点对应，

使夹紧力作用在支承上。图 2.43（a）所示的夹紧力 F_{c1} 作用在支承面范围外，会使工件倾斜或变形，夹紧时将破坏工件的定位；图 2.43（b）所示的夹紧力 F_{c2} 作用点是合理的。

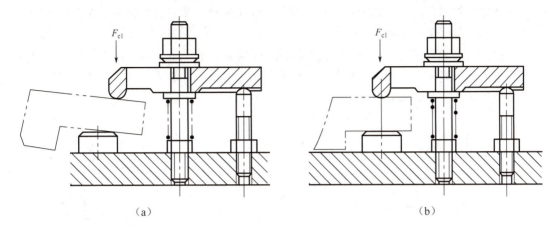

F_{c1}，F_{c2}—夹紧力

图 2.43　夹紧力作用点的选择

② 夹紧力的作用点应选在工件刚性较好的部位，尤其是对刚度较差的工件，如图 2.44 所示，将作用点由中间的单点改成两旁的两点夹紧，可减小变形，并且夹紧更加可靠。

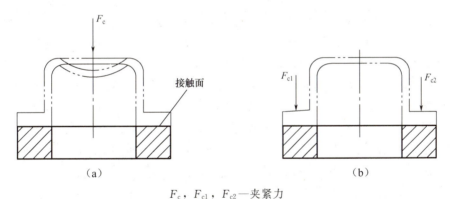

F_c，F_{c1}，F_{c2}—夹紧力

图 2.44　夹紧力作用于工件刚性较好的部位

③ 夹紧力的作用点应尽量靠近加工表面，以减小切削力对夹紧点的力矩，防止或减少工件产生振动和变形，提高定位的稳定性和可靠性。

（2）夹紧力的方向。

① 夹紧力的方向应垂直于主要定位基准面，以保证加工精度。如图 2.45 所示，对直角支座镗孔时，因为要求孔与 A 面垂直，所以应以 A 面为主要定位基面，且夹紧力 F_{j1} 方向与之垂直，以保证质量。

② 夹紧力方向应与工件刚度最大的方向一致，以减小工件的夹紧变形。如图 2.46 所示，薄壁套筒的两种夹紧方式中，图 2.46（a）所示为夹紧力 F_j 作用在刚性较差的径向方向，将使夹紧变形过大而无法保证加工精度；图 2.46（b）所示为沿刚性较大的轴向夹紧，夹紧变形较小，容易保证加工精度。

③ 夹紧力方向应尽量与重力、切削力等方向一致，以减小夹紧力。

(3) 夹紧力的大小。夹紧力的大小与定位稳定性、夹紧可靠性及夹紧装置的结构尺寸有密切关系。若夹紧力过小，则夹紧不牢靠，在加工过程中工件可能发生位移而破坏定位，轻则影响加工质量，重则造成工件报废甚至发生安全事故；若夹紧力过大，则工件变形，也不利于保证加工质量。

理论上，夹紧力应与作用在工件上的其他力（力矩）相平衡；而实际上，夹紧力的大小还与工艺系统的刚度、夹紧机构的传递效率等因素有关，计算很复杂。因此，实际设计中常采用估算法、类比法和试验法确定所需的夹紧力。

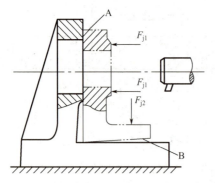

A、B—端面；F_{j1}、F_{j2}—夹紧力

图 2.45　夹紧力应指向主要定位基准面

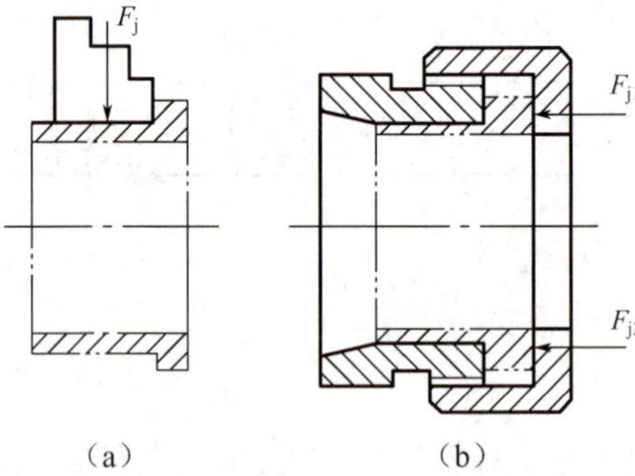

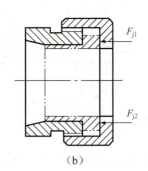

F_j、F_{j1}、F_{j2}—夹紧力

图 2.46　夹紧力方向与工件刚性的关系

当采用估算法确定夹紧力的大小时，为简化计算，通常将夹具和工件看成一个刚性系统。根据工件所受切削力、夹紧力（大型工件应考虑重力、惯性力等）的情况，找出加工过程中对夹紧最不利的状态，按静力平衡原理计算出理论夹紧力，再乘以安全系数 K 作为实际所需夹紧力，一般粗加工时取 $K=2.5\sim3$，精加工时取 $K=1.5\sim2$。

夹紧力三要素的确定实际上是一个综合性问题，只有全面考虑工件结构特点、工艺方法、定位元件的结构和布置等因素，才能确定并具体设计出较理想的夹紧装置。在生产实践中，虽然夹紧机构的种类很多，但其结构都是以斜楔夹紧机构、螺旋夹紧机构和偏心夹紧机构（统称基本夹紧机构）为基础的。

2.6.4　专用钻床夹具

使用钻头、铰刀等孔加工刀具进行孔加工用的机床夹具称为钻床夹具，也称钻模。其特点是具有引导钻头、铰刀等孔加工刀具的导向元件（钻套和安装钻套）的钻模板。钻套和钻模板是钻床夹具的特殊元件。

1. 钻床夹具的类型

根据工件被加工孔的分布情况和钻床夹具使用上的要求，钻床夹具有固定式、回转式和滑柱式等形式。下面仅介绍固定式钻床夹具和回转式钻床夹具。

(1) 固定式钻床夹具。固定式钻床夹具是指钻模板与夹具体固定连接的，在加工过程中钻床夹具固定安装在钻床工作台上的钻床夹具。固定式钻床夹具可用于立式钻床、摇臂钻床和多轴组合钻床。

图 2.47 所示为加工拨叉轴向孔的固定式钻床夹具。工件以底端面和外圆柱面分别定

位在圆支承板 1 和 V 形块 2 上,限制五个自由度;旋转手柄 8 由转轴 7 上的螺旋槽推动 V 形压块 5 夹紧工件;钻头由安装在固定钻模板 3 上的钻套 4 导向。钻模板用螺钉紧固在夹具体上。

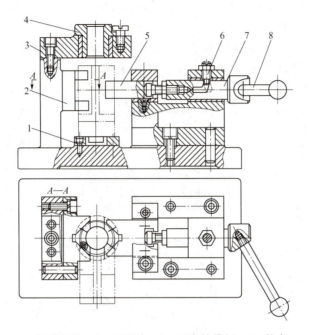

1—圆支承板;2—V 形块;3—固定钻模板;4—钻套;
5—V 形压块;6—止动螺钉;7—转轴;8—旋转手柄

图 2.47 加工拨叉轴向孔的固定式钻床夹具

(2) 回转式钻床夹具。在钻多孔时,可在立式钻床上使用立轴多工位回转式钻床夹具加工同一圆周上的轴向平行孔系,或者使用水平轴多工位回转式钻床夹具加工分布在同一圆周上的径向孔系。图 2.48 所示是标准立轴回转工作台与钻床夹具组合成的回转式钻床夹具。

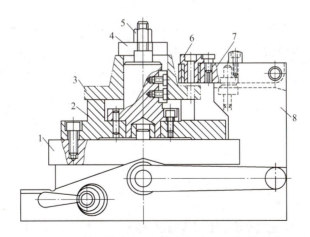

1—回转工作台;2—钻床夹具;3—工件;
4—开口垫圈;5—夹紧螺母;6—钻套;7—钻模板;8—支架

图 2.48 标准立轴回转工作台与钻床夹具组合成的回转式钻床夹具

2. 钻套

钻套是引导钻头、铰刀等孔加工刀具的导向元件。钻套的功能是确定孔加工刀具相对于夹具定位元件间的位置和引导孔加工刀具，提高刀具的刚性，防止其在加工中发生偏移。

（1）钻套的基本类型。根据结构不同，钻套分为标准结构钻套（固定式钻套、可换式钻套、快换式钻套）和特殊结构钻套，如图 2.49 和图 2.50 所示。

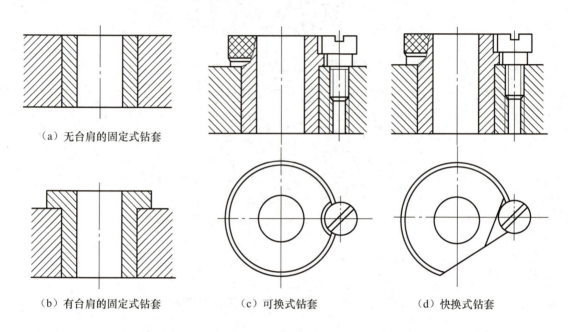

图 2.49 标准钻套结构

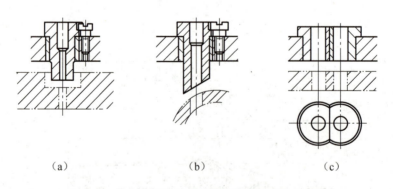

图 2.50 特殊结构钻套

① 固定式钻套。固定式钻套直接以过盈配合压入钻模板孔，图 2.49（a）所示为无台肩结构，图 2.49（b）所示为有台肩结构。这种钻套的缺点是导向孔磨损后被压出，破坏了钻模板上的安装孔，主要用于中小批生产。

② 可换式钻套和快换式钻套。在成批大量生产中，为了便于更换磨损的钻套，可使

用图 2.49（c）所示的可换式钻套。钻套以间隙配合装在衬套的孔中，衬套以过盈配合装在钻模板上，为防止钻套上下窜动，可设置螺钉。

在工件一次装夹中，当按顺序进行钻、扩、铰或攻螺纹等多个工步时，为方便迅速更换钻套，可使用图 2.49（d）所示的快换式钻套。更换钻套时，无需卸下螺钉，只需逆向转动钻套至削边平面对准螺钉位置，即可快速向上提拉出钻套。当钻削凹坑内孔、斜面上的孔或两孔中心距很小的孔时，可分别使用图 2.50 所示的特殊结构钻套。

（2）钻模板。常见钻模板有固定式、铰链式、悬挂式等形式。

① 固定式钻模板。固定式钻模板与夹具间可用螺钉和圆柱销连接或铸造成一体。其优点是钻套的位置精度较高。

② 铰链式钻模板。铰链式钻模板主要用于钻孔后攻螺纹和装卸工件。钻模板与夹具间用销轴连接。铰链销轴与钻模板铰链孔间存在间隙，会影响加工的位置精度。

③ 悬挂式钻模板（图 2.51）。当采用多轴传动头进行平行孔系钻孔加工时，使用的钻模板 3 悬挂在多轴传动箱 5 上，它们之间用两根导向柱 2 和弹簧 4 等连接。钻孔时，钻模板 3 随机床主轴向下移动。当钻模板 3 下降至钻孔位置停止下移时，利用弹簧 4 压紧工件上平面夹紧工件。钻头下移时继续压缩两根弹簧，夹紧力也随之增大。由于带有悬挂式钻模板的钻床夹具可实现多孔加工和利用钻模板夹紧工件，因此生产效率较高，适合大批生产中平行加工盘状等中等尺寸零件的多孔。

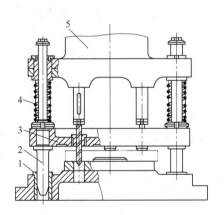

1—导向套；2—导向柱；3—钻模板；4—弹簧；5—多轴传动箱

图 2.51　悬挂式钻模板

（3）钻套高度和排屑间隙。钻套的高度与工件材料、钻孔直径、孔深、刀具刚度、工件表面形状等因素有关。如图 2.52 所示，钻套高度 H 对孔加工刀具的导向作用和刀具与钻套内孔间的摩擦都有很大影响。一般取 $H/d=1\sim2.5$，当被加工孔的加工精度要求高、工件材料强度高、钻头刚性较差、在工件斜面上钻孔时，取较大值。

钻套与工件间的间隙用于排屑。若排屑间隙 C 太大，则影响刀具的导向精度，进而影响孔的加工精度；若排屑间隙 C 太小，则切屑难以自由排出，影响被加工孔的表面质量，甚至会因阻力矩的增大而折断钻头。根据经验，加工钢件材料时取 $C=(0.5\sim0.7)d$；加工铸铁等脆性材料时取 $C=(0.3\sim0.4)d$，其中大孔取小值，小孔取大值。

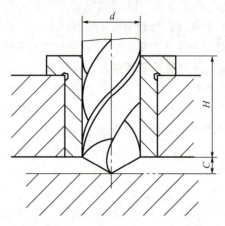

d—钻孔直径；*H*—钻套高度；*C*—排屑间隙

图 2.52 钻套高度与排屑间隙

"互联网＋" 拓展问题

1. 以表格的方式列举传统的机械零件的加工原理和使用的主要切削刀具。
2. 查阅 2～3 种高精密的机械加工方法，并给出加工原理说明和图示。
3. 自学斜楔夹紧机构、螺旋夹紧机构和偏心夹紧机构，分析它们的工作原理。

思考与练习题

一、名词解释

定位，夹紧，装夹，设计基准，工艺基准，工序基准，定位基准，测量基准，装配基准，六点定位原理，第一自由度，完全定位，不完全定位，欠定位，过定位

二、单项选择题

1. 工件采用心轴定位时，定位基准面是（　　）。
   A. 心轴外圆柱面　　　　　　　　B. 工件内圆柱面
   C. 心轴中心线　　　　　　　　　D. 工件孔中心线
2. 在平面磨床上磨削平面时，要求保证被加工平面与底平面之间的尺寸精度和平行度，此时应限制（　　）个自由度。
   A. 五　　　　　B. 四　　　　　C. 三　　　　　D. 两
3. 工件以外圆柱面在长 V 形块上定位时，限制了（　　）个自由度。
   A. 六　　　　　B. 五　　　　　C. 四　　　　　D. 三
4. 加工工件时，工件定位的目的在于确定（　　）基准的位置。
   A. 设计　　　　B. 工序　　　　C. 测量　　　　D. 定位
5. 定位基准是指（　　）。
   A. 机床上的某些点、线、面　　　B. 夹具上的某些点、线、面
   C. 工件上的某些点、线、面　　　D. 刀具上的某些点、线、面
6. 自位支承通过增加与工件的接触点，提高装夹的刚度和稳定性，（　　）。
   A. 不起定位作用　　　　　　　　B. 限制一个自由度

C. 限制两个自由度　　　　　　　D. 限制三个自由度

7. 工件定位中自由度少于六个，且能满足加工精度要求的定位称为（　　）。

A. 完全定位　　　　　　　　　　B. 不完全定位

C. 欠定位　　　　　　　　　　　D. 过定位

8. 下列叙述错误的是（　　）。

A. 加工要求限制的自由度没有被限制是欠定位，欠定位是不允许的

B. 过定位并不是在任何情况下都不允许出现的

C. 如果工件的定位精度较高，夹具的定位元件的精度也很高，则过定位是允许的

D. 只有当定位元件限制的自由度大于六个时，才会出现过定位

三、简述题

1. 基准重合的原理是什么？为什么要尽量做到基准重合？
2. 可调支承、自位支承和辅助支承各有何特点？使用辅助支承和可调支承时应注意哪些问题？
3. 试举例说明消除或减少过定位现象的方法与改进措施。
4. 夹紧和定位有何区别？试述夹紧装置的组成和要求。
5. 加工工件时，夹紧力的作用点、方向、大小需要注意哪些问题？
6. 工件在夹具中的定位方式及其定位元件各有哪些？
7. 典型夹紧机构有哪些？
8. 夹紧机构的主要动力装置有哪些？试述各自的工作特点。

第 3 章
汽车零件结构工艺性与机械加工质量

教学目标

要求掌握汽车零件结构工艺性，机械加工质量的加工精度和表面质量，影响机械加工精度的主要因素，加工误差的统计分析，表面质量的形成及对零件使用性能的影响规律。本章涉及汽车零件结构工艺性问题，以及汽车零件加工质量和加工精度的影响因素研究，并解释了加工质量对产品性能的影响规律，为实践应用中保证零件表面质量提供了具体的解决方案。

教学重点

汽车零件结构工艺性设计对产品加工的保障；加工精度和表面质量的内涵；工艺系统误差的具体内容。

教学难点

不同的工艺系统误差对零件影响的规律研究；表面质量对零件使用性能的影响的解释。

3.1 汽车零件结构工艺性

3.1.1 零件结构工艺性概述

设计汽车零部件时，除了满足零件的使用性能要求外，还要便于制造和维修，即还应满足制造工艺和结构工艺性的要求。若零件的设计不满足结构工艺性要求，则在零件的制造过程中会对零件的生产效率和经济性产生影响，甚至无法制造零件。因此，在设计汽车产品及其零件时要考虑结构工艺性要求，确保设计的整车及零件都具有良好的结构工艺性。**结构工艺性**是指所设计的产品、零件在满足使用要求的前提下，制造、维修的可行性和经济性；是在一定的生产条件下，所设计的产品、零件在满足使用性能的要求时，能够以最低的成本、较高的生产率、最小的劳动量及最少的材料消耗制造出来。

零件的结构工艺性贯穿于零件生产和使用的全过程，包括材料选择、毛坯生产、机械加工、热处理、机器装配、机器使用、机器维修、报废、回收和再利用等。零件的结构工艺性还与毛坯选择、制造方法、质量和技术要求、标准化生产、生产类型和批量、产品继承性等有关。因而，产品的设计、制造与零件的结构工艺性有重要的关系。零件的结构工艺性还是一项重要的技术经济指标，其研究的内涵和影响因素涉及生产批量、工艺路线、加工精度、加工方法、工艺装备等。

结构工艺性包括以下三个方面。

（1）毛坯制造。铸件要尽量壁厚均匀、结构合理，便于造型和后面的机械加工；锻件要尽可能形状简单，便于出模。

（2）机械加工。要合理标注零件的技术要求，便于安装和加工；有利于提高加工质量和加工效率。

（3）装配。要减小修配量、便于装备等。

3.1.2 零件结构工艺性的审查和评价

主要从以下几个方面审查和评价零件结构工艺性。

1. 提高零件的标准化程度

（1）零件结构要素的标准化。

零件结构要素的标准化是指螺纹、中心孔、空刀槽、砂轮越程槽、锥度与锥角、莫氏锥度、花键、齿轮模数和压力角、零件倒圆与倒角、球面半径、T形槽、锯缝尺寸等的形状及尺寸，都应该符合国家标准和行业标准。

零件结构要素标准化程度高，不仅简化了设计工作，而且减小了零件生产准备工作量，提高了设计质量和零件的可靠性，同时可在机械加工中使用标准或通用的工艺装备，可以使用标准刀具、夹具、量具，从而减少专用工装的设计周期、制造周期和费用；也可以降低工艺装备的规格，缩短零件的生产准备周期，降低生产成本。

（2）尽量采用标准件和通用件。

标准件是指企业按照国家标准、行业标准和企业标准制造的零件。通用件是指在同一类型不同规格或者不同类型的产品中，部分零件相同，彼此可以互换通用的零件。如螺钉、螺母、轴承、垫圈、弹簧、密封圈等一般由标准件企业生产，根据设计需要选用即可，不仅可以缩短零件设计周期，而且使用、维修很方便，同时能降低生产成本。标准件和通用件在产品中所占的比重是评定产品标准化程度的一项重要指标。汽车产品由大量零件构成，设计产品时，应尽量采用标准件和通用件。标准件和通用件在产品中所占的比重较高时，可以简化设计，避免重复设计工作，减少产品中零件的种类，扩大零件制造批量；可以采用高效设备或者工艺装备，减少工艺装备，降低成本，且便于更换和维修。

(3) 应能使用标准化、通用化刀具、夹具和量具。

零件上的结构要素有孔径及孔底形状、中心孔、沟槽宽度和角度、圆角半径、锥度、螺纹的直径和螺距、齿轮的模数等，其参数应尽量与标准刀具相符，以便使用标准刀具加工，避免设计和制造专用刀具，降低加工成本。

例如被加工的孔应具有标准直径，不需要特质刀具。当加工不通孔时，由一个直径到另一个直径的过渡最好做成与钻头顶角相通的圆锥面，若设计成与孔的轴线垂直的底面或其他角度的锥面，则使加工复杂化。图 3.1 所示盲孔结构中，图 3.1 (a) 是合理的，图 3.1 (b) 是不合理的。

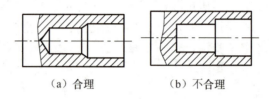

(a) 合理　　　　　(b) 不合理

图 3.1　盲孔结构

(4) 提高产品的继承性。

提高产品继承性不仅能够充分利用原有产品中合理的结构和先进、成熟的技术，而且可以充分利用原有的制造工艺、工艺装备和生产设备。产品的继承性较强，可以减小产品设计和生产准备的工作量，缩短产品开发和生产周期，节约资金，提高设计制造可靠性和产品质量。

(5) 合理规定表面的精度等级和粗糙度。

零件上不加工的表面不用设计成加工面，在满足使用要求的前提下，表面的精度越低、表面粗糙度越大，越容易加工，成本也越低。规定的尺寸公差、几何公差和表面粗糙度应按国家标准选取，以便使用通用量具检验。

(6) 采用切削加工性好的材料和标准型材。

切削加工性是指在一定生产条件下，材料切削加工的难易程度和经济性。对材料的切削加工性的要求如下：粗加工时能获得较高的生产率；精加工时能获得较高的加工精度和较小的表面粗糙度。材料的切削加工性随金属材料的化学成分、金相组织及物理力学性能的不同而不同。加工表面质量、刀具耐磨程度（刀具使用寿命）、切削力和切屑排出的难易程度等可以衡量材料的切削加工性。一般而言，材料的硬度越高，切削加工性越差，硬度过高还会引起刀具崩刃、刀尖烧损；材料的强度越高，切削材料所需的切削力越大，切削温度也越高，刀具磨损加剧；同类材料强度相等时，塑性大的材料所需的切削力较大，产生的切削温度较高，产生的切屑易与刀具发生黏结，导致刀具磨损大，加工表面粗糙度大，切削加工性差。

因此，为了正确选择零件材料，产品设计人员选择材料时，除了要满足使用性能和力学性能要求外，还必须满足材料的切削加工性要求，为此，必须对材料的切削加工性及材料的最新发展有较全面的了解。只要能满足使用要求，零件的毛坯就应尽量采用标准型材，不仅可以减小毛坯制造的工作量，而且可以减少切削加工的工时及节省材料。

2. 零件结构应便于在机床或设备上安装

设计零件时必须考虑工件的安装稳定性，零件切削加工只有在工件正确安装的基础上才能实现。设计零件时应使结构装夹方便、可靠，装夹次数最少，有位置精度要求的各表面应尽量在一次装夹中加工完成。为了便于零件结构的装夹，可以考虑以下两个措施。

（1）增加工艺凸台，增加安装凸缘和安装孔，改变结构或增加辅助安装。工艺凸台的具体实例见表 3-1。

表 3-1 工艺凸台的具体实例

改进前	改进后	改进后的优点
		在零件上设计工艺凸台，可以在精加工后切除，便于安装
		为了便于安装，增加了夹紧边缘或夹紧孔
		改进前锥面无法用卡盘装夹，改进后圆柱面易定位夹紧

（2）应具有可靠定位用的定位基准和夹紧表面。设计零件时，必须认真考虑零件在机械加工时可能采用的定位和夹紧方案，应尽可能使定位基准（或基面）与装配基准重合。为保证零件的加工要求，对定位基准（或基面）规定出合理的尺寸和位置公差要求等。有时对定位基准（或基面）规定的尺寸和位置公差的要求比产品设计要求严格。如果零件结构上没有合适的装配基准作为定位基准（或基面），则应考虑在零件的适当位置设置一个定位基准（或基面），称为辅助基准；或在零件的适当位置增加一个结构表面，加工出定位基准（或基面），称为附加基准。

3. 零件结构应利于提高切削效率和保证加工质量

减小切削加工量和增大切削用量都能缩短基本工艺时间，从而提高切削效率。加工零件时，要承受相当大的切削力和夹紧力，如刚度不好，则加工时会产生较大变形，有时不得不减小切削用量，从而影响加工质量和生产效率。

（1）便于多件加工。

图 3.2（a）所示的齿轮，轮毂与轮缘高度不相等，多件一起滚齿时，刚性较差，且轴向进给行程较长。若改为图 3.2（b）所示的结构，则既能增强加工时的刚性，又能缩短轴向进给的行程。

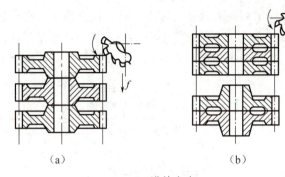

(a)　　　　　　　　(b)

f—进给方向

图 3.2　多件齿轮加工

（2）尽量减小加工量。

① 设计零件时考虑使用标准型材，一般选用形状和尺寸相近的型材做坯料，可以大大减小加工量。

② 零件的结构和加工表面形状应尽量简单，尽量采用平面、外圆柱表面和内圆柱孔表面，减小切削量，提高生产效率。

（3）零件的加工表面面积应尽量小。

图 3.3 所示为气缸套外圆的两种结构，与图 3.3（a）中的结构相比，图 3.3（b）所示的结构工艺性更好，因为外圆表面分成两段直径不相等的外圆加工时，可以使用两把外圆车刀同时加工，刀具的工作行程短，生产效率高，而且刀具的消耗量小，有利于降低制造成本。

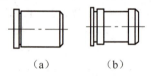

(a)　　　(b)

图 3.3　气缸套外圆的两种结构

（4）减少零件加工时的安装次数。

在一道工序中需加工多个加工表面时，零件应尽量分布在同一个方向上，尽量在一次安装中方便地加工，从而提高生产效率。

（5）减少加工时的行程次数。

有的零件有多个加工表面，虽然在同一个方向上，但是由于结构限制，不能在工作行程中一次加工出来，因此影响了生产效率。

（6）将复杂的零件分解成若干简单零件。

有的零件较复杂，定位和加工较困难；有的零件由于结构受限，因此加工生产率较低。图 3.4 所示为汽车离合器拨叉轴组合结构，整体锻造和机械加工的工艺性均较差。如果将拨叉分解成拨叉轴和摇臂分别加工，再焊接在一起，则机械加工简单，生产效率较高。

（7）孔的入口端面和出口端面与孔轴线垂直。

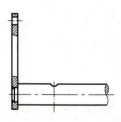

图 3.4　汽车离合器拨叉轴组合结构

在设计零件结构时，若孔的轴线不垂直于进口或者出口的端面，则钻头钻孔时钻入和钻出会钻偏，很容易发生偏斜或弯曲，甚至折断。因此，应避免在曲面或者斜壁上钻孔和斜孔。如果零件两边有同轴的孔，则这种孔最好是穿通的，可以减少装夹次数。由于弯曲的孔是不可能机械加工出来的，因此设计产品或者零部件时，要避免弯曲的孔。

图 3.5（a）中，在变速器第一轴上钻润滑油孔，入口端面与孔轴线垂直，结构设计合理；图 3.5（b）中，拨叉螺纹孔入口凸起

端面与螺纹孔轴线垂直，结构设计合理。

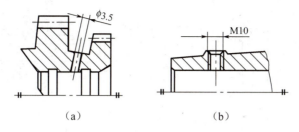

图 3.5　孔的入口端面和出口端面与孔的轴线垂直

图 3.6（a）所示结构不便于加工，结构设计不合理；图 3.6（b）所示的结构设计比较合理。

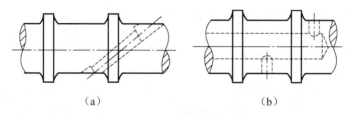

图 3.6　避免斜孔

图 3.7（a）所示的孔加工不出来，图 3.7（b）所示中间竖直的孔加工不出来，图 3.7（c）所示的结构设计比较合理。

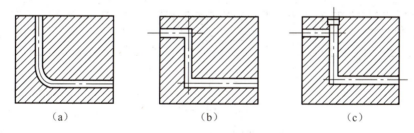

图 3.7　避免弯曲的孔

（8）同类结构要素尽量统一。

阶梯轴、三联齿轮的退刀槽、圆角、齿轮模数等应尽量采用统一数值，可以减少换刀和对刀次数。图 3.8（a）所示的结构设计不合理，图 3.8（b）所示的结构设计合理。

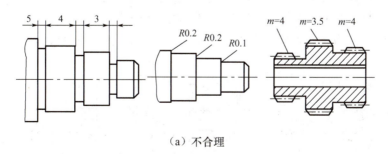

(a) 不合理

m—齿轮模数

图 3.8　同类结构要素尽量统一

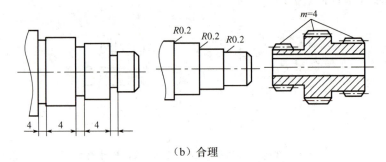

(b) 合理

m—齿轮模数

图 3.8　同类结构要素尽量统一（续）

4. 零件结构应便于工件的加工和测量

（1）刀具的进入和退出要方便。

设计零件结构时，应能在正常条件下保证刀具自由进入和退出，对减小劳动量有很大影响。如图 3.9 所示的 T 形槽，图 3.9（a）所示结构为带有封闭的 T 形槽，镗刀无法进入槽内，这种结构无法加工；如果设计成图 3.9（b）所示的结构，镗刀可以从大圆孔进入 T 形槽，但不容易对刀，操作很不方便，也不便于测量；如果设计成图 3.9（c）所示的开口形状，则可方便地进行加工。

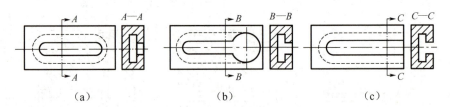

图 3.9　T 形槽结构的改进

（2）尽量避免箱体、壳体内壁平面的加工。

由于刀具不方便进入或接近箱壳体内壁平面，因此应尽可能避免加工内壁平面或改善其结构。图 3.10 所示为变速器壳体倒挡轴结构。图 3.10（a）所示的齿轮轮毂两端面与变速器壳体接触的变速器箱体的两个内侧端面需要加工。加工时，一般在箱壳体侧面留有窗口，使用专用镗削头从窗口伸入加工处，同时镗削两内侧端平面，这种方法加工成本较高，同时加工比较麻烦，安装次数较多。如果设计成图 3.10（b）所示的结构，用倒挡轴轴肩作为齿轮的一侧支承端面，则变速器壳体内侧端面的加工可以简化，在加工孔时，可

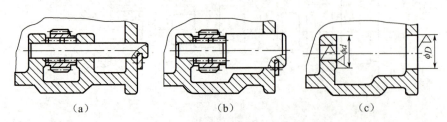

图 3.10　变速器壳体倒挡轴结构

以利用镗刀直接加工出两个孔,使用同一镗杆上的镗刀同时加工变速器内侧左端面,只需一次装夹,就可以完成加工,避免使用专用刀具,降低了成本。但这种结构应保证孔径尺寸 ϕD 大于内侧左端面平面尺寸 ϕd,如图 3.10(c)所示。

(3)凸缘上的孔要留出足够的加工空间。

如图 3.11 所示,在凸缘上钻孔时,孔的位置应使标准钻头可以工作,若孔的轴线距离箱壳体壁的距离 s 小于钻头外径 D 的一半,则很难加工孔,一般情况下,要保证 $s \geqslant D/2+(2\sim5)$ mm。

(4)零件结构应保证刀具能够正常工作。

为了避免刀具或砂轮与工件的某个部分碰到或者便于工件加工,在设计汽车零件结构时,应考虑各表面采用的加工方法、使用的刀具、保证刀具正常工作的条件。例如图 3.12(a)中为避免刀具损坏,在车床上使用螺纹车刀车削螺纹时,必须留出退刀槽;如图 3.12(b)所示,在插齿机上用插齿刀加工双联齿轮或者三联齿轮的小齿轮时,齿轮件必须留有足够的空刀槽,以避免插齿刀工作行程结束时碰到大齿轮端面而损坏插齿刀;如图 3.12(c)所示,在内圆磨床上磨内孔时,留有砂轮越程槽是为了避免损坏砂轮;如图 3.12(d)所示,在加工箱体螺纹孔时,在底孔入口均加工出倒角,可以使丝锥容易对准底孔,并自动进入。

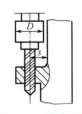

图 3.11 留出足够的钻孔空间

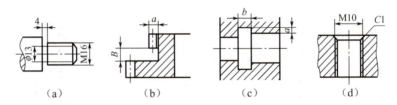

B—空刀槽;a—小齿轮齿高;b—越程槽;$C1$—倒角

图 3.12 保证刀具正常工作的零件结构

(5)零件结构应使刀具具有良好的工作条件。

一些汽车零件有润滑油深孔,如气缸(柴油机体)、曲轴、部分连杆、传动轴总成的十字轴等。深孔一般是指孔长与孔径之比大于 5 的孔。加工深孔时,钻头细长,刚性差,极易发生冷偏;钻削过程中产生很大的切削热,冷却润滑钻头切削刃极困难,钻头切削刃易烧伤,失去切削能力;同时钻削过程中产生的切屑不易排出,使钻削力矩增大,钻头极易折断。为了不使钻头失效破坏,以及冷却润滑切削刃和排出切屑,必须多次退出、冷却、润滑钻头,降低了钻孔的生产效率。因此,应尽可能改善深孔结构或用其他结构代替深孔结构。采用阶梯孔可以改善上述缺陷,气缸上的润滑油孔和十字轴润滑油孔就设计成阶梯孔,在连杆小头顶面钻一个小孔或铣一个窄槽,利用飞溅式润滑方式润滑,可以避免深孔加工。图 3.13(a)所示的连杆上连通大、小孔的润滑油深孔结构,可以

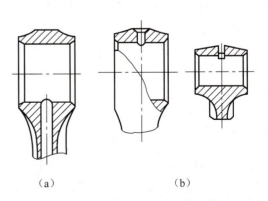

图 3.13 连杆润滑小头孔的结构

改进为图 3.13（b）所示的两种结构，在连杆小头顶面钻一个小孔或铣一个窄槽，利用飞溅式润滑方式润滑，避免了深孔加工。

加工要求不同的表面及加工面与非加工面应该明确分开，以改善刀具的加工条件。如图 3.14（a）所示的轴零件，其外圆与键槽底面没有明显分开，因为轴外圆表面留有切削余量，所以在铣键槽时，铣刀必须从轴端进刀，不仅影响零件的生产效率，而且切屑很薄，容易引起铣刀切削刃的磨损，缩短了铣刀的使用寿命，同时容易划伤轴表面。如改为图 3.14（b）所示的结构，键槽底面高出轴外圈表面 0.3～0.5mm，能很好地解决上述问题，不易划伤轴表面。

5. 加工零件时要有足够的刚性

加工零件时要具有足够的刚性，不仅是产品零部件结构设计的要求，而且是零部件制造过程中的要求。切削加工零件时，受到较大的切削力和夹紧力的作用，易产生较大变形，会影响零件的加工质量和生产效率。合理布置加强肋，可以增强零部件的刚性，增大切削用量。如图 3.15 所示的变速器拨叉，因结构设计和制造工艺的要求，为保证拨叉平面 A 的加工要求，在板辐上设计加强肋以提高刚性。

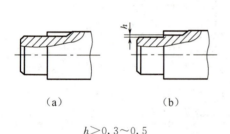

$h > 0.3～0.5$

图 3.14 不同要求的表面明显分开

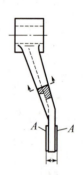

A—拨叉平面

图 3.15 变速器拨叉上设置加强肋

3.2 机械加工质量

影响汽车产品质量的主要因素有零件材料、零件加工质量、产品装配与调试等；其中，零件加工质量是影响汽车产品工作性能、使用寿命和可靠性等的重要指标，是保证汽车产品质量的基础。任何机械产品的质量都与组成产品的零件加工质量和产品的装配质量直接相关。

经过机械加工的汽车零件质量包括两个方面——加工精度和表面质量。

3.2.1 加工精度

加工精度是指零件加工后的实际几何参数（尺寸、形状及各表面间的相互位置等）与理想几何参数的接近程度。实际值越接近理想值，加工精度就越高。实际加工中，由于种种原因，加工后的实际值与理想值总存在一定的偏差，这种偏差称为加工误差。加工误差从另一个方面反映了加工精度。加工误差越大,加工精度越低;反之,加工精度越高,但加工成本也高,生产效率较低。

从零件功能看,只要加工误差在零件图要求的公差范围内,就认为保证了加工精度,产品合格。因此,应合理地设计加工精度,根据加工精度制定合适的加工工艺。

加工精度的具体内容如下。

(1) **尺寸精度**。尺寸精度是指零件的直径、长度、表面间距离等尺寸的实际值与理想值的接近程度。

(2) **形状精度**。形状精度是指零件表面或线的实际形状与理想形状的接近程度。规定用直线度、平面度、圆度、圆柱度、线轮廓度和面轮廓度评定形状精度。

(3) **位置精度**。位置精度是指零件表面或线的实际位置与理想位置的接近程度。规定用平行度、垂直度、同轴度、对称度、位置度、圆跳动和全跳动评定位置精度。

尺寸精度的获得与加工过程中的调整、测量有关,也与刀具的制造和磨损等因素有关。因为零件的形状主要依靠刀具和工件做相对成形运动获得,所以形状精度取决于机床成形运动的精度,有时也取决于切削刃的形状精度(用成形刀具加工时)。位置精度受机床精度及工件装夹方法等因素的影响。通常加工中的形状误差应小于位置误差,位置误差应小于尺寸误差。

3.2.2 表面质量

表面质量是指机械加工后零件表面层的状况,具体包括以下两个方面。

1. 表面微观几何形状特征

表面微观几何形状特征如图 3.16 所示,包括以下四个部分。

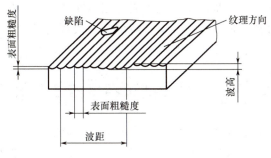

图 3.16 表面微观几何形状特征

(1) 表面粗糙度。表面粗糙度是表面微观几何形状误差,其波距与波高的比值一般小于 50。

(2) 波度。波距与波高的比值等于 50~1000 的几何形状误差称为波度,主要是由机械加工中的振动引起的。波距与波高的比值大于 1000 的几何形状误差称为宏观几何误差,如圆柱度误差、平面度误差等,它们属于加工精度范畴。

(3) 纹理方向。纹理方向是指切削刀痕的方向,取决于加工方法。图 3.17 所示为加工纹理方向及其符号标注。运动副或密封件表面常对纹理方向有要求。

(4) 缺陷。缺陷是在表面个别位置随机出现的,包括砂眼、夹杂、气孔、裂痕等。

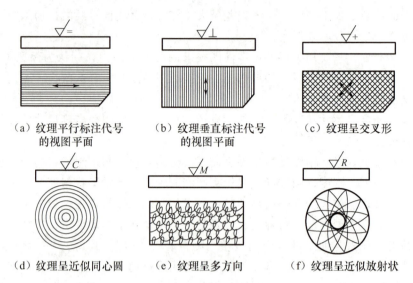

图 3.17　加工纹理方向及其符号标注

2. 表面层的力学性能和化学性能

机械加工过程中，在切削力和切削热的作用下，表面层的力学性能和化学性能将发生一定的变化，主要体现在以下三个方面。

（1）表面层因塑性变形引起强化（冷作硬化）。
（2）表面层中有残余应力。
（3）表面因切削热引起金相组织变化。

随着汽车等机械产品性能的不断提高，对在高应力、高速、高温等条件下工作的重要零件的表面质量的要求也不断提高，出现了表面完整性概念。表面完整性是指加工后的零件，其表面层状态或性能无任何损伤甚至有所提高。表面完整性除包括上述三个方面外，还包括表面层杂质、裂缝、再结晶、晶粒间腐蚀等。

3.3　影响机械加工精度的主要因素

在机械加工中，零件的尺寸、形状和位置的形成，取决于工件与刀具在切削过程中的相互位置关系，而工件和刀具安装在夹具及机床上，因此机床、夹具、刀具和工件构成一个完整的系统，称为工艺系统。

加工精度涉及整个工艺系统的精度问题，而工艺系统中的误差在不同条件下，必然以不同的程度反映工件的加工误差。

由于工艺系统中的误差是产生零件加工误差的根源，因此，工艺系统误差称为原始误差。原始误差主要有如下两个来源：一是工艺系统本身的误差，包括机床、夹具、刀具的制造误差，工件的装夹、定位、对刀误差等；二是加工过程中出现的载荷和各种干扰，包括工艺系统的受力变形、热变形、振动、磨损等引起的加工误差。

3.3.1　机床误差

加工过程中，刀具相对于工件的成形运动通常是通过机床完成的。工件的加工精度在很大程度上取决于机床的精度。机床误差中,对工件加工精度影响较大的有安装误差和使用过程中的磨损,主要包括主轴误差、导轨误差和传动链误差等。下面以卧式车床(图 3.18)为例,介绍机床误差的影响。

图 3.18 卧式车床

1. 主轴误差

机床主轴是工件或刀具的位置基准和运动基准,它的圆度误差和回转运动误差直接影响工件的加工精度。对主轴的主要精度要求是运转时能保持轴线在空间的位置稳定,即保持高的回转精度。

(1)主轴回转运动误差。实际加工过程中,主轴回转轴线的位置在每个瞬时都是变动的,即存在运动误差。主轴回转运动误差表现为三种形式:径向圆跳动误差、轴向窜动误差和角度摆动误差,如图 3.19 所示。不同形式的主轴运动误差对加工精度的影响不同,同一形式的主轴运动误差在不同的加工方式中对加工精度的影响也不同。

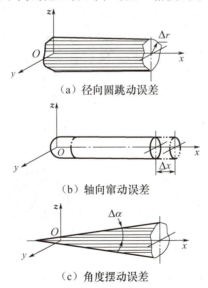

(a)径向圆跳动误差

(b)轴向窜动误差

(c)角度摆动误差

图 3.19 主轴回转运动误差的三种基本形式

① 径向圆跳动误差。径向圆跳动误差是指主轴回转轴线相对于平均回转轴线的变动量。车外圆时,加工面产生圆度误差和圆柱度误差,如图 3.19(a)所示。产生径向圆跳动误差的主要原因有主轴几段轴颈的同轴度误差、轴承本身的各种误差、轴承之间的同轴度误差、主轴挠度等。这些误差对主轴径向回转精度的影响因加工方式的不同而不同。

② 轴向窜动误差。轴向窜动误差是指主轴回转轴线沿平均回转轴线方向的变动量。车端面时,它使工件端面产生垂直度误差和平面度误差,如图 3.19(b)所示。产生轴向窜动误差的主要原因是主轴轴肩端面和推力轴承承载端面对主轴回转轴线有垂直度误差。

③ 角度摆动误差。角度摆动误差是指主轴回转轴线相对于平均回转轴线成一个倾斜角度的运动。车削时,加工表面产生圆柱度误差和端面的形状误差,如图 3.19(c)所示。

不同的加工方法,主轴回转运动误差引起的加工误差不同。在车床上加工外圆和内孔时,主轴径向圆跳动误差可以引起工件的圆度误差和圆柱度误差,但对加工工件端面无直接影响。主轴轴向窜动误差对加工外圆和内孔的影响不大,但对加工端面的垂直度及平面度有较大影响。

应对措施如下:适当提高主轴及主轴箱的制造精度,选用高精度轴承,提高主轴部件的装配精度;对高速主轴部件进行动平衡校验;对滚动轴承进行预紧等。

(2) 主轴旋转轴线与导轨的平行度误差。当车床主轴旋转轴线与导轨在水平面内不平行时,工件表面将被加工成圆锥体。当车床主轴旋转轴线与导轨在垂直面内不平行时,工件将被加工成双曲线回转体。如果出现超差,则应对机床进行修理和调整,将两个方向上的平行度误差控制在允许的范围内。

2. 导轨误差

由于导轨是确定机床主要部件的相对位置和运动的基准,因此它的各项误差将直接影响加工工件的精度。导轨误差分为导轨在水平面内的直线度误差、导轨在垂直面内的直线度误差、两导轨间的平行度误差。下面以卧式车床为例进行说明。

(1) 导轨在水平面内的直线度误差。如图 3.20 所示,在纵向切削过程中,刀尖在水平面内产生位移 Δy,形成工件在半径方向上的误差 ΔR。此误差对于卧式车床和外圆磨床,将直接反映在被加工工件表面的法线方向上,对加工精度影响极大(此时 $\Delta R = \Delta y$),使工件产生圆柱度误差(呈鞍形或鼓形)。因此,加工表面切削点处的法线方向称为误差敏感方向(该方向的误差以 1∶1 的关系转化为加工误差)。

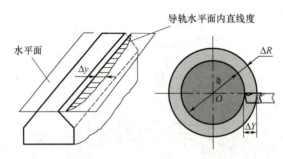

图 3.20 导轨在水平面内的直线度误差

(2) 导轨在垂直面内的直线度误差。如图 3.21 所示,在纵向切削过程中,刀尖产生切向位移 Δz,形成工件在半径方向上的误差 ΔR,但对加工精度影响甚微,可忽略不计。但是对于龙门刨床、龙门铣床及导轨磨床来说,导轨在垂直面内的直线度误差将直接反映到工件上。龙门刨床的工作台为薄长件,刚性较差,如果导轨出现凹形,则刨出的工件也是凹形。

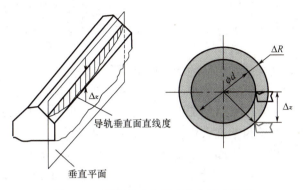

图 3.21 导轨在垂直面内的直线度误差

(3) 两导轨间的平行度误差。存在此误差时导轨会发生扭曲。刀尖相对于工件在水平方向和垂直方向发生偏移，从而影响加工精度。如图 3.22 所示，设车床中心高为 H，导轨宽度为 B，则导轨扭曲量 δ 引起工件半径的变化量

$$\Delta R \approx \Delta y = \frac{H}{B}\delta$$

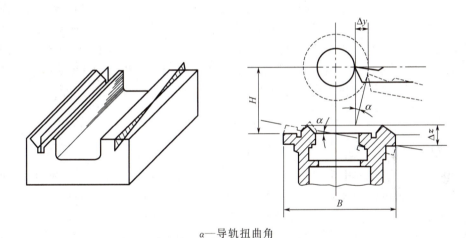

α—导轨扭曲角

图 3.22 两导轨间的平行度误差

一般情况下，车床 $H/B=2/3$，外圆磨床 $H \approx B$，可见两导轨间的平行度误差对加工精度的影响不容忽视。由于 δ 在纵向不同位置的值不同，因此加工出的工件产生圆柱度误差（呈鞍形、鼓形或锥度等）。

机床导轨的几何精度不仅取决于机床制造精度，而且与使用时的磨损及机床的安装状况有很大关系。尤其对大、重型机床，由于导轨刚性较差，床身在自重作用下容易变形，因此为减小导轨误差对加工精度的影响，可采用提高导轨制造精度、注意机床的安装和调整、提高导轨的耐磨性等措施。

3. 传动链误差

传动链误差是指传动链始末两端传动元件间相对运动的误差，一般不影响圆柱面和平面的加工精度。但在加工工件运动和刀具运动有严格内联系的表面，如车削、磨削螺纹和滚齿、插齿、磨齿时是影响加工精度的重要因素。在车螺纹时，要求主轴与传动丝杠的转

速比恒定,即工件转一周,刀具移动一个导程,这种运动关系是由刀具与工件间的传动链保证的。由于传动链中各传动元件都有制造误差、装配误差和磨损,因此会破坏正确的运动关系,使工件产生误差。

由此可见,提高传动链传动精度的主要措施如下。

(1) 减少传动链中的元件,缩短传动链,以减少误差来源。

(2) 采用降速传动。对于螺纹加工机床,机床丝杠的导程应大于工件的导程。对于齿轮加工机床,应使机床蜗轮齿数远大于工件的齿数。

(3) 提高传动元件特别是末端传动元件的制造精度和装配精度。

(4) 采用传动误差校正机构及计算机控制的传动误差自动补偿装置等。

3.3.2　刀具误差

刀具误差包括刀具制造误差和刀具磨损两个方面。

1. 刀具制造误差对工件加工精度的影响

刀具制造误差对加工精度的影响因刀具种类的不同而不同。采用定尺寸刀具(如钻头、铰刀、键槽铣刀、镗刀块、圆孔拉刀等)加工时,刀具的尺寸误差直接影响工件尺寸精度;采用成形刀具(如成形车刀、成形铣刀、齿轮模数铣刀、成形砂轮等)加工时,刀具的形状误差直接影响工件的形状精度;采用展成刀具(如齿轮滚刀、花键滚刀、插齿刀等)加工时,刀具切削刃的几何形状及有关尺寸误差影响工件的加工精度。一般刀具(如车刀、镗刀、铣刀等)的制造误差对工件的加工精度无直接影响,但刀具的刃磨质量对加工精度影响较大。

2. 刀具磨损对工件加工精度的影响

任何刀具在切削过程中都会不可避免地产生磨损,从而引起工件尺寸和形状的改变。例如,在车削一根轴的外圆时,车刀的磨损将使工件产生锥度;在用调整法加工时,刀具或砂轮的磨损会扩大工件的尺寸分散范围;用成形刀具加工时,刀具刃口的不均匀磨损将直接复映在工件上,形成形状误差。刀具磨损引起的加工误差在整个加工误差中占有很大比重。

刀具切削刃沿加工表面法向(误差敏感方向)的磨损量,称为刀具尺寸磨损,如图 3.23(a)中的 u。刀具在此方向的磨损对工件加工的尺寸精度、几何精度影响很大。例如车削长轴或镗深孔时,随着切削路程 L 的增大,刀具磨损量逐渐增大,如图 3.23(b)所示,可能使工件出现锥度。用静调整法加工一批工件时,刀具的磨损会扩大工件的尺寸分散范围。

如图 3.23(b)所示,刀具的磨损过程分为以下三个阶段:第Ⅰ阶段称为初期磨损阶段,刀具切削路程(L_1)短,切削时间也短,刀具磨损较快;第Ⅱ阶段称为正常磨损阶段,刀具切削路程(L_2)长,切削时间也长,磨损量与切削路程近似成正比,刀具的大部分切削工作在此阶段;第Ⅲ阶段称为急剧磨损阶段,刀具磨损迅速,将在很短的时间内损坏。

为减小刀具误差对加工精度的影响,除合理规定尺寸刀具和成形刀具的制造公差外,还应根据工件的材料和加工要求,正确选择刀具材料、切削用量、冷却润滑,并正确刃磨

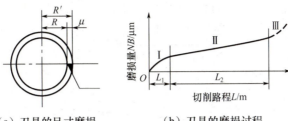

(a) 刀具的尺寸磨损　　　　(b) 刀具的磨损过程

R—实际加工尺寸；R'—工序尺寸；μ—刀具尺寸磨损

图 3.23　刀具的磨损

刀具，必要时还可对刀具的尺寸磨损进行补偿。

3.3.3　工艺系统的受力变形及其对加工精度的影响

1. 工艺系统刚度的概念

在机械加工过程中，由机床、机床夹具、刀具和工件组成的工艺系统是弹性系统，在外力（主要是切削力，其次为夹紧力、传动力、离心力等）的作用下工艺系统会产生变形，也称压移，包括工艺系统各组成部分本身的弹性变形，以及各组成部分配合（或接合）处的接触变形、间隙等。工艺系统的受力变形程度除了取决于外力外，还取决于工艺系统抵抗外力的能力。在外力作用下，工艺系统抵抗变形的能力称为工艺系统刚度。

加工过程中，工艺系统在外力作用下，将在各受力方向上产生变形，其中沿加工表面法线方向（误差敏感方向）的变形对加工精度影响最大。考虑到误差敏感方向及一般刚度概念中的力与位移方向的一致性，工艺系统刚度 k_s 定义为作用在加工表面法线方向上的切削分力 F_p（称为背向力）与工艺系统在该方向上变形量（切削刃在此方向上相对于工件的位移）y 的比值，即

$$k_s = \frac{F_p}{y}$$

与一般刚度概念不同的是，上式中变形量（或位移）y 是综合性的，它是三个力 [F_c（切削力）、F_p、F_f（进给力）] 同时作用的结果。

如果引起工艺系统变形的作用力是静态力，则由此力和变形关系确定的刚度称为静刚度。如果作用力是随时间变化的交变力，则由该力和变形关系确定的刚度称为动刚度。工艺系统的动刚度关系到系统的振动情况。下面只研究工艺系统的静刚度及其对加工精度的影响。

2. 机床的刚度及其对加工精度的影响

机床的刚度取决于各有关部件的刚度，而各有关部件的刚度可通过试验确定。在已知机床各部件刚度的情况下，可计算出机床的刚度。

现以图 3.24 所示在车床两顶尖间加工光轴为例进行分析。

在切削力（图中只标出 F_p）的作用下，主轴箱的位置从 A 移至 A'，尾座从 B 移至 B'，刀架从 C 移至 C'。主轴箱、尾座和刀架的变形量分别为 y_t、y_w、y_d。假设工件为刚体（工件不变形，只考虑机床的变形），则工件轴线由 AB 移至 $A'B'$，在离前顶尖 x 处的

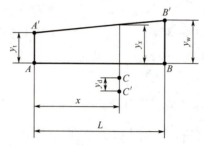

图 3.24 在车床两顶尖间加工光轴

变形量为 y_x。机床的变形量

$$y_j = y_x + y_d \tag{3-1}$$

而

$$y_x = y_t + \frac{x}{L}(y_w - y_t) \tag{3-2}$$

设 F_A 和 F_B 分别为由背向力 F_p 在主轴箱和尾座处引起的作用力,则有

$$F_A L = F_p(L - x)$$
$$F_B L = F_p x$$

或

$$F_A = F_p\left(\frac{L-x}{L}\right)$$
$$F_B = F_p \frac{x}{L}$$

因为

$$y_t = \frac{F_A}{k_t}$$
$$y_w = \frac{F_B}{k_w}$$

所以

$$y_t = \frac{F_p}{k_t}\left(\frac{L-x}{L}\right)$$
$$y_w = \frac{F_p}{k_w} \cdot \frac{x}{L}$$

代入式(3-2)并整理,得

$$y_x = \frac{F_p}{k_t}\left(\frac{L-x}{L}\right)^2 + \frac{F_p}{k_w}\left(\frac{x}{L}\right)^2 \tag{3-3}$$

将式(3-3)及 $y_d = F_p/k_d$ 代入式(3-1),得

$$y_j = \frac{F_p}{k_t}\left(\frac{L-x}{L}\right)^2 + \frac{F_p}{k_w}\left(\frac{x}{L}\right)^2 + \frac{F_p}{k_d} \tag{3-4}$$

所以离前顶尖 x 处的车床刚度

$$k_j = \frac{F_p}{y_j} = \frac{1}{\frac{1}{k_t}\left(\frac{L-x}{L}\right)^2 + \frac{1}{k_w}\left(\frac{x}{L}\right)^2 + \frac{F_p}{k_d}} \qquad (3-5)$$

由式(3-5)可知,机床的刚度并不是一个常数,而是车刀切削点位置 x 的函数。一般用切削点在工件中点处的刚度表示车床的刚度,即将 $x=L/2$ 代入式(3-5),得

$$k_{j(L/2)} = \frac{1}{\frac{1}{4}\left(\frac{1}{k_t} + \frac{1}{k_w}\right) + \frac{1}{k_d}}$$

在式(3-5)中,令 $\mathrm{d}k_j/\mathrm{d}_x = 0$,可求证在 $x = Lk_w/(k_t+k_w)$ 处刚度最大,即

$$k_{j\max} = \frac{1}{\frac{1}{k_t+k_w} + \frac{1}{k_d}}$$

由上述分析可知,在车床上加工轴类工件时,沿工件轴向方向的受力变形是不一致的。由于受力变形大的位置工件被切除的金属层薄,受力变形小的位置工件被切除的金属层厚,因此工件加工后的形状为鞍形,如图 3.25 所示,产生圆柱度误差。

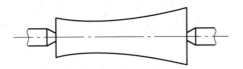

图 3.25 工件加工后的形状为鞍形

3. 工件刚度及其对加工精度的影响

工件刚度及其受力变形与工件本身的几何形状、尺寸、装夹方式有关。

(1) 工件在两顶尖间装夹车削相对细长光轴时的影响。在切削力的作用下,工件因弯曲变形而出现"让刀"现象。随着刀具的进给,在工件的全长上切削深度由大变小,再由小变大,呈腰鼓形。

(2) 工件在卡盘中悬臂装夹车削时的影响。随着悬臂末端到卡盘长度逐渐减小,"让刀"切削厚度由小变大,呈喇叭形。

(3) 工件装夹在卡盘上并用后顶尖顶住车削时的影响。因为工件在卡盘端的刚度大于在顶尖端的刚度,所以加工后的工件呈鸡腿形。

4. 夹紧力引起的加工误差

(1) 夹紧力作用点和方向不当引起的误差。安装工件时,工件刚度较低或夹紧力作用点和方向不当,会引起工件产生相应的变形,形成加工误差。

(2) 薄壁件夹紧变形引起的误差。对于薄壁筒形工件,其径向刚度很差,当在机床夹具中夹紧时,在径向夹紧力的作用下会发生变形,对加工精度影响很大。用自定心卡盘装夹薄壁套筒形工件,卸下工件后,工件的夹紧变形变化情况如图 3.26 所示,此时已加工孔的形状产生了圆度误差和圆柱度误差。

可见,加工气缸套、活塞等薄壁零件时,夹紧力应在工件圆周上均匀分布,如采用液性塑料夹具,或者将夹紧力作用于刚性较强的轴向位置。

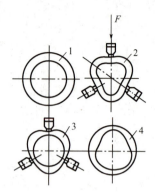

1—薄壁工作的目标形状；2—薄壁工作的夹紧力；3—加工内孔未卸载夹紧力的工件；
4—加工内孔并卸载夹紧力的工件的最终形状；F—夹紧力

图 3.26　工件的夹紧变形变化情况

5. 刀具刚度及其对加工精度的影响

一般刀具（外圆车刀、面铣刀等）在误差敏感方向的刚度很大，其受力变形对加工精度影响很小，但钻孔、镗孔、磨内孔时的刀具和刀杆刚度对孔加工精度影响较大。

（1）钻孔刀具刚度的影响。钻头的径向刚度很小，钻孔时钻头受力后易引起轴线弯曲、偏斜，产生尺寸、形状、位置误差。

（2）镗孔刀杆刚度的影响。常用镗孔方式加工汽车箱体类零件上的孔，如图 3.27 所示。在图 3.27（a）中，镗刀杆与机床主轴刚性连接，镗刀杆类似悬臂梁受力变形；在图 3.27（b）中，镗刀杆与机床主轴刚性连接，但采用了后导向装置，当镗刀杆较长时，在镗孔附近得到支承，缩短了悬臂长度，提高了镗刀杆刚度；在图 3.27（c）中，镗刀杆与机床主轴浮动（柔性）连接，采用前、后双导向装置，镗刀杆受力等效于支承在两个支点上的梁的受力形式。

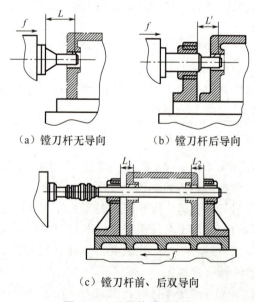

图 3.27　不同的镗孔方式

图 3.27 中的三种镗孔方式对镗孔误差的影响各不相同,一般情况下,悬臂梁式镗孔比有导向装置和前、后双导向装置镗孔的误差大。在镗孔过程中,镗孔方式不同,镗刀杆受力变形引起的误差也不同。对于图 3.27(a)所示的镗孔方式,镗刀杆悬伸长度 L 不变,刀尖因镗刀杆受力变形产生的位移在孔的全长上是相等的,镗刀杆的受力变形只影响孔的尺寸精度,不影响轴向形状精度;对于图 3.27(b)、图 3.27(c)所示的镗孔方式,镗刀杆悬伸长度 L'[图 3.27(b)]或刀尖至支承点间的距离 L_1、L_2[图 3.27(c)]是变化的,镗刀杆的受力变形也随之改变,镗刀杆受力变形对孔的尺寸精度和轴向形状精度都有影响(孔呈喇叭形)。但由于采用了导向支承,因此产生的误差较小。

(3)磨内孔刀杆刚度的影响。内孔磨削加工中,直径较小的深长孔,磨刀杆直径受到限制,而且悬臂长度较长,在磨削力的作用下,会使内孔在轴向产生锥度误差,如图 3.28 所示。因此,应尽量避免长径比较大的深长孔,尤其是盲孔采用磨削方法来达到加工精度。

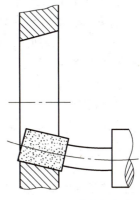

图 3.28 悬臂磨长内孔

6. 复映误差

复映误差是指毛坯加工余量不均匀,材料硬度变化,导致切削力变化而引起的加工误差。

如图 3.29 所示,虽然工件的毛坯具有粗略的零件形状,但在尺寸、形状及表面层材料硬度均匀性上都有较大的误差。加工毛坯时,这些误差使切削深度不断变化,从而导致切削力变化,工艺系统产生相应的变形,使得零件在加工后还保留与毛坯表面类似的形状误差或尺寸误差。当然工件表面残留的误差比毛坯表面误差小得多,这种现象称为误差复映规律,引起的加工误差称为复映误差。

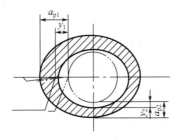

a_{p1}—毛坯水平方向的形状误差;a_{p2}—毛坯竖直方向的形状误差;
y_1—切削加工后水平方向的形状误差;y_2—切削加工后竖直方向的形状误差

图 3.29 毛坯形状误差的复映

7. 控制工艺系统受力变形的主要措施

控制工艺系统受力变形的主要措施有减小切削用量、补偿工艺系统有关部件的受力变形、提高工艺系统刚度等。减小切削用量是一种比较消极的方法,补偿受力变形往往由于结构限制或加工调整过于复杂而受到限制,因此大多采用提高工艺系统刚度的方法,特别是提高工艺系统中薄弱环节的刚度。

(1) 提高工件加工时的刚度。

① 对薄壁套类零件的加工，可采用另加刚性开口夹紧环或改用端面轴向夹紧等措施。

② 对细长轴类零件的车削加工，可采用中心架、跟刀架或前后支承架等措施。

③ 对工件薄弱部分增加辅助支承。

(2) 提高刀具加工时的刚度。在加工过程中，为了提高刀具的刚度，除从刀具材料、结构和热处理等方面采取相应措施外，还可采用以下措施。

① 钻孔时采用钻套，提高钻头的导向刚度。

② 镗孔时，镗杆直径往往受到加工孔径的限制而使刚度明显降低。为此，可采用导向支承或专用镗模以提高镗刀的刚度；还可采用具有对称刃口的镗刀块代替单头切削刃，以提高镗刀杆在加工时的刚度，如采用浮动镗刀。

(3) 提高机床和夹具的刚度。机械加工中使用的机床和夹具由较多零件组成，提高它们的刚度除了提高其组成零件本身的刚度外，还应着重提高各有关组成零件的接触面刚度和连接刚度。

3.3.4 工艺系统的热变形及其对加工精度的影响

在机械加工过程中，工艺系统会产生热量。工艺系统受热引起的变形称为热变形。

1. 工艺系统的热源

工艺系统的主要热源有内部热源和外部热源两大类，可分为以下三个方面。

(1) 切削热。切削热是指切削过程中由加工材料塑性变形及前后刀面摩擦转变的热量，属于内部热源。由于热的传导，切削热对工件和刀具有较大影响。

(2) 摩擦热和传动热。摩擦热和传动热来自机床中的各运动副和动力源，如机床运动零件的摩擦（齿轮、轴承、导轨等）转变的热量，液压传动（液压泵、液压缸）和电动机的温升等，属于外部热源。摩擦热和传动热对机床影响较大。

(3) 环境热。环境热来自外部环境（如气温、阳光辐射、取暖设备、灯光、人体等）。在各种精密加工中，环境热的影响特别明显，因为在这种情况下，切削力比较小，由工艺系统刚度不足引起的加工误差也比较小，而热变形引起的误差较大，成为增大误差的主要因素。

机械加工中，工艺系统会在各种热源作用下产生一定的热变形。由于热源分布不均匀及各环节结构和材料不同，因此工艺系统各部分产生的热变形既复杂又不均匀，破坏了刀具与工件之间正确的相对位置关系和相对运动关系。

工艺系统热变形对精加工影响较大。据统计，在精加工中，由热变形引起的加工误差占总加工误差的40%～70%；在大型零件加工中，热变形对加工精度的影响也十分明显；在自动化加工中，热变形使加工精度不断变化。

2. 工件受热均匀

工件的热变形是由切削热引起的，热变形的情况与加工方法和受热均匀性有关，在车、磨外圆时，工件均匀受热而产生热伸长；冷却后收缩，产生尺寸误差或形状误差。

当工件能够自由伸长时，工件的热变形主要影响尺寸精度，否则会产生圆柱度误差，加工螺纹时会产生螺距误差。

3. 工件受热不均匀

当对工件进行铣、刨、磨等平面加工时，由于单侧受热，上下表面温升不相等，因此工件向上凸起，中间切去的材料较多，冷却后加工表面呈凹形，产生形状误差，如图3.30所示。

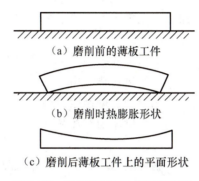

图 3.30 工件受热不均匀时的变形

为了减小工件的热变形，主要采取以下措施。
（1）采用有效的冷却措施，例如在切削区给予充足的切削液。
（2）提高切削速度，使大部分切削热来不及传给工件，而被切屑带走。
（3）在接近零件尺寸要求时，减小吃刀量；粗、精加工分开，减少切削热和磨削热。
（4）对某些加工方法，夹紧工件时，考虑对其热变形伸长受阻而被顶弯进行补偿。当外圆磨床磨削轴类零件时，采用弹性顶尖等。

4. 刀具热变形

使刀具产生热变形的主要热源是切削热，尽管这部分热量很小（占总热量的3%～5%），但由于刀具体积小、热容量小，因此工作表面易被加热到很高的温度。加工大型零件时，刀具热变形往往产生几何形状误差。如车削长轴时，可能由刀具热伸长产生锥体。减小刀具热变形对加工精度影响的措施有减小刀具伸出长度、改善散热条件、改进刀具角度以减少切削热、合理选用切削用量，以及加工时加切削液使刀具得到充分冷却等。

5. 机床热变形

不同类型的机床，因结构与工作条件不同，热源和变形形式各不相同。磨床的热变形对加工精度影响较大，一般外圆磨床的主要热源是砂轮主轴的摩擦热及液压系统的发热；车、铣、钻、镗等机床的主要热源是主轴箱。主轴箱轴承、齿轮的摩擦热及主轴箱中油的发热导致主轴箱及与其相连部分的床身温度升高而产生热变形，主轴升高，水平方向会产生位移。图3.31所示为车床受热变形示意。

机床运转一定时间后，各部件达到热平衡状态，变形趋于稳定。但在此之前机床的几

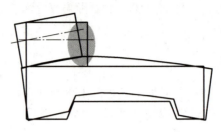

图 3.31　车床受热变形示意

何精度变化不定,因此,精密加工应在机床处于热平衡状态之后进行。一般车床、磨床的热平衡需 4~6h。

为了减小机床热变形对工件加工精度的影响,通常采用以下措施。

(1) 设计机床时采用热对称结构及热补偿结构。

(2) 切削前,让机床高速空转几分钟,迅速达到热平衡后投入切削。

(3) 在机床上设置可控制的热源为机床局部加热,使其较快达到热平衡状态,并在整个加工过程中保持热平衡状态稳定。

(4) 充分冷却、强制冷却,控制环境温度,隔离外部热源等。

3.3.5　工件内应力引起的变形

所谓内应力,是指去掉外部载荷以后,仍残留在工件内部的应力。它是由冷、热加工中,金属内部相邻的宏观组织或微观组织发生了不均匀的体积变化产生的。具有内应力的零件,其内部组织有强烈的恢复到一个稳定的没有内应力的倾向和状态。在该过程中,工件的形状逐渐变化(如翘曲变形),丧失原有精度。

1. 内应力产生的原因

(1) 毛坯制造中产生的内应力。在铸、锻、焊及热处理等热加工中,毛坯各部分受热不均匀或冷却速度不相等以及金相组织的转变都会引起金属不均匀的体积变化,从而在其内部产生较大内应力。如铸件浇注后,在冷却过程中,由于壁薄的部位冷却较快,壁厚的部位冷却较慢,因此当薄壁从塑性状态冷却到弹性状态时,厚壁尚处于塑性状态,薄壁收缩时并未受到厚壁的阻碍,铸件内部不产生内应力;当厚壁也冷却到弹性状态时,薄壁基本冷却,厚壁收缩受到薄壁的阻碍,厚壁内部产生残余拉应力,薄壁产生残余压应力,拉、压应力处于相对平衡状态。

(2) 冷校直时产生的内应力。一些细长轴工件(如丝杠等)刚度低,容易产生弯曲变形,常采用冷校直的方法变直。如图 3.32 所示,一根无内应力向上弯曲的长轴,当中部受到载荷 F 的作用时产生内应力,其轴线以上产生压应力,轴线以下产生拉应力,两条虚线之间是弹性变形区,虚线之外是塑性变形区。去掉外力后,工件的弹性恢复受到塑性变形区的阻碍,内应力重新分布。由此可见,冷校直后,工件内部产生残余应力,处于不稳定状态,若再进行切削加工,则将重新产生弯曲变形。

(3) 切削加工产生的内应力。在切削加工形成的力和热的作用下,加工表面产生塑性变形,也能产生内应力,并在加工后引起工件变形。

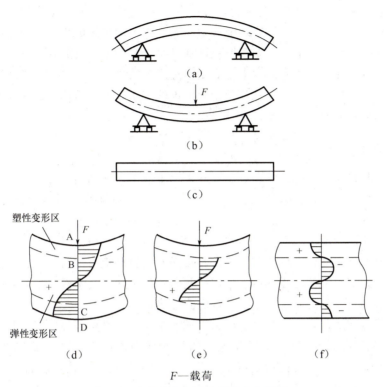

图 3.32 冷校直及产生的内应力状态

2. 减小或消除内应力的措施

（1）采用适当的热处理工序。常对铸件、锻件、焊接件进行退火、正火或人工时效处理后进行机械加工。对重要零件，在粗加工和半精加工后还要进行时效处理，以消除毛坯制造及加工中的内应力。

（2）给工件足够的变形时间。对精密零件，粗加工应与精加工分开；对大型零件，由于粗、精加工一般安排在一个工序内进行，因此粗加工后先将工件松开，使其自由变形，再以较小的夹紧力夹紧工件进行精加工。

（3）合理设计零件结构。零件结构要简单，壁厚要均匀。

3.3.6 其他原因对机械加工精度的影响

1. 原理误差

用近似的加工方法、近似的传动比和近似形状的刀具进行加工时，都会产生加工误差，这种误差称为原理误差，也称理论误差或方法误差。在齿轮轮齿加工中，滚切渐开线齿廓就是近似加工方法实例。由于滚刀的圆周齿数是有限的，因此滚切的渐开线不是理想的光滑渐开线，而是由多条趋近于该曲线的折线构成的。齿轮的齿越多，滚刀的容屑槽越多且头数越少，形成的折线段越多，越接近理论渐开线。不仅滚齿方法是近似的加工方法，而且滚刀是近似形状的刀具，也会引起加工误差。

有时一些机床的展成运动传动链只能用近似的传动比，近似地得到所需表面。例如在普通滚齿机上用单头滚刀加工圆柱齿轮，当工件齿数 $z_w=21\sim142$ 时，分齿挂轮架的传动比 μ_x 的计算公式为 $\mu_x=24/z_w$。如果 μ_x 有多位小数，则因为挂轮的齿数是固定的，所以选择任何挂轮组合都得不到精确值，只能使用近似的传动比，从而产生齿距误差。

当包括原理误差在内的加工误差总和不超过规定的工序公差时，可以采用近似的加工方法。近似的加工方法和刀具往往比理论上精确的方法和刀具简单，也有利于简化机床结构、降低加工成本和提高生产率。

2. 测量误差

测量误差是指工件实际尺寸与测量器具表示出的尺寸之间的差值。加工一般精度的零件时，测量误差可占工件公差的 1/10～1/5；加工精密零件时，测量误差可占工件公差的 1/3 左右。

产生测量误差的原因如下。

(1) 测量器具本身误差的影响。测量器具误差主要是指由示值误差、示值稳定性、回程误差和灵敏度等组成的极限误差。使用的测量器具不同，测量误差的变动范围不同，必须根据零件被测尺寸的公差选择适当精度的测量器具。

(2) 测量环境的影响。温度、湿度、气压、振动、电磁场等环境因素的变化会引起测量误差，其中温度的影响最大，因此规定测量的标准温度为 20℃。例如加工完直径为 $\phi100$mm 的钢轴后，工件表面温度可达 60℃，如果立即测量，由于材料热膨胀，直径尺寸比温度为 20℃时增大 0.048mm。即使在常温条件下，车间内的温度也不是固定的，其变动范围可达 3～4℃，对于钢件，在此温度变动范围内，100mm 尺寸上产生的测量误差可达 0.003～0.004mm，所以要在恒温室内进行精密测量。

(3) 人为误差的影响。测量时的读数误差，由用力不当引起的量具、量仪变形等，都会产生测量误差。

3. 调整误差

切削加工时，为获得规定的尺寸，必须对机床、刀具和夹具进行必要的调整。由机床的尺寸控制机构、刀具及夹具调整位置不准确产生的加工误差，称为调整误差。在单件小批量生产中，普遍用试切法调整；在大批量生产中，常用静调整法调整刀具的位置。采用静调整法时，对刀误差，控制尺寸的定程机构（挡块、行程开关等）的调整误差，样件或对刀块（导向套）产生的对刀误差，夹具在机床上的安装误差等都会影响调整的准确性，从而产生调整误差。

3.4 表面质量的形成及对零件使用性能的影响

3.4.1 表面粗糙度的形成及影响因素

1. 切削加工的表面粗糙度

切削加工中，工件已加工表面的表面粗糙度的主要形成因素包括几何因素、塑性变形和工艺系统振动。

(1) 几何因素的影响。形成表面粗糙度的主要几何因素是指刀具几何形状和切削运动中工件表面残留的痕迹,它是影响表面粗糙度的主要因素。图 3.33 所示为车削残留刀痕的尺寸和形状,其与刀具对工件的运动速度、吃刀量、刀尖形状有关。

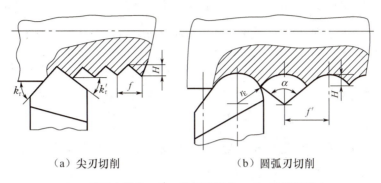

(a) 尖刃切削　　　　(b) 圆弧刃切削

k_r—车刀主偏角;k_r'—车刀副偏角;f—刀痕宽度;
H—刀痕深度;r_ε—车刀圆弧半径;α—刀痕包角;f'—刀痕中心距离

图 3.33　车削残留刀痕的尺寸和形状

(2) 塑性变形的影响。因为切削过程中存在金属塑性变形,所以在多数情况下已加工表面的残留面积上叠加一些不规则的金属生成物、黏附物或刻痕,使得表面粗糙度的实际轮廓与上述理论分析轮廓有较大差异。其形成原因有积屑瘤、鳞刺、振动、摩擦、切削刃不平、切屑划伤等。

积屑瘤是指在中、低速切削塑性金属材料时,由于高温、高压和摩擦阻力,与前刀面接触的切屑底层流动缓慢而形成滞留层;在一定条件下,滞留层停滞不前而脱离切屑黏附在前刀面上的刀尖处,形成形状不规则、硬度很大的硬块,它能代替切削刃切削工件。其后果是在工件表面产生沟状划痕,表面粗糙度增大,应及时消除。

(3) 工艺系统振动的影响。切削加工时,工艺系统振动使刀具与工件之间产生周期性位移,在加工表面形成波纹状的振痕,使工件表面粗糙度增大。

除上述因素以外,造成已加工表面粗糙不平的原因还有切屑拉毛和刮伤等。

2. 磨削加工的表面粗糙度

与切削加工相同,工件已加工表面的表面粗糙度的主要形成因素包括几何因素、塑性变形和工艺系统振动。

磨削加工是指用分布在砂轮表面上的磨粒,通过砂轮和工件相对运动进行切削的加工方法。由于磨粒在砂轮上分布不均匀,有高有低,而磨粒切削刃钝圆半径较大,同时磨削厚度很小,因此在磨削过程中,磨粒在工件表面以滑擦、刻划和切削三种形式切下表层金属,使加工表面刻划出无数细微的沟槽,沟槽两侧伴随着塑性变形,形成粗糙表面。

(1) 磨削用量的影响。提高砂轮转速,减小工件线速度可以增加在单位时间内工件单位面积上的刻痕,使工件表面塑性变形和沟槽两侧塑性隆起的残留量减小,磨削表面的表面粗糙度显著减小。增大磨削深度和工件的线速度可使塑性变形加剧,使表面粗糙度增大。为了提高磨削效率,常采用先适当增大吃刀量,再减小或消除吃刀量,以减小表面粗糙度。

(2) 砂轮粒度与修整的影响。砂轮粒度越细,单位表面上的磨粒越多,在磨削表面的刻痕越细，表面粗糙度越小。但粒度过细，砂轮易堵塞，切削性能下降，并且原为锋利刃口的砂粒钝化，工件的表面粗糙度反而会增大，同时会引起工件表层的磨削烧伤。因此，应及时用金刚石笔对砂轮进行修整。

（3）砂轮硬度的影响。砂轮硬度是指磨粒在磨削力的作用下，从砂轮上脱落的难易程度。砂轮太硬，磨粒不易脱落，磨钝的磨粒不能及时被新磨粒取代，工件的表面粗糙度增大；砂轮太软，磨粒易脱落，磨粒间隔增大，表面粗糙度也会增大。因此，常在中软范围内选取砂轮硬度，一般情况下，加工材料硬的选较软的砂轮，反之选较硬的砂轮。

此外，加工材料的硬度、塑性、导热性以及砂轮和磨削液的正确使用，对工件磨削表面的表面粗糙度有一定的影响，必须给予足够的重视。

3.4.2 表面层物理力学性能和化学性能的影响因素及改善措施

1. 表面层的加工硬化

加工时，工件表面层金属受到切削力的作用产生强烈的塑性变形，使晶格扭曲，晶粒间产生滑移剪切，晶粒被拉长、纤维化甚至碎化，从而使得一定深度的表面层硬度增大，塑性降低，这种现象称为加工硬化，也称冷作硬化。

影响表面层加工硬化的主要因素如下。

（1）切削力越大，塑性变形越大，硬化强度越大。因此，当进给量增大，刀具前角减小时，会因切削力增大而使加工硬化严重。金属材料塑性越大，导热性越好，加工后的强化现象越严重。

（2）当切削速度很高，变形速度很快时，塑性变形不充分，硬化程度降低。当切削热使工件表面温度很高时，会发生组织再结晶现象，表面强化完全消失，这种现象称为弱化，实为再结晶退火。

2. 表面层残余应力

由于机械加工中力和热的作用，在机械加工以后，工件表面层及其与基体材料的交界处仍保留相互平衡的弹性应力，这种应力称为表面层残余应力。产生表面层残余应力有以下三种原因：①冷态塑性变形引起的残余应力；②热态塑性变形引起的残余应力；③金相组织变化引起的残余应力。机械加工后，表面层残余应力是上述三方面因素综合作用的结果。在一定条件下，当超过工件材料的强度极限时，工件表面就会产生裂纹。磨削裂纹会使零件承受交变载荷的能力大大降低，易发生疲劳损坏。

在不同加工条件下，残余应力的值及分布规律可能有明显的差别。切削加工时，起主要作用的往往是冷态塑性变形，表面层常产生残余压应力。磨削加工时，热态塑性变形或金相组织的变化是产生残余应力的主要因素，表面层存在残余拉应力。

3. 表面层金相组织变化

机械加工中，由于切削热的作用，工件加工区附近温度升高，当温度超过金属相变的临界点时，金相组织就会发生变化。由于大多数磨粒的负前角切削产生的磨削热比一般切削大得多，并且磨削时约70%以上的热量传给工件，因此加工表面层温度很高，金相组织易发生变化，使表面层金属强度和硬度降低，产生残余应力，甚至出现微观裂纹和不同颜色的氧化膜,这种现象称为磨削烧伤。

磨削淬火钢时,根据磨削条件不同,磨削烧伤有如下三种形式。

(1) 回火烧伤。当磨削区的温度超过马氏体的转变温度(中碳钢为300℃左右),但未超过淬火钢的相变温度(碳钢的相变温度为720℃)时,工件表层组织由原来的马氏体转变为硬度较低的回火组织(索氏体或托氏体),此现象称为回火烧伤。

(2) 淬火烧伤。当磨削区的温度超过相变温度,加上切削液的急冷作用,表面金属会产生二次淬火马氏体组织,其硬度比原马氏体的高,但二次淬火层很薄,只有几微米。在二次淬火层的下层,由于冷却缓慢,形成了硬度较低的回火组织。二次淬火层极薄,表层总的硬度降低,此现象称为淬火烧伤。

(3) 退火烧伤。当磨削温度超过相变温度,磨削过程无切削液或冷却效果不好时,表层产生退火组织,硬度急剧下降,此现象称为退火烧伤。

磨削烧伤会破坏工件表面层组织,严重时还会产生裂纹,使工件表面质量恶化,严重影响工件的使用性能,必须力求避免。控制和避免磨削烧伤的措施有减少磨削热的产生、加速磨削热散出。

3.4.3 表面质量对零件使用性能的影响

大部分机械设备零件的破坏是从零件表面开始的。产品的性能特别是可靠性和耐久性,在很大程度上取决于零件的表面层质量。在机器的正常使用过程中,零件的工作性能逐渐变差,以致不能继续使用,有时甚至会突然损坏。其少数原因是设计不周而强度不够,或偶然事故引起超负荷,大多数原因是磨损、受到外部介质的腐蚀或疲劳破坏。磨损、腐蚀和疲劳损坏都发生在零件表面,或是从零件表面开始的。因此,加工表面质量对零件耐磨性、疲劳强度、耐蚀性、配合性质及其他性能有不同程度的影响。

1. 表面质量对零件耐磨性的影响

机器上相配合的零件相对运动时会产生摩擦,一方面消耗能量(如汽车发动机在满负荷下工作时,约有20%的功率消耗在摩擦上),另一方面会引起零件的磨损。汽车大部分零件工作时都做相对运动,为保证汽车的使用寿命,零件要具有一定的耐磨性。零件的耐磨性与润滑、摩擦副的材料及热处理等有关,但在上述条件确定的情况下,起主导作用的是表面质量。

加工后的表面是粗糙不平的,两个配合表面只在凸峰顶部接触,实际接触面积比名义接触面积小得多。

由试验得知,对于车削、铣削、铰削的表面,实际接触面积为15%~25%;经过精磨的表面为30%~50%;经超精加工、珩磨、研磨的表面为90%~97%。可见,如果表面粗糙度小,则零件间接触面积大,压强小,可降低磨损的速度,即较小的表面粗糙度可提高零件的耐磨性,从而延长零件的使用寿命。

但对耐磨性来说,并不是表面粗糙度越小越好,在一定摩擦条件(摩擦系数、摩擦速度及压力、润滑性质等)下,零件表面有一个最合适的表面粗糙度(一般由试验确定)。表面粗糙度太小,由于表面间接触紧密,不易形成润滑油膜,而且两个表面分子间的亲和力增大,磨损剧烈增加。

表面纹理方向能影响金属表面的实际接触面积和润滑液的存留情况。在压强不大且有充分润滑的条件下,当两个摩擦面的加工纹理方向都与摩擦运动方向平行时,磨损最小;当加工纹理方向都与摩擦运动方向垂直时,磨损最大。因为两个摩擦表面相互运动时,切去了妨碍运动的凸峰,所以磨损剧烈。当压强增大,加工纹理方向都与摩擦运动方向平行时,磨损大;当加工纹理方向相互垂直时,咬合的危险最小,磨损最小。由于发动机曲轴轴颈是在充分润滑条件下工作的,因此轴颈和轴瓦的加工纹理都应平行于摩擦运动方向。

上述分析表明,为了提高耐磨性,必须使摩擦副表面具有符合摩擦条件的加工纹理方向。因此,对于机器零件的主要表面,除规定表面粗糙度参数值外,还应规定最后工序的加工方法及加工纹理方向。

零件表面层的强化程度和强化深度也对耐磨性有影响。表面层显微硬度提高,增大了表面层的接触刚度,减少了摩擦表面发生塑性变形及咬合的现象。但硬度不能过高,否则会降低金属组织的稳定性,使金属表面变脆。在摩擦过程中,有较小的颗粒脱落就会使磨损增大。

表面层的加工硬化,一般能提高50%~100%的耐磨性,因为加工硬化提高了表面层的强度,降低了表面进一步塑性变形和胶合的可能性。但过度加工硬化会使金属组织疏松,甚至出现疲劳裂纹、疲劳剥落现象,从而使耐磨性下降。所以零件的表面硬化层必须控制在一定的范围内。

2. 表面质量对零件疲劳强度的影响

在长期承受交变载荷的工作条件下,零件的疲劳强度除了与材料的物理力学性能有关外,还与表面质量有关。在循环交变载荷下工作的零件,当表面有微观不平度时会形成应力集中。应力集中主要发生在不平度的谷底,谷底越深,谷尖半径越小,应力集中越严重。在谷底出现的应力数值可能超过金属的疲劳极限,使裂纹逐渐扩展。当裂纹扩展到一定程度时,在偶然的超载冲击下,零件就会破坏。因此,承受循环载荷的零件表面粗糙度大时,容易发生疲劳破坏。相反,减小表面粗糙度有助于提高疲劳强度。例如,对镍铬钢零件表面进行磨削和抛光,分别得到 $Ra0.16 \sim Ra0.32\mu m$ 和 $Ra0.02 \sim Ra0.04\mu m$ 的表面粗糙度。

加工硬化对零件疲劳强度的影响也很大。表面层的适度硬化可以在零件表面形成硬化层,阻碍表面层出现疲劳裂纹,提高零件疲劳强度。但零件表面层硬化程度过大,易产生裂纹,因此零件的硬化程度与硬化深度应控制在一定范围内。

当表面层存在残余压应力时,延缓疲劳裂纹的扩展,提高零件的疲劳强度;当表面层存在残余拉应力时,零件表面产生裂纹,疲劳强度降低。

可采用表面强化工艺措施,人为地在零件表面层制造压缩残余应力提高零件的疲劳强度,主要有滚挤压加工和喷丸强化。

(1) 滚挤压加工。

滚挤压汽车曲轴轴颈圆角已成为曲轴加工工艺过程中的重要工序之一。滚挤压加工不仅可减小表面粗糙度,而且强化了被滚挤压的表面,使之产生残余压应力,避免切削加工时残留刀痕等缺陷,降低了应力集中,使疲劳强度提高10%~20%。轴类零件圆角经滚挤压,疲劳强度可提高60%以上。根据对工件表面施力的机构不同,滚挤压工具分为弹性施力机构和刚性施力机构两种。滚挤压加工的原理如图3.34所示。

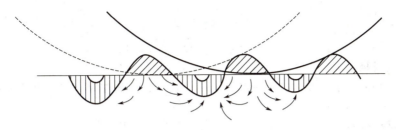

图 3.34 滚挤压加工的原理

（2）喷丸强化。喷丸强化常用铸铁丸、钢丸、铝丸、玻璃丸等，向不同材料的零件表面高速喷射，使被丸粒打击的表面产生塑性变形，形成冷硬层和残余压应力，以提高零件疲劳强度和耐蚀能力，延长使用寿命。

激光喷丸

3. 表面质量对零件耐蚀性的影响

表面粗糙度在一定程度上影响零件的耐蚀性。零件表面越粗糙，越容易积聚腐蚀性物质，凹谷越深，渗透与腐蚀作用越强烈。因此，减小表面粗糙度，可以提高零件的耐蚀性。当有些零件由于工作环境的原因需具有较高的耐蚀性时，可对零件表面进行抛光等精整加工或光整加工。

零件表面层产生压缩残余应力和一定程度的强化，能使零件表面层紧密，腐蚀性物质不易进入，提高零件的耐蚀性。

4. 表面质量对配合性质及零件其他性能的影响

零件间的配合关系用过盈量或间隙值表示。在间隙配合中，如果零件的配合表面粗糙，则配合件很快磨损而增大配合间隙，改变配合性质，降低配合精度；在过盈配合中，如果零件的配合表面粗糙，则配合表面的凸峰被挤平，配合件之间的有效过盈量减小，降低配合件之间的连接强度，影响配合的可靠性。因此，有配合要求的表面的表面粗糙度应较小。

表面质量对零件的使用性能有其他方面的影响。例如，对于液压缸和滑阀，表面粗糙度较大会影响密封性；对于工作时滑动的零件，恰当的表面粗糙度能提高运动的灵活性，减少发热和功率损失；零件表面层的残余应力会使加工好的零件因应力重新分布而变形，从而影响尺寸精度和几何精度等。

总之，提高表面质量对保证零件使用性能、延长零件使用寿命是很重要的。

 "互联网+" 拓展问题

1. 用"误差复映规律"解释：①为什么加工要求高的表面需加工多次？②为什么用静调整法加工一批工件时会产生尺寸分散？③为什么精加工时采用小的进给量？

2. 加工误差与加工精度的区别是什么？

思考与练习题

一、名词解释
机械加工精度,加工误差,表面质量,尺寸精度,几何精度,误差复映,表面层加工硬化,积屑瘤,磨削烧伤

二、单项选择题
1. 在两顶尖间装夹细长光轴工件进行车削加工时,工件刚度不足,加工出的零件在轴向截面上的形状是( )。
   A. 喇叭形   B. 梯形
   C. 腰鼓形   D. 鞍形

2. 车削加工中,大部分切削热传给了( )。
   A. 机床   B. 工件
   C. 刀具   D. 切屑

3. 薄壁套筒零件安装在车床自定心卡盘上,以外圆定位车内孔,加工后发现孔有较大圆度误差,主要原因是( )。
   A. 工件夹紧变形   B. 工件热变形
   C. 刀具受力变形   D. 刀具热变形

4. 工件以外圆表面在自定心卡盘上定位车削内孔和端面时,若自定心卡盘定位面与车床主轴回转轴线不同轴,则会造成( )。
   A. 被加工孔的圆度误差
   B. 被加工端面的平面度误差
   C. 孔与端面的垂直度误差
   D. 被加工孔与外圆的同轴度误差

5. 当零件表面层进行滚挤压或喷丸处理后留有残余压应力时,零件的疲劳强度和表面层的耐蚀能力( )。
   A. 均会降低   B. 均会提高
   C. 均无影响   D. 不一定有影响

6. 磨削表层裂纹是表面层( )的结果。
   A. 残余应力作用   B. 氧化
   C. 材料成分不均匀   D. 产生回火

7. 在切削加工时,对表面粗糙度没有影响的是( )。
   A. 刀具几何形状   B. 切削用量
   C. 工件材料   D. 检测方法

三、论述题
1. 加工一批零件时,加工误差有哪几种形式?试举例说明它们产生的原因。
2. 试分析在车床上用两顶尖装夹车削细长光轴时,出现图3.35所示三种误差的主要原因,并指出减小或消除误差的方法。
3. 在卧式铣床上铣削键槽(图3.36),加工后经测量发现各处深度尺寸都比预先调整的小,并且靠工件两端处深度尺寸大于中间,试说明产生该现象的原因。

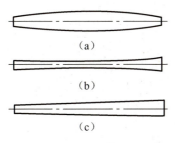

图 3.35　车削时产生的三种误差

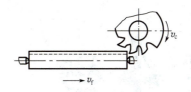

v_c—刀具转速；v_f—进给速度

图 3.36　在卧式铣床上铣削键槽

4. 磨削外圆表面时，为什么同时提高砂轮和工件的速度既能减轻磨削烧伤，又不会增大表面粗糙度？

第 4 章 尺寸链原理与应用

掌握尺寸链的基本概念、计算公式、装配尺寸链的建立、装配精度的保证方法，以及用工艺尺寸链确定零件制造过程中的工序尺寸及其极限偏差等内容。根据设计确定的装配精度要求、产品结构特点和生产条件等，合理选择保证装配精度的方法，并确定相关零件的尺寸公差和极限偏差，合理建立工艺尺寸链并进行计算。本章为难点章节。

尺寸链的组成及计算方法；尺寸链的基本公式；计算装配尺寸链和工艺尺寸链的方法。

计算封闭环极限尺寸、公差及极限偏差的方法；计算装配尺寸链的方法，如完全互换装配法、不完全互换装配法、选择装配法、调整装配法、修配装配法；工艺尺寸链的计算。

4.1 尺寸链的基本概念

在汽车等机械产品的设计过程中，设计人员根据某个部件或总成的使用性能要求，规定必要的装配精度（装配技术要求）。装配精度的保证、装配精度与零件设计尺寸及其极限偏差的合理标注，以及零件设计尺寸与零件制造过程中工序尺寸间的关系等，都必须借助尺寸链原理解决。因此，**尺寸链原理是机械设计人员和零件制造工艺人员必须掌握的工艺基础理论**。

4.1.1 尺寸链的定义及组成

1. 尺寸链的定义

在机械装配或零件加工过程中，由相互连接的尺寸形成封闭的尺寸组，称为尺寸链。图 4.1 所示为汽车变速器倒挡装置尺寸链，图中所示轴向间隙 A_0 取决于壳体内壁间轴向尺寸 A_1，止推垫片厚度尺寸 A_2、A_4 和倒挡中间齿轮轮毂间宽度尺寸 A_3，尺寸 A_0、A_1、A_2、A_3 和 A_4 按一定顺序形成了一个封闭尺寸组，即尺寸链。

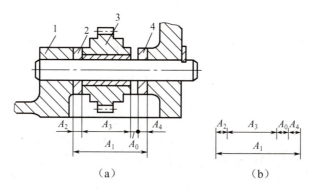

1—变速器壳体；2，4—止推垫片；3—倒挡中间齿轮
图 4.1 汽车变速器倒挡装置尺寸链

图 4.2 所示为内燃机活塞尺寸链，A_1 和 A_2 为活塞轴向尺寸，与未标注的尺寸 A_0 构成封闭尺寸组，尺寸 A_0 由尺寸 A_1 和 A_2 决定。由相互连接的尺寸形成的封闭尺寸组，称为尺寸链。尺寸 A_1' 和 A_3' 是零件制造中的工序尺寸，A_0' 是由 A_1' 和 A_3' 直接保证后间接得到的尺寸，A_1'、A_3' 和 A_0' 组成一个尺寸链。

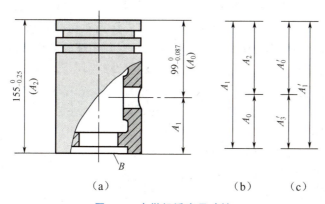

图 4.2 内燃机活塞尺寸链

图 4.3 所示为汽车变速器壳体尺寸链，C 为变速器壳体前端面，Ⅰ 和 Ⅱ 分别为一轴、中间轴轴承座孔轴线。如果在制造过程中，分别保证前端面 C 与平面 B 间的垂直度 α_1 以及平面 B 与一轴轴承座孔轴线 Ⅰ 间的平行度 α_2，则前端面 C 与一轴轴承座孔轴线 Ⅰ 间的垂直度 α_0 可间接获得，α_1、α_2 和 α_0 形成了由位置公差构成的尺寸链。

上述三个尺寸链中，图 4.1 所示尺寸链为装配单元上构成的装配尺寸链，图 4.2 左

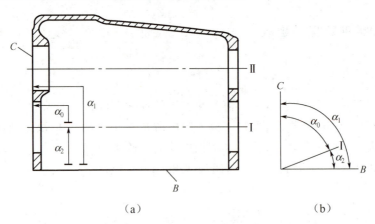

图 4.3 汽车变速器壳体尺寸链

侧所示尺寸链为零件设计尺寸链,图 4.2 右侧所示和图 4.3 所示尺寸链为零件制造中构成的工艺尺寸链。

由上述可知,尺寸链具有以下三个特征。

(1) 具有封闭性。组成尺寸链的各尺寸是按一定顺序排列的封闭尺寸图形。

(2) 具有尺寸关联性。尺寸链中都存在一个尺寸 A_0 或 α_0,其值由其他尺寸决定或受其他尺寸影响。

(3) 尺寸链至少由三个尺寸或位置公差构成。

在研究尺寸链时,为了方便,各尺寸只需保持连接关系,不必严格按比例绘制尺寸链。

2. 尺寸链的组成

尺寸链中的每个尺寸或位置公差,简称环。根据形成的特点不同,尺寸链的环分为封闭环和组成环。封闭环是在装配和加工过程中间接得到的环,如图 4.1、图 4.2 和图 4.3 中的 A_0 和 α_0。一个尺寸链中只有一个封闭环。组成环是对封闭环有影响的全部环,即尺寸链中除封闭环以外的环都是组成环。根据组成环对封闭环的影响,组成环可分为增环和减环。增环是指该环的变化引起封闭环做同向变化的组成环,即该环增大(减小)时,封闭环也随之增大(减小),如图 4.1、图 4.2 中的 A_1,图 4.2 (c) 中的 A_1'。减环是指该环的变化引起封闭环做反向变化的组成环,即该环增大(减小)时,封闭环减小(增大),如图 4.2 中的 A_2 和 A_3',图 4.4 中的 A_2、A_3 和 A_4。

计算尺寸链时,必须先确定封闭环和组成环中的增环和减环。判别增环和减环有两种方法:回路法和符号法。下面只介绍回路法。回路法是按尺寸链中尺寸的连接顺序判别

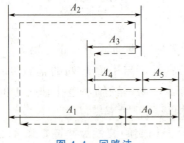

图 4.4 回路法

的。在图 4.4 所示的尺寸链中,以任意环为起点,绕尺寸链回路连接顺序画出单向箭头(图中虚线所示),凡是与封闭环箭头方向相反的环均为增环,与封闭环箭头方向相同的环均为减环。可见,A_0 为封闭环,A_2、A_4 和 A_5 与 A_0 方向相反,为增环,A_1、A_3 与 A_0 方向相同,为减环。

4.1.2 尺寸链的形式

尺寸链有如下分类方式。

1. 按尺寸链各环的几何特征和所处空间位置分类

（1）直线尺寸链。直线尺寸链是指全部组成环平行于封闭环的尺寸链。它是尺寸链中最基本、最常见的一种尺寸链。因为它的几何量是线性尺寸，所以也称线性尺寸链。图 4.1、图 4.2 和图 4.4 所示尺寸链均为直线尺寸链。

（2）角度尺寸链。角度尺寸链是指全部环的几何量均为角度尺寸的尺寸链。图 4.3 所示尺寸链是由位置公差形成的角度尺寸链，平行度可视为 0°或 180°，垂直度视为 90°。

（3）平面尺寸链。平面尺寸链是指全部组成环位于一个或多个平行平面内，但某些组成环不平行于封闭环的尺寸链。如图 4.5（a）所示由上、下两箱体组成的组件图，B 和 C 代表相啮合齿轮的两个轴承座孔中心，B 与 C 间的中心距为 A_0，B 与 C 中心坐标尺寸分别为 A_1、A_2 与 A_3、A_4，它们与 A_0 构成平面尺寸链 [图 4.5（b）]。平面尺寸链可用投影方法将各组成环向封闭环所在方向投影，转换成直线尺寸链，即由 A'_1、A'_2、A'_3、A'_4、A_0 构成直线尺寸链。

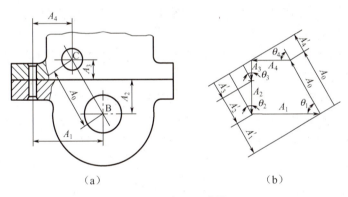

图 4.5 平面尺寸链

（4）空间尺寸链。空间尺寸链是指组成环位于多个不平行平面内的尺寸链，可通过投影方法，先将空间尺寸链转换成平面尺寸链，再转换成直线尺寸链求解。

2. 按尺寸链相互关系分类

（1）独立尺寸链。独立尺寸链是指所有组成环和封闭环只属于该尺寸链，不参与其他尺寸链组成的尺寸链。

（2）并联尺寸链。并联尺寸链是指由若干尺寸链连接在一起，尺寸链间相互影响的尺寸链。若干尺寸链构成并联尺寸链时，其中一个或多个环共属于两个或两个以上的尺寸链，这些环称为公共环。公共环可为一个尺寸链的组成环，也可为一个尺寸链的封闭环而作为另一个尺寸链的组成环。

3. 按尺寸链的应用范围分类

（1）装配尺寸链。装配尺寸链是指全部组成环为不同零件设计尺寸形成的尺寸链。

图 4.1 所示为装配尺寸链，封闭环 A_0 是汽车变速器壳体与止推垫片间的轴向间隙，是装配后间接（或自然）得到的尺寸，也称装配精度要求；组成环 A_1、A_2、A_3、A_4 分别为不同零件的设计尺寸。装配尺寸链的特点如下：封闭环是不同零件表面间的尺寸，装配后间接（或直接）得到。

（2）零件设计尺寸链。零件设计尺寸链是指全部组成环为同一零件设计尺寸形成的尺寸链，简称零件尺寸链。例如图 4.2（b）所示尺寸链，零件图样上标注有设计尺寸 A_1、A_2（尺寸链组成环）及尺寸 A_0（封闭环）。

（3）工艺尺寸链。工艺尺寸链是指全部组成环为同一零件工艺尺寸形成的尺寸链。例如图 4.2（c）所示尺寸链和图 4.3 所示汽车变速器壳体尺寸链，都是工艺尺寸链。工艺尺寸链的特点如下：封闭环是在零件加工后间接（或直接）得到的，制造中直接获得的工序尺寸是组成环。

4.1.3 尺寸链计算的应用

利用尺寸链原理解决生产实际问题，分为以下两类情况。

（1）公差设计计算。已知封闭环，求解各组成环。这种情况也称反计算，主要用于产品设计、零件加工和装配工艺计算。在计算过程中，将已知的封闭环公差合理地分配给各组成环。因为已知一个封闭环公差，需分配给多个组成环，属于不定解，所以分配时要考虑多个因素合理分配。

在公差设计计算中也常遇到已知封闭环和部分组成环公差，求解其余组成环公差的情况，一般称为中间计算。

（2）公差校核计算。已知组成环，求解封闭环。这种情况也称正计算，主要用于校核封闭环的公差和极限偏差，计算所得的解是唯一的。工艺人员经常利用公差校核计算来验证产品设计人员确定的相关零件设计尺寸、公差及极限偏差的正确性，以及选择装配方法的合理性。

4.2 尺寸链计算的基本公式

一般机械产品的零件尺寸采用基本尺寸及其上、下偏差表示。在尺寸链计算中，封闭环与组成环之间的基本尺寸、公差和极限偏差的关系必须按照不同的公式进行计算。下面介绍在不同生产条件下采用的尺寸链计算公式。

下面以直线尺寸链计算为例，重点介绍直线尺寸链的计算方法和计算公式。角度尺寸链的计算方法和计算公式与直线尺寸链的相同。平面尺寸链可以利用投影方法转换成直线尺寸链，再利用直线尺寸链的计算方法和计算公式进行计算。

尺寸链公差和极限偏差计算有两种方法：极值法和统计法（概率法）。计算封闭环与组成环基本尺寸之间关系的公式，称为尺寸链方程式。

4.2.1 封闭环基本尺寸的计算

封闭环与组成环基本尺寸之间的关系可以用尺寸链方程式计算。对于典型的含有 $n-1$ 个组成环的直线尺寸链，封闭环基本尺寸 A_0 可按下式计算。

$$A_0 = \sum_{z=1}^{k} A_z - \sum_{j=k+1}^{n-1} A_j \qquad (4-1)$$

式中，A_z 为增环的基本尺寸；A_j 为减环的基本尺寸；k 为增环环数；n 为尺寸链环数，对应减环数为 $n-k-1$。

对于角度尺寸链，封闭环基本角度 α_0 可按下式计算。

$$\alpha_0 = \sum_{z=1}^{k} \alpha_z - \sum_{j=k+1}^{n-1} \alpha_j \qquad (4-2)$$

式中，α_z 为增环基本角度；α_j 为减环基本角度。

4.2.2 极值法计算封闭环极限尺寸、公差及极限偏差

极值法是在组成环均处于极限尺寸条件下，计算封闭环极限尺寸、公差的方法。

1. 封闭环极限尺寸的计算

封闭环最大极限尺寸 $A_{0\max}$ 和最小极限尺寸 $A_{0\min}$ 按以下两个公式进行计算。

$$A_{0\max} = \sum_{z=1}^{k} A_{z\max} - \sum_{j=k+1}^{n-1} A_{j\min} \qquad (4-3)$$

$$A_{0\min} = \sum_{z=1}^{k} A_{z\min} - \sum_{j=k+1}^{n-1} A_{j\max} \qquad (4-4)$$

式中，$A_{z\max}$、$A_{z\min}$ 分别为增环的最大、最小极限尺寸；$A_{j\max}$、$A_{j\min}$ 分别为减环的最大、最小极限尺寸。

2. 封闭环上、下偏差的计算

封闭环上、下偏差 ES_{A_0} 和 EI_{A_0} 可由式(4-3)、式(4-4)减去式(4-1)得到：

$$ES_{A_0} = \sum_{z=1}^{k} ES_{A_z} - \sum_{j=k+1}^{n-1} EI_{A_j} \qquad (4-5)$$

$$EI_{A_0} = \sum_{z=1}^{k} EI_{A_z} - \sum_{j=k+1}^{n-1} ES_{A_j} \qquad (4-6)$$

式中，ES_{A_z}、EI_{A_z} 分别为增环的上、下偏差；ES_{A_j}、EI_{A_j} 分别为减环的上、下偏差。

3. 封闭环公差和误差的计算

封闭环公差 T_{A_0} 可由式(4-3)减去式(4-4)或由式(4-5)减去式(4-6)得到：

$$T_{A_0} = A_{0\max} - A_{0\min} = \sum_{z=1}^{k} T_{A_z} + \sum_{j=k+1}^{n-1} T_{A_j} = \sum_{i=1}^{n-1} T_{A_i} \qquad (4-7)$$

或

$$T_{A_0} = ES_{A_0} - EI_{A_0} = \sum_{z=1}^{k} T_{A_z} + \sum_{j=k+1}^{n-1} T_{A_j} = \sum_{i=1}^{n-1} T_{A_i}$$

式中，T_{A_z} 为增环公差；T_{A_j} 为减环公差；T_{A_i} 为组成环公差。

上述计算表明，封闭环公差等于各组成环公差之和。同理，封闭环误差 Δ_{A_0} 等于各组成环误差之和，也称各组成环误差的累计，即

$$\Delta_{A_0} = \sum_{i=1}^{n-1} \Delta_{A_i} \quad (4-8)$$

式中，Δ_{A_i} 为组成环误差。

4. 封闭环中间尺寸、中间偏差和极限偏差的计算

应用极值法计算尺寸链封闭环上、下偏差时，也可以用中间偏差来进行计算。如图 4.6 所示，公差带的一半（即上、下偏差的平均值）对应于零线的坐标值 Δ_i 称为中间偏差。因为中间偏差对零线表示，所以中间偏差也称公差带中心坐标，有正负号之分。

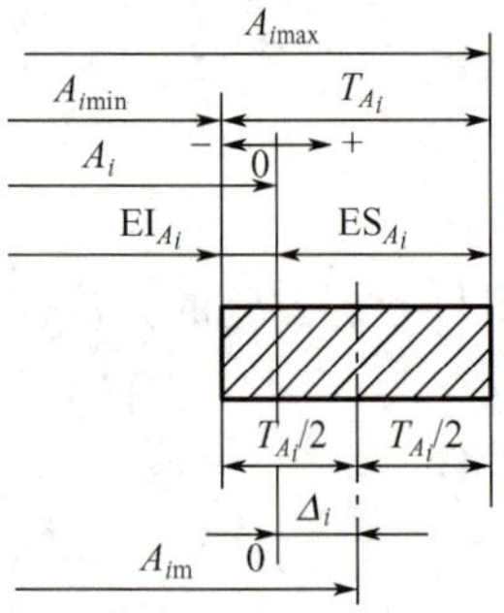

图 4.6 尺寸与极限偏差的关系

最大极限尺寸与最小极限尺寸的平均值 A_{im} 称为中间尺寸，即中间偏差处对应的尺寸。封闭环的中间尺寸

$$A_{im} = \sum_{z=1}^{k} A_{zm} - \sum_{j=k+1}^{n-1} A_{jm} \quad (4-9)$$

式中，A_{zm} 为增环的中间尺寸；A_{jm} 为减环的中间尺寸。

封闭环的中间偏差 Δ_0 可由式（4-9）减去式（4-1）得出：

$$\Delta_0 = \sum_{z=1}^{k} \Delta_z - \sum_{j=k+1}^{n-1} \Delta_j \quad (4-10)$$

式中，Δ_z 为增环的中间偏差；Δ_j 为减环的中间偏差。

通过封闭环的中间偏差，也可以计算出封闭环的上、下偏差。组成环和封闭环的上、下偏差按式（4-11）至式（4-14）进行计算。

$$ES_{A_i} = \Delta_i + \frac{T_{A_i}}{2} \quad (4-11)$$

$$EI_{A_i} = \Delta_i - \frac{T_{A_i}}{2} \quad (4-12)$$

$$ES_{A_0} = \Delta_0 + \frac{T_{A_0}}{2} \quad (4-13)$$

$$EI_{A_0} = \Delta_0 - \frac{T_{A_0}}{2} \quad (4-14)$$

通过上述计算可以知道，极值法计算尺寸链的特点是简便、可靠性高，即使组成环均按极值尺寸或极限偏差进行计算，也能保证封闭环的极限尺寸或极限偏差。但是当封闭环公差较小、组成环较多时，必须对组成环规定较小的公差，使零件加工困难，加工成本增加。因此，极值法计算尺寸链主要应用于封闭环公差要求较小、组成环较少的尺寸链；或者封闭环公差要求较大、组成环较多的尺寸链，即组成环平均公差较大的尺寸链。

4.2.3 统计法计算封闭环极限尺寸、公差及极限偏差

统计法是应用概率论原理计算尺寸链的方法。

大批量生产一批工件时，在正常生产条件下，零件的工序尺寸将按一定规律分布（如正态分布），工序尺寸获得极限尺寸的可能性较小。根据概率论的乘法定理可知，多环极限尺寸重合的概率等于各组成环出现极限尺寸概率的乘积。组成环越多，组成环极限尺寸

相遇的概率越小。因此，在大批量生产时，在组成环较多的条件下，应用极值法计算尺寸链显然是不合理的，应该应用统计法计算。

应用统计法计算尺寸链，封闭环与组成环基本尺寸的关系仍然应用式(4-1)进行计算。

由概率论与数理统计可知，大批量生产时，在正常生产条件下，一般零件工序尺寸或加工误差按正态分布，如图4.7所示。正态分布曲线用两个特征参数表达，即平均尺寸（算术平均尺寸）$\overline{A_i}(\overline{A_0})$和均方根偏差（标准差）$\sigma_i(\sigma_0)$。如果工序尺寸$A_i$基本在$\overline{A_i}\pm 3\sigma_i$范围内，则超出此范围的工序尺寸只有0.27%的概率。当加工误差$\Delta_{A_i}=T_{A_i}$时，$T_{A_i}=6\sigma_i$。

当加工过程中某些因素产生主导影响时，零件工序尺寸或加工误差不按正态分布。表4-1列出了常见分布曲线。

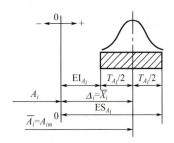

$\overline{X_i}$—平均偏差；A_{im}—中间尺寸

图 4.7　组成环为正态分布时的公差带

表 4-1　常见分布曲线

分布特征	正态分布	三角分布	均匀分布	瑞利分布	偏态分布	
					外尺寸	内尺寸
分布曲线						
相对分布系数 k_i	1	1.22	1.73	1.14	1.17	1.17
相对不对称系数 e_i	0	0	0	−0.28	0.26	−0.26

1. 封闭环的公差

（1）组成环尺寸符合正态分布时封闭环公差的计算。根据概率论理论可知，当多环组成环尺寸均为正态分布时，封闭环尺寸也为正态分布。可以推导出，封闭环公差等于组成环公差平方和的平方根，即

$$T_{A_0}=\sqrt{\sum_{i=1}^{n-1}T_{A_i}^2} \qquad (4-15)$$

（2）组成环尺寸不符合正态分布时封闭环公差的计算。当组成环尺寸不符合正态分布时，根据概率论理论可知，只要组成环足够多，如组成环$(n-1)\geqslant 6$，且各组成环尺寸分布范围相差不大，封闭环尺寸分布就仍接近正态分布。此时封闭环公差

$$T_{A_0}=\sqrt{\sum_{i=1}^{n-1}k_i^2 T_{A_i}^2} \qquad (4-16)$$

式中，k_i为相对分布系数（表4-1）。

2. 封闭环的上、下偏差

封闭环的上、下偏差需要通过中间偏差计算。

(1) 组成环尺寸符合对称分布且中间偏差与平均偏差重合。如图 4.7 所示，当组成环尺寸对称分布，并且中间偏差 Δ_i 与平均偏差 $\overline{X_i}$ 相等时，对应的中间尺寸 A_{im} 与平均尺寸 $\overline{A_i}$ 也相等。封闭环平均尺寸

$$\overline{A_0} = A_{0m} = A_0 + \Delta_0 = \sum_{z=1}^{k}(A_z + \Delta_z) - \sum_{j=k+1}^{n-1}(A_j + \Delta_j)$$

整理后得

$$\Delta_0 = \sum_{z=1}^{k} \Delta_z - \sum_{j=k+1}^{n-1} \Delta_j$$

上式与式(4-10)完全相同。封闭环的上、下偏差可按式(4-13)和式(4-14)计算。

$$\mathrm{ES}_{A_0} = \Delta_0 + \frac{T_{A_0}}{2}$$

$$\mathrm{EI}_{A_0} = \Delta_0 - \frac{T_{A_0}}{2}$$

(2) 组成环尺寸不符合对称分布。当组成环尺寸不对称分布时，平均偏差 $\overline{X_i}$ 与中间偏差 Δ_i 产生偏离，偏移量为 $e_i T_{A_i}/2$，e_i 为相对不对称系数。相对应的平均尺寸 $\overline{A_i}$ 与中间尺寸 A_{im} 也将偏移。当组成环 $(n-1) \geqslant 6$ 时，封闭环仍接近正态分布，即对称分布。此时封闭环的中间偏差

$$\Delta_0 = \sum_{z=1}^{k}\left(\Delta_z + e_z \frac{T_{A_z}}{2}\right) - \sum_{j=k+1}^{n-1}\left(\Delta_j + e_j \frac{T_{A_j}}{2}\right) \qquad (4-17)$$

封闭环上、下偏差可按式(4-13)和式(4-14)计算，即

$$\mathrm{ES}_{A_0} = \Delta_0 + \frac{T_{A_0}}{2}$$

$$\mathrm{EI}_{A_0} = \Delta_0 - \frac{T_{A_0}}{2}$$

通过上述应用统计法计算尺寸链可知，在大批量生产，尺寸链为多环（如 $n-1 \geqslant 6$）的条件下，统计法计算更合理；在设计计算公差时，可以获得比用极值法计算确定的更大的组成环平均公差。例如，某尺寸链环数 $n-1=6$，封闭环设计要求的公差 $T_{A_0}=0.12\mathrm{mm}$，分别用两种方法求出组成环平均公差。应用极值法求出组成环平均极值公差

$$T_{\mathrm{av,L}} = \frac{T_{A_0}}{n-1} = 0.024\mathrm{mm}$$

应用统计法求出组成环平均平方公差

$$T_{\mathrm{av,Q}} = \frac{T_{A_0}}{\sqrt{n-1}} \approx 0.049\mathrm{mm}$$

反之，如果进行公差校核计算，即已知各组成环公差，求解封闭公差，用统计法计算得到的封闭环公差值比用极值法计算得到的小，即封闭环精度高。用统计法计算尺寸链的缺点是计算较复杂，并且必须已知组成环尺寸的分布规律。

由于汽车零件属于大批量生产，并且零件加工中影响尺寸分布的随机因素较稳定，因此可以认为零件尺寸分布为正态分布，可取 $k_i=1$，$e_i=0$，计算更方便。用统计法计算尺寸链适用于在大批量生产中计算多环（$n-1 \geqslant 6$）尺寸链。

4.3 装配尺寸链的建立

在汽车总成或部件的设计阶段，根据装配精度和汽车总成或部件的结构，建立相应的装配尺寸链，并确保证装配精度的方法，正确计算装配尺寸链，以合理标注零件设计尺寸及其极限偏差等。进行装配工艺准备时，工艺人员需要根据装配精度要求和相关零件的设计尺寸及其极限偏差等，对装配尺寸链进行计算，核查相应零件设计尺寸及其极限偏差规定的准确性。进行以上设计计算工作时，首先需要建立装配尺寸链。

4.3.1 装配精度

为了保证汽车总成或部件的使用性能，产品设计人员设计产品时会规定许多装配精度。**所谓装配精度，是指机械产品或装配部件在装配后不同零件表面间形成的几何参数（尺寸、位置公差）及工作性能与理想值的接近程度。装配精度就是装配尺寸链的封闭环，是通过控制装配尺寸链的封闭环保证的，因此装配精度是建立装配尺寸链的依据。**直接影响装配精度的零件的设计尺寸及形状公差、位置公差都是装配尺寸链的组成环。

为保证汽车总成或部件具有良好的使用性能，规定了许多装配精度。在汽车总成或部件中，常见装配精度如下。

（1）轴与孔配合的间隙或过盈量。

（2）旋转体零件与固定不动零件间的轴向间隙。如图 4.8 所示的曲轴 1 轴肩与止推垫片 4 间的间隙 A_0 和图 4.1 所示止推垫片 4 与倒挡中间齿轮 3 轮毂端面间的轴向间隙 A_0 等。

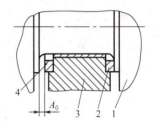

1—曲轴；2，4—止推垫片；
3—气缸体轴承座；A_0—间隙

图 4.8 曲轴的轴向间隙

（3）为避免零件相互碰撞，需在旋转速度不同的零件间设置轴向间隙。

（4）某些零件在机构中需要轴向定位而规定一定的轴向间隙。如凸轮轴、曲轴在缸体中应该具有一定的轴向位置，采用 4 轴颈轴肩作为轴向定位。图 4.8 所示曲轴最末端主轴颈在气缸体轴承座中轴向定位需规定一定的轴向间隙。

（5）使用轴用弹性挡圈或孔用弹性挡圈固定零件的轴向位置和锁环，为便于装入槽中而规定一定的轴向间隙。

（6）为保证齿轮正常啮合传动，对圆柱齿轮副和蜗杆副中心距极限偏差提出的要求。

（7）为保证蜗杆副正确啮合接触，对蜗杆副提出蜗轮中间平面对蜗杆回转中心的偏移（蜗杆副中心平面偏移）要求。

（8）为保证锥齿轮副正确啮合传动，对锥齿轮齿圈提出齿圈轴向位移极限偏差要求。如果不考虑节锥角变化的影响，可将此项要求转换为对节锥顶点位移的要求。该要求是一个锥齿轮节锥顶点相对于与之啮合齿轮回转轴线的位移，节锥顶点的位移量就是装配精度。

（9）为保证活动件运动自如，活动件与固定件间应留有一定的间隙。

（10）汽车传动装置中使用了多种滚动轴承，如角接触球轴承、圆锥滚子轴承、深沟球轴承和推力球轴承等。安装滚动轴承时需预先给予适当的轴向预加载荷，使轴承滚动体和内、外圈间产生一定的预变形,以保持轴承内、外圈处于压紧的负游隙状态,即进行滚动轴承预紧。其目的是使旋转轴在轴向和径向得到正确定位,提高旋转轴的旋转精度,并提高轴承的支承刚性,减少轴承的振动和噪声等。汽车传动装置中常使用的圆锥滚子轴承只有成对安装使用,才能达到提高轴承支承刚度的目的。当滚动轴承轴向加载时,轴承套圈产生一定的轴向位移,可根据预紧的位移量控制预紧量。

在实际生产中,控制轴向预紧位移量有一定困难,可预先测定轴向载荷、轴承轴向预紧位移量与轴承启动摩擦力矩间的关系。在实际装配时,可根据控制启动摩擦力矩来调整预紧量。在装配生产线上,常见装配工人通过转动传动件的力矩来判断装配完成的装置是否满足滚动轴承预紧量的要求。

(11) 在汽车某些总成中,要求运动的可动件与固定件有一定的间隙,并且有一定的可调整量。例如,图 4.9 所示的离合器分离杆 1 端部与分离轴承 2 间在接合状态下有一定的间隙 A_0,并要求将多个离合器分离杆端面调整在同一个平面上,间隙 A_0 为装配精度。又如鼓式制动器中,制动鼓与制动蹄摩擦片间在工作的原始位置有一定的间隙;盘式制动器中,制动盘与制动摩擦块间有一定的间隙,并且具有可调性。

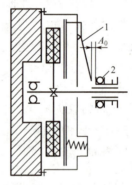

1—离合器分离杆;2—分离轴承;A_0—间隙

图 4.9 离合器分离杆端部与分离轴承间的间隙

(12) 产品设计时规定的某些性能参数,如内燃机的压缩比等。

(13) 往复运动件的行程位置,如内燃机活塞连杆机构中,活塞运动到上止点时顶到气缸套顶平面间的间隙等。

(14) 总成或部件零件表面的位置公差等。

装配精度是产品设计人员根据产品的使用性能,参照国家标准、行业标准或有关手册确定的;或者采用类比法,结合使用经验确定的;或者通过试验或分析计算确定的。

4.3.2 尺寸链最短原则

在装配精度要求一定的条件下进行公差设计计算时,希望得到的组成环公差大一些。零件设计尺寸公差越大,零件加工越容易,经济性越好。为此,在建立装配尺寸链时应遵循尺寸链最短原则。所谓尺寸链最短原则,就是装配尺寸链包含的组成环最少。因为在装配尺寸链封闭环公差一定的条件下,如果组成环少,则按极值法计算的组成环平均公差大,零件加工容易,加工成本低;在组成环公差一定的条件下,如果组成环少,则得到的装配尺寸链的封闭环公差小,装配精度高。为达到上述目的,产品设计人员在设计产品结构时，产品结构应简单，即影响装配精度的零件少；影响装配精度的零件只能有一个尺寸作为组成环参加该装配精度建立的装配尺寸链。因为零件在装置中的位置是由其装配基准决定的，所以参加装配尺寸链组成环的零件应该是两个相邻零件装配基准间的尺寸，它是直接影响装配精度的零件尺寸，也是该零件影响装配精度的唯一尺寸。装配尺寸链中组成环的数目等于影响装配精度相关零件的数目。

4.3.3 建立装配尺寸链

正确建立装配尺寸链是保证装配精度的基础，也是合理确定零件设计尺寸公差及其极限偏差的基础。为了正确建立装配尺寸链，必须做到以下几点。

(1) 明确装配精度的含义。它是装配尺寸链的封闭环，是装配后间接得到的尺寸（或位置公差）。

(2) 看懂与装配精度相关的装配单元的装配图样，明了零件的装配关系和相关零件沿封闭环尺寸方向上的装配基准。

(3) 掌握建立装配尺寸链的规律。凡是直接影响装配精度的零件的尺寸和位置公差，都是装配尺寸链的组成环。查找组成环时，从封闭环两端的两个零件开始，沿着装配精度要求的尺寸方向，以相邻零件的装配基准间的联系为线索，分别由近到远地查找影响装配精度的联系零件装配基准间的零件尺寸。一环接一环地查找，直至查找到同一基础零件的两个装配基准；再用一个尺寸联系这两个装配基准，形成一个封闭的尺寸图形。这个封闭的尺寸图形就是以尺寸链最短原则建立的装配尺寸链。

〔例 4-1〕 图 4.10 (a) 所示为汽车主减速器主动锥齿轮轴承座总成装配图，主动锥齿轮 2 装在左、右圆锥滚子轴承上。产品设计要求如下：利用紧固螺母 9，推动凸缘 8 和垫片 7，使圆锥滚子轴承内圈 6 向右移动，使圆锥滚子轴承 3 和 6 产生预紧位移量。左、右两个圆锥滚子轴承的预紧位移量以左端轴承的内、外圈 6 与 5 右端面间的尺寸 A_0 表示。建立以 A_0 为封闭环的装配尺寸链时，应以封闭环两端的零件为起点，沿封闭环尺寸方向，分别依次向两个方向查找相邻零件的装配基准。如果先从封闭环左端开始查找，则查找的第一个零件是调整垫片 1（多个薄垫片当作一个零件），它的装配基准为其与主动锥齿轮 2 的轴肩端面 K 接触的平面，垫片的厚度尺寸 A_1 是直接影响装配精度的组成环。依次查找的第二个零件是主动锥齿轮 2，它的轴向装配基准为与圆锥滚子轴承内圈 6 接触的轴肩端面 G，主动锥齿轮 2 的尺寸 A_2 是直接影响装配精度的组成环。再依次查找到圆锥滚子轴承 3。虽然圆锥滚子轴承由外圈、滚子和内圈组成，但是它由轴承制造企业以一套组件供应给汽车制造企业，可以把轴承组件看作一个零件，查找它的装配基准。圆锥滚子轴承 3 的轴向装配基准为外圈左端面，轴承全宽度尺寸 A_3 是直接影响装配精度的组成环。轴承座 4 是基础件，从封闭环左端开始的查找暂告一段落。然后从封闭环右端开始查找。封闭环右端为圆锥滚子轴承外圈 5 的右端面，该端面的右侧零件也是基础件——轴承座 4 的表面。至此，以封闭环两端为起点，都查找到同一个基础件的两个表面。最后用尺寸 A_4 将基础件两端表面联系起来。

这个封闭的尺寸图形就是以 A_0 为封闭环的装配尺寸链，如图 4.10 (b) 所示。经上述查找建立的装配尺寸链遵循尺寸链最短原则，即影响装配精度的零件，只有一个尺寸参加装配尺寸链。列出尺寸链方程式：

$$A_0 = A_1 + A_2 - (A_3 + A_4)$$

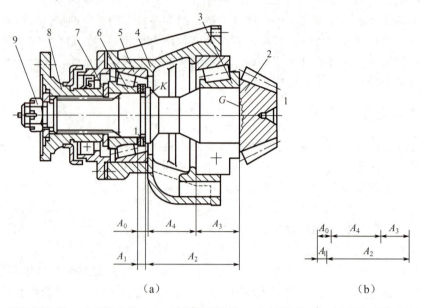

1—调整垫片；2—主动锥齿轮；3—圆锥滚子轴承；4—轴承座；5—圆锥滚子轴承外圈；
6—圆锥滚子轴承内圈；7—垫片；8—凸缘；9—紧固螺母；K，G—轴肩端面

图 4.10　汽车主减速器主动锥齿轮轴承座总成装配图与尺寸链图

综上所述，为正确建立装配尺寸链，必须掌握建立装配尺寸链的方法和规律。此外，还要逐一建立总成部件中多个装配精度为封闭环的装配尺寸链，并找出它们之间的联系。在建立装配尺寸链时还应注意以下几点。

（1）满足尺寸链最短原则。如果某个零件影响装配精度，则只允许该零件的一个尺寸参加建立的装配尺寸链。

（2）一般将外购的标准组件和部件（如滚动轴承等）看作一个零件，以标准组件或部件尺寸参加装配尺寸链。

（3）在加工蜗轮轮齿时，以齿圈和轮毂装配后的整体（合件）进行加工。在建立装配尺寸链时，以合件进行加工的，应看作一个零件，用合件尺寸参加装配尺寸链。

（4）按独立原则标注的几何公差，应以一个组成环参加装配尺寸链。

4.4　保证装配精度的方法和装配尺寸链的解算

根据汽车总成或部件的结构特点和装配精度的要求，在不同生产条件下，选择不同的保证装配精度的方法，以达到最佳技术经济效果。在汽车制造中，保证装配精度的常用方法有完全互换装配法、不完全互换装配法、选择装配法、调整装配法和修配装配法等。相应地有多种解算装配尺寸链的方法，如完全互换法、大数（统计）互换法、选择装配法、调整法和修配法。设计汽车总成或部件时，解算装配尺寸链的目的是根据设计确定的装配精度要求、产品结构特点和生产条件等，合理选择保证装配精度的方法，确定相关零件的尺寸公差及其极限偏差。

4.4.1 完全互换装配法

汽车总成或部件中，相关零件的尺寸均按零件图样规定的公差及其极限偏差进行加工。装配时，相关零件无须挑选、调整和修配，就能达到规定的装配精度要求，称为完全互换装配法。即只要装配尺寸链中的各组成环尺寸在极限偏差范围内，就可以保证装配精度要求。完全互换装配法采用极值法解算装配尺寸链。

尺寸链的计算

在进行产品设计时，为达到装配精度要求，应满足以下两个条件：装配尺寸链各组成环的公差之和不大于封闭环规定的公差；封闭环的极限偏差在允许的极限偏差范围内，即

$$\sum_{i=1}^{n-1} T_{A_i} \leqslant T_{A_0}$$
$$\text{ES}'_{A_0} \leqslant \text{ES}_{A_0}$$
$$\text{EI}'_{A_0} \geqslant \text{EI}_{A_0}$$

式中，T_{A_0} 为封闭环规定的公差值；ES_{A_0}、EI_{A_0} 分别为设计要求的封闭环上偏差、下偏差。

1. 公差的设计计算

进行公差的设计计算时，应根据给定的封闭环公差和极限偏差确定组成环的公差和极限偏差。

(1) 组成环公差的确定。由于组成环数目 $(n-1) \geqslant 2$，因此用极值法，根据式(4-7)确定的组成环公差为不定解。在实际生产中，确定组成环公差有多种方法，常采用相等公差修正法。

相等公差修正法是按封闭环设计要求的公差求出组成环的极值平均公差 $T_{\text{av,L}}$，再根据各组成环的加工难易程度进行适当修正。组成环的极值平均公差

$$T_{\text{av,L}} = \frac{T_{A_0}}{n-1} \tag{4-18}$$

式中，n 为尺寸链环数。

对各组成环公差进行修正时，应考虑组成环尺寸和加工难易程度等因素。修正公差时应考虑以下几点。

① 标准件的尺寸公差应按标准规定。

② 组成环尺寸大的，加工难度大的，取较大公差；反之，取较小公差，并取标准公差值。为保证经济加工，一般零件尺寸公差≤IT9。

③ 在组成环中选择一个协调环。协调环是指按上述方法确定其他组成环公差后，确定公差的组成环。协调环公差

$$T_{A_x} = T_{A_0} - \sum_{i=1}^{n-2} T_{A_i} \tag{4-19}$$

协调环选择原则如下：不使用定尺寸刀具获得的尺寸；宜使用通用量具测量的尺寸；不应是诸多尺寸链的公共环。

(2) 组成环极限偏差的确定。可按下述原则确定组成环的极限偏差。

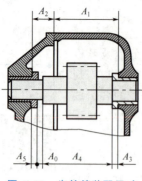

图 4.11 齿轮箱装配尺寸

① 标准件的极限偏差根据标准确定。

② 除协调环及标准件以外的组成环的极限偏差,按偏差注向体内原则标注,即外尺寸(被包容尺寸)按 h、内尺寸(包容尺寸)按 H、孔中心距按对称偏差确定极限偏差。

(3) 协调环极限偏差的确定。协调环的极限偏差按式(4-5)、式(4-6)或式(4-11)、式(4-12)计算确定。

〔例 4-2〕齿轮箱部件中,要求装配后的轴向间隙为 $0.2\sim 0.7$ mm。有关零件的基本尺寸如下:$A_1=122$ mm, $A_2=28$ mm, $A_3=5$ mm, $A_4=140$ mm, $A_5=5$ mm。用极值法确定各组成零件尺寸的公差和极限偏差。IT 公差等级表(节选)见表 4-2。

表 4-2 IT 公差等级表(节选)

基本尺寸/mm	IT8/μm	IT9/μm	IT10/μm	IT11/μm	IT12/mm
<3	14	25	40	60	0.1
3~6	18	30	48	75	0.12
6~10	22	36	58	90	0.15
10~18	27	43	70	110	0.18
18~30	33	52	84	130	0.21
30~50	39	62	100	160	0.25
50~80	46	74	120	190	0.3
80~120	54	87	140	220	0.35
120~180	63	100	160	250	0.4

解:用完全互换装配法进行求解,画出装配尺寸链。其中 A_1、A_2 为增环,A_3、A_4、A_5 为减环,A_0 为封闭环。

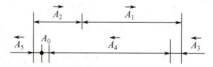

(1) 计算封闭环基本尺寸、公差及极限偏差。按式(4-1)得
$$A_0 = A_2 + A_1 - (A_4 + A_3 + A_5) = 0$$
$$T_{A_0} = A_{0\max} - A_{0\min} = (0.7 - 0.2)\text{mm} = 0.5\text{mm}$$

所以
$$A_0 = 0^{+0.7}_{+0.2}\text{mm}$$

(2) 确定组成环公差。按式(4-18)得
$$T_{\text{av,L}} = \frac{T_{A_0}}{n-1} = \frac{0.5}{5}\text{mm} = 0.10\text{mm}$$

选择 A_4 为协调环,对其他组成环公差进行适当修正。查表 4-2,取 $T_{A_3} = T_{A_5} = 0.075$ mm(IT11);$T_{A_1} = 0.16$ mm(IT10),$T_{A_2} = 0.084$ mm(IT10)。按式(4-19)计算协调环 A_4 的公差。

$$T_{A_4}=[0.5-(0.16+0.075+0.075+0.084)]\text{mm}=0.106\text{mm}$$

（3）确定组成环极限偏差。按偏差注向体内原则确定

$A_1=122^{+0.16}_{0}\text{mm}(\text{IT}10)$，$A_2=28^{+0.084}_{0}\text{mm}(\text{IT}10)$，$A_3=A_5=5^{0}_{-0.075}\text{mm}(\text{IT}11)$

协调环 A_4 的极限偏差按式（4-5）和式（4-6）确定，即

$$\text{EI}_{A_4}=-\text{ES}_{A_0}-(\text{EI}_{A_3}+\text{EI}_{A_5})+\text{ES}_{A_1}+\text{ES}_{A_2}$$
$$=[-0.7-(-0.075-0.075)+0.16+0.084]\text{mm}$$
$$=-0.306\text{mm}$$
$$A_4=140^{-0.2}_{-0.306}\text{mm}$$

2. 完全互换装配法的特点及应用

通过上述分析及计算可知，完全互换装配法的优点如下：装配精度由零件制造精度保证，只要组成环尺寸按零件图样的规定制造，就可保证装配精度要求，并且零件尺寸具有互换性；由于零件尺寸具有互换性，因此便于组织零部件专业化生产，且易组织流水式装配。完全互换装配法的缺点如下：当装配精度要求较高，装配尺寸链环数较多时，对零件尺寸公差要求较高，零件制造成本增加，或者制造时难采用常规加工方法保证。因此，完全互换装配法在汽车生产中主要适用于组成环较少，或组成环多，但装配精度要求较低的场合。

4.4.2 不完全互换装配法

在大批量生产及稳定的机械加工工艺系统条件下，零件加工尺寸达到极限尺寸的概率很小，并且所有组成环尺寸均处于极限尺寸再进行组合装配的概率更小，不适合采用完全互换装配法，可以采用不完全互换装配法保证装配精度。采用不完全互换装配法保证装配精度以一定的合格率（置信水平）为依据。

不完全互换装配法是将零件尺寸公差放大到经济公差，装配时无须挑选零件或改变零件位置等，就能使绝大多数装配产品达到装配精度要求。不完全互换装配法解算装配尺寸链的方法，称为大数（统计）互换法。为说明不完全互换装配法的概念，以最简单的三环（实际上，这种装配方法适用于组成环数≥6 的多环装配尺寸链）装配尺寸链为例进行说明。图 4.12（a）所示为采用完全互换装配法解算尺寸链的公差关系，$T_{A_0}=T_{A_1}+T_{A_2}$，装配后装配精度 100% 合格。图 4.12（b）所示为采用不完全互换装配法解算尺寸链时装配精度与零件尺寸公差间的关系。当组成环尺寸或误差分布均为正态分布时，封闭环尺寸或误差也为正态分布。当装配精度合格率 $P=99.73\%$，封闭环要求的公差 $T_{A_0}=6\sigma'_0$ 时，不合格封闭环的概率只有 0.27%，此时组成环制造公差 $T_{A_1}=6\sigma'_1$，$T_{A_2}=6\sigma'_2$，比完全互换装配法规定

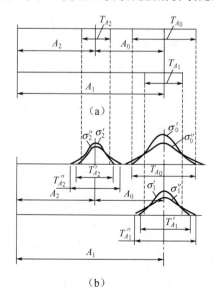

图 4.12 统计互换法封闭环与组成环公差关系

的组成环公差大$\sqrt{2}T_{av,L}$倍。当装配精度合格率$P=95.44\%$时，封闭环公差仍为T_{A_0}，其均方根偏差为σ_0''，组成环的制造公差分别为$T''_{A_1}=6\sigma_1''$和$T''_{A_2}=6\sigma_2''$，零件制造公差被放大更大，加工更容易，制造成本更低。

通过上述分析可知，当组成环尺寸和封闭环尺寸均为正态分布时，组成环制造公差随装配精度合格率的改变而改变。装配精度合格率越低，组成环制造公差放大得越大，但这是以牺牲装配精度合格率为代价的。不完全互换装配法的设计计算可按下述步骤进行。

1. 公差的设计计算

进行公差的设计计算时，给定装配精度，且已知组成环尺寸分布规律。一般取装配精度的合格率$P=99.73\%$。合格率不同，相对分布系数k不同，见表4-3。

表4-3 合格率P与相对分布系数k

P	99.73%	99.50%	99%	98%	95.44%	95%	90%
k	1	1.06	1.16	1.29	1.5	1.52	1.82

（1）确定组成环公差。在稳定的工艺系统条件下，组成环的尺寸分布为正态分布，封闭环的尺寸分布也为正态分布。封闭环公差与组成环公差之间的关系如下：

$$(k_0 T_{A_0})^2 = \sum_{i=1}^{n-1}(k_i - T_{A_i})^2 \qquad (4-20)$$

式中，$k_i=1$。k_0取决于装配精度合格率，当$P=99.73\%$时，$k_0=1$；当$P=95.44\%$时，$k_0=1.5$，一般取$P=99.73\%$。

一般组成环公差根据相等公差修正法确定。首先求出平均统计公差$T_{av,s}$。当$k_0=1$，$k_i=1$时，平均统计公差也称平均平方公差。平均平方公差

$$T_{av,Q} = T_{av,s} = \frac{k_0 T_{A_0}}{\sqrt{\sum_{i=1}^{n-1} k_i^2}} = \frac{T_{A_0}}{\sqrt{n-1}} \qquad (4-21)$$

然后以求得的$T_{av,Q}$为修正公差的参考，根据组成环尺寸的加工难易程度等进行适当修正。修正时考虑以下三点。

① 标准件的尺寸公差按标准确定。

② 在组成环中选择一环为协调环。除标准件和协调环外，其他组成环公差适当放大，一般放大到IT10或IT11级标准公差。

③ 协调环公差可用式（4-22）计算，以充分利用设计给定的封闭环公差。

$$T_{A_x} = \sqrt{\left(\frac{k_0 T_{A_0}}{k_i}\right)^2 - \sum_{i=1}^{n-2} T_{A_i}^2} \qquad (4-22)$$

（2）确定组成环极限偏差。组成环极限偏差可按如下原则确定。

① 标准件的极限偏差按标准规定。

② 除标准件和协调环外，其他组成环的极限偏差按偏差注向体内原则确定，即外尺寸（被包容尺寸）按h、内尺寸（包容尺寸）按H、孔中心距按对称偏差确定。

③ 协调环的极限偏差利用式（4-10）至式（4-12）计算确定。先求出协调环的中间偏差Δ_x，再计算出

$$\mathrm{ES}_{A_x} = \Delta_x + \frac{T_{A_x}}{2}$$

$$\mathrm{EI}_{A_x} = \Delta_x - \frac{T_{A_x}}{2}$$

〔例 4-3〕 图 4.13 所示为齿轮传动轴装置图。已知：$A_1 = 43\mathrm{mm}$，$A_2 = A_4 = 5\mathrm{mm}$，$A_3 = 30\mathrm{mm}$，$A_5 = 3\mathrm{mm}$，装配精度 $A_0 = 0^{+0.350}_{+0.100}\mathrm{mm}$，组成环和封闭环均为正态分布。用不完全互换装配法保证装配精度，装配精度合格率分别为 99.73% 和 95.44%。试确定组成环的公差和极限偏差。

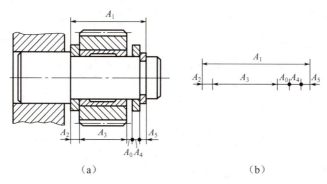

图 4.13 齿轮传动轴装置图

解：

(1) $P = 99.73\%$ 时，$k_0 = 1$，$k_i = 1$。

$$T_{\mathrm{av,Q}} = \frac{k_0 T_{A_0}}{\sqrt{\sum_{i=1}^{n-1}(k_i)^2}} = \frac{T_{A_0}}{\sqrt{n-1}} \approx 0.1118\mathrm{mm}$$

选择 A_1 为协调环。查表 4-2，其他组成环公差分别取 $T_{A_2} = T_{A_4} = 0.075\mathrm{mm}$ (IT11)，$T_{A_3} = 0.13\mathrm{mm}$ (IT11)，$T_{A_5} = 0.04\mathrm{mm}$ (IT10)。

协调环公差

$$T_{A_1} = \sqrt{0.25^2 - (2 \times 0.75^2 + 0.13^2 + 0.04^2)}\,\mathrm{mm} \approx 0.181\mathrm{mm}\ (接近 IT11)$$

除协调环外的组成环极限偏差，按偏差注向体内原则确定：

$$A_2 = A_4 = 5^{\ 0}_{-0.075}\mathrm{mm}(h11), A_3 = 30^{\ 0}_{-0.13}\mathrm{mm}(h11), A_5 = 3^{\ 0}_{-0.04}\mathrm{mm}(h10)$$

协调环的极限偏差：先计算协调环的中间偏差，再计算协调环极限偏差。

$$\Delta_1 = \Delta_0 + (\Delta_2 + \Delta_3 + \Delta_4 + \Delta_5) = 0.065\mathrm{mm}$$

$$\mathrm{ES}_{A_1} = \Delta_1 + \frac{T_{A_1}}{2} = \left(0.065 + \frac{0.181}{2}\right)\mathrm{mm} = 0.1555\mathrm{mm} \approx 0.156\mathrm{mm}$$

$$\mathrm{EI}_{A_1} = \Delta_1 - \frac{T_{A_1}}{2} = \left(0.065 - \frac{0.181}{2}\right)\mathrm{mm} = -0.0255\mathrm{mm} \approx -0.026\mathrm{mm}$$

协调环计算结果：$A_1 = 43^{+0.156}_{-0.026}\mathrm{mm}$

(2) $P = 95.44\%$ 时，$k_0 = 1.5$，$k_i = 1$。

当 $k_0 \neq 1$，$k_i = 1$ 时，所求组成环平均公差称为平均当量公差 $T_{\mathrm{av,E}}$，组成环平均当量公差

$$T_{av,E} = T_{av,S} = \frac{k_0 T_{A_0}}{\sqrt{\sum_{i=1}^{n-1} k_i^2}} = \frac{k_0 T_{A_0}}{\sqrt{n-1}} = \frac{1.5 \times 0.025}{\sqrt{6-1}} \text{mm} \approx 0.1677 \text{mm}$$

选择 A_1 为协调环。修正后的其他组成环公差取 $T_{A_2} = T_{A_4} = 0.075 \text{mm}$（IT11），$T_{A_3} = 0.21 \text{mm}$（IT12），$T_{A_5} = 0.06 \text{mm}$（IT11）。

组成环尺寸及其极限偏差

$$A_2 = A_4 = 5_{-0.075}^{0} \text{mm(h11)}, A_3 = 30_{-0.21}^{0} \text{mm(h12)}, A_5 = 3_{-0.06}^{0} \text{mm(h11)}$$

协调环公差

$$T_{A_1} = \sqrt{(k_0 T_{A_0})^2 - (T_{A_2}^2 + T_{A_3}^2 + T_{A_4}^2 + T_{A_5}^2)} \approx 0.286 \text{mm}$$

协调环的中间偏差和极限偏差

$$\Delta_1 = \Delta_0 + (\Delta_2 + \Delta_3 + \Delta_4 + \Delta_5) = 0.015 \text{mm}$$

$$\text{ES}_{A_1} = \Delta_1 + \frac{T_{A_1}}{2} = \left(0.015 + \frac{0.286}{2}\right) \text{mm} = 0.158 \text{mm}$$

$$\text{EI}_{A_1} = \Delta_1 - \frac{T_{A_1}}{2} = \left(0.015 - \frac{0.286}{2}\right) \text{mm} = -0.128 \text{mm}$$

协调环计算结果：$A_1 = 43_{-0.128}^{+0.158} \text{mm}$。

2. 不完全互换装配法的特点及应用

不完全互换装配法的优点如下：①可以放大零件的制造公差，降低零件制造成本。零件制造公差放大值与装配精度合格率有关，合格率越低，零件制造公差放大值越大；零件制造公差放大值与组成环的尺寸分布特征有关。可以证明，组成环尺寸为正态分布时，零件制造公差放大值最大。②装配工作简单，生产效率高。不完全互换装配法的缺点是装配后有极少数产品装配精度不合格，但不合格产品可通过装配后的试验、检测剔除，或采取更换零件等方法进行修复。

不完全互换装配法适用于大批量生产中装配精度要求较高且组成环多的场合。

4.4.3 选择装配法

在大批量生产中会遇到一些汽车总成，虽然装配尺寸链的环数很少，但装配精度要求很高。在这种情况下，零件的制造公差非常小，用常规加工方法难以保证零件精度要求或加工成本很高，甚至在现实生产条件下无法保证装配精度，此时可以采用选择装配法。

选择装配法是指将相配的零件制造公差放大到经济公差，装配时挑选合适的零件进行装配来保证装配精度的方法。选择装配法分为直接选择装配法、分组互换装配法和复合装配法三种。在汽车制造中采用较多的是分组互换装配法，少数采用复合装配法，这种装配方法是分组互换装配法和直接选择装配法的复合，如发动机活塞裙部与气缸孔的配合等。

下面重点介绍分组互换装配法。分组互换装配法是将装配零件的制造公差放大到经济公差，零件加工后按实际尺寸分成若干组别，装配时相同组别的零件进行装配，以保证同组零件装配具有互换性的装配方法。这种装配方法在内燃机中应用较多，在汽车底盘的循环球式转向器中也有应用。

典型的分组互换装配法应用实例是发动机活塞销与活塞销孔的配合，如图 4.14 所示。

活塞销与活塞销孔的配合是一个三环装配尺寸链,装配精度要求为冷态装配时保证过盈量 $Y=0.0025\sim0.0075$mm,即

$$Y_{\max}=d_{\max}-D_{\min}=0.0075\text{mm}$$
$$Y_{\min}=d_{\min}-D_{\max}=0.0025\text{mm}$$
$$T_Y=T_d+T_D=0.005\text{mm}$$

$d=D=\phi 28$mm 的直径尺寸,这样小的制造公差相当于 IT2 级标准公差,加工难以保证,制造成本很高。

在实际生产中,将活塞销和活塞销孔直径尺寸制造公差均放大到 0.01mm(放大到 4 倍),即活塞销 $d=\phi 28_{-0.01}^{0}$mm,活塞销孔 $D=\phi 28_{-0.015}^{-0.005}$mm。两个零件按上述尺寸制造公差加工后,使用精密量仪对实际尺寸进行测量和分组,按尺寸分成四组,并在零件适当位置涂不同颜色以示区别。装配时,同组别(同颜色)零件配对装配以保证装配精度,见图 4.15 和表 4-4。

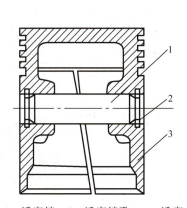

1—活塞销;2—活塞销孔;3—活塞

图 4.14 发动机活塞销与活塞销孔的配合

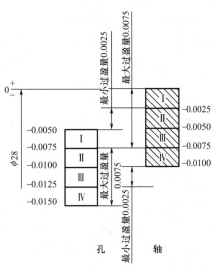

图 4.15 活塞销与活塞销孔分组公差带图

表 4-4 活塞销与活塞销孔的分组尺寸

组别	活塞销直径 d/mm $\phi 28_{-0.01}^{0}$	活塞销孔直径 D/mm $\phi 28_{-0.015}^{-0.005}$	颜色
Ⅰ	28.000～27.9975	27.9950～27.9925	浅蓝色
Ⅱ	27.9975～27.9950	27.9925～27.9900	红色
Ⅲ	27.9950～27.9925	27.9900～27.9875	白色
Ⅳ	27.9925～27.9900	27.9875～27.9850	黑色

分组互换装配法的公差设计计算可按下述步骤进行。

1. 公差的设计计算

分组互换装配法采用极值法解算尺寸链。下面以孔与轴(或销)配合的三环尺寸链为例进行说明。产品设计时有两种配合要求:间隙配合和过盈配合。间隙配合时,设计要求

的间隙值为 $X_{\min} \sim X_{\max}$，$X = 0^{X_{\max}}_{X_{\min}}$；过盈配合时，设计要求的过盈量为 $Y_{\min} \sim Y_{\max}$，$Y = 0^{Y_{\max}}_{Y_{\min}}$。

(1) 确定组成环分组公差。

组成环平均极值公差

$$T_{\mathrm{av,L}} = \frac{T_X}{n-1} \text{ 或 } T_{\mathrm{av,L}} = \frac{T_Y}{n-1}$$

组成环分组公差＝平均极值公差，即

$$T_D = T_d = T_{\mathrm{av,L}}$$

配合零件表面的形状公差取决于分组公差，如活塞销外圆和活塞销孔的圆柱度公差可取分组公差的 1/2。其表面粗糙度值也由分组公差决定。

(2) 确定组成环制造公差。由于零件分组公差过小，不便于经济加工，因此将分组公差放大至经济公差。一般将分组公差放大一定的倍数，使其被放大的制造公差 T'_D 及 T'_d 成为经济公差。但放大倍数不能过大，放大倍数受经济加工方法所能达到的形状公差和表面粗糙度的限制。一般取分组公差放大倍数 $Z = 3 \sim 5$。轴（或销）和孔的制造公差

$$T'_D = T'_d = Z T_{\mathrm{av,L}} \tag{4-23}$$

$$T'_D = Z T_D$$

$$T'_d = Z T_d$$

(3) 尺寸分组数。尺寸分组数与分组公差放大倍数相等。

$$Z = \frac{T'_D}{T_D} = \frac{T'_d}{T_d} \tag{4-24}$$

(4) 确定组成环的极限偏差。首先选择基准制。如果一个轴（或销）与单个孔配合，则选择基孔制，孔为基准孔；如果一个轴（或销）与两个不同孔配合，并且为不同的配合性质，则选择基轴制，轴（或销）为基准轴。确定基准件后，基准件的极限偏差也随之确定。按偏差注向体内原则确定基准件的上偏差或下偏差，基准轴按 h 配合，基准孔按 H 配合，如图 4.16 (a)、图 4.16 (c) 所示。

然后确定与基准件相配零件的极限偏差。如图 4.16 (a) 所示，对于基轴制的间隙配合，可利用公式

$$\mathrm{ES}_X = \mathrm{ES}_{D_1} - \mathrm{EI}_{d_1}$$

求出孔的上偏差 $\mathrm{ES}_{D_1} = \mathrm{ES}'_D$。如已知孔的制造公差 T'_D 和 ES'_D，求出孔的下偏差

$$\mathrm{EI}'_D = \mathrm{ES}'_D - T'_D$$

对于基轴制的过盈配合，如图 4.16 (b) 所示，利用公式

$$\mathrm{EI}_Y = \mathrm{EI}_{d_1} - \mathrm{ES}_{D_1}$$

求出孔的上偏差 $\mathrm{ES}_{D_1} = \mathrm{ES}'_D$。如已知孔制造公差 T'_D 和 ES'_D，求出孔的下偏差

$$\mathrm{EI}'_D = \mathrm{ES}'_D - T'_D$$

对于基孔制的不同配合，根据上述基轴制不同配合的计算方法和过程，也可以确定两个相配合零件的极限偏差，如图 4.16 (c)、图 4.16 (d) 所示。

2. 分组互换装配法的特点及应用

分组互换装配法的优点如下：零件制造精度不高，但可获得较高装配精度。在分组互换装配中，装配精度是由零件的制造精度和装配方法共同保证的。虽然零件尺寸制造公差

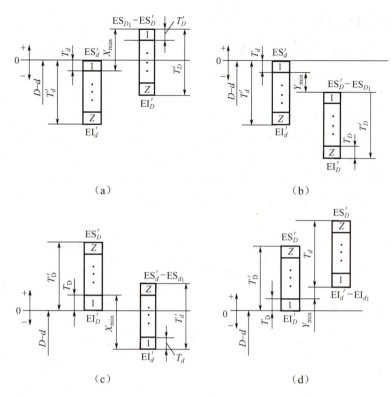

图 4.16　不同基准制配合的公差带图

可以放大,但是零件配合表面的形状公差和表面粗糙度不能放大,仍需按分组公差确定。为了保证各组别零件装配时具有相同的配合性质,对于三环装配尺寸链,同组别零件的分组公差应该相等,否则不同组别零件装配时将改变配合性质。采用分组互换装配法装配时,要求各组别相装配的零件数量相等,否则不能完全配套而造成浪费。分组互换装配法的缺点如下:零件加工完成后需要使用精密量仪进行测量分组及存储,增加部分制造成本。

分组互换装配法适用于大批量生产中,装配组成环少且装配精度要求很高的少环机器结构,应用较广的是轴(或销)—孔—间隙(或过盈)的三环装配尺寸链。

4.4.4　调整装配法

在汽车的一些总成中,由于要求的装配精度较高且组成环较多,特别是一些传动机构(如转向机、主减速器等)在使用过程中易因磨损而丧失装配精度,因此经常采用调整装配法保证装配精度。调整装配法是在装置(或总成)中设置调整件,装配时用改变调整件的位置或选用合适尺寸的调整件来达到装配精度的方法。调整装配法有两类:固定调整装配法和可动调整装配法。

调整装配法中,装配尺寸链的解算用极值法。这种装配方法中的调整件在装配尺寸链中称为补偿环,也称调整环。在设计产品时,除了调整件外的相关零件尺寸(组成环)公差都放大到经济公差。使用固定调整装配法时,一般将零件尺寸公差放大到 IT11 级或低于 IT11 级;使用可动调整装配法时,一般将零件尺寸公差放大到 IT14 级。这样必然会使封闭环尺寸超差,但可以通过调节补偿环的位置或选用合适尺寸的补偿环消除超差的影响,达到封闭环的设计要求。

1. 固定调整装配法

装配尺寸链的计算主要采用固定调整装配法。固定调整装配法的公差设计计算可按下述步骤进行。

（1）公差的设计计算

① 组成环公差和极限偏差的确定。

a. 标准件的公差和极限偏差按标准规定。

b. 在组成环中确定补偿环（一般为垫片，称为调整垫片），初定尺寸用 A_F 表示，其公差 T_{A_F} 一般规定为 IT8～IT9 级。补偿环在并联尺寸链中应为非公共环。

c. 除标准件和调整件外的其他组成环公差，一般取 IT11 级或低于 IT11 级。极限偏差按偏差注向体内原则确定。

② 补偿原理。由于组成环公差被放大到经济公差，因此封闭环超差。此时可以选用一个合适尺寸的补偿环对超差进行补偿，以达到封闭环的设计要求。

a. 空隙尺寸及其变化范围。图 4.17（a）所示的 n 环装配尺寸链，在未放入补偿环之前存在间隙尺寸 X，称为空隙尺寸。当补偿环 A_F 为减环时，空隙尺寸

$$X = A_0 + A_F = \sum_{z=1}^{k} A_z - \sum_{j=k+1}^{n-2} A_j$$

空隙尺寸的变化范围

$$X_{\max} = \sum_{z=1}^{k} A_{z\max} - \sum_{k+1}^{n-2} A_{j\min}$$

$$X_{\min} = \sum_{k+1}^{k} A_{z\min} - \sum_{k+1}^{n-2} A_{j\max}$$

空隙尺寸的变化范围 $X_{\min} \sim X_{\max}$ 是补偿环总补偿范围，如图 4.17（b）所示。

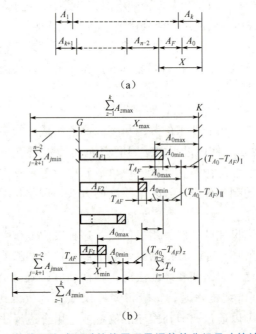

图 4.17 补偿环为减环时补偿原理及调整件分组尺寸的计算图解

装配时，当出现 $\sum_{z=1}^{k} A_{z\max}$ 和 $\sum_{k+1}^{n-2} A_{j\min}$ 或接近极限值的情况时，空隙尺寸达到$X_{\max}$或接近$X_{\max}$。此时，为达到装配精度要求，应选用最厚尺寸A_{F1}的调整垫片。当 $\sum_{z=1}^{k} A_z$ 和 $\sum_{k+1}^{n-2} A_j$ 在接近上述极限尺寸时，其空隙尺寸右界线k不超出$(T_{A_0}-T_{A_F})_{\mathrm{I}}$范围，在空隙尺寸中选用的$A_{F1}$都能满足封闭环的要求。当增环尺寸 $\sum_{z=1}^{k} A_{z\max}$ 减小，减环尺寸 $\sum_{k+1}^{n-2} A_{j\min}$ 增大，使空隙尺寸右界限k超出$(T_{A_0}-T_{A_F})_{\mathrm{I}}$而落入$(T_{A_0}-T_{A_F})_{\mathrm{II}}$范围时，可选用$A_{F2}$来满足封闭环的要求，依此类推。当增环尺寸 $\sum_{z=1}^{k} A_z$ 接近最小极限尺寸，减环尺寸 $\sum_{k+1}^{n-2} A_j$ 接近最大极限尺寸，空隙尺寸右界限k落在$(T_{A_0}-T_{A_F})_z$范围时，应选用最薄的调整垫片A_{Fz}来满足封闭环的要求。

从上述分析可知，各组成环制造公差被放大后，装配不同组成环尺寸组合时，都可以选用一个相应厚度的调整垫片来满足装配精度的要求。说明可以用低装配精度的零件尺寸，并选择合适尺寸的调整件的方法来满足较高的装配精度要求，这就是固定调整装配法的补偿原理。每个尺寸的调整垫片补偿组成环误差的能力，称为补偿能力S。

$$S = T_{A_0} - T_{A_F}$$

b. 调整垫片组数Z的确定。从图 4.17（b）可以看到，调整垫片组数Z可由下式推导出。

$$X_{\max} - X_{\min} = Z(T_{A_0} - T_{A_F}) = \sum_{i=1}^{n-2} T_{A_i}$$

$$Z \geqslant \frac{\sum_{i=1}^{n-2} T_{A_i}}{T_{A_0} - T_{A_F}} \tag{4-25}$$

将式（4-25）变换后为

$$Z \geqslant \frac{\sum_{i=1}^{n-1} T_{A_i} - T_{A_F}}{T_{A_0} - T_{A_F}} = \frac{\sum_{i=1}^{n-1} T_{A_i} - T_{A_0}}{T_{A_0} - T_{A_F}} + 1 = \frac{F}{S} + 1 \tag{4-26}$$

式中，F为补偿环的补偿量，计算公式如下。

$$F = \sum_{i=1}^{n-1} T_{A_i} - T_{A_0} \tag{4-27}$$

③ 调整垫片尺寸A_F。调整垫片尺寸A_F可由图 4.17（b）列出计算公式：

$$\sum_{z=1}^{k} A_{z\max} - \sum_{j=k+1}^{n-2} A_{j\min} - A_{F1} + T_{A_F} - A_{0\max} = 0$$

整理后，得出

$$A_{F1} = \sum_{z=1}^{k} A_{z\max} - \sum_{j=k+1}^{n-2} A_{j\min} + T_{A_F} - A_{0\max}$$
$$A_{F2} = A_{F1} - (T_{A_0} - T_{A_F})$$
$$A_{F3} = A_{F2} - (T_{A_0} - T_{A_F}) = A_{F1} - 2(T_{A_0} - T_{A_F})$$
$$\vdots$$
$$A_{Fz} = A_{F1} - (Z-1)(T_{A_0} - T_{A_F}) \tag{4-28}$$

式(4-28)为减环补偿环调整垫片尺寸的计算通式。

〔例4-4〕 图4.18所示双联合齿轮装配后要求轴向具有间隙,已知:$A_0 = 0^{+0.20}_{+0.05}$mm,$A_1 = 115$mm,$A_2 = 8.5$mm,$A_3 = 95$mm,$A_4 = 2.5$mm,$A_5 = 9$mm。试以固定调整装配法解算各组成环的极限偏差,并确定补偿环的分组数和分组尺寸。

解:(1) 建立装配尺寸链。从分析影响装配精度要求的有关尺寸入手,建立以装配精度要求为封闭环的装配尺寸链,如图4-19所示。

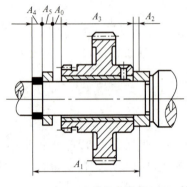

图4.18 双联合齿轮装配

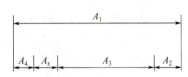

图4.19 双联合齿轮装配尺寸链

(2) 选择补偿环。选择加工比较容易、装卸比较方便的组成环A_5作为补偿环。

(3) 确定组成环公差。按加工经济精度规定各组成环公差并确定极限偏差;$A_2 = 8.5^{\ 0}_{-0.10}$mm,$A_3 = 95^{\ 0}_{-0.1}$mm,$A_4 = 2.5^{\ 0}_{-0.12}$mm,$A_5 = 9^{\ 0}_{-0.03}$mm;为保证获得规定的装配要求$(A_0 = 0^{+0.02}_{+0.05}$mm$)$,组成环A_1的最小极限尺寸须由前述所列尺寸链计算确定。

$$A_{0\min} = A_{1\min} - (A_{2\max} + A_{3\max} + A_{4\max} + A_{5\max})$$

故

$$A_{1\min} = A_{0\min} + A_{2\max} + A_{3\max} + A_{4\max} + A_{5\max}$$
$$= (0.05 + 8.5 + 95 + 2.5 + 9)\text{mm} = 115.05\text{mm} \approx 115\text{mm}$$

已知$A_{1\min} = 115$mm,令A_1的制造公差$T_1 = 0.15$mm,得

$$A_1 = 155^{+0.20}_{+0.05}$$

(4) 确定补偿环的调整范围δ。在未装入补偿环A_5之前,先实测齿轮左端面到卡环右端面轴向间隙A;再选一组具有一定厚度的补偿环A_5装入该间隙,要求达到规定的装配要求。A的变动范围就是我们所求的调整范围δ。

$$A_{\max} = A_{1\max} - A_{2\min} - A_{3\min} - A_{4\min}$$
$$= [(115 + 0.2) - (8.5 - 0.1) - (95 - 0.1) - (2.5 - 0.12)]\text{mm}$$
$$= 9.52\text{mm}$$

$$A_{\min} = A_{1\min} - A_{2\max} - A_{3\max} - A_{4\max}$$
$$= [(115 + 0.05) - 8.5 - 95 - 2.5]\text{mm}$$
$$= 9.05\text{mm}$$

$$\delta = A_{\max} - A_{\min} = (9.52 - 9.05)\text{mm} = 0.47\text{mm}$$

(5) 确定补偿环的尺寸分组数。补偿环的尺寸分组数不宜太大,否则不便于组织生产,一般取$Z = 3 \sim 4$。

取封闭环公差与调整环制造公差之差 T_0-T_5 作为补偿环尺寸分组间隔 Δ，则

$$Z=\frac{\delta}{\Delta}=\frac{\delta}{T_0-T_5}$$

$$=\frac{0.47}{0.15-0.03}$$

$$\approx 3.9$$

取 $Z=4$。

(6) 确定补偿环 A_5 的尺寸分组。从保证规定的装配精度考虑，当实测间隙 A 为最小值 $A_{\min}$ 时，在装入最小一组补偿环 A_5'（补偿环的基本尺寸为 A_5'，上偏差为 0，下偏差为 0.03mm）后，齿轮左端面到调整卡环右端面间的最小间隙应为装配精度要求的最小间隙值（$A_{0\min}=0.05$mm）。

由图可知，$A_5'=A_{\min}-A_{0\min}=(9.05-0.05)mm=9$mm

由此得：$A_5'=9_{-0.03}^{\ 0}$ mm。

以此为基础，分别依次加上一个尺寸分组间隔 Δ：

$$A=T_0-T_5=0.12\text{mm}$$

便可求得 4 组补偿环 A_5 的尺寸分别为 $9_{-0.03}^{\ 0}$ mm、$9.12_{-0.03}^{\ 0}$ mm、$9.24_{-0.03}^{\ 0}$ mm、$9.36_{-0.03}^{\ 0}$ mm。

补偿环尺寸分组见表 4-5。

表 4-5 补偿环尺寸分组

组号	补偿环尺寸/mm	轴向变动范围/mm	装配间隙 A_0/mm
1	$9_{-0.03}^{\ 0}$	9.05~9.17	0.05~0.20
2	$9.12_{-0.03}^{\ 0}$	9.17~9.29	0.05~0.20
3	$9.24_{-0.03}^{\ 0}$	9.29~9.41	0.05~0.20
4	$9.36_{-0.03}^{\ 0}$	9.41~9.53	0.05~0.20

固定调整装配法适用于大批量生产中装配装配精度要求较高的机器结构。在生产量大、装配精度要求较高的场合，调整件还可由多件拼合方式组成，方法如下：先将调整垫做成不同厚度（例如 1mm，2mm，5mm，…；0.1mm，0.2mm，0.3mm，…0.9mm 等），再准备一些更薄的调整片（例如 0.01mm，0.02mm，0.05mm，…0.09mm 等）；装配时根据所测实际间隙 A，把不同厚度的调整垫片拼成所需尺寸，然后装到间隙中，使装配结构达到装配精度要求。这种调整装配方法比较灵活，在汽车、拖拉机生产中广泛应用。使用组合垫片的优点是垫片制造简单，汽车使用维修时易更换和重新组合调整。

2. 可动调整装配法

固定调整装配法的不足之处是装配或使用维修时需将某些零件和调整件拆卸下来，影响装配流水线的运行。可动调整装配法克服了上述不足，用调节调整件的位置来补偿组成环公差放大造成封闭环累积误差的影响，以达到装配精度。

〔例 4-5〕 图 4.20 所示为内燃机气门间隙的可动调整装配法实例。内燃机装配时，要求摇臂 2 右端头部与气门 3 尾端间在冷态下有一定的间隙值。装配调整时，可通过调节

调整螺钉 1 来达到要求，再用锁紧螺母 4 紧固。

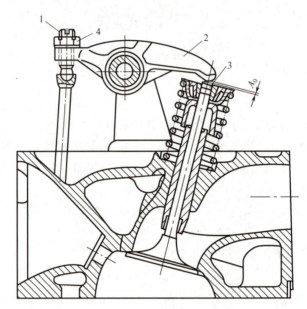

1—调整螺钉；2—摇臂；3—气门；4—锁紧螺母；A_0—间隙

图 4.20　内燃机气门间隙的可动调整装配法实例

〔例 4-6〕 图 4.21 所示汽车主传动减速器从动锥齿轮和圆锥滚子轴承预紧的可动调整装配。在左、右壳体 3 和 5 上各装有一个圆锥滚子轴承 2 和 7，在圆锥滚子轴承外圈侧面各有一个调整件调整螺母 1 和 6。一般首先用调整螺母 1 调整从动齿轮 4 的轴向位置，保证主、从动锥齿轮的接触区和齿侧间隙；然后用调整螺母 6 调节圆锥滚子轴承的预紧；最后锁紧调整螺母。

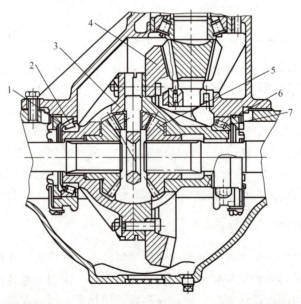

1，6—调整螺母；2，7—圆锥滚子轴承；3，5—壳体；4—从动齿轮

图 4.21　汽车主传动减速器从动锥齿轮和圆锥滚子轴承预紧的可动调整装配

采用可动调整装配法时，组成环尺寸公差一般放大到IT14级，不必进行尺寸链计算，只要调整件的调节范围大于 $\sum\limits_{i=1}^{n-1} T_{A_i} - T_{A_0}$ 即可，再通过调节调整件的位置来满足装配精度要求。采用可动调整装配法时的常用调整件有螺母、螺钉、弹性元件（如波形管）等，调节后应锁紧，以防止汽车运行过程中调节位置松动。在设计结构时，应将调整件尽可能靠近封闭环，以保证调节、测量方便。此外，补偿环不能作为并联尺寸链的公共环。

3. 调整装配法的特点及应用

调整装配法的优点如下：零件尺寸制造公差可放大到经济公差，零件制造成本低；精度低的零件，可以通过调节调整件获得较高的装配精度；对于易因磨损而丧失装配精度的装配尺寸链，可以通过重新调节或更换调整件来恢复装配精度。调整装配法的缺点是需在结构中增加调整件或调节机构，特别是可动调整装配法。

固定调整装配法主要用于成批大量生产中装配装配精度要求较高、组成环多的零件。可动调整装配法在汽车制造中可用于各种生产类型，如装配装配精度要求较高、组成环多的零件。调整装配法尤其适用于因磨损等易丧失装配精度的传动机构。

4.4.5 修配装配法

在汽车制造中，对装配精度要求较高时，用上述装配精度保证方法进行装配都有一定困难，可采用修配装配法装配。例如柴油机高压油泵喷油器针阀体与针阀的密封锥面的密封和针阀体与针阀的配合间隙是在装配时进行互研中得到保证的，而针阀升程是装配后在磨床上修磨针阀轴肩面得到保证的。再例如气缸体离合器壳体总成，设计要求离合器壳体后端面与气缸体曲轴轴承座孔间保证一定的垂直度。分别加工完成相关零件后，将气缸体和离合器壳体连接成总成，再以气缸体曲轴轴承座孔为定位基准，铣削离合器壳体后端面，直接保证上述垂直度要求。

修配装配法是将装配尺寸链的组成环公差放大到经济公差，装配时封闭环累积的误差通过对尺寸链中某个指定组成环表面切除一层金属来保证装配精度的方法。被切除一层金属的零件称为修配件，其构成的组成环称为补偿环，也称修配环。修配装配法装配尺寸链的解算，称为修配法解算。修配法解算尺寸链采用极值法。

对修配环 A_F 进行修配有以下两种情况：一种情况是使封闭环尺寸增大，如图4.22（a）所示；另一种情况是使封闭环尺寸减小，如图4.22（b）所示。由于组成环公差均放大到经济公差，因此实际得到的封闭环公差 $T'_{A_0} = \sum\limits_{i=1}^{n-1} T'_{A_i}$ 必定大于设计要求的封闭环公差 T_{A_0}，即

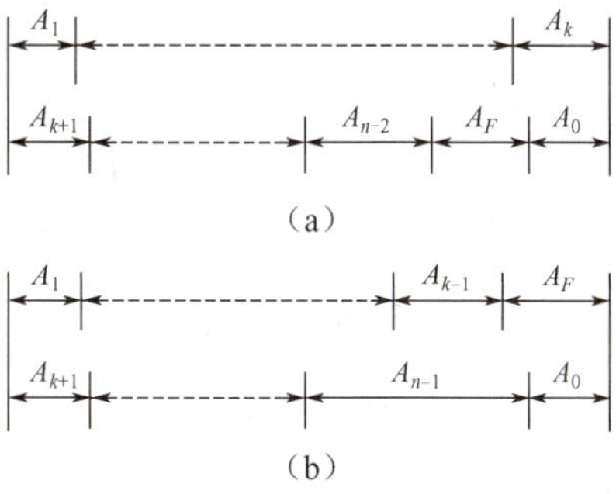

图4.22 修配时对封闭环影响的两种情况

$$T'_{A_0} = \sum_{i=1}^{n-1} T'_{A_i} > T_{A_0} \qquad (4-29)$$

式中，T'_{A_i} 为组成环公差。

为了使封闭环达到设计要求的公差值,必须从修配环上切除一定厚度的金属层,因此修配环尺寸须附加一个被切除金属层厚度的尺寸,此时修配环的尺寸称为预加工尺寸。采用修配装配法时,只有合理地确定修配环的预加工尺寸,才能达到修配目的。修配装配法的装配尺寸链解算的主要任务是合理地确定修配环的预加工尺寸。

1. 组成环公差的设计计算

(1) 组成环公差和极限偏差的确定。除修配环外,其他组成环公差按下述原则确定。

① 标准件公差及极限偏差按标准规定。

② 除标准件外,其他组成环公差都放大为经济公差,一般经济公差为IT11级,极限偏差按偏差注向体内原则确定。

③ 在组成环中选择补偿环。选择补偿环(或修配件)时应遵守以下原则:修配件应是易拆卸、易修配的零件;修配件修配表面无须表面处理;在并联尺寸链中,补偿环应为非公共环。

(2) 补偿环预加工尺寸的确定。对补偿环修配时既要有足够的修配量,又不能使修配量太大,以经济地保证装配精度。由于组成环制造公差都放大到经济公差,因此组成环制造公差之和必然大于装配精度要求的封闭环公差,即 $\sum_{i=1}^{n-1} T'_{A_i} > T_{A_0}$,修配环的修配量(也称补偿量)

$$F = \sum_{i=1}^{n-1} T'_{A_i} - T_{A_0} \quad (4-30)$$

补偿环预加工尺寸的计算按以下两种情况分别讨论。

① 修配时使封闭环尺寸增大的情况。图4.22(a)中的补偿环A_F为减环,由于修配补偿环A_F时会使封闭环实际尺寸A'_0增大,但不能大于允许的$A_{0\max}$值,极限情况应满足$A'_{0\max} = A_{0\max}$ 或 $ES'_{A_0} = ES_{A_0}$,因此可推导出补偿环的预加工尺寸。按$A'_{0\max} = A_{0\max}$计算得

$$A'_{0\max} = A_{0\max} = \sum_{z=1}^{k} A_{z\max} - \Big(\sum_{j=k+1}^{n-2} A_{j\min} + A_F - T_{A_F}\Big)$$

整理,得

$$A_F = \sum_{Z=1}^{K} A_{z\max} - \sum_{j=k+1}^{n-2} A_{j\min} + T_{A_F} - A_{0\max} \quad (4-31)$$

按$ES'_{A0} = ES_{A0}$计算,得

$$ES'_{A_0} = ES_{A_0} = \sum_{z=1}^{k} ES_{A_z} - \Big(\sum_{j=k+1}^{n-2} EI_{A_j} + EI_{A_F}\Big)$$

整理,得

$$EI_{A_F} = \sum_{z=1}^{k} ES_{Az} - \sum_{j=k+1}^{n-2} EI_{A_j} - ES_{A_0} \quad (4-32)$$

从图4.23可看到,当封闭环实际尺寸A'_0落在封闭环要求的公差范围内时,无须对补偿环进行修配。当封闭环实际尺寸的最大值$A'_{0\max}$恰好等于封闭环要求的最大值$A_{0\max}$时,在补偿环上无量可修配,此时修配量称为最小修配量(为零),即$F_{\min} = 0$。当封闭环实际尺寸为

最小值 $A'_{0\min}$ 时，修配量为最大值 $F_{\max}$，考虑到修配的生产率，一般取 $F_{\max}=0.15\sim0.40\text{mm}$。

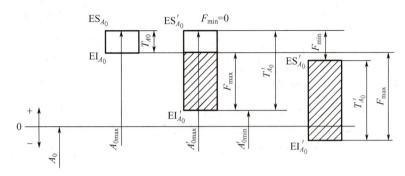

图 4.23　使封闭尺寸增大时的公差带

如果对修配件修配表面有较严格的几何公差要求，则每个修配件都必须修配。此时 $F_{\min}$ 必须大于封闭环要求的公差值，即 $F_{\min}>T_{A_0}$，一般取 $F_{\min}=0.05\sim0.10\text{mm}$。此时最大修配量

$$F_{\max}=T'_{A_0}-T_{A_0}+F_{\min} \tag{4-33}$$

上述补偿环预加工尺寸 A_F 的计算是以补偿环为减环推导的。如果补偿环为增环，也可按上述计算方法推导出计算公式，请读者自行推导。

② 修配时使封闭环尺寸减小的情况。如图 4.22（b）所示，以补偿环 A_F 为增环为例，说明补偿环预加工尺寸的计算。由于对补偿环 A_F 修配时，会使封闭环实际尺寸 A'_0 减小，但不能小于封闭环允许的最小值 $A_{0\min}$，即应该满足 $A'_{0\min}=A_{0\min}$ 或 $\text{EI}'_{A_0}=\text{EI}_{A_0}$，如图 4.24 所示，因此可推导出补偿环的预加工尺寸。

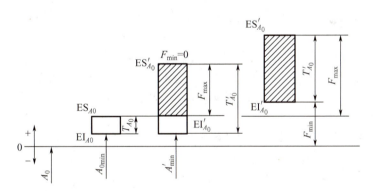

图 4.24　使封闭环尺寸减小时的公差带

按 $A'_{0\min}=A_{0\min}$ 计算得

$$A'_{0\min}=A_{0\min}=\left(\sum_{z=1}^{k-1}A_{z\min}+A_{F\min}\right)-\sum_{j=k+1}^{n-1}A_{j\max}$$

整理，得

$$A_F=\sum_{j=k+1}^{n-1}A_{j\max}-\sum_{z=1}^{k-1}A_{z\min}+T_{A_F}+A_{0\min} \tag{4-34}$$

按 $\text{EI}'_{A_0}=\text{EI}_{A_0}$ 计算，得

$$EI'_{A_0} = EI_{A_0} = \sum_{z=1}^{k-1} EI_{A_z} + EI_{A_F} - \sum_{j=k+1}^{n-1} ES_{A_j}$$

整理，得

$$EI_{A_F} = \sum_{j=k+1}^{n-1} ES_{A_j} - \sum_{z=1}^{k-1} EI_{A_z} + EI_{A_0} \qquad (4-35)$$

〔例 4-7〕图 4.25 所示为转向节叉架与前轴拳部结构，为保证转向灵活，要求转向节 1 叉架上耳下平面 K 与调整垫片 4 间的间隙 $A_0 = 0.05 \sim 0.25$ mm。装配尺寸链如图 4.25（b）所示，已知 $A_1 = 112^{+0.35}_{\ 0}$ mm，$A_2 = 18^{\ 0}_{-0.2}$ mm，$A_3 = 92^{\ 0}_{-0.22}$ mm；补偿环初定 $A_F = 2$ mm，制造公差 $T_{A_F} = 0.10$ mm。如要求最小修配量 $F_{\min} = 0$，试计算补偿环的预加工尺寸 A_F 和最大修配量 $F_{\max}$，并画出封闭环设计要求的公差带和封闭环实际的公差带。

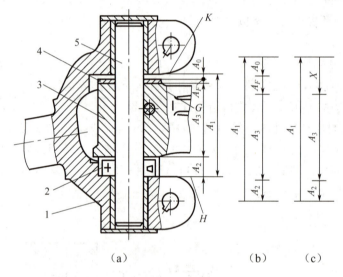

1—转向节；2—止推轴承；3—前轴；4—调整垫片；5—主销

图 4.25 转向节叉架与前轴拳部结构

解：

（1）计算封闭环基本尺寸、公差及极限偏差。

$$A_0 = A_1 - (A_2 + A_3 + A_F) = 0$$
$$T_{A_0} = A_{0\max} - A_{0\min} = (0.25 - 0.05)\text{mm} = 0.2\text{mm}$$
$$A_0 = 0^{+0.25}_{+0.05}\text{mm}$$

（2）计算补偿环预加工尺寸及最大修配量。补偿环 A_F 为减环，修配使封闭环尺寸 A_0 增大，由式（4-31）计算得

$$A_F = A_{1\max} - (A_{2\min} + A_{3\min}) + T_{A_F} - A_{0\max}$$
$$= [112.35 - (17.80 + 91.78) + 0.1 - 0.25]\text{mm}$$
$$= 2.62^{\ 0}_{-0.10}\text{mm}$$
$$= 2^{+0.62}_{+0.52}\text{mm}$$

由式（4-32）计算得

$$EI_{A_F} = ES_{A_1} - (EI_{A_2} + EI_{A_3}) - ES_{A_0}$$
$$= [0.35 - (-0.2 - 0.22) - 0.25] \text{mm} = 0.52 \text{mm}$$
$$ES_{A_F} = T_{A_F} + EI_{A_F} = (0.10 + 0.52) \text{mm} = 0.62 \text{mm}$$

修配环预加工尺寸
$$A_F = 2^{+0.62}_{+0.52} \text{mm}$$

由式(4-30)计算最大修配量
$$F_{\max} = \sum_{i=1}^{n-1} T_{A_i} - T_{A_0} = (0.35 + 0.2 + 0.22 + 0.1 - 0.2) \text{mm} = 0.67 \text{mm}$$

(3)画出封闭环设计要求的公差带和封闭环实际的公差带,如图4.26所示。

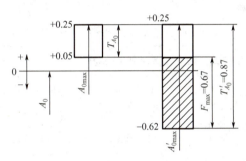

图4.26 封闭环设计要求的公差带和封闭环实际的公差带图

2. 修配的形式

在汽车制造和汽车维修中,常用如下修配形式。

(1)专件(单件)修配。如上述为保证间隙A_0而对垫片的修配和为保证喷油器针阀与针阀体的升程而对针阀轴肩面的修磨等。

(2)合件修配。如前述气缸体与离合器壳体组合成合件后,精铣离合器壳体后平面,保证合件的离合器壳体后平面对气缸体曲轴轴承座孔的垂直度公差要求。

(3)偶件修配。如为保证喷油器针阀与针阀体的配合间隙及密封锥面的密封性而进行的配对互研等。

3. 修配装配法的特点及应用

修配装配法的优点如下:装配尺寸链的组成环制造公差均放大为经济公差,零件的制造成本低,经修配可获得较高装配精度。使用修配法装配时,装配精度是由零件的制造精度和装配方法共同保证的。修配装配法的缺点是装配时需修配,增加了修配成本,生产效率低。因为修配时间较长且不稳定,所以不适用于在流水装配线,一般将修配工序安排在流水装配线之外进行。修配后的零件不具有互换性。

修配装配法主要应用于单件、中小批量生产,也应用于汽车制造的大批量生产,适用于装配精度要求较高而采用其他装配方法不易保证装配精度的场合。

上述介绍的五种保证装配精度的方法在汽车制造中均有应用。在产品结构设计中,应根据总成或部件的结构、装配精度要求、装配尺寸链的环数和生产类型等选择装配方法。五种装配尺寸链的解算方法可分为互换装配法和补偿装配法两大类,如图4.27所示。

$$\text{互换装配法} \begin{cases} \text{完全互换装配法} \\ \text{大数（统计）互换装配法（不完全互换装配法）} \\ \text{分组互换装配法} \end{cases}$$

$$\text{补偿装配法} \begin{cases} \text{调整装配法} \\ \text{修配装配法} \end{cases}$$

图 4.27　装配尺寸链的解算方法

在解算并联尺寸链中，当用完全互换法解算尺寸链时，应该先解算平均极值公差小的装配尺寸链；当用互换装配法和补偿装配法解算装配尺寸链时，应该先解算互换装配法的装配尺寸；当用完全互换装配法和大数（统计）互换装配法解算尺寸链时，应先解算完全互换装配法的装配尺寸链。表 4-6 列出了五种装配方法的特点和应用，供参考。

表 4-6　五种装配方法的特点和应用

装配方法		尺寸链计算方法	组成环制造公差	应用
互换装配法	完全互换装配法	极值法	IT9 级或低于 IT9 级	组成环较少，或组成环较多但装配精度较低的场合
	大数（统计）互换装配法	统计法	IT10 级或低于 IT10 级	大批量生产中装配精度较高、多环装配尺寸链
	分组互换装配法	极值法	经济公差、几何公差不能放大	大批量生产中装配精度要求很高的少环装配尺寸链
补偿装配法	调整装配法 固定调整装配法	极值法	IT11 级或低于 IT11 级	成批大量生产中装配精度要求较高的多环装配尺寸链
	调整装配法 可动调整装配法	不计算	IT14 级	各种生产类型中装配精度要求较高的多环装配尺寸链
	修配装配法	极值法	IT11 级	主要用于单件、中小批量生产中，大批量生产的汽车车制造中也有应用，适用于装配精度较高且用其他装配方法不易保证装配精度的场合

4.5　工艺尺寸链的计算

工艺尺寸链的计算

在毛坯经机械加工成为符合技术要求零件的过程中，其形状和尺寸是不断变化的，工序尺寸只有在工件表面的最终加工工序，且按设计尺寸直接加工的情况下，才与设计尺寸一致。在其他情况下，为了间接保证设计尺寸，或者给后续工序留加工余量，工序尺寸不同于设计尺寸。确定工序尺寸及公差时，需要应用尺寸链原理进行尺寸换算，即解算工艺尺寸链。

解算工艺尺寸链与解算装配尺寸链的方法和步骤基本相同，首先要建立工艺尺寸链，然后按有关公式进行分析计算。工艺尺寸链要根据零件加工工艺过程建立，间接保证的尺寸为封闭环。工艺尺寸链的封闭环有以下两种基本形式：一是以工序尺寸为组成环，间接保证零件某个设计尺寸，此时封闭环就是要间接保证的设计尺寸；二是以工序尺寸为组成环，分析确定加工余量，此时加工余量为封闭环。在任何一个零件的加工过程中，都会同时存在这两种工艺尺寸链，并且往往会形成由某些工序尺寸或加工余量作为公共环的并联尺寸链。

4.5.1 工序基准与设计基准重合时工序尺寸的确定

在这种情况下，工件在加工过程中不存在基准转换，同一表面经多次加工而达到设计要求，工序尺寸仅与工序余量有关。外圆、内孔直径尺寸的加工及某些轴类和盘类等零件端面的加工多属于这种情况。

〔例 4-8〕 下面以活塞顶面的加工为例，说明上述情况下工序尺寸的计算。图 4.28（a）中，A_{01}、A_{02} 是零件图样上标注的设计尺寸。保证 A_{01}、A_{02} 尺寸的一种加工方案是先以活塞底面为工序基准粗车、精车顶面，然后以顶面为工序基准精镗销孔。

在分析与计算工序尺寸时，为直观地表明各表面加工顺序，方便地找出工序尺寸之间的相互联系，可根据加工顺序将各工序尺寸及各表面形成过程用图表表示出来，如图 4.28（b）、图 4.28（c）所示。由于工序尺寸联系的工件两个表面的加工是有顺序的，**因此工序尺寸具有方向性**，其方向是从先加工过的本工序的工序基准指向被加工表面。为了表明这种方向性，在图表中工序尺寸的一端用圆点表示工序基准，另一端用箭头指向被加工表面。图 4.28（c）为用图表表示的各工序尺寸及各表面的形成。从图表中可明显看出，精车活塞顶面时，由于工序基准与设计基准重合，且为表面最终加工工序，工序尺寸及其公差就是相应的设计尺寸 A_{01} 及其公差，即 $A_1' = A_{01} = 106_{-0.87}^{0}$ mm。

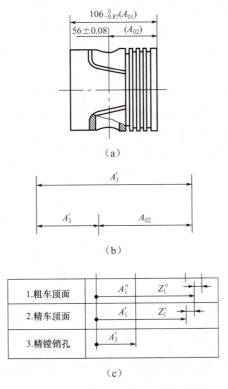

图 4.28 活塞加工时的工序尺寸图表

粗车活塞顶面时,由于工序尺寸A_1''与A_1'的工序基准相同,因此只要工序尺寸A_1'加上加工余量Z_1'就可以求出。若已知精车加工余量$Z_1'=0.6$mm,粗车经济精度公差等级IT10=0.14mm(查表4-2),则粗车顶面的工序尺寸$A_1''=A_1'+Z_1'=106.6_{-0.14}^{0}$mm。

工序尺寸A_1''、A_1'、Z_1'构成了以加工余量Z_1'为封闭环的工艺尺寸链,必要时可根据此尺寸链校核精车加工余量。

可见基准重合时,工件表面经多次加工的工序尺寸及公差的确定是比较简单的。最终工序的工序尺寸就是零件图样上要求的设计尺寸,公差就是设计尺寸的公差;中间工序的工序尺寸就是相关工序的工序尺寸加上(对外尺寸)或减去(对内尺寸)工序余量,公差按加工方法的加工经济精度选取,极限偏差按偏差注向体内原则确定。

4.5.2 测量基准与设计基准不重合时工序尺寸的确定

〔例4-9〕加工一个轴承座,设计尺寸为A_1和A_0。由于加工时设计尺寸A_0无法直接测量,因此只能通过测量A_2尺寸来间接保证。求A_2的工序尺寸及公差。

解:根据尺寸链的建立知A_0为封闭环,A_1为减环,A_2为增环。

由$A_0=A_2-A_1$得

$$A_2=A_1+A_0=(10+50)\text{mm}=60\text{mm}$$

由$ES_0=ES_2-EI_1$得

$$ES_2=EI_1+ES_0=(-0.15+0)\text{mm}=-0.15\text{mm}$$

由$EI_0=EI_2-ES_1$得

$$EI_2=ES_1+EI_0=[-0.05+(-0.15)]\text{mm}=-0.2\text{mm};$$

因此$A_2=60_{-0.2}^{-0.15}$mm

4.5.3 以待加工表面为工序基准时工序尺寸的确定

在加工零件过程中,有些工序的工序基准是后续工序的加工表面。当后续工序加工该表面时,不仅要保证该工序对待加工表面加工后的工序尺寸或位置公差的要求,而且要保证以此待加工表面为工序基准加工的有关表面的设计要求。此时,需要进行工序尺寸的换算。

〔例4-10〕图4.30所示为汽车变速器中间轴三挡齿轮内孔与键槽设计尺寸图,内孔孔径$D=\phi 58_{0}^{+0.03}$mm,键槽尺寸$L=62.6_{0}^{+0.25}$mm。为保证这两个设计尺寸,有关工艺过程为扩孔→拉孔→拉键槽→淬火→磨孔。内孔加工工序尺寸如下:扩孔尺寸$D_k=\phi 56.7_{0}^{+0.12}$mm,拉孔尺寸$D_l=\phi 57.75_{0}^{+0.025}$mm,磨孔尺寸$D_m=\phi 58_{0}^{+0.03}$mm。

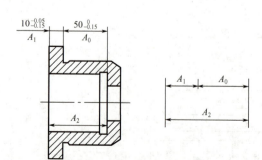

图4.29 测量时的工序尺寸图表

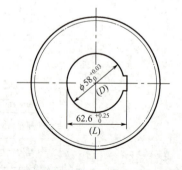

图4.30 汽车变速器中间轴三挡齿轮内孔与键槽设计尺寸图

图 4.31（a）为三挡齿轮内孔加工过程中工序尺寸图表（图中对称尺寸以对称中心-轴线为工序基准标注）。从图中可看出，设计尺寸 L 不是直接加工保证的，而是加工后间接形成的，是工艺尺寸链的封闭环。在此例中，工件表面经多次加工，并且有基准的转换，包含较多组成环，这种比较复杂的工艺尺寸链可采用尺寸跟踪法建立。

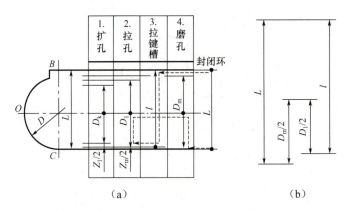

图 4.31　三挡齿轮内孔与键槽加工过程中工序尺寸图表及工艺尺寸链

分析图 4.31（a）可知，作为封闭环的设计尺寸 L 连接的两个表面（表面 B 和表面 C），分别是最终磨孔工序尺寸 D_m 和拉键槽工序尺寸 l 指向的两个表面，而工序尺寸 l 的工序基准又是工序尺寸 D_l 指向的拉孔表面，工序尺寸 D_l 与 D_m 的工序基准 O 重合。因此，尺寸 $D_l/2$、l、$D_m/2$、L 构成了封闭的尺寸联系，形成了以 L 为封闭环的工艺尺寸链，如图 4.31（b）所示。

综上所述，尺寸跟踪法建立尺寸链的方法如下：从封闭环〔图 4.31（a）中用两端带圆点的尺寸线表示〕联系的两个表面开始，沿零件表面引线（虚线）同步向前面的工序尺寸跟踪，查找各组成环。遇到工序尺寸箭头（说明封闭环的一个表面是在该工序加工的）时，逆该工序尺寸方向找到工序基准，再沿该工序基准所在表面引线继续向前工序跟踪（找出该工序基准是在哪个工序加工的），直至两条跟踪线汇交在同一个工序基准。

图 4.31（a）中的虚线箭头表示跟踪过程。图 4.31（b）所示为工艺尺寸链，其中工序尺寸 $D_l/2 = 28.875^{+0.0125}_{\ 0}$ mm，$D_m/2 = 29^{+0.015}_{\ 0}$ mm，l 为未知工序尺寸，按式（4-1）得

$$L = l + \frac{D_m}{2} - \frac{D_l}{2}$$

所以

$$l = L - \frac{D_m}{2} + \frac{D_l}{2} = (62.6 - 29 + 28.875)\text{mm} = 62.475\text{mm}$$

按式（4-5）和式（4-6）确定工序尺寸 l 的上、下偏差

$$ES_l = ES_L - ES_{D_m/2} + EI_{D_l/2} = (0.25 - 0.015 + 0)\text{mm} = 0.235\text{mm}$$
$$EI_l = EI_L - EI_{D_m/2} + ES_{D_l/2} = (0 - 0.0125 + 0)\text{mm} = -0.0125\text{mm}$$

所以

$$l = 62.475^{+0.2350}_{-0.0125}\text{mm} \approx 62.48^{+0.22}_{\ 0}\text{mm}$$

计算中用到的 $D_l/2$ 和 $D_m/2$ 是保证 $Z_m/2$ 尺寸的有关工序尺寸，也是以 L 为封闭环的工艺尺寸链中的组成环，即 $D_l/2$ 和 $D_m/2$ 是两个尺寸链的公共环，当不能满足其中任一尺寸链时，需要进行修正。

〔例 4-11〕 表面淬火、渗碳、镀层的工艺尺寸计算。图 4.32 所示为偏心零件加工图，表面 A 要求渗碳处理，渗碳层深度规定为 $0.5\sim 0.8$ mm。①精车 A 面，保证直径 $D_1 = \phi 38.4_{-0.1}^{\ 0}$ mm；②渗碳处理，控制渗碳层深度 H_1；③精磨 A 面保证直径尺寸 $D_2 = \phi 38.0_{-0.016}^{\ 0}$ mm，同时保证规定的渗碳层深度 H_0。

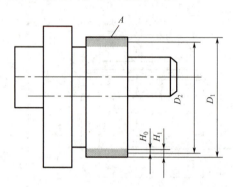

图 4.32 偏心零件加工图

解：

（1）由加工顺序建立尺寸链。

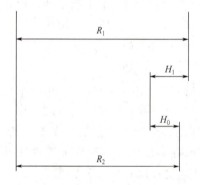

由建立的齿轮链可知，H_0 为封闭环，H_1 和 R_2 为增环，R_1 为减环。

（2）由式(4-7)计算各环的公差。

$$T_{H_0} = 0.3 \text{mm}$$
$$T_{R_1} = 0.05 \text{mm}$$
$$T_{R_2} = 0.008 \text{mm}$$
$$T_{H_1} = 0.242 \text{mm}$$

（3）由已知尺寸计算出 H_1 的基本尺寸。

$$H_1 = (19.2 - 19 + 0.5) \text{mm} = 0.7 \text{mm}$$

（4）由式(4-5)和式(4-6)计算出增环 H_1 的上、下偏差

$$ES_{H_1} = ES_{H_0} - ES_{R_2} + EI_{R_1} = 0.25 \text{mm}$$
$$EI_{H_1} = EI_{H_0} - EI_{R_2} + ES_{R_1} = 0.008 \text{mm}$$

各尺寸链的基本尺寸和偏差见表 4-7。

表 4-7 各尺寸链的基本尺寸和偏差

尺寸链（环）	基本尺寸/mm	上偏差 ES/mm	下偏差 EI/mm
R_1	19.2	0	-0.05
R_2	19	0	-0.008
H_1	(0.7)	(+0.25)	(+0.008)
H_0	0.5	0.3	0

即 $H_1 = 0.7_{+0.008}^{+0.25}$

4.5.4 控制加工余量间接保证设计尺寸时工序尺寸的确定

在内、外圆磨床上磨削工件端面时，由于工件的轴向定位误差较大，砂轮磨损也较快，因此要直接保证工序尺寸，一般情况下只能采用试切法。为提高生产率及避免测量时的不便，在生产中经常采用直接控制加工余量而间接保证工序尺寸的方法。这种方法有以下两种形式：一种是靠火花磨削法，由操作者根据砂轮靠磨工件端面时产生的火花量，凭经验判断磨削余量，从而使工序尺寸得到间接保证的尺寸控制方法；另一种是在具有自动测量控制装置的磨床上，通过测量被磨削端面装夹时的轴向位置来自动调整砂轮架位置，以及通过加工过程中对砂轮磨损的动态补偿来直接控制磨削余量而间接保证工序尺寸。

由于采用控制磨削余量间接保证工序尺寸的方法磨去的余量会在一定范围内变动，因此磨削后的尺寸误差会比磨削前的相应尺寸误差大。为保证零件的设计要求，磨削前的工序尺寸公差值应比设计要求的小。采用这种方法计算工序尺寸，由于磨削余量是加工时直接控制的，因此是工艺尺寸链的组成环，而磨削后要保证的工序尺寸是封闭环。

〔例 4-12〕 图 4.33 所示为采用控制磨削余量磨削法磨削汽车变速器第一轴端面的工序尺寸图表。加工中的有关工序如下。

(1) 以精车过的端面 B 为工序基准，精车端面 C，直接保证工序尺寸 $A_1 \pm T_{A_1}/2$。

(2) 以精车过的端面 C 为工序基准，精车端面 D，工序尺寸为 $A_2 \pm T_{A_2}/2$。

(3) 控制磨削余量（靠火花磨削）磨削端面 C，间接保证设计尺寸 (44.915 ± 0.85) mm（可作为磨削加工要求标注在工序图上）和设计尺寸 (232.75 ± 0.25) mm。磨削第一轴端面形成的工艺尺寸链如图 4.34 所示。

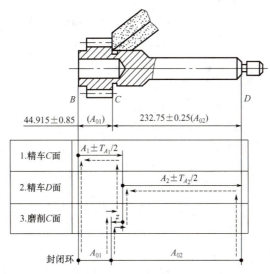

图 4.33 采用控制磨削余量磨削法磨削汽车变速器第一轴端面的工序尺寸图表

按图 4.34（a）所示工艺尺寸链求解工序尺寸 $A_1 \pm T_{A_1}/2$，按图 4.34（b）所示工艺尺寸链求解工序尺寸 $A_2 \pm T_{A_2}/2$。磨削余量及其公差取决于生产水平，本例中取 $Z = (0.1 \pm 0.02)$ mm。

解：（1）由图 4.34（a）的尺寸链可知 A_1 为增环，A_{01} 为封闭环，Z 为减环；由图 4.34（b）可知 A_{02} 为封闭环，A_2 和 Z 都为增环。

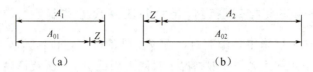

图 4.34 磨削第一轴端面形成的工艺尺寸链

(2) 由公式计算出 A_1 和 A_2 尺寸。

$$A_1 = A_{01} + Z = (44.915 + 0.1)\text{mm} = 45.015\text{mm}$$

$$A_2 = A_{02} - Z = (232.75 - 0.1)\text{mm} = 232.65\text{mm}$$

按式(4-7)计算各环的公差。

$$T_{A_{01}} = 1.7\text{mm}$$

$$T_Z = 0.04\text{mm}$$

$$T_{A_{02}} = 0.5\text{mm}$$

$$T_{A_1} = T_{A_{01}} - T_Z = (1.7 - 0.04)\text{mm} = 1.66\text{mm}$$

$$T_{A_2} = T_{A_{02}} - T_Z = (0.5 - 0.04)\text{mm} = 0.46\text{mm}$$

(3) 由式(4-5)和式(4-6)计算 A_1 和 A_2 的上、下偏差。

$$\text{ES}_{A_1} = \text{ES}_{A_{01}} + \text{EI}_Z = 0.83\text{mm}$$

$$\text{EI}_{A_1} = \text{ES}_{A_1} - T_{A_1} = -0.83\text{mm}$$

$$\text{ES}_{A_2} = \text{ES}_{A_{02}} - \text{ES}_Z = 0.23\text{mm}$$

$$\text{EI}_{A_2} = \text{ES}_{A_2} - T_{A_2} = -0.23\text{mm}$$

计算工序尺寸

$$A_1 = (45.015 \pm 0.83)\text{mm}$$

$$A_2 = (232.65 \pm 0.23)\text{mm}$$

"互联网+" 拓展问题

尺寸链计算及公差分析方法

1. 尺寸工程的定义是什么?
2. 尺寸工程中的公差分析方法是什么?与本章提到的方法有什么区别?
3. 说明尺寸工程在汽车工业中的应用必要性,按自己的理解说明尺寸工程与汽车制造工艺学之间的关系。

思考与练习题

一、名词解释

尺寸链,封闭环,增环,减环,并联尺寸链,装配尺寸链,零件(设计)尺寸链,工艺尺寸链,装配精度,尺寸链最短(路线)原则,完全互换装配法,不完全互换装配法,分组互换装配法,调整装配法,固定调整装配法,可动调整装配法,修配装配法

二、简述题

1. 尺寸链的组成是怎样的?如何判断尺寸链的增减环?
2. 建立装配尺寸链时,为何要遵循尺寸链最短(路线)原则?在设计产品时,如何体现遵循该原则?

3. 简述汽车制造中五种装配方法的特点及应用范围。

4. 如何确定工艺尺寸链的封闭环？

三、分析计算题

1. 尺寸链如图 4.35 所示。

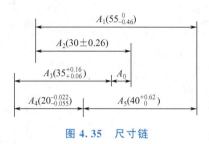

图 4.35　尺寸链

（1）判断组成环的增环和减环。

（2）用极值法计算封闭环的基本尺寸、公差和极限偏差。

（3）各组成环尺寸均按正态分布，且中间偏差与平均偏差相等，用统计法计算尺寸链的基本尺寸、公差和极限偏差。

2. 图 4.36 所示为汽车发动机曲轴第一主轴颈与缸体主轴承座的装配图。设计要求：装配间隙 $A_0=0.05\sim0.25$ mm。若止推垫片 2、4 的厚度尺寸 $A_2=A_4=2.5_{-0.03}^{0}$ mm，缸体主轴承座 3 的宽度尺寸 $A_3=38.5_{-0.100}^{0}$ mm。试用极值法计算曲轴 1 第一主轴颈宽度尺寸 A_1 的基本尺寸、公差和极限偏差。

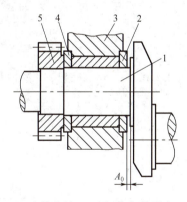

1—曲轴；2，4—止推垫片；3—缸体主轴承座；5—正时齿轮

图 4.36　汽车发动机曲轴第一主轴颈与缸体主轴承座的装配图

3. 图 4.37 所示为齿轮装置简图。设计要求：装配间隙 $A_0=0.1\sim0.5$ mm。设计规定 $A_1=430$ mm，$A_2=80$ mm，$A_3=100$ mm，$A_4=190$ mm，$A_5=60$ mm。采用不完全互换装配法保证装配精度，装配精度合格率 $P=99.73\%$，各组成环尺寸按正态分布。试设计确定有关零件的尺寸公差和极限偏差。

4. 图 4.38 所示的键槽孔加工过程如下。

（1）拉内孔至 $D_1=\phi 57.75_{0}^{+0.03}$ mm。

（2）插键槽，保证尺寸 x。

（3）热处理。

(4) 磨内孔至 $D_2 = \phi\ 58^{+0.003}_{\ 0}$ mm，同时保证尺寸 $H = 62^{+0.25}_{\ 0}$ mm。

试确定各尺寸及其公差。

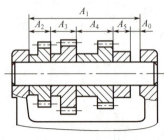

图 4.37 齿轮装置简图

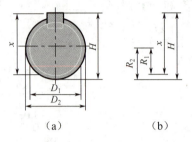

图 4.38 键槽孔

5. 发盖与翼子板工装选用车身上的同一个定位孔，发盖工装在发盖闭合状态下用内板定位，打紧发盖铰链，翼子板与发盖间隙匹配处的 Y 向用定位块定位，保证翼子板与发盖之间的间隙。求此工装方案下发盖与翼子板 Y 向间隙处的公差（用统计法计算公差的前提条件：零件遵循标准正态分布，零件为刚性，不考虑重力、焊接变形、角度等的影响）。

用统计法计算此处的公差，画出尺寸链。

画尺寸链时，需充分理解发盖及翼子板的工装定位结构，根据工装的实际定位结构画出尺寸链，如图4.39所示。

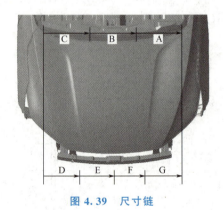

图 4.39 尺寸链

尺寸链编号	尺寸链环描述	公差/mm
A	发盖外板与翼子板 DTS 配合处的面轮廓度（N）	±0.7
B	发盖内板定位孔与发盖工装定位销的孔销间隙（C）	±0.1
C	发盖工装精度（U）	±0.1
D	发盖工装车身定位销与车身定位孔的孔销间隙（C）	±0.1
E	翼子板工装车身定位销与车身定位孔的孔销间隙（C）	±0.1
F	翼子板工装精度（U）	±0.2
G	翼子板与发盖外板 DTS 配合处的面轮廓度（N）	±0.5
T	发盖外板与翼子板的 Y 向偏差	?

注：N—正态分布；C—极值分布；U—均匀分布。

第 5 章
典型汽车零件的制造工艺

本章主要介绍齿轮制造工艺、曲轴制造工艺的相关内容，根据零件的功能要求和结构特点选择材料，制定合理的加工工艺规程，从毛坯的成型到具体的加工方案设计，再到实际加工案例分析，要求学生掌握工艺卡片和工序卡片的制作方法。

汽车零件加工工艺方案的设计；齿轮的加工方法；曲轴的机械加工新工艺；加工实践中定位基准的选择。

特定零件工艺卡片和工序卡片的独立制作能力。

5.1 齿轮制造工艺

汽车中的齿轮主要用于传递动力，也有用于传递运动的，如发动机配气机构的正时齿轮等。由于汽车齿轮的使用条件比较恶劣，生产规模较大，种类繁多，因此其制造具有一定的特点。随着汽车工业的发展，齿轮的制造工艺也在不断改进，制造精度和生产率不断提高，成本和工时不断降低。

5.1.1 齿轮的结构特点及结构工艺性分析

1. 齿轮的结构特点

汽车中的齿轮主要是传力齿轮。按照结构特点，齿轮可以分为五类，如图 5.1 所示。

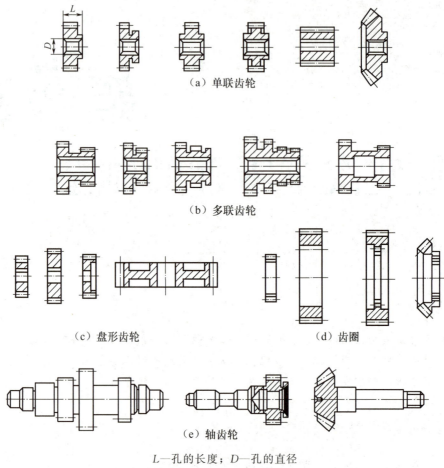

(a) 单联齿轮

(b) 多联齿轮

(c) 盘形齿轮　　(d) 齿圈

(e) 轴齿轮

L—孔的长度；D—孔的直径

图 5.1　汽车齿轮的结构类型

① 单联齿轮 [图 5.1 (a)]，孔的长径比 $L/D>1$。
② 多联齿轮 [图 5.1 (b)]，孔的长径比 $L/D>1$。
单联齿轮和多联齿轮又称筒形齿轮，其内孔一般为光孔、键槽孔或花键孔。
③ 盘形齿轮 [图 5.1 (c)]，具有轮毂，孔的长径比 $L/D<1$。
④ 齿圈 [图 5.1 (d)]，没有轮毂，孔的长径比 $L/D<1$。
盘形齿轮和齿圈的内孔一般为光孔或键槽孔。
⑤ 轴齿轮 [图 5.1 (e)]，有一个或多个齿圈。

2. 齿轮的结构工艺性分析

设计齿轮时，既要满足使用要求，又要满足制造工艺要求，这就是结构工艺性。齿轮的结构与齿面的加工方法关系很大。若采用传统的加工方法，则设计齿轮结构时需要注意以下几个问题。

① 若采用插齿加工双联齿轮，则在加工小齿轮的齿面时，应保证两齿轮间有足够的退刀空间，以免插齿刀碰到大齿轮的端面。退刀槽的尺寸可查阅相关标准。若采用滚刀加工小齿轮，则为避免滚刀撞到大齿轮的端面，应保证大、小齿轮间的距离 B 足够大，如图 5.2 所示。B 与滚刀直径 D_0、滚刀切削部分长度及滚刀安装角度等有关。

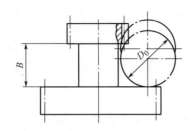

B—大、小齿轮间的距离；D_0—滚刀直径

图 5.2　用滚刀加工双联齿轮的小齿轮时，两齿轮之间的距离

② 盘形齿轮的端面形状由齿轮的宽度决定。当齿轮宽度较大时，为减轻齿轮自重并减小机械加工的加工量，一般将端面设计成凹槽形状，如图 5.3（a）所示；当齿宽较小或者齿轮强度不够时，一般将端面设计成图 5.3（b）所示的形状。

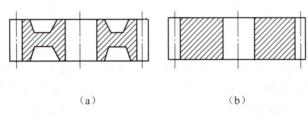

（a）　　　　　　　　　　（b）

图 5.3　盘形齿轮的端面形状

③ 用滚齿机加工盘形齿轮时，为了提高生产率，常采用多件加工，如图 5.4 所示。此时可将齿轮设计成图 5.4（a）所示的结构，不仅可以提高滚齿的生产效率，而且可以提高工件在机床上的安装刚度。图 5.4（b）所示结构的齿轮安装刚度较低。

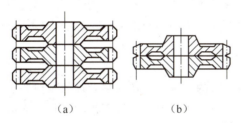

（a）　　　　　　　　　　（b）

图 5.4　盘形齿轮多件加工

由于齿轮加工工艺经常出现重大改革，因此采用新工艺时，要及时改变齿轮的结构设计，以符合结构工艺性要求。

5.1.2　齿轮的主要技术要求

为了保证齿轮正常工作和加工要求，齿轮主要表面的尺寸精度、位置精度和表面粗糙度均须达到一定的标准（参考 GB/T 10095.1—2008《圆柱齿轮 精度制 第 1 部分：轮齿同侧齿面偏差的定义和允许值》和 GB/T 10095.2—2008《圆柱齿轮 精度制 第 2 部分：径向综合偏差与径向跳动的定义和允许值》等）。归纳起来，汽车齿轮的主要技术要求如下。

1. 齿轮精度和表面粗糙度要求

（1）轿车、微型客货车变速器齿轮精度为 6～8 级，表面粗糙度 $Ra=1.6\mu m$。

（2）重型和中型货车及越野车变速器、分动器、取力器齿轮精度为 7～9 级，表面粗糙度 $Ra=3.2\mu m$。

2. 齿轮孔或轴齿轮的轴颈尺寸公差和表面粗糙度要求

（1）齿轮孔或轴齿轮的轴颈是加工、测量和装配时的基面，对齿轮的加工精度有很大影响，要求加工精度较高，表面粗糙度较小。对于 6 级精度的齿轮，内孔尺寸公差为 IT6，轴颈尺寸公差为 IT5；对于 7 级精度的齿轮，内孔尺寸公差为 IT7，轴颈尺寸公差为 IT6。

（2）基准孔或轴颈的尺寸公差和形状公差应遵守包容要求。表面粗糙度 $Ra=0.40\sim0.80\mu m$。

3. 端面圆跳动

（1）带孔齿轮加工时，一般以齿坯轮毂端面为切齿时的定位基准，端面对内孔的跳动量对齿轮的加工精度有很大影响。因此，要求端面圆跳动公差较小。端面圆跳动量的公差因不同的齿轮精度和分度圆直径而异，对 6～7 级精度的汽车齿轮规定为 0.011～0.022mm。

（2）基准端面的表面粗糙度 $Ra=0.40\sim0.80\mu m$；非定位和非工作端面的表面粗糙度 $Ra=6.3\sim12.5\mu m$。

4. 齿轮齿顶圆公差

当以齿轮齿顶圆为加工、测量的基准时，其尺寸公差要求较高，一般为 IT8 级。此外，还应规定齿顶圆对孔或轴颈轴线的径向圆跳动公差。当不以齿顶圆为加工、测量的基准时，其尺寸公差一般为 IT11 级，但不能超过 $0.1m_n$（m_n 为法向模数）。

5. 齿轮的热处理要求

对于常用低碳合金钢材料的汽车齿轮，其热处理的主要要求是渗碳淬火的有效硬化层厚度、硬度和金相组织。一般渗碳层厚度取决于齿轮材料、法向模数和工艺规范等。例如 20CrMnTi 材料的轻型车齿轮（$m_n>3\sim5mm$），渗碳层厚度一般为 0.8～1.3mm，齿面淬火硬度为 58～63HRC，心部硬度为 32～48HRC。对中碳钢或中碳合金钢齿轮经表面淬火后，其齿面硬度不低于 53HRC。

5.1.3 齿轮的材料和毛坯成形

齿轮的材料由工作条件和破坏形式决定，一般来说，低速重载的传力齿轮，其齿面受压产生塑性变形和磨损，且轮齿容易折断，应选用机械强度、硬度等综合性能较好的材料；线速度高的传力齿轮，其齿面容易产生疲劳点蚀，齿面硬度要求高；有冲击载荷的传力齿轮，应选用韧性好的材料。

材料对汽车齿轮的机械加工性能和使用寿命都有直接影响。汽车行驶状况是根据路况随机变化的，齿轮的工作状况复杂，而且一般汽车用齿轮转速较高，如中型载重汽车螺旋锥齿轮的线速度可达 18m/s，要求齿轮轮齿表面具有较高的硬度以提高耐磨性，心部具有良好的韧性以承受冲击载荷，并且需要承受交变载荷，因此要求轮齿具有较高的疲劳强度。汽车传力齿轮常用材料为低碳合金钢，少量使用低合金中碳钢，如 20CrMnTi、20Cr、20CrMn、20CrMo、20MnVB、20CrNiMo、20CrNi2、40Cr、40MnB 等；非传力齿轮可用不淬火碳钢、铸铁、夹布胶木、聚酰胺（尼龙）、工程塑料等材料制造。

齿轮的主要毛坯形式有棒料、锻件、铸件。棒料用于尺寸小、结构简单且精度要求低的钢质齿轮。汽车传力齿轮的毛坯一般为模锻件。当孔径大于 25mm、长度不大于孔径的 2 倍时，内孔一般直接锻出（在卧式锻造机上，还可以锻出孔的长径比大于 5 的深孔）。

图 5.5 所示为汽车一挡及倒挡齿轮的毛坯锻件图。模锻后的毛坯，材料内部的纤维与轴线对称分布，如图 5.6 所示，有助于提高材料的强度。

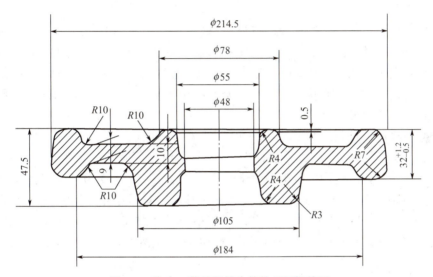

图 5.5　汽车一挡及倒挡齿轮的毛坯锻件图

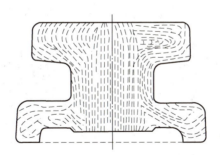

图 5.6　模锻齿轮毛坯内部材料纤维分布（基面）

在加工齿轮时，锻件毛坯还必须经过正火或等量退火处理，以消除锻件的内应力和提高材料的切削加工性，使毛坯的金相组织和晶粒尺寸均匀，以减小被加工齿轮在渗碳和淬火时的变形。

为了减小机械加工量，对于小尺寸、形状复杂的齿轮，可用精密铸造、压力铸造、精密锻造、粉末冶金锻造、压轧成形（热轧、冷轧）等工艺制造出具有轮齿的齿坯。对于精度要求低的齿轮，齿轮精密锻造成形后，齿面不需要机械加工，只是内孔和端面留有适当的加工余量。该方法不仅提高了生产率、降低了生产成本，而且节约了材料。粉末冶金锻造齿轮属于少/无切屑加工工艺。采用粉末冶金锻造生产行星齿轮的毛坯，只要模具有足够的尺寸精度（不低于 IT11 级），除了钻油孔、精磨内孔和球形端面之外，轮齿齿面不需要加工就能满足齿轮精度和表面粗糙度的要求，粉末冶金锻造齿轮能大大缩短机械加工工时、节省原材料、降低成本。齿轮冷成形工艺不仅可用来制造齿轮的毛坯，而且可代替齿坯的预加工，甚至代替齿面的预加工和精加工。

5.1.4　齿轮机械加工的定位基准

在加工带孔齿轮齿面时，通常采用齿坯内孔（光孔或花键孔）及端面定位，以这些表面为定位基准符合基准重合原则。同时，在加工过程中许多工序（如齿坯齿面加工）都采用内孔和端面定位，以齿坯内孔和端面为定位基准符合基准统一原则，主要定位基准取决于定位的稳定性。

当齿轮孔的长径比 $L/D>1$（单联齿轮、多联齿轮）时，应以孔为主定位基面。加工时，将齿轮装在心轴上，由心轴限制四个自由度，由端面限制一个自由度，如图 5.7 所示。在这种情况下，孔和心轴间的间隙是引起加工误差的主要原因。因此，定位基面的孔的尺寸公差要求较高，一般按 H7 加工。为了消除孔与心轴间的间隙影响，在精车齿坯时，常使用过盈心轴或小锥度心轴，锥度为 1/6000～1/4000；在预加工齿面时，采用能自动定心的可胀心轴或分组的小间隙心轴。

当齿轮孔的长径比 $L/D<1$［盘形齿轮、齿圈］时，一般以齿轮的端面为主要定位基准限制三个自由度，由内孔定位限制两个自由度，如图 5.8（a）所示。为保证作为定位基面的孔和端面的垂直度，在加工这两个表面时，应采用齿轮外圆和另一个端面定位［图 5.8（b）］，并在一次装夹中加工出来。在数控车床上加工齿坯时，也可以外圆及端面为定位基准（基面），用自定心卡盘定位夹紧，加工齿轮外圆、端面、内孔及沟槽等表面，再采用内孔及端面定位加工齿面。

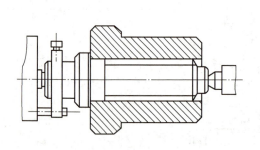
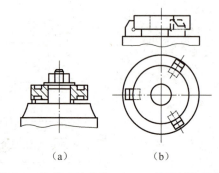

图 5.7　长径比 $L/D>1$ 时的齿轮定位　　图 5.8　齿轮孔长径比 $L/D<1$ 的盘形齿轮定位

对于轴齿轮，当加工轴的外圆表面、外螺纹、圆柱齿轮轮齿和花键时，常选择轴两端的中心孔定位，以提高工件的定心精度。采用中心孔定位时，将工件安装在机床的前、后（或上、下）两顶尖之间并夹紧固定。当采用两端中心孔定位不方便或安装刚度不足时，可采用磨过的两端轴颈定位。这种定位方式采用弹性夹头对轴齿轮的两段轴颈进行定位，由于受到夹头精度的限制，因此定心精度比中心孔定位低，但夹紧力较大，安装刚度高。

为了提高加工效率，在加工齿面时可以多件加工，如图 5.4 所示。此时，受到下面零件端面精度的影响，上面零件的加工精度要差一些（特别是齿向精度）。

5.1.5 齿轮主要表面的机械加工

1. 齿坯加工

加工齿轮齿坯时，按不同的齿轮类型，有不同的加工方法。

对于盘形齿轮齿坯，生产类型不同，加工方法不同。单件小批量生产时，在普通车床上逐一车出内孔、端面和外圆，也可以在六角车床上加工；大量生产形状较复杂的齿坯时，可选用双轴、多轴立式半自动车床或卧式半自动车床，其中立式半自动车床装卸工件较方便，适合加工工件质量大的场合，在卧式半自动车床上加工的工件质量应小些。随着数控机床的大规模使用，可在单轴、双轴或多轴数控机床上加工带孔圆柱齿轮的齿坯。双轴或多轴数控车床效率高，一般几个工作轴就相当于几台单轴半自动车床，每根轴都可实现多刀切削。

对于轴齿轮齿坯，由于是阶梯轴，因此加工方法近似于加工阶梯轴。

第一步：加工两端定位基准中心孔。为防止锻件端面不平而影响加工，在钻中心孔前加工轴的两端面。加工轴端面和中心孔的方法，因生产类型和生产企业的具体条件不同而不同。小批量或成批量生产可先车或铣端面，再钻两端中心孔；大批量生产时，可采用双面铣端面钻中心孔机床进行加工，如图5.9所示。这种机床两面各有铣端面和钻中心孔的动力头。工件在夹具上定位并夹紧后，装有夹具的工作台带着工件横向进给，同时铣削两个端面，铣完端面后，工作台停止。此时工件轴线对准两中心钻的轴线，两边的动力头同时钻出两端的中心孔。

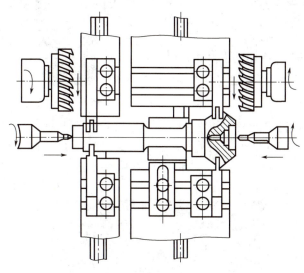

图5.9 双面铣端面钻中心孔

第二步：加工轴齿轮外圆表面。轴齿轮齿坯的外圆表面可以在普通车床、多刀半自动车床、液压仿形半自动车床或数控车床上加工。单件小批量的齿轮齿坯可在普通车床上用硬质合金刀加工，这种加工方法生产率低，工人劳动强度大。为了提高效率，可在普通车床上安装液压仿形刀架，进行仿形车削。大批量生产多采用多刀半自动车床和液压仿形车床。根据轴齿轮外圆的技术要求，对于精度要求和表面粗糙要求较低的外圆，完成车削后可不再进行后续加工；对于精度要求和表面粗糙度要求较高的外圆（如轴颈），完成车削后还要进行磨削。

2. 齿面加工

齿面加工是齿轮加工的重要工序，可用精密铸造、精密锻造、粉末冶金、热轧、冷挤和切削加工等方法。其中，切削加工是齿面加工的主要方法。

渐开线齿面的切削加工，从原理上讲有仿形法和展成法两大类。仿形法也称成形法，其特点是所用刀具的切削刃形状与被切齿轮槽形状相同，有仿形铣齿、仿形插齿和仿形拉齿等。展成法利用齿轮啮合原理切削齿轮渐开线齿面。下面以圆柱齿轮齿面加工为例，介绍加工齿面的几种展成法。

（1）滚齿法。柱齿轮的切齿方法以滚齿法最为普遍。滚齿法是指应用一对螺旋圆柱齿轮的啮合原理进行加工的方法。所用的刀具称为齿轮滚刀，简称滚刀。滚刀与被加工齿轮之间的展成运动类似于齿条与齿轮的啮合运动。要使一对斜齿轮正确啮合，它们的轮齿就必须与同一假想齿条正确啮合，如图 5.10 所示。这就要求两个齿轮具有相等的齿距和齿形角，即滚刀的法向模数 m_n 和法向齿形角与被切齿轮的相等，且为标准值。图 5.11 所示为滚齿加工。

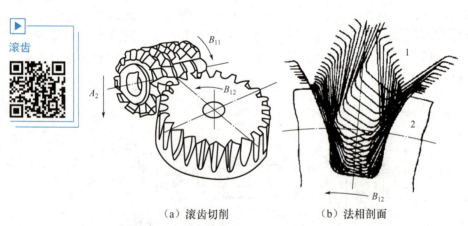

（a）滚齿切削　　　（b）法相剖面

1—滚刀；2—工件（被加工齿轮）；A_2—刀具进给；B_{11}—刀具旋转；B_{12}—工件旋转

图 5.10　滚齿原理

图 5.11　滚齿加工

（2）插齿法。某些齿轮（内齿轮、中等模数人字形齿轮、齿圈距离很小的塔齿轮等）用其他方法无法加工，只能用插齿法加工。

插齿也属于展成法加工的范畴。展成相当于一对齿轮做啮合运动，插齿刀与工件之间必须保持啮合关系，相当于一对轴线平行的圆柱齿轮相啮合，如图 5.12 所示。

插齿加工方法

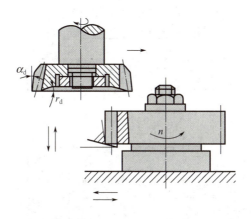

α_d—顶刃后角；r_d—顶刃前角；n—工件转速

图 5.12　插齿的加工过程

插齿刀就像一个磨有前、后角切削刃的齿轮。在进行插齿时，插齿刀和工件分别绕其轴线旋转并啮合做展成运动（也称分齿运动）。

同时，插齿刀需做上下往复的切削运动（主运动），其中向下的是切削运动，向上的是空行程。为了避免擦伤已加工的齿面并减少插齿刀的磨损，插齿时还需进行让刀运动，由机床工作台完成。当插齿刀向上进行空行程时，机床工作台带着工件沿齿向远离刀具，以让开插齿刀，而在插齿刀工作行程开始时，工作台恢复原位。

为了切出全齿深，插齿刀还应有径向移近工件的运动，称为径向进给运动。径向进给量用插齿刀每次往复行程径向位移量表示。当切至调整好的深度时，径向进给运动自行停止。为了切出整个齿圈，插齿刀必须转动，称为圆周进给运动。圆周进给量是指插齿刀每个往复行程在分度圆上转过的弧长。

齿轮由于工艺、结构等因素的影响，生产时有的只能用滚齿法加工（如蜗轮），有的只能用插齿法加工（如人字齿轮、内齿轮），但绝大部分圆柱齿轮既可以采用滚齿法加工，又可以采用插齿法加工，需根据实际情况确定最佳加工方法，以提高加工效率。

（3）剃齿法。剃齿法是齿轮精加工的方法之一，在汽车制造业中普遍用于对未淬火的齿轮进行精加工。剃齿法不但能保证切出的齿轮达到精度要求，而且生产率高，成本低，机床占用生产面积小、便于调整。

剃齿加工是根据一对螺旋角不相等的斜齿轮啮合的原理，将剃齿刀与被切齿轮的轴线在空间交叉一个角度 β（图 5.13），做无间隙啮合的自由对滚，从而完成对被加工齿轮的加工。剃齿刀实际上是精度很高的斜齿轮，为了形成切削刃，在齿面上沿渐开线方向开有许多小槽。因此，用圆盘剃齿刀剃齿的过程相当于一对空间轴线相互交叉的斜齿轮的啮合传动。

在剃齿加工过程中主要有以下三种运动：一是剃齿刀带动工件做高速正、反转运动；

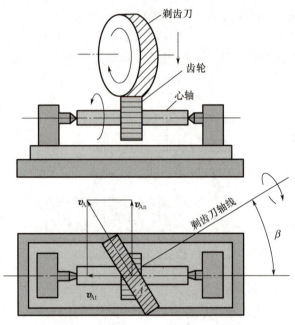

图 5.13 剃齿原理

二是工件沿轴向做往复运动；三是工件每往复一次，剃齿刀做径向进给运动。图 5.14 所示为剃齿加工。

剃齿

图 5.14 剃齿加工

剃齿加工一般用来加工经滚齿或插齿加工过的齿轮，可修正齿轮的齿形误差、齿向误差并降低齿面的粗糙度。剃齿后，齿轮的表面粗糙度可达 $Ra0.40 \sim Ra0.80 \mu m$。由于剃齿时不存在强制性的啮合运动，因此剃齿不能修正齿轮的公法线长度误差。

（4）齿面滚压。齿面滚压是一种先进的无屑加工技术，与剃齿相同，都是齿轮淬火前的精加工工艺。目前有用齿面滚压逐渐代替剃齿的趋势。

齿面滚压的原理是在一定压力 F 的作用下，使滚轮 2 与工件齿轮 1 进行自由对滚，如图 5.15 所示。齿面滚压可以看成一对圆柱齿轮进行无间隙啮合的过程。其中，滚轮相当于高精度的修形渐开线圆柱齿轮，有时还有一定的变位量。在滚压时，滚轮与工件齿轮各自绕其轴线旋转，二者轴线相互平行。由于滚轮宽度比工件齿轮宽度大，因此在滚压过程中，滚轮与工件齿轮不需要轴线相对移动，只需在滚压过程中逐渐减小滚轮与工件齿轮之间的中心距，使其径向移动，直到达到要求的尺寸即可。

滚轮一般由高强度、高耐磨性的材料（如高速钢）制成。在滚压过程中需要用硫化油润滑，以防止滚轮与工件齿轮黏结，提高滚轮的耐用性。齿面滚压时，会产生很大的滚压力，导致机床和齿轮支撑轴等变形。为了提高加工精度，应增大机床和支承件支撑

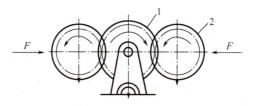

1—工件齿轮；2—滚轮；F—压力

图 5.15　双滚轮齿面滚压原理

的刚度，同时采取有效措施减小滚压力。例如，单滚轮滚齿时，可以在滚轮的轮齿上开减压槽来减小滚压力；也可以通过调整滚轮与工件齿轮的齿数比，增加工件齿面上的滚压次数，以减小单齿滚压面积，从而减小滚压力。

（5）珩齿加工。齿轮经过淬硬后，为进一步提高精度和表面质量，可进行珩齿。珩齿一般在滚齿或插齿后进行，适用于齿面淬硬或非淬硬的直齿、斜齿、内齿、外齿圆柱齿轮。

与其他加工方法相比，珩齿有以下特点。

① 珩齿加工的加工精度可达 6～7 级，且比磨齿加工生产率高。

② 珩齿加工的齿面表面粗糙度可达 $Ra1.25 \sim Ra0.32\mu m$，并可消除由毛刺和磕碰痕迹等引起的齿轮噪声。

③ 珩齿加工后的齿面压应力增大，提高了耐疲劳强度。同时，珩齿时齿面不易产生烧伤和裂纹，从而延长了齿轮使用寿命。

④ 珩磨轮的精度是提高珩齿精度的关键，而高精度珩磨轮的制造与修磨比较困难。

珩齿与剃齿相同，也是展成法的一种，利用齿轮啮合原理进行加工。珩齿的加工过程相当于一对交错轴斜齿轮进行无传动链联系的自由啮合滚动，将其中一个斜齿轮换成珩磨轮，则另一个斜齿轮就是被加工齿轮。珩磨轮的外形与齿轮相同，其中央部分多采用钢材制造，齿形面上均匀密布着由塑料和磨料混合制成的磨粒。珩磨轮具有一定的弹性，可以承受一定的冲击载荷。

珩齿时，珩磨轮和工件齿轮以一定的转速旋转，由于在齿面啮合点处存在相对滑动，因此黏固在珩磨轮齿面上的磨粒会在外加珩削压力下切入金属层，磨下极薄的一层金属。当达到所要求的齿形和精度时，加工完成。

根据所用珩磨轮的形状，可以将珩磨分为齿轮状珩磨轮珩齿 [图 5.16（a）和图 5.16（b）] 和蜗杆状珩磨轮珩齿 [图 5.16（c）]，根据珩磨轮和工件齿轮之间的啮合情况，可以将齿轮状珩磨轮珩齿分为外啮合珩齿 [图 5.16（a）] 和内啮合珩齿 [图 5.16（b）]。珩齿是低速磨削、研磨和抛光的综合，珩磨轮的磨粒可以看成连续切削刃。因此，珩齿的过程接近于连续挤压的过程，珩磨后齿面上的切削纹络很细，表面粗糙度比剃齿低，无冷硬现象。

珩齿加工不能强行切下齿轮误差部分的全部金属，只能部分修正齿轮的齿向误差和齿形误差。珩齿的质量与珩前齿轮的质量关系很大。珩齿加工具有齿面表面粗糙度低、效率高、成本低、设备简单、操作方便等优点，是一种很好的齿轮精加工方法。

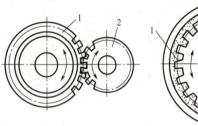 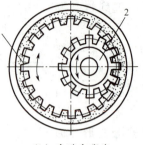 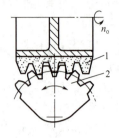

（a）外啮合珩齿　　　　　（b）内啮合珩齿　　　　（c）蜗杆状珩磨轮珩齿

1—珩磨轮；2—工件齿轮；n_0—珩磨轮转速

图 5.16　珩齿加工示意图

（6）磨齿加工。在齿轮各种精加工方法中，磨齿加工的精度最高，磨齿齿面表面粗糙度可达 $Ra0.16\sim Ra0.63\mu m$。很多要求比较高的齿轮（如高精度齿轮、检验用的标准齿轮、齿轮刀具等）都需要进行磨齿加工。磨齿不仅能纠正齿轮预加工产生的各项误差，而且能加工淬硬齿轮。但磨齿加工的生产率较低，加工成本较高。随着立方氮化硼（Cubic Boron Nitride，CBN）成形砂轮和新型蜗杆砂轮磨齿机等的出现，磨齿效率成倍提高，加工成本不断下降，磨齿加工在大量生产齿轮中逐渐得到广泛应用。

磨齿分为成形法磨齿和展成法磨齿两种。成形法磨齿是采用成形砂轮磨出齿轮的渐开线齿形。用成形法磨齿，砂轮需修整成曲线，与被磨齿轮的齿槽形状吻合。这种加工方法生产率较高，并且可磨削各种特殊形状（如直边花键、三角形花键、非渐开线形齿轮等）的齿形，但砂轮修整较复杂，并且砂轮磨损不均匀，易产生齿形误差，加工精度稳定性差，实际生产中应用较少。展成法磨齿是利用齿轮与齿条相互啮合的原理进行的。图 5.17 所示为碟形双砂轮磨齿原理。碟形双砂轮磨齿是采用一对碟形砂轮的工作棱边进行磨齿加工的，砂轮

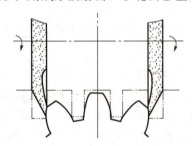

图 5.17　碟形双砂轮磨齿原理

相当于假想齿条上的齿。在磨齿时，将被磨齿轮装在机床工作台的主轴上，两个砂轮工作边位于两个齿槽中的两个齿面上，通过钢带和滚圆盘带动工件做纯滚动，使被磨齿轮的齿面按展成原理进行滚动磨削。在整个磨削过程中，两个砂轮始终同时与齿面接触，无空行程，大大提高了磨削效率。

常用齿面加工方法见表 5-1。

表 5-1　常用齿面加工方法

加工方法	加工原理	加工精度	表面粗糙度 $Ra/\mu m$	生产效率	使用设备	应用范围
铣齿	成形法	IT9	3.2～6.3	低	普通铣床	低精度圆柱齿轮、锥齿轮、蜗轮
拉齿	成形法	IT7	0.4～1.6	高	拉床	应用较少

续表

加工方法	加工原理	加工精度	表面粗糙度 Ra/μm	生产效率	使用设备	应用范围
插齿	展成法	IT7～IT8	1.6～3.2	较高	插齿机	内齿轮、扇形齿轮、人字齿轮、带凸台齿轮、间距较小的多联齿轮
滚齿	展成法	IT7～IT8	1.6～3.2	较高	滚齿机	直齿圆柱齿轮、斜齿圆柱齿轮、蜗轮
剃齿	展成法	IT6～IT7	0.4～0.8	高	剃齿机	精加工未淬火的圆柱齿轮
磨齿	成形法或展成法	IT3～IT6	0.2～0.8	较低	磨齿机	精加工已淬火的圆柱齿轮
珩齿	展成法	改善不大	0.4～0.8	很高	珩齿机	光整加工已淬火的圆柱齿轮
研齿	展成法	改善不大	0.2～1.6	很高	研齿机	光整加工已淬火的圆柱齿轮

3. 齿轮的检验

在齿轮的加工过程中，一般要进行齿坯加工后的检验、热处理后的检验和最终检验。前两次检验是针对各项加工项目进行的中间检验，最终检验是对加工完成的齿轮做全面的检验。齿轮的检验还可分为齿坯检验和切齿后的齿轮轮齿检验。

齿坯的加工质量在很大程度上影响齿轮的加工质量，尤其是定位基准，必须检查它们的精度和表面粗糙度，不合格的齿坯不能进入下一道工序。检验齿坯加工质量，及时剔除不合格产品，是保证齿轮加工质量的有效措施。成批生产时，一般要全部检查；大量生产时，齿坯质量稳定时可部分抽检。齿坯的主要检验项目有齿轮定位基准孔径或轴颈直径的尺寸精度、基准面的径向圆跳动、基准面的端面圆跳动等。

齿轮轮齿检验可根据齿轮副的使用要求和生产规模，按 GB/T 10095.1—2008《圆柱齿轮 精度制 第 1 部分：轮齿同侧齿面偏差的定义和允许值》及 GB/T 10095.2—2008《圆柱齿轮 精度制 第 2 部分：径向综合偏差与径向跳动的定义和允许值》中的规定，在三个公差组中的公差和极限偏差项目中，选取一个项目或一组项目检验（称为单项检验）。例如可检验齿形误差、齿向误差、齿圈径向圆跳动和公法线长度。普遍采用的检验方法是单项检验，常用检验器具有万能齿轮测量机、螺旋线检查仪、齿圈径向跳动检查仪、齿轮噪声检测仪等。单项检验的缺点是效率低。在大批量生产中，广泛采用综合检验仪进行检验。

〔例 5-1〕 大量生产倒挡齿轮的加工工艺过程。

倒挡齿轮零件简图如图 5.18 所示。大量生产倒挡齿轮的加工工艺过程见表 5-2。齿轮所有表面可在两台立式六轴半自动车床上，由多个工位加工，首先将工件以毛坯外圆及端面定位装夹在自定心卡盘中，先粗、精加工内孔、端面及倒角；然后以加工过的内孔和端面作定位精基准装夹在心轴上，粗、精加工外圆以及另一个端面、切槽和倒角等。

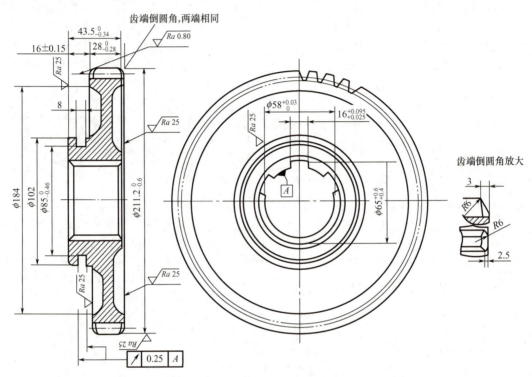

图 5.18 倒挡齿轮零件简图

表 5-2 大量生产倒挡齿轮的加工工艺过程

工序号	工序内容	设　备	工序号	工序内容	设　备
1	扩孔	立式钻床	10	剃齿或冷挤齿	剃齿机或挤齿机
2	车轮毂及端面	六轴半自动车床	11	修花键槽宽	压床
3	精车另一个端面	六轴半自动车床	12	清洗	清洗机
4	车齿坯	六轴半自动车床	12J	中间检查	
5	拉花键孔	拉床	13	热处理	
5J	中间检查		14	对滚	专用对滚机
6	去飞边		15	磨内孔	内圆磨床
7	滚齿	双轴滚齿机	16	珩磨齿	蜗杆式珩齿机
8	倒齿端圆角	齿轮倒角机	17	清洗	清洗机
9	清洗	清洗机	18	修理齿面	
9J	中间检查		19	最终检查	

〔例 5-2〕 大量生产汽车后桥主减速器主动锥齿轮的加工工艺过程。

汽车后桥主减速器主动锥齿轮零件简图如图 5.19 所示。大量生产汽车主减速器主动锥齿轮的加工工艺过程见表 5-3。

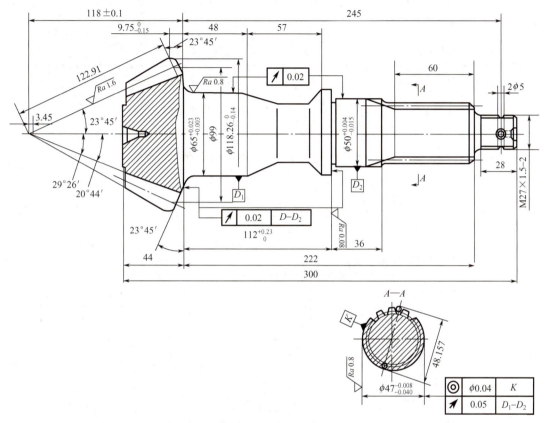

图 5.19 汽车后桥主减速器主动锥齿轮零件简图

表 5-3 大量生产汽车后桥主减速器主动锥齿轮的加工工艺过程

工序号	工序内容	设 备
1	铣两端面，钻两端中心孔	双面铣、钻专用机床和夹具
2	粗、精车轴颈外圆和前、背锥及端面	液压仿形车床（或数控车床）
3	铣花键	花键铣床
4	粗磨轴颈外圆、花键外圆及端面	端面外圆磨床
5	钻十字孔 $\phi 5mm$	台钻
6	锪孔 $\phi 5mm$、孔口 $90°$	台钻
7	车（或铣）螺纹	车床或螺纹铣床

续表

工序号	工序内容	设　　备
7J	中间检查	
8	粗切齿	弧齿锥齿轮铣齿机
9	精切齿凸面	弧齿锥齿轮铣齿机
10	精切齿凹面	弧齿锥齿轮铣齿机
11	齿端倒角	齿轮倒角机
12	清洗	清洗机
12J	中间检查	
13	热处理（渗碳、淬火）	
14	修复中心孔	
15	精磨轴颈、花键外圆及端面	端面外圆磨床
16	校正螺纹	螺纹样板
16J	最终检查	

（1）采用双工位专用机床夹具，在专用机床上加工好两端面及定位基准中心孔，如图 5.9 所示。

（2）常采用液压仿形车床车削加工主动锥齿轮外圆表面，如图 5.20 所示。近年来已开始采用数控车床或程控车床加工，可显著缩短基本时间和辅助时间，提高生产效率。

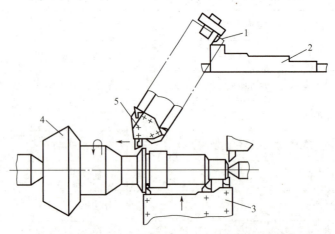

1—触销；2—样板；3—下刀架；4—工件；5—液压仿形刀架

图 5.20　液压仿形车床车削加工主动锥齿轮外圆表面

5.2 曲轴制造工艺

曲轴是汽车发动机中最重要的零件之一,用于把活塞连杆组传来的气体压力转换为转矩并输出功率,同时驱动配气机构和其他附属装置(如发电机、水泵、空调压缩机、空压机、冷却风扇等)。曲轴工作条件较差,受力情况复杂,装配要求严格,因此结构工艺性和加工质量要求都比较高。

5.2.1 曲轴的工作特点

发动机工作时,活塞往复 100～200 个行程/秒。发动机的每个工作行程都有很高的燃气压力通过活塞、连杆突然作用到曲轴上,以 100～200 次/秒的频率反复冲击曲轴;此外,曲轴还受到往复、旋转运动的惯性力和力矩的作用。这些周期性变化的载荷在曲轴各部分产生弯曲、扭转、剪切、拉压等复杂的交变应力,也使曲轴扭转振动、弯曲振动,易产生疲劳破坏。

曲轴的主轴颈和连杆轴颈及其轴承副在高压下高速旋转,易造成磨损、发热和烧损。所以,曲轴一旦发生故障,就可能对发动机有致命的破坏作用。

5.2.2 曲轴的结构特点

不同的发动机,使用的曲轴零件的结构不同,但它们有一些共同特点,如结构细长、多曲拐、刚性较差、要求精度高。以六缸发动机曲轴为例,其属于全支承曲轴,共有 7 个主轴颈和 6 个连杆轴颈,结构简图如图 5.21 所示。

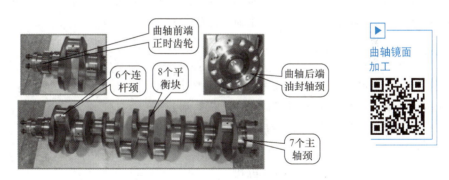

图 5.21 六缸发动机曲轴结构简图

5.2.3 曲轴的主要技术要求

(1) 主轴颈、连杆轴颈本身的精度等级(直径尺寸公差等级)通常为 IT6～IT7;主轴颈的宽度极限偏差为 +0.1～+0.36mm;曲拐半径极限偏差为 ±0.05mm;曲轴的轴向尺寸极限偏差为 ±(0.05～0.50) mm。

(2) 轴颈长度公差等级为 IT9～IT10。轴颈的形状公差(如圆度、圆柱度)控制在尺寸公差一半之内。

(3) 位置精度(包括主轴颈与连杆轴颈的平行度)一般为间距 100mm 之内不大于 0.02mm。曲轴各主轴颈的同轴度,小型高速发动机曲轴为 0.025mm,中大型低速发动机曲轴为 0.03～0.08mm。各连杆轴颈的位置度不大于 ±30′。

(4) 曲轴的连杆轴颈和主轴颈的表面粗糙度 $Ra0.2\sim Ra0.4\mu m$，连杆轴颈、主轴颈、曲柄连接处圆角的表面粗糙度 $Ra0.4\mu m$。

除上述技术要求外，还有热处理、动平衡、表面强化、油道孔的清洁度、曲轴裂纹、曲轴的旋转方向等规定和要求。

5.2.4 曲轴材料与毛坯

曲轴工作时要承受很大的转矩及交变弯曲应力，容易产生扭振、折断及轴颈磨损，因此，要求所用材料有较高的强度、冲击韧度、疲劳强度和耐磨性。曲轴常用材料如下：汽油发动机曲轴多用碳素钢或球墨铸铁，如45钢、40Cr、35CrMoAl、QT700-2等；重型汽车发动机曲轴采用合金钢或球墨铸铁，如 $42Mn_2V$ 等。

曲轴的毛坯由批量、尺寸、结构及材料决定。批量较大的小型钢制曲轴采用模锻；单件小批量的中大型曲轴采用自由锻造；球墨铸铁曲轴采用铸造毛坯。由于球墨铸铁强度高、耐磨性好、易成形、加工余量较小，因此制造成本比锻钢低得多。如今广泛应用球墨铸铁"以铁代钢""以铸代锻"来制造发动机曲轴。

5.2.5 曲轴的机械加工工艺

1. 定位基准的选择

（1）粗基准的选择。为保证曲轴两端中心孔都能钻在两端面的几何中心线上，粗基准应选靠近曲轴两端的轴颈。为保证其他轴颈外圆余量均匀，在钻中心孔之前，应对曲轴进行校直。对于不易校直的铸铁曲轴，在轴颈余量不大的情况下，为保证加工出所有轴颈，粗基准应选距曲轴两端约1/4曲轴长度的主轴颈。

因为大批量生产的曲轴毛坯精度较高，不加工曲柄，所以轴向定位粗基准一般选取中间主轴颈两边的曲柄端面，以减小其他曲柄的位置误差。

（2）精基准的选择。曲轴与一般轴类零件相同，最重要的精基准是中心孔。曲轴的几何轴线中心孔是加工主轴颈和连杆轴颈的精基准。

一般曲轴轴向上的精基准选取曲轴一端的端面或轴颈的止推面。但在曲轴的整个加工过程中，定位基准要经过多次转换和修正。一般曲轴圆周方向上的精基准选取曲轴两端曲柄上的定位平台或法兰上的定位孔。

2. 加工阶段的划分

曲轴的主要加工部位是主轴颈和连杆轴颈，次要加工部位是油孔、法兰、曲柄、螺孔、键槽等。除机械加工外，还有轴颈表面淬火、探伤、动平衡等。在加工过程中，还要安排校直、检验、清洗等工序。

加工阶段大致如下：加工定位基准面，粗加工主轴颈和连杆轴颈，加工润滑油道等次要表面，主轴颈和连杆轴颈热处理，精加工主轴颈和连杆轴颈，加工键槽和轴承孔，动平衡，光整加工主轴颈和连杆轴颈。

因为曲轴的主轴颈和连杆轴颈的技术要求都很严格，所以一般各轴颈表面加工安排为粗车—精车—粗磨—精磨—超精加工。

3. 曲轴机械加工的顺序安排

对多缸发动机的曲轴进行粗加工时，一般以中间主轴颈为辅助定位基准。所以几乎都是先粗加工和半精加工中间主轴颈，再加工其他主轴颈。因为一般连杆轴颈的粗、精加工以曲轴两端主轴颈定位，所以安排在主轴颈加工之后。

为了满足曲轴的使用性能要求，主轴颈和连杆轴颈需在粗加工后进行高频淬火，再进入轴颈的精加工；为达到图样要求的表面粗糙度，还需在精磨后为主轴颈和连杆轴颈安排抛光或研磨光整及圆角处的滚挤压加工等工序。

〔例 5-3〕大量生产汽车曲轴的机械加工工艺过程。

在汽车发动机的制造中，曲轴加工多属于大批量生产，按工序分散原则安排机械加工工艺过程。表 5-4 所列为大量生产的六缸汽油发动机曲轴的机械加工工艺过程，主轴颈的精磨分别在 23、24、26、29 四道工序中完成，并广泛采用先进工艺和高生产率专用机床，实现零件机械加工、检验和清洗等工序的自动化。

表 5-4 大量生产的六缸汽油发动机曲轴的机械加工工艺过程

工序号	工序内容	工序设备
1	铣端面，钻中心孔	铣钻组合机床
2	粗车第 4 主轴颈	曲轴主轴颈车床
3	校直第 4 主轴颈摆差	压油机
4	粗磨第 4 主轴颈	双砂轮架外圆磨床
5	车削第 4 主轴颈以外的所有主轴颈	曲轴主轴颈车床
6	校直主轴颈摆差	压油机
7	粗磨第 1 主轴颈与齿轮轴颈	双砂轮架外圆磨床
8	精车第 2、3、5、6、7 主轴颈，油封轴颈和法兰	曲轴车床
9	粗磨第 7 主轴颈	双砂轮架外圆磨床
10	粗磨第 2、3、5、6 主轴颈	双砂轮架外圆磨床
11	在第 1、12 曲柄上铣定位面	曲轴定位面铣床
12	车 6 个连杆轴颈	曲轴连杆轴颈车床
13	清洗	清洗机
14	在连杆轴颈上钻球窝	球形钻孔机
15	在第 1、6 连杆轴颈上钻油孔	深孔组合钻床
16	在第 2、5 连杆轴颈上钻油孔	深孔组合钻床
17	在第 3、4 连杆轴颈上钻油孔	深孔组合钻床
18	在主轴颈上油孔口处倒角	交流两相电钻
19	去飞边	风动砂轮机
20	高频感应加热淬火部分轴颈表面	曲轴高频感应加热淬火机

续表

工序号	工序内容	工序设备
21	高频感应加热淬火另一部分轴颈表面	曲轴高频感应加热淬火机
22	校直曲轴	压油机
23	精磨第 4 主轴颈	双砂轮架外圆磨床
24	精磨第 7 主轴颈	双砂轮架外圆磨床
25	车回油螺纹	曲轴回油螺纹车床
26	精磨第 1 主轴颈与齿轮轴颈	双砂轮架外圆磨床
27	精磨带轮轴颈	双砂轮架外圆磨床
28	精磨油封轴颈与法兰外圆	双砂轮架外圆磨床
29	精磨第 2、3、5、6 主轴颈	双砂轮架外圆磨床
30	粗磨 6 个连杆轴颈	曲轴磨床
31	精磨 6 个连杆轴颈	曲轴磨床
32	在带轮轴颈上铣键槽	键槽铣床
33	加工两端孔	两端孔组合机床
34	检查曲轴不平衡量	曲轴动平衡自动线
35	在连杆轴颈上钻去重孔	特种去重钻床
36	去飞边	风动砂轮机
37	校直曲轴	压油机
38	加工轴承孔	曲轴轴承专用车床
39	精车法兰断面	端面车床
40	去飞边	风动砂轮机
41	粗抛光主轴颈与连杆轴颈	曲轴磨石抛光机
42	精抛光主轴颈与连杆轴颈	曲轴砂带抛光机
43	清洗	清洗机
44	最后检查	

4. 曲轴主要表面的机械加工方法

(1) 曲轴中心孔的加工

铣端面钻中心孔是曲轴加工的第一道工序。中心孔是后续加工工序的主要工艺基准，它的精度对后续工序影响很大，特别是对动平衡和各加工表面余量分布。

曲轴有几何中心和质量中心两根轴线，如在普通铣端面钻中心孔机床上以曲轴两端主轴颈外圆定位，钻出的中心孔是几何中心孔，形成的轴线是几何中心轴线，应用广泛。曲轴的质量中心轴线是自然存在的，如在动平衡钻中心孔机床上钻出的孔称为质量中心孔，形成的轴线称为质量中心轴线，应用较少，原因是机床价格太高。在小批量生产中，曲轴的中心孔一般在卧式车床上加工；在大批量生产中，曲轴的中心孔一般在专用的铣端面钻中心孔机床上加工。

(2) 曲轴主轴颈的粗、精加工

① 主轴颈的粗加工。小批量生产时，一般在卧式车床上粗加工主轴颈；大批量生产时，在多刀半自动车床上采用成形车刀车削，切削条件较差。

为了提高主轴颈的相对位置精度，常采用两次车削工艺。第二次精车时，主要保证轴颈宽度和轴颈的相对位置。为了减小曲轴加工时的扭曲，机床采用两端传动或中间驱动。

为了减小切削时径向切削力引起的曲轴变形，车削主轴颈时采用较窄的刀具；也可在专门设计的铣床上，采用大直径盘铣刀或立铣刀铣削曲轴主轴颈。当曲轴很长时，需事先加工好中间主轴颈，以安放中心架，提高曲轴的刚度。

② 主轴颈的精加工。曲轴主轴颈及其曲柄端面的精加工可在普通外圆磨床上完成。

5.2.6 曲轴加工新技术

随着汽车工业的发展，不仅要求曲轴产量大，而且要求质量好。为此，国内外的制造企业采用以下曲轴加工新技术。

1. 轴颈质量中心孔加工技术

曲轴加工

由于毛坯存在几何形状误差和质量分布不均匀等，因此几何中心和质量中心不重合。前述曲轴加工工艺多采用几何中心孔，但是利用几何中心孔作为定位基准进行车削或磨削加工时，工件旋转会产生离心力，不仅影响加工质量，而且加工后余下的动不平衡量较大，在装配前的动平衡校验工序中，需反复测量、去重（钻孔）才能达到要求，影响生产效率。如今大多采用质量中心孔技术，可基本解决采用几何中心孔产生的问题。

2. 轴颈车—拉削加工技术

轴颈车—拉削加工技术是利用直线拉刀或旋转式车—拉刀对曲轴轴颈进行车、拉削加工的工艺方法，是 20 世纪 80 年代发展起来的加工技术，已在大批量曲轴生产加工中应用。

(1) 车—拉削加工原理。车—拉削加工是利用直线拉刀或旋转式刀具车、拉削轴颈，实际上是车削和拉削的组合。车—拉削加工时，曲轴绕被加工轴颈轴线高速旋转，同时刀具做直线运动或以慢速绕车拉刀具中心做旋转运动，并依靠刀具刀齿（或刀片）的齿升量 f_z 完成径向进给。车—拉削加工原理如图 5.22 所示。

旋转式车—拉有两种形式，即螺旋形车—拉和圆柱形车—拉，如图 5.22（a）、图 5.22（b）所示。螺旋形车—拉刀装在刀盘刀毂上的刀片沿圆周呈螺旋线布置。车—拉削加工时，曲轴轴颈与螺旋形刀具的中心距保持不变，靠刀齿（或刀片）具有一定的半径尺寸差（齿升量）f_z 实现径向进给；圆柱形车—拉刀在数控装置控制下随刀盘旋转和径向进给。

车—拉削刀具如图 5.23 所示，它是直径为 400～700mm 的圆盘形刀具，在刀具轮毂的外圆周上装有多组扇形刀块，扇形刀块上镶有加工曲轴曲柄臂侧平面、轴颈轴肩、轴颈外圆的刀夹和硬质合金刀片或刀齿。车—拉削加工时，它可在一次装夹中完成曲柄臂侧平面、轴颈轴肩、轴颈外圆、圆角等的车削加工。

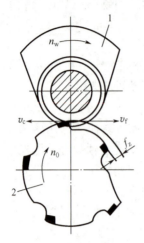
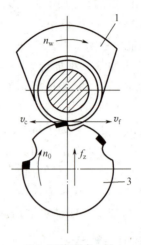

（a）螺旋形车—拉　　　　　（b）圆柱形车—拉

1—曲轴；2—螺旋形刀具；3—圆柱形刀具；

f_z—齿升量；n_0—曲轴转速；

n_w—刀具转速；v_c—切削速度；v_f—进给速度

图 5.22　车—拉削加工原理

图 5.23　车—拉削刀具

（2）车—拉削加工的特点。车—拉削加工能在一道工序中同时加工出多缸发动机曲轴的全部主轴颈、连杆轴颈、曲柄臂、平面、台肩等，加工工时短，效率高；在任何时间都只有一个刀齿与工件接触，热负荷和机械负荷低，刀具使用寿命长，机床传动功率小；加工精度高，表面粗糙度小，可取消粗磨轴颈工序；对大、小批量和多品种生产均适用。

车—拉削加工后的曲轴尺寸参数如下：①主轴颈直径误差≤±0.04mm；②主轴颈宽度误差≤±0.04mm；③连杆轴颈回转半径误差≤±0.05mm；④连杆轴颈分度位置误差≤±0.07mm。

车—拉削加工后，可不进行粗磨或半精磨，简化了工艺过程，而且生产效率高。

3. 圆角深滚压技术

曲轴工作时需承受较大且复杂的冲击载荷，对抗疲劳强度有较高要求，曲轴轴颈与侧面的连接过渡圆角处为应力集中区，为此发展了圆角深滚压技术，以代替成形磨削。图 5.24 所示为曲轴圆角深滚压示意。滚压加工时间只需 24~30s。若半成品因加工或热处理存在残余应力，则滚压后必须安排校直工序，或滚压前安排去应力工序，以保证稳定的加工质量。

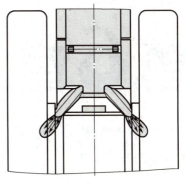

图 5.24　曲轴圆角深滚压示意

"互联网＋" 拓展问题

1. 对具体的倒挡齿轮加工、主减速器主动锥齿轮加工或曲轴加工的某道工序制作相应的工序过程卡片。
2. 编写连杆的机械加工工艺过程卡片，并说明与之适应的生产规模。

赫根赛特 7893R曲轴深滚压机床

思考与练习题

一、名词解释

插齿，剃齿，车拉削加工，内铣法，外铣法

二、简述题

1. 齿轮的机械加工主要分为哪几个阶段？
2. 齿轮主要表面的机械加工主要采用哪些方法？
3. 曲轴轴颈粗加工的主要工艺方法有哪些？各有何特点？

第 6 章 汽车车架、车轮制造工艺

 教学目标

本章主要掌握汽车车架结构及材料；车架零件的冲压及车架总成制造工艺；车轮的构造与轻量化材料；车轮的冲压制造工艺；铝合金轻质车轮的制造工艺。

 教学重点

车架和车轮的制造工艺流程；型钢车轮的制造工艺。

 教学难点

学习借助计算机技术制造铝合金轮毂的工艺流程。

6.1 汽车车架结构及材料

6.1.1 车架的功用及类型

1. 车架的功用

车架俗称"大梁"，是汽车的装配基体，汽车发动机、变速器、传动轴、前后桥、车身等绝大多数零部件、总成都安装在车架上。此外，车架不仅承受各零部件、总成的载荷，而且承受汽车行驶时来自路面各种复杂载荷的作用力，如汽车加速、制动时的纵向力，汽车转弯、侧坡行驶时的侧向力，不良路面传来的冲击等。车架的功用可以概括为以下两点：一是支承、连接汽车各零部件、总成；二是承受车内、外各种载荷。

2. 车架的类型

汽车上采用的车架有边梁式车架、中梁式车架、综合式车架和无梁式车架等，其中边梁式车架和无梁式车架应用较多。

（1）边梁式车架。边梁式车架如图 6.1 所示，它由两根纵梁和若干根横梁构成。纵梁与横梁通过铆接方法连接。边梁式车架的特点是结构简单，便于整车布置，有利于改装汽车，应用广泛。

从断面形状上看，纵梁断面形式有槽形、Z 形、工字形、箱形等，主要是为在满足质量小的前提下，使车架具有足够的强度和刚度，以承受各种载荷；横梁断面多为槽形。横梁用于保证车架扭转刚度并承受纵向载荷，同时支承汽车上的主要部件（总成），如散热器、发动机、驾驶室、传动轴中间支承、备胎架等，钢板弹簧的前、后支架位于横梁处。通常载货汽车有 5~8 根横梁。

（2）中梁式车架。中梁式车架只有一根位于中央且贯穿汽车全长的纵梁，也称脊骨式车架。车架断面可做成管形、槽形或箱形。前端做成伸出支架，以固定发动机，主减速器壳通常固定在中梁的尾端，形成断开式后驱动桥。悬伸的托架用来支承汽车车身和安装其他机件。若中梁是管形的，则传动轴可在管内穿过。

中梁式车架的特点是制造工艺复杂，精度要求高，总成安装困难，维护修理不方便；横梁是悬臂梁，弯矩大，易在根部损坏，应用较少。

（3）综合式车架。综合式车架由边梁式车架和中梁式车架组合构成。车架的前段或后段是边梁式结构，以安装发动机或后驱动桥；车架的中间段是中梁式结构，其悬伸出来的支架可以固定车身。传动轴从中梁的中间穿过，以密封防尘。

由于安装车门门槛的位置附近没有边梁，因此地板的外侧高度降低。但中间梁的断面尺寸大，地板中部凸起。另外，不规则的结构增大了车架的制造难度。

（4）无梁式车架。无梁式车架是用车身兼做车架，汽车所有零部件、总成都安装在车身上，载荷也由车身承受，也称承载式车身，如图 6.2 所示，车身底板用纵梁和横梁加固，车身刚度较好，质量较轻，但制造要求高，广泛用于轿车和微型客车。

图 6.1　边梁式车架

图 6.2　无梁式车架

6.1.2　车架成形工艺及其对材料的要求

板料冲压是汽车车架的主要成形方法。汽车车架常采用厚钢板冷冲压制成。冷冲压工艺不仅生产效率高、产品质量稳定，而且非常适应汽车工业多品种、大批量生产的需要。

冷冲压材料与冲压生产关系密切，材料的质量不仅决定了产品的性能，而且直接影响冲压工艺的过程设计，以及冲压产品的质量、成本、使用寿

车架自动化生产线

命和生产组织等。所以,合理选用车架冲压件材料是一件重要且复杂的工作。选择冲压材料时通常遵循以下原则:①满足零件的使用性能要求;②有较好的工艺性能;③有较好的经济性。

由于车架、车厢中的钢板及一些用于支承和连接的零部件都是重要的承载件,大多采用模具成形工艺成形,因此要求材料具有较高的强度和较好的塑性及疲劳耐久性、碰撞能量吸收能力和焊接性等。一般选用成形性能较好的高强度钢板、超细晶粒钢板和超高强度钢板。

按加工工序要求,车架冲压件大致可分为冲裁件、弯曲件、拉延件、成形件和冷挤压件。冲压件的结构类型不同,对材料力学性能的要求不同。在选择冲压材料时,应根据冲压件的类型和使用特点,选择具有不同力学性能的金属材料,以达到既能保证产品质量又能节约材料的目的。

6.2 车架的冲压工艺

6.2.1 车架厚板的冲压工艺特点

1. 车架钢板材料

由于汽车大梁不但要承受较大的静载荷,而且要承受一定的冲击、振动等,因此要求钢板具有一定的强度和耐疲劳性,且具有较好的冲压性能和冷弯性能,以适应冷冲成形加工要求。在汽车制造中,多用优质低碳合金钢 16MnL 厚板制造汽车车架的纵梁和横梁等结构件。这种厚板具有良好的塑性加工性能、冲压性能、冷弯性能、拼焊性能,强度和刚度也能满足汽车车架的使用要求。

2. 车架厚板冲裁的工艺特点

与薄板冲压成形工艺相比,车架厚板冲裁的特点之一是尽量在一次落料中完成冲裁,不能在弯曲或成形后修边。因此,对展开较复杂的车架零件,需用计算与试验相结合的方法,以准确确定落料轮廓尺寸。

(1) 落料坯料与成形工序的关系。在冲裁 5~10mm 厚的坯料时,会在断面上产生很大的塌角,为避免弯曲成翼板时在弯曲处形成裂纹,应将落料坯料轮廓的大端面向下放置在弯曲凹模上。

(2) 模具结构与工作零件的要求。凹模、凸模均为镶块结构,由于冲裁的是厚板,因此模具工作零件应有很好的硬度和稳定性。凹模、凸模镶块应用工具钢制成,淬火硬度为 56~60HRC。为了减小冲裁力,可采用波浪式刃口,模具应具有良好的导向性和刚性。

(3) 冲裁凹模、凸模间隙的选取。合理选择凹模、凸模间隙对保证冲裁质量至关重要。根据实践经验,落料时凹模、凸模间隙一般取 $(0.08\sim0.12)t$(t 为板厚),冲孔时凹模、凸模间隙取 $(0.05\sim0.08)t$,同时冲孔凸模需有很强的坚固性和可靠的固定位置。

3. 车架厚板弯曲成形的工艺特点

(1) 最小相对弯曲半径对产品质量影响较大。在对厚板($t=5\sim10$mm)进行 U 形弯曲时，成形时在弯曲半径区会有很厚的金属包覆住凸模，如图 6.3 所示的 $E—E$ 断面图和 I（圆角）的局部放大图。变形区发生变形如下：外层受拉伸，内层受压缩并产生凸起，相对弯曲半径与板厚比（R/t）越小，这两种变形的变形程度越大，有时还会在外侧产生裂纹。生产实践证明，对于汽车纵梁的弯曲成形，当板厚大于 6mm 时，最小相对弯曲半径与板厚比大于 1.5 为宜，否则会产生裂纹。

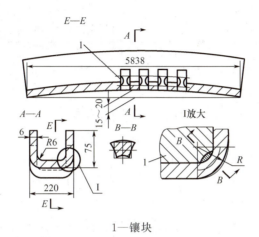

1—镶块

图 6.3 U 形纵梁弯曲变形情况

（2）U 形长弯曲件的长度方向易产生附加弯曲变形。当弯曲断面为图 6.3 中 $A—A$ 所示的 U 形，且汽车纵梁纵向长度很长（为 5~10m）时，由于厚板强制弯曲，在圆角处发生的变形使靠弯曲凸模的圆角处有多余金属堆积，如图 6.3 中 I 部所示，卸去载荷后，这些多余金属只能沿长度方向扩散并释放，因此弯曲件在长度方向上产生翘曲弦为 15~20mm 的附加变形。

6.2.2 车架纵梁及横梁的冲压成形工艺

1. 车架纵梁的冲压成形工艺

车架纵梁是汽车上最长的构件，在大批量生产中，纵梁都是采用低合金钢板并利用金属模具在 30000~50000kN 的大型压力机上冷冲压成形的，其优点是质量较稳定、生产效率高，便于机械化、自动化生产。

（1）车架纵梁的冲压成形工艺流程。车架纵梁的冲压成形工艺流程如下：剪床下料—用模具落料、冲工艺孔—用模具压弯成形—冲腹板孔—冲翼板孔—装配—涂装。纵梁和纵梁加强板的长度不宜太长，应控制在 10m 左右。

（2）纵梁冲压工艺注意事项。

① 落料工序。因为纵梁很长、板料厚、强度较高，所以冲裁力很大。如果其落料凹模和所有冲孔凸模都按平刃口和等高度设计，则总冲裁力约为 90000kN。为了减小冲裁力，降低冲裁时的振动与噪声，在设计纵梁落料模时，采用波浪式凹模刃口，可将冲裁力减小 2/3 左右，于是采用 40000kN 的压力机可对 6~8mm 厚的纵梁钢板进行落料。凹模波浪式刃口的高低之差为板厚的 3~3.5 倍，斜刃口与水平线的夹角为 3°~3.5°，凹模镶块的长度一般为 350~400mm。

② 冲孔工序。为了减小冲孔力和防止冲孔冲模折断，应将所有一次冲制的冲头分成3种或4种高度，每种高度差为（2/3～1）t。其中直径较大的冲头较长，直径较小的冲头较短，以避免由退料力不均匀导致小冲头折断。为减小冲裁力和冲裁噪声，直径大于$\phi 20mm$的冲头也要做成波浪式刃口；直径为$\phi 10$～$\phi 15mm$的冲头最好做成刃口顶部带有锥形凸起的结构。纵梁逐渐冲孔示意如图6.4所示。

雷凌车的防撞梁用料

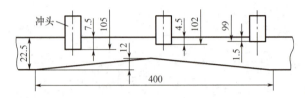

图6.4　纵梁逐渐冲孔示意

(3) 纵梁压弯工艺注意事项。

① 为保证两翼面上孔的对称性、准确性和弯曲高度的一致性，在弯曲成形时应注意导正销的数量和位置要求。应在4～5.5m的纵梁的腹板上布置5～6个导正销孔，在6～8m的纵梁的腹板上布置6～8个导正销孔。

② 纵梁是汽车的重要承载零件，弯曲成形后不能有撕裂或裂纹。

③ 由于纵向回弹（拱曲）与翼板弯曲属于厚料宽板弯曲，且翼板弯曲时相对弯曲半径较小，因此弯曲成形时的质量问题主要是回弹与裂纹。回弹会影响装配，裂纹会影响纵梁的承载能力和使用寿命。

图6.5（a）所示凸模镶块8平直设计时，弯曲成形结束，弹性变形恢复，外层金属趋向于纵向收缩，内层金属趋向于纵向伸长，产生纵向回弹（拱曲），如图6.5（b）所示，中部回弹拱起量可达15～20mm。

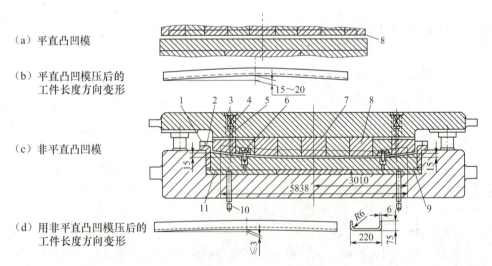

(a) 平直凸凹模
(b) 平直凸凹模压后的工件长度方向变形
(c) 非平直凸凹模
(d) 用非平直凸凹模压后的工件长度方向变形

1—角度定位板；2—侧向定位板；3—螺钉；4—弹簧；5—顶杆；6—定位螺钉；7—镶块式垫板；
8—凸模镶块；9—凹模镶块；10—顶杆；11—垫板

图6.5　纵梁弯曲模具的反变形设计

此外，对于不等断面的纵梁，因为在折弯处坯料展开长度大于压弯后翼面的长度，所以在压弯过程中翼面上有多余金属堆积，加剧了纵梁的纵向回弹（拱曲）。这些多余金属在弯曲成形中，一是有向横向断面展开的趋势，二是有增大板厚及沿着纵向展开的趋势，当纵梁成形后卸载时，这部分能量便释放出来，发生较大的纵向回弹（拱曲）。

④ 防止纵向回弹（拱曲）的措施。利用反变形原理，将凹模沿长度方向向下凹，将凸模沿长度方向向下凸起，如图 6.5（c）所示，可将弯曲后的纵向回弹（拱曲）量减小至 3mm 以下，如图 6.5（d）所示。

2. 车架横梁的冲压成形工艺

商用车车架上一般有 5~11 根横梁，用途和结构各不相同。不同的汽车，横梁的结构形式不同。汽车车架上使用的横梁多为槽形和鳄鱼口形，如图 6.6 所示。槽形横梁弯曲刚度和强度都较大，且便于制造；鳄鱼口形横梁有较大的连接宽度，截面高度较低，可以让开下部空间。车架横梁一般是冲压加工成形的，成形过程与纵梁类似，只是长度比纵梁小得多，所需冲裁力和弯曲力也小得多。车架横梁的冲压工艺流程如下：剪床下料—用模具落料、冲工艺孔—用模具压弯成形—冲腹板孔—冲孔—装配—涂装。由于横梁由形状较复杂的厚板（3.5~5mm）成形，因此所选钢板不但要满足高强度的要求，而且要满足冲压成形的要求，我国多选用 16MnL、10Ti、08Ti 等材料。

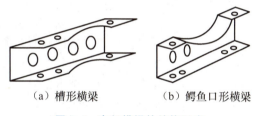

（a）槽形横梁　　　　（b）鳄鱼口形横梁

图 6.6　车架横梁的结构形式

6.3　车轮的制造工艺

车轮是汽车的重要承载件和安保件，与轮胎组成车轮总成。车轮既要承受整车载荷（自重和载重），又要有足够的强度和可靠的使用寿命，以保证汽车高速行驶时的安全性。车轮的工作特征对结构形式和制造质量（如几何公差、动平衡、冲压质量等）都有很高的要求。

6.3.1　车轮的基本构造及材料分类

1. 车轮的基本构造

车轮是轮胎与车桥之间承受载荷的旋转组件，一般由轮毂、轮辋和轮辐组成。轮毂通过圆锥滚子轴承套装在车桥或万向节轴颈上。轮辋也称钢圈，用来安装轮胎，与轮胎共同承受作用在车轮上的载荷，并散发高速行驶时轮胎上产生的热量及保证车轮具有合适的断面宽度和横向刚度。轮辋的分类如图 6.7 所示。轮辐将轮辋与轮毂连接起来。轮辋与轮辐可以是整体的（不可拆式），也可以是可拆的。

按照轮辐的构造，车轮可分为辐板式车轮和辐条式车轮。普通轿车和

车轮的制造工艺

轻、中型载货汽车多采用辐板式车轮，高级轿车、竞赛汽车及重型载货汽车多采用辐条式车轮。

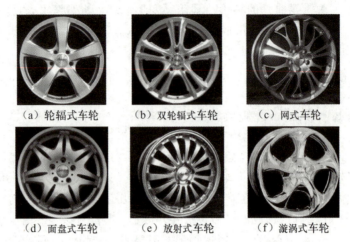

图 6.7 轮辋的分类

2. 车轮的材料分类

车轮的材料基本分为两种——钢和铝合金。世界各国政府对节能、安全、环保的要求日趋严格，车轮材料的选择已成为一个焦点问题，一些新型材料也可用于制造汽车车轮。

(1) 钢制车轮。长期以来，钢制车轮在汽车车轮中占主导地位，但是自20世纪80年代起，钢制车轮的市场份额逐渐减小，被铝合金车轮代替。钢制车轮的市场份额快速减小的原因有很多，其中外观吸引力是最主要的因素。由于钢制车轮在成本和安全性方面比铝合金车轮优势大，因此大部分载货汽车车轮是钢制车轮。但钢制车轮的缺点也是非常明显的：钢材的加工成形性能和制造工艺决定了钢制车轮难以像铝合金车轮一样具有多样化的结构和外形；同时，钢制车轮质量大，制造和使用钢制车轮的消耗比铝合金车轮大得多。

(2) 铝合金车轮。轿车使用铝合金车轮的比重超过90％。铝合金车轮与钢制车轮相比，具有美观、舒适和节能等优势，同时非荷载质量小，提高了抓地性，表现出更精确的转向动作和更好的转弯性能；惯性小，改善了加速性能和制动性能；铝合金具有良好的导热性能，提高了制动系统的散热性，大幅度降低了由高热导致的制动失灵的概率。除此之外，铝合金车轮还具有耐蚀性好、成形性好、减振性能好、轮胎使用寿命长、尺寸精确、平衡性好、加工精准、材料利用率高等显著优点，符合现代汽车安全、节能、环保的要求，对降低汽车自重、减少燃油消耗、减少环境污染、改善操作性能等有重大意义，因此铝合金已成为汽车车轮的首选材料。

(3) 镁合金车轮。镁在实用金属中密度最小。镁合金车轮的优势如下：一是能减轻整车质量，减少燃油消耗；二是强度高于铝合金和钢，刚度接近铝合金和钢，能够承受一定的负荷；三是具有良好的铸造性和尺寸稳定性，易加工，废品率低，降低了生产成本；四是具有良好的阻尼系数，减振性能强于铝合金和铸铁，用作轮圈可以减少振动，提高汽车的安全性和舒适性。

(4) 复合材料（塑料或碳纤维）车轮。复合材料车轮一般用于赛车，质量更轻，强度高，但价格高。

（5）钢铝组合车轮。钢铝组合车轮是轮辋为普通钢制轮辋，轮辐为铸造的铝合金轮辐，经过机械加工，借助嵌件与钢的轮辋装焊而成的。它集中了钢制车轮与铝合金车轮的优点，且价格较低。

6.3.2 型钢车轮的制造工艺

型钢车轮的轮辋、挡圈的断面是异型断面，均采用由钢厂直接供应的型材进行弯曲成形，轮辐用热轧钢板冲压成形，两者成形工艺截然不同。型钢车轮（两件式）断面形式如图 6.8 所示。

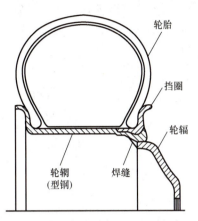

图 6.8 型钢车轮（两件式）断面形式

1. 型钢车轮轮辋的制造工艺

（1）轮辋的制造工艺流程（图 6.9）。轮辋的制造工艺流程基本上由 15 道工序组成：剪切下料—酸洗除锈—在专用卷圆机上将轮辋卷圆—旋压校形—将圆筒状轮辋的两端头压平—切口—修正对口—在对口焊机上对焊—切除焊后的焊渣、焊瘤—沿弧线校正轮辋并精修焊缝—修磨焊缝—从内侧方向清理并修光焊缝与对口—扩胀轮辋—按外形轮廓压缩外形—精压缩外形，可由生产企业根据具体条件进行调整。

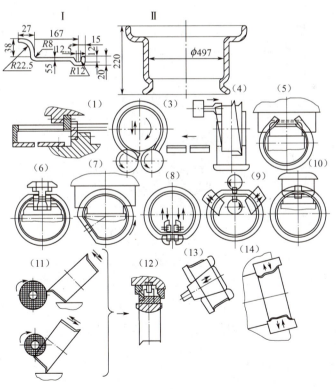

第（2）道工序未画出

图 6.9 轮辋的制造工艺流程

（2）轮辋卷圆的重点工序。

① 轮辋卷圆的难易部位。轮辋的异型断面如图 6.10 所示，各段的厚度、刚度与形状均不相同，其中 A 段是轮辋凸缘部分，类似于角钢结构，主要承受汽车行驶中轮胎的侧向压力所形成的循环载荷，卷圆时断面系数最大，成形最困难；B 段是轮辋的直线腰部，可视为平板卷圆，容易成形；C 段是圆槽部分，承受弯矩较大且各处厚度不同，成形较困难。

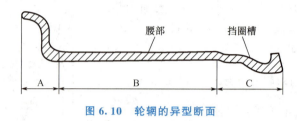

图 6.10 轮辋的异型断面

② 轮辋卷圆的工艺设备。轮辋卷圆通常是在非对称排列的四轴专用卷圆机上进行的。卷圆时，顶辊的作用力和底辊的作用力使轮辋局部产生弯曲变形；卷圆属于回转连续局部成形，最后完成轮辋卷圆。从动辊通常设计成锥形，以控制轮辋卷圆后的开口尺寸和纵向错口。

③ 轮辋的初压缩、扩胀和精压缩。由于采用锥辊卷圆，因此卷圆得到的轮辋也是锥形，需要对轮辋挡圈槽进行圆周初压缩，使轮辋上下端近似相等，保证轮辋扩胀时上下端均匀扩胀，并减少扩裂废品。

轮辋扩胀是轮辋整形的关键，选择合适的扩胀模，使材料发生合理塑性变形，经过轮辋精压缩，使轮辋达到最终尺寸并使其圆度、径向与侧向跳动均达到技术要求。轮辋扩胀膜的结构如图 6.11 所示。

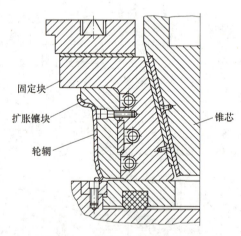

图 6.11 轮辋扩胀模的结构

2. 型钢车轮轮辐的制造工艺

轮辐也是车轮总成中的重要构件，与车轮总成连成一体传递转矩。

（1）轮辐的制造工艺流程。轮辐的制造工艺流程一般如下：剪切下料—酸洗除锈—冲工艺孔并同时落料—冲压成形—冲中心孔及螺栓孔—冲通风孔—挤压通风孔飞边—校平轮辐底平面—车削轮辐外径—冲豁口。

上述制造工艺流程可根据产品结构与具体生产条件进行适当调整，如制造轻型汽车用的非整圆分瓣轮辐，可不用冲通风孔和挤压通风孔、飞边工序。轮辐冲压工艺的关键工序是冲工艺孔，并同时落料、冲压成形、冲中心孔及螺栓孔。其中，冲工艺孔及落料可在 25000～30000kN 压力机上用一套连续模完成。为了保证后续加工的定位及同轴度要求，必须在成形前冲定位工艺孔，一般取直径为 60mm。轮辐冲孔落料连续模的结构如图 6.12 所示。由于轮辐材料较厚（厚度为 8～14mm），冲裁力较大，因此冲工艺孔需采用 8000kN 以上的压力机，其凹模应采用波浪形刃口，以减小冲裁力。

旋压成形

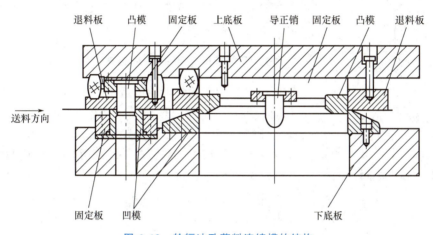

图 6.12 轮辐冲孔落料连续模的结构

（2）等强度旋压轮辐的制造工艺流程。等强度旋压轮辐是将板料通过强力旋压，在成形的同时改变轮辐壁厚，减小轮辐受力最小部位的厚度，以获得等强度结构，既能节省材料及简化工艺，又能使轮辐具有最佳力学性能。

① 等强度轮辐的制造工艺流程：剪床下料—酸洗除锈—落料—强力旋压成形—滚剪修边—冲通风孔—冲中心孔—冲螺栓孔—车外圆与中心孔并倒角—扩螺栓孔并倒角。

② 旋压成形工艺过程：如图 6.13 所示，机械手自动将带有中心孔（直径一般为 ϕ100mm）的等厚轮辐坯料置于芯模前，尾顶进给并将坯料压紧夹紧后，芯模和两个旋轮高速旋转。由液压电动机驱动的两个旋轮以水平和垂直两个方向逼近旋转的坯料。第一个旋轮预旋压分布材料，第二个旋轮尾随其后，使材料贴住芯模并将侧壁厚度旋压至预定厚度。由于旋轮进给路径由机床的计算机系统自动控制，因此旋压零件的精度较

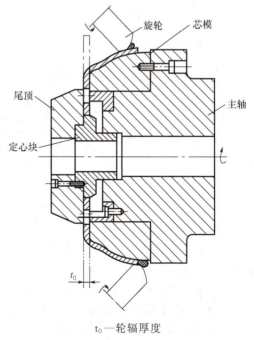

t_0—轮辐厚度

图 6.13 旋压成形

高,成形件的直径尺寸精度小于 0.05mm。旋压成形结束后,由顶出器顶出工件并传送到滚边工序进行修边。整个过程由计算机控制,生产率较高(90～120 件/小时)。

加工好的轮辐与加工好的轮辋压合在一起,用二氧化碳(CO_2)气体保护焊将其焊接在一起,再电泳涂漆。至此,一个完整的车轮加工完成。

6.3.3 滚型车轮的制造工艺

滚型车轮是将轮辋、轮辐压配到一起,合成焊接而成的单件式车轮,如图 6.14 所示。滚型车轮主要用于乘用车,为适应高速和安装子午线无内胎轮胎的需要,其制造精度远远高于型钢车轮,具有节油、耐磨、耐高温、质量轻、安全性好等优点。

1. 滚型车轮轮辋的制造工艺

(1) 滚型车轮轮辋的制造工艺流程。滚型车轮轮辋的制造工艺流程如下:剪条料—滚边压字—卷圆—压平—对焊—刨渣—滚压焊缝—切端头—水冷—压圆—扩口——滚—二滚—三滚—扩胀精整—冲气门孔—压气门孔飞边。

(2) 滚型车轮重点工序。

① 轮辋滚型原理。轮辋滚型是轮辋制造工艺的核心。图 6.15 所示为单端滚型机滚型原理,由液压电动机驱动的上、下辊均为主动辊,其转速在一定程度上随外负荷的变化而变化,以保证上、下辊在轮辋理论直径处的线速度一致,防止因线速度差过大导致圆角处减薄量过大。在工作过程中,上辊的位置是固定的,下辊可以垂直进给。两个侧辊保证在下辊进给和滚型过程中轮辋不发生轴向窜动、摆动。

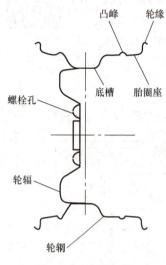

图 6.14 滚型车轮

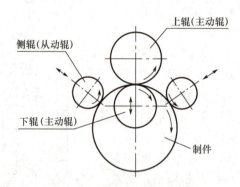

图 6.15 单端滚型机滚型原理

② 轮辋滚型过程。由于轮辋滚型尺寸复杂,因此要使轮辋形状和尺寸达到要求,应采用三次滚型,如图 6.16 所示。

一次滚型如图 6.16(a)所示,上辊 A 处向下运动,使金属向底槽部位流动。为使二次滚型局部不减薄,在一次滚型中底部应多储料。为此,上辊顶部应设计出 R 形,使轮辋底部滚成弧形;为使滚型过程中金属流动顺利,应在上辊 R_2、R_3 处留出间隙。

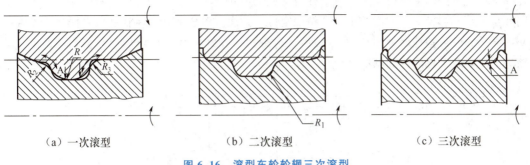

(a) 一次滚型　　　　　　(b) 二次滚型　　　　　　(c) 三次滚型

图 6.16　滚型车轮轮辋三次滚型

二次滚型如图 6.16（b）所示，主要靠一次滚型的底槽定位，成形除凸缘之外的其他部分。为防止在成形过程中局部减薄，应在下辊 R_1 处留出间隙。

三次滚型如图 6.16（c）所示，以二次滚型形成的肩宽定位，成形凸缘部分。为防止成形凸缘时由金属拉动导致 A 处减薄，在 A 处上、下辊之间与金属料厚形成负间隙（即将 A 处压紧）。

③ 轮辋的扩胀。滚型后的轮辋应通过扩胀来达到图样要求。轮辋的扩胀是通过扩胀模具实现的。考虑到扩胀效果和扩胀模具制造与安装的难度，一般由 8～12 个镶块拼成。

2. 滚型车轮轮辐的制造工艺

（1）滚型车轮轮辐的制造工艺流程。滚型车轮轮辐的制造工艺流程如下：剪切—落料—初拉深并冲中心孔—反拉深—成形辐底—修边冲孔—翻边、冲孔、挤球面—冲通风孔—挤飞边—整径。

（2）典型拉深工艺与模具结构。

① 初拉深工艺与模具结构。图 6.17 所示为轮辐初拉深模的结构。初拉深是为了给反拉深留下足够多的金属。初拉深时的压边力应平稳，压力不能过大，速度不宜过快，否则会影响拉深件的质量。为此，最好采用液压机拉深，拉深垫采用气-液混合形式。

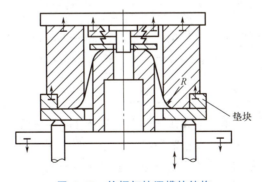

图 6.17　轮辐初拉深模的结构

拉深过程中，应让材料有良好的流动且不起皱，可在上模底部增加厚度与料厚相等的垫块，使上模和退料板之间形成与料厚相等的间隙；同时减小材料拉深时的摩擦阻力，以防止拉裂。除设计时考虑足够的圆角外，还可在与板料接触的模具表面涂抹机油。

② 反拉深工艺与模具结构。图 6.18 所示为轮辐反拉深模的结构，反拉深时，为保证零

件不偏移，零件的定位很重要。首先在退料板上用初拉深件的外缘定位；然后在上模下行时用导正销导入初拉深时冲出的中心孔精确定位，两次拉深成形后，将辐底墩出托料板安装平面，其平面度公差应小于 0.1mm；最后进行翻边、冲螺栓孔、挤压球面。至此，轿车或轻型货车的滚型车轮的轮辐制造完成。

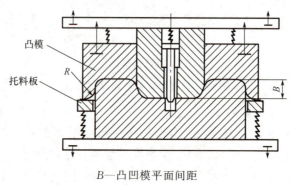

B—凸凹模平面间距

图 6.18　轮辐反拉深模的结构

6.3.4　铝合金轮毂

轮毂，也称轮圈，即轮胎内廓用来支撑轮胎的圆桶形、中心装配在轴上的部件。常见汽车轮毂有钢质轮毂和铝合金轮毂。钢质轮毂强度高，常用于大型载重汽车；但其质量大，外形单一，不符合如今低碳、时尚的理念，正逐渐被铝合金轮毂替代。

1. 铝合金轮毂的优点

（1）与钢质轮毂相比，铝合金轮毂的优点比较明显：铝合金的密度小，约为钢的1/3，意味着采用体积相等的铝合金轮毂比钢质轮毂轻 2/3。统计表明，汽车整车质量减小10%，燃油效率可以提升 6%～8%，因而推广铝合金轮毂对节能减排、低碳生活有重要意义。

（2）由于铝的热导率高，钢的热导率低，因此在相同条件下，铝合金轮毂的散热性能优于钢质轮毂。

（3）时尚美观。铝合金能时效强化，未经过时效处理的铝合金轮毂铸坯强度低，易加工成型，并且经过耐腐蚀处理及涂装着色后的铝合金轮毂色泽多样、精致美观。

2. 铝合金轮毂的结构分析

为了满足市场需求，铝合金轮毂在结构上分为整体式和多件组合式等；在外观造型上分为宽轮辐轮毂、窄轮辐轮毂、多轮辐轮毂、少轮辐轮毂等。出于安全的原因，在设计铝合金轮毂的外观造型和结构时，必须以满足安全和使用功能的要求为前提。对于普通乘用车而言，整体式铝合金轮毂足以满足性能要求。

3. 铝合金轮毂的性能要求

铝合金轮毂的种类、结构较多，可根据车种、车型选择，但强度与精度兼备是最基本的要求。铝合金轮毂应具备以下性能。

(1) 材质、形状和尺寸正确合理，能充分发挥轮胎的功能，与轮胎互换，具有国际通用性。

(2) 行驶时，纵、横向振摆小，失衡量与惯性矩小。

(3) 在轻量化的前提下，具有足够的强度、刚度和动态稳定性。

(4) 具有与轴、轮胎的可分离性。

(5) 具有优良的耐久性。

(6) 制造工艺能达到产品质量稳定、成本低、品种多、大规模生产等要求。

4. 铝合金轮毂的制造工艺

铝合金轮毂的制造工艺流程如图 6.19 所示。

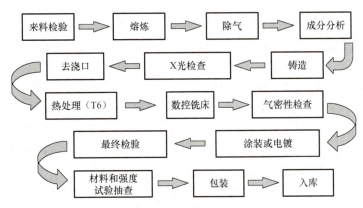

图 6.19 铝合金轮毂的制造工艺流程

铝合金轮毂的主要生产方法有铸造法、锻造法、冲压法和旋压法等，我国以低压铸造为主。铝合金轮毂的制造技术不断发展，为了提高性能，正朝着挤压铸造（液态模锻）成形、半固态模锻成形方向发展。

随着计算机技术的发展，更多汽车零部件的设计制造在计算机的帮助下完成。可以借助计算机实现车轮设计，结构受力分析和结构优化设计，模具设计和计算机模拟凝固分析（制造工艺分析）。借助计算机技术制造铝合金轮毂的工艺流程如图 6.20 所示。

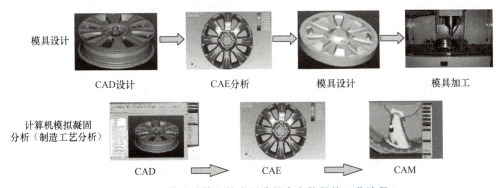

图 6.20 借助计算机技术制造铝合金轮毂的工艺流程

"互联网+" 拓展问题

1. 查阅并整理相关网络资料，说明车架和车轮的新材料及其加工工艺。
2. 查阅资料，整理异型车轮的设计原理与制备工艺，并说明异型车轮的应用特点。

思考与练习题

一、名词解释

边梁式车架，中梁式车架，轮毂，轮辐，轮辋，型钢车轮，滚型车轮

二、单项选择题

1. 乘用车上采用（   ）车架。
　　A. 边梁式　　　　B. 无梁式　　　　C. 中梁式　　　　D. 综合式
2. 车架纵梁和横梁组合成车架时多采用（   ）。
　　A. 焊接　　　　　B. 铆接　　　　　C. 螺塞连接　　　D. 粘接
3. 汽车车轮不包括（   ）。
　　A. 轮毂　　　　　B. 轮辐　　　　　C. 轮辋　　　　　D. 轴承
4. 轿车多采用（   ）车轮。
　　A. 钢制　　　　　B. 铝合金　　　　C. 镁合金　　　　D. 塑料或碳纤维
5. 铝合金车轮多采用（   ）成形工艺。
　　A. 砂型铸造　　　B. 低压铸造　　　C. 冲压　　　　　D. 模锻

三、简述题

1. 汽车车架的功用和结构形式分别有哪些？各有何特点？
2. 车架成形工艺对材料有哪些要求？
3. 简述车架纵梁的冲压成形工艺流程。
4. 汽车车轮有哪些材料？应用最广的是哪两类？
5. 汽车车轮的结构形式及成形方法分别有哪些？
6. 简述滚型车轮轮辋的制造工艺。

第 7 章 汽车车身制造工艺

教学目标

本章主要介绍汽车车身的结构与冲压材料,车身的冲压工艺,汽车覆盖件冲压成形的模具,汽车车身装焊工艺基础,汽车车身装焊夹具及装焊生产线,汽车车身涂装工艺及其发展趋势等。要求学生掌握汽车车身部分制造工艺的相关知识,以及冲压工艺、焊接工艺和涂装工艺的原理。

教学重点

冲压工艺、焊接工艺和涂装工艺的加工原理与加工工艺的实施。

教学难点

汽车覆盖件冲压成形的模具和汽车车身装焊夹具的结构原理及装焊生产线的合理布置。

7.1 汽车车身结构与冲压材料

汽车车身既是驾驶人的工作场所,又是容纳乘客和货物的地方。在一辆汽车中,车身的制造成本占整车的一半左右,车身的制造工艺水平很大程度上决定了汽车的品质。车身作为汽车的重要组成部分,随着新技术、新工艺、新材料的开发研究与应用,正不断满足安全、节油、舒适、耐用的技术要求,并满足人们对外观的审美要求。

汽车车身多由钢板冲压,装焊成形,经过涂装、内外装饰等工序后成为我们看到的车身总成。汽车车身的制造工艺大致可以分为冲压工艺、焊接工艺和涂装工艺。

7.1.1　汽车车身结构

汽车车身主要包括车身壳体、车门、车窗、车前钣制件、车身内外装饰件和车身附件、座椅，以及通风、暖气、冷气、空气调节装置等，在货车和专用汽车上还包括车厢和其他装备。车身壳体是一切车身部件的安装基础，通常是指纵、横梁和支柱等主要承力元件及与其连接的钣件共同组成的刚性空间结构。大多客车车身有明显的骨架，而轿车车身和货车驾驶室没有明显的骨架。车身壳体通常还包括在其上敷设的隔声、隔热、防振、防腐、密封等材料及涂层。车门通过铰链安装在车身壳体上，其结构较复杂，是保证车身使用性能的重要部件。车前钣制件用于容纳发动机、车轮等部件。

尽管不同生产企业、不同系列、不同时期设计制造的车身结构和形式存在差异，但是汽车车身仍可分为轿车车身、客车车身、货车车身三大类。轿车车身按承载方式可分为承载式车身和非承载式车身。客车车身按承载结构形式可分为承载式车身、半承载式车身、非承载式车身。货车车身一般是非承载式的，驾驶室、货厢与车架一般采用弹性连接，通常按驾驶室与货厢的连接关系分为分体式和连体式两种。

下面以轿车车身为例进行说明。

1. 承载式车身

承载式车身又称整体式车身。其特点是前、后轴之间没有起连接作用的车架，车身是承担全部载荷的刚性壳体，直接承受从地面和动力系统传递的力。这类车身有利于减轻自身质量，使车身结构合理化、轻量化。现代轿车一般采用承载式车身。

承载式车身虽无独立车架，但由于车身主体与类似于车架功能的车身底板组焊制成了整体刚性框架，因此整个车身（底板、骨架、车顶、内外蒙皮等）都参与承载，使载荷分散作用于各车身结构件上，车身整体刚度和强度都能够得到保证。

承载式车身的优点如下：质量小，适合现代化大批量生产；采用薄钢板容易冲压成形，适合点焊工艺和多工位自动焊接等自动化生产方式，使车身组合后整体变形小、生产效率高、质量易保证、结构紧凑、安全性好（当汽车发生碰撞事故时，对冲击能量的吸收性好）。

承载式车身的缺点如下：底盘部件与车身结合部在汽车运动载荷冲击下，极易发生疲劳损坏；乘客室易受到来自汽车底盘的振动与噪声的影响。

2. 非承载式车身

非承载式车身也称有车架式车身。其特点是车身下面有足够强度和刚度的独立车架，车身通过弹性支承紧固在车架上，施加于汽车上的力一般由车架承受，车身壳体不承载或承载很小。

非承载式车身的优点如下：

（1）减振性好。介于车身与汽车行驶系统之间的车架可以较好地吸收或缓和来自路面的冲击，降低噪声，减轻振动，从而提高乘坐舒适性。

（2）工艺简单。底盘和车身可以分开装配后总装在一起，简化了装配工艺，便于组织专业化生产线。

（3）易改型。车架为整车的装配基础，便于汽车上各总成和部件的安装，也易改变车型和改装成其他汽车。

（4）安全性好。发生碰撞事故时，车架可以对车身起到一定的保护作用，也保护了乘员。

非承载式车身的缺点如下。

（1）质量大。由于车架的质量较大，因此整车的质量较大。

（2）承载面高。底盘与车身之间装有车架，使整车高度增大。

（3）成本较高。车架型材截面较大，必须具备大型的冲压、夹具及检验等一系列较昂贵且复杂的制造设备。

7.1.2 汽车车身冲压材料

汽车车身的主体由冲压件焊接而成，需用数百个冲压零件。冲压零件的加工质量直接关系到车身的质量。而冲压用材料的性能是冲压工艺中一个非常重要的因素，直接影响冲压件的质量、使用寿命和成本。

1. 汽车车身冲压材料的要求

车身冲压零件所用材料不仅要满足车身的使用要求，而且要满足冲压工艺的工艺要求和后续加工（如切削加工、电镀、焊接等）的要求。在使用要求上，车身冲压件主要有以下两类：一类形状复杂但受力不大（如普通车身覆盖件），需要材料具有良好的冲压性能和表面质量；另一类形状相对简单但受力较大（如汽车车身梁柱），需要冲压板料既有良好的冲压性能，又有一定的强度和刚性。

冲压工艺对材料的基本要求体现在材料的冲压成形性能、表面质量和板厚公差上。

（1）冲压成形性能要求。

冲压成形性能是指材料对各种冲压成形方法的适应能力。冲压性能好的板料，变形程度大，冲压件质量好，加工方便，而且在冲压过程中模具损耗少，废品率低。冲压成形性能主要由材料的力学性能和化学成分决定。

材料的力学性能主要包括强度、刚度、塑性和各向异性。

① 强度对冲压性能的影响用屈强比 σ_a/σ_b（屈服点 σ_a 与抗拉强度 σ_b 的比值）表示。通常屈强比越小，σ_a 与 σ_b 的差值越大，材料允许的塑性变形区间越大，冲压时越不容易发生拉裂，材料的冲压成形性能越好。

② 刚度的主要影响是材料的屈弹比 σ_a/E（屈服点 σ_a 与弹性模量 E 的比值）和硬化指数 n。屈弹比越小，材料的抗失稳能力越强，冲压成形后回弹量越小，冲压件的质量越好。n 值反映了材料塑性变形时的硬化程度。n 值大的材料，硬化程度也大。当材料拉伸时，材料局部会产生硬化而增强抗变形能力，阻止集中变形的进一步发展，使变形趋向均匀化，有利于提高材料的极限变形程度。但是材料硬化后，限制了毛坯的进一步变形，进一步冲压加工比较困难。生产过程中，一般在需要拉深加工的场合，希望材料 n 值较大，需要时可以通过退火消除硬化的影响。

③ 塑性的影响在于材料的均匀伸长率 δ_j。均匀伸长率表示板料产生稳定变形的能力。由于冲压成形大多在板料的均匀变形范围内进行，因此 δ_j 值对冲压性能有直接影响。δ_j 值越大，材料允许的塑性变形程度越大，材料的冲压成形性能越好。

④ 各向异性用板厚方向性系数 r 和板平面方向性系数 Δr 表示。板厚方向系数 r 是指

板料试样拉伸时，宽度方向与厚度方向的应变之比，即

$$r=\frac{\varepsilon_b}{\varepsilon_t}=\frac{\ln\dfrac{b}{b_0}}{\ln\dfrac{t}{t_0}}$$

式中，b_0、b、t_0、t 分别为变形前后试件的宽度与厚度，一般取伸长率为 20% 时的测量结果。r 值反映了在相同受力条件下，板料平面方向和厚度方向的变形性能差异，r 值越大，板平面方向上越容易变形，厚度方向上越难变形。r 值大的材料适合拉深加工。板平面方向性系数 $\Delta r=(r_0+r_{90}-2r_{45})/2$，其中 r_0、r_{90}、r_{45} 分别为板料的纵向（轧制方向）、横向及 45°方向上的板厚方向性系数。Δr 值越大，方向性越明显，对冲压成形性能的影响越大。生产过程中应尽量设法减小板料的 Δr 值。

材料的化学成分也与冲压性能有密切关系。一般来说，钢中的碳、硅、磷、硫的含量增大，会使材料的塑性降低，脆性增强，导致冲压性能变差，其中含碳量对材料的塑性影响最大。含碳量不超过 0.05%～0.15% 的低碳钢板具有良好的塑性，车身覆盖件多采用塑性较好的低碳优质钢板。

汽车车身零件的冲压板料必须具有良好的冲压成形性能，不同的冲压工艺对材料性能各有偏向。冲裁加工对冲裁件的断面质量和尺寸精度要求比较高，其材料需具有良好的塑性和较低的硬度；弯曲加工一般只需将板材弯曲成需要的形状，希望材料易弯曲、不弯裂、回弹小，因此材料应该具有良好的塑性、较低的屈服强度和较高的弹性模量；拉深加工注重材料的拉深性能，要求材料组织均匀、晶粒尺寸适当、塑性好、屈强比 σ_a/σ_b 小、板平面方向性系数 Δr 小、板厚方向性系数 r 大、硬化指数 n 大。

（2）表面质量要求。

对于板料的表面质量，要求车身零件的冲压板料表面光洁，不能有气泡、缩孔、划伤、麻点、裂纹、结疤、分层等缺陷，不能翘曲不平，不能有锈迹和氧化皮。汽车钢板表面质量标准见表 7-1。

表 7-1 汽车钢板表面质量标准

级别	代号	要 求
较高级	FB（O3）	表面可以有少量不影响成形性能及涂、镀附着力的缺陷，如锌粒、压印、划伤、凹坑、黑点、氧化色等
高级	FC（O4）	一面无肉眼可见的明显缺陷，另一面至少达到 FB 标准
超高级	FD（O5）	一面不得有任何缺陷，另一面至少达到 FC 标准

（3）板厚公差要求

板厚公差是钢板轧制精度的主要指标，应符合国家标准，不能有太大的厚度波动。一定的冲压模具凸、凹模间隙适合一定的毛坯厚度，厚度超差会影响产品质量。若板厚太小，则难以控制回弹，且易出现"压不实"现象；若板厚太大，则拉伤制件表面，缩短模具使用寿命，甚至损坏模具或设备。

2. 常用汽车车身冲压材料

进入 21 世纪以来，能源危机日趋严重，环保呼声日益高涨。随着汽车的普及，汽

车的节能减排显得尤为重要。为了使汽车满足高效能、低能耗、低排放的要求，汽车轻量化成为行业主流。采用轻质新型材料是很多生产企业减轻汽车自重的重要途径。如今有很多轻质材料应用于汽车制造工业，可分为两大类：①高强度材料，以各种高强度钢为代表；②低密度材料，以铝合金为代表。车身上应用的主要材料有高强度钢板、铝合金、镁合金、钛合金、泡沫合金板、蜂窝夹芯复合板、工程塑料、高强度纤维复合材料等。

(1) 高强度钢板

过去的高强度钢板强度高、伸长率低，只适用于形状简单、伸长长度不大的零件。如今的高强度钢板是在低碳钢内加入适当微量元素，经各种处理轧制而成的，抗拉强度高，是普通低碳钢的 2~3 倍，深拉延性能极好，可轧制成很薄的钢板，是车身轻量化的重要材料。

高强度钢板主要有含磷高强度冷轧钢板、烘烤硬化冷轧钢板（BH 钢板）、双相冷轧钢板（DP 钢板）、超低碳高强度超深冲冷轧钢板（IF 钢板）、镀锌钢板、轻量化迭层钢板等。

① 含磷高强度冷轧钢板：主要用于轿车外板、车门、顶盖和行李箱盖外板，也可用于载货汽车驾驶室的冲压件。其特点是强度较高，比普通冷轧钢板高 15%~25%；强度和塑性平衡良好，即随着强度的增大，伸长率和应变硬化指数下降甚微；耐蚀性良好，比普通冷轧钢板高 20%；点焊性能良好。

② 烘烤硬化冷轧钢板（BH 钢板）：经过冲压、拉延变形及烤漆烘烤热处理，屈服强度得以提高。这种钢板既薄又有足够的强度，是车身外板轻量化设计的首选材料之一。

③ 双相冷轧钢板（DP 钢板）：使用同时具备马氏体与铁素体晶相的钢，具有连续屈服、屈强比小、加工硬化高、强度高、塑性高的特点，经烤漆后强度可进一步提高。其适用于形状复杂且要求强度高的车身零件，如车门加强板、保险杠等。

④ 超低碳高强度超深冲冷轧钢板（IF 钢板）：在超低碳钢（碳的质量分数不大于 0.005%）中加入适量钛（Ti）或铌（Nb），使钢中的碳、氮原子完全被固定成碳、氮化合物，不再有间隙固溶原子，具有高强度和良好的成形性，是汽车特别是乘用车冷轧钢板的主要选择之一。全球 IF 钢产量已达数千万吨。IF 钢主要用于车身外板和内板。如在 IF 钢中添加适量的磷（Pb）实现固溶强化，还具有较好的烘烤硬化性能，称为超低碳高强度烘烤硬化冷轧钢板，实现了深冲性与高强度、烘烤硬化的结合，特别适用于形状复杂且强度要求高的冲压零件。

IF 钢板一般分为电镀锌 IF 钢板、热镀锌 IF 钢板、高强度 IF 钢板、镀铝 IF 钢板等。

⑤ 镀锌钢板：从 20 世纪 70 年代开始，轿车车身钢板采用镀锌薄钢板。镀锌薄钢板广泛应用于汽车车身的内、外板，因为它具有良好的耐蚀性。奥迪轿车的绝大部分车身部件采用镀锌钢板（部分用铝合金板）；别克轿车采用的 80% 以上的钢板是双面热镀锌钢板；帕萨特轿车车身的外覆盖件采用电镀锌工艺，内覆盖件内部采用热镀锌工艺。

⑥ 轻量化迭层钢板：轻量化迭层钢板是在两层超薄钢板之间压入塑料的复合材料，表层钢板厚度为 0.2~0.3mm，塑料层的厚度占总厚度的 25%~65%；与具有相同刚度的单层钢板相比，质量减小了 43%，而且隔热性、抗振性良好。这种钢板主要用于发动机罩、行李箱盖、车身底板等部件。

(2) 铝合金、镁合金和钛合金

与高强度钢板相比，铝合金具有密度小、比强度高、耐蚀性好、热稳定性好、易成形、可回收再生、技术成熟等优点。奥迪 A2 轿车采用全铝车身骨架和外板结构，质量比传统钢材料车身减小 43%，平均油耗降至百公里 3L 的水平。这种结构不仅使车身的扭转刚度提高了 60%，而且比同类车型的钢制车身质量减小 50%，深受环保人士的欢迎。根据车身结构设计的需要，采用激光束压合成形工艺，将不同厚度的铝板或者将铝板与钢板复合成形，再在表面涂覆耐蚀材料，使结构轻量化，且具有良好的耐蚀性。

镁的密度很小，但比强度、比刚度高，阻尼性、导热性好，电磁屏蔽能力强，尺寸稳定性好，在航空工业和汽车工业中得到了广泛应用。镁合金可制成车门门框和耐碰撞的镁合金骨架、内板等，可以制造出形状复杂的薄壁镁合金车身零件，如前、后挡板等。

钛的密度约为钢的 60%，但强度和硬度超过了钢，且不易生锈。钛合金车身零件更轻、更坚固、更耐腐蚀。

(3) 泡沫合金板

泡沫合金板由粉末合金制成，其特点是密度小，仅为 $0.4\sim0.7\text{g/cm}^3$，弹性好，受力压缩变形后，可凭自身的弹性恢复原来的形状。泡沫合金板种类繁多，有泡沫铝合金、泡沫锌合金、泡沫锡合金、泡沫钢板材等。由于泡沫合金板具有特殊性能，特别是密度低、具有良好的隔热吸振性能，因此深受汽车制造企业的青睐。用泡沫铝合金制成的零部件有发动机罩、行李箱盖等。

(4) 蜂窝夹芯复合板

蜂窝夹芯复合板是由两层薄面板中间夹一层厚且极轻的蜂窝组成的。根据夹芯材料的不同，有纸蜂窝、玻璃布蜂窝、玻璃纤维增强树脂蜂窝、铝蜂窝等，面板可以采用玻璃钢、塑料、铝板和钢板等材料。由于蜂窝夹芯复合板具有质量轻、比强度和比刚度高、抗振、隔热、隔声和阻燃等特点，因此在汽车车身上应用较多，如车身外板、车门、车架、保险杠、座椅框架等。英国发明了一种用聚丙烯做芯、用钢板做面板的薄蜂窝夹芯复合板，以替代钢制车身外板，零件质量减轻了 50%~60%，且易冲压成形。

(5) 工程塑料

与通用塑料相比，工程塑料具有优良的力学性能、电性能、耐化学性、耐热性、耐磨性、尺寸稳定性等，且比金属材料轻、成形时能耗少，可实现汽车轻量化、节能和回收利用。工程塑料常用于制造车身覆盖件、前围和后围、车身内外装饰件和散热器面罩、保险杠和车轮护罩等。

(6) 高强度纤维复合材料

复合材料是一种多相材料，是由有机高分子、无机非金属和金属等原材料复合而成的。玻璃纤维增强树脂复合材料和碳纤维增强树脂复合材料已成功在汽车上应用。玻璃纤维增强树脂复合材料耐蚀性好、绝缘性好，有良好的可塑性，对模具要求较低，制造大型车身覆盖件的模具加工工艺较简单，生产周期短，成本低。一般用玻璃纤维增强树脂复合材料制造轿车车身覆盖件、客车前后围覆盖件和货车驾驶室等零部件。

7.2 汽车车身覆盖件冲压工艺

车身覆盖件是指汽车车身内、外表面的薄壳板件，如货车驾驶室、轿车车身等。 覆盖件是组成汽车内、外形体的重要零件，要求制造容易、维修方便、使用安全可靠、外形美观时尚。

冲压生产线

车身覆盖件属于特殊冲压件，在结构特点、质量要求、冲压工艺、冲压成形工艺、冲模设计与制造等方面有独有的特点。

7.2.1 车身覆盖件的结构特点

与一般冲压件相比，车身覆盖件从结构形状和尺寸上看具有以下特点。

（1）材料薄，相对厚度小。车身外覆盖件的板料厚度一般为 0.3～1.0mm，最小相对厚度 t/L（板厚 t 与坯料最大长度 L 之比）为 0.0003。

（2）轮廓尺寸大。如驾驶室顶盖的坯料尺寸可达 2800mm×2500mm。

（3）形状复杂。大多为三维甚至多维空间曲面，且形状和轮廓不规则，难以用简单的几何方程描述。

（4）轮廓内部常带有局部形状。如图 7.1 所示，有的覆盖件有窗口、局部凸起或凹陷等，它们的成形往往会对整个冲压件的成形有较大影响。

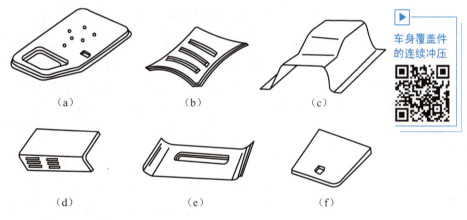

车身覆盖件的连续冲压

图 7.1 车身覆盖件内部局部形状

7.2.2 车身覆盖件的质量要求

1. 具有良好的表面质量

车身覆盖件尤其是外覆盖件的可见表面，一般有严格的外观装饰性要求，不允许有波纹、皱纹、凹痕、擦伤、边缘拉痕等有损表面的缺陷；覆盖件上的装饰棱线、装饰肋条应清晰、平整、光滑、左右对称、过渡均匀；装饰棱线在两个覆盖件的衔接处应吻合，不允许参差不齐。

2. 具有较高的尺寸精度和形状精度

车身覆盖件必须有较高的轮廓尺寸、孔位尺寸、局部形状尺寸等精度，以保证焊装或组装时的准确性和互换性，便于实现车身冲压与焊接的自动化，保证车身外观形状的一致性和美观性。

车身外覆盖件的形状精度必须与主模相符，两个以上的覆盖件衔接处的曲面形状必须符合图样要求，否则将偏离车身总体设计，不能体现车身造型的艺术风格。

3. 具有良好的工艺性

车身覆盖件的工艺性主要是指冲压性能、焊接装配性能、操作安全性能、材料利用率等。**车身覆盖件的冲压性能关键在于拉深工艺性（指拉深的可能性与可靠性）**。在确定车身覆盖件可以进行拉深后，只需确定工序数和安排工序的先后顺序即可。

4. 具有足够的刚性

如车身覆盖件的刚性不足，则汽车行驶时会产生振动和噪声，使车身覆盖件发生早期损坏，缩短车身使用寿命。因此，必须通过充分的塑性变形和合理的结构予以保证。

7.2.3 车身覆盖件冲压工艺的基本工序及其内容安排

1. 车身覆盖件冲压工艺的基本工序

加工车身覆盖件需要经过多种冲压工序。车身覆盖件冲压工艺的基本工序有落料、拉深、整形、修边、翻边、冲孔等。按照板料的加工情况可以将这些工序分为分离工序和成形工序。分离工序在冲压过程中需要将零件沿一定的轮廓线从板料上分离出来，并保证其断面的质量要求；成形工序不需要分离板料与工件，仅需板料按零件要求产生一定的塑性变形即可。常用分离工序见表 7-2，常用成形工序见表 7-3。

表 7-2　常用分离工序

工序名称	图　示	特　点
落料		用冲模沿封闭曲线冲切，冲下的部分是零件，用于制造各种平板形状的零件
冲孔		用冲模沿封闭曲线冲切，冲下的部分是废料，用于制造各种平板形状的零件
切断		用冲模沿不封闭的曲线进行分切产生分离
修边		将成形零件边缘切齐或者成一定形状

表 7-3　常用成形工序

工序名称	图　　示	特　　点
拉深		把板料毛坯制成各种开口空心的零件
翻边		将板料或半成品的边缘沿一定曲线、一定曲率成形成竖立的边缘
整形		为了提高已成形零件的精度或获得小的圆角半径而采用的成形方法
翻孔		在预先冲孔的板料或半成品上制成竖立边缘
弯曲		将板料沿直线弯成各种形状

由于车身覆盖件形状复杂，轮廓尺寸大，因此需要通过多道工序制成。根据实际生产需要及可能性，为避免出现回弹、起皱、拉裂、表面缺陷和平直度低等质量问题，提高冲压成形质量，一般采用多种基本工序交叉混合加工，有时将一些工序（如落料、拉深、拉深切角、修边冲孔、修边翻边、翻边冲孔等）合并。

冲压工艺

拉深工序

2. 车身覆盖件冲压工艺基本工序的内容安排

（1）拉深工序。拉深工序是车身覆盖件冲压成形的关键工序，车身覆盖件的形状主要是在拉深工序中形成的。在进行生产技术准备时，应优先考虑拉深工艺设计和拉深模具的设计、制造与调试。一般拉深毛坯件经过整形和修边后成为拉深零件。

（2）落料工序。落料工序主要获得拉深工序所需的坯料形状和尺寸。由于车身覆盖件冲压成形很复杂，不可能计算出准确的落料尺寸，因此应在拉深工序试冲成功后确定坯料的形状和尺寸。在进行生产技术准备时，落料工序及落料模的设计应安排在拉深、翻边调试成功后。

（3）整形工序。整形工序主要是使拉深工序中尚未完全成形的车身覆盖件形状成形。整形工序的变形性质一般是胀形变形，经常复合在修边或翻边工序中完成。

（4）修边工序。修边工序主要是切除拉深件上的工艺补充部分。这些工艺补充部分仅为拉深工序需要，拉深完成后要切除。

（5）翻边工序。翻边工序的主要任务是对车身覆盖件的边缘进行翻边成形，安排在修边工序后。

（6）冲孔工序。冲孔工序用来加工车身覆盖件上的各种孔洞。一般安排在拉深工序后，有的安排在翻边工序后。若先冲孔，则会造成在拉深或翻边时孔的位置、尺寸、形状发生变化，影响以后的安装与连接。

7.2.4 车身覆盖件的冲压成形工艺

1. 车身覆盖件的变形特点

由于车身覆盖件一般具有复杂、不规则的空间曲面,因此冲压成形困难,而且容易出现回弹、起皱、拉裂、表面缺陷和平直度低等质量问题。成形时的变形不单纯是拉深,而是拉深和局部胀形、拉深和弯曲、拉深和翻边或拉深和冲孔等工序的交错混合。

2. 车身覆盖件冲压成形工艺分类

车身覆盖件按拉深复杂程度及外形特点(主要是指覆盖件本身是否对称),可分为以下几类。

(1) 对称于一个平面的车身覆盖件,如散热器罩、前围板、发动机罩、行李箱罩等。

(2) 不对称的车身覆盖件,如车门外板,车门内板,前、后翼子板等。对称或不对称的车身覆盖件,按拉深复杂程度又可分为深度小、深度均匀且形状较复杂、深度相差大且形状复杂、深度大等覆盖件。

(3) 可以成双冲压的车身覆盖件,如左、右前围侧板和左、右顶盖边梁等。

(4) 本身有凸缘面的车身覆盖件,如车门外板。

(5) 压弯成形的车身覆盖件,如带风窗玻璃框的轿车顶盖、行李箱盖板等。

3. 车身覆盖件的冲压成形工艺特点

(1) 成形工序多。车身覆盖件一般有4~6道甚至近10道冲压工序。

(2) 常采用一次拉深成形或多次拉深成形。

(3) 拉深工序过渡毛坯设计,不仅要考虑本工序的成形,而且要为后续工序的定位创造条件。

(4) 车身覆盖件上与冲压方向相反的成形主要靠局部拉深,一般采用大圆角和使侧壁成一定斜度的成形结构,且反成形的深度不应超过正成形的深度。

(5) 车身覆盖件上的装饰棱线、装饰肋条、装饰凹坑、加强肋、躲避包等主要靠局部拉深成形。为了防止开裂,应采取增大圆角、使侧壁成一定斜度、减小深度等措施。

(6) 两车身覆盖件间的装饰棱线、装饰肋条、凹坑等的衔接与配合要尽量一致、光滑过渡、间隙小、不影响外观。

(7) 车身覆盖件凸缘的圆角半径一般取8~10mm,当小于5mm时应增加整形工序。

(8) 形状对称、零件尺寸不太大的车身覆盖件,可通过增加工艺补充设计成一个拉深件,冲压成形后切开成两件,即采用成双拉深,如图7.2所示。

(9) 车身覆盖件材料有较好的塑性变形性能,多为08F、09Al等钢板。

(10) 对于特别浅的拉深件,要注意控制回弹。

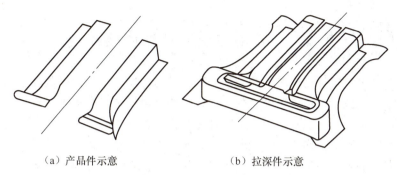

(a）产品件示意 (b）拉深件示意

图 7.2 成双拉深

7.2.5 车身覆盖件冲压成形工艺实例

车身外覆盖件主要由门（左前门、左后门、右前门、右后门）、盖（发动机罩、顶盖、行李箱盖）、两翼（左前翼子板、右前翼子板、左后翼子板、右后翼子板）及两侧（左侧围外板、右侧围外板）等组成。这些车身覆盖件的形状结构各有特点，冲压成形工艺也各有不同。

〔例 7-1〕 左侧围外板的冲压工艺流程。

图 7.3 所示左侧围外板的冲压工艺流程如下：下料并落料（1340mm×3175mm）—拉深—修边冲孔—翻边整形冲孔—修边冲孔—修边冲孔整形。

(a) 落料(OP05)

(b) 拉深(OP10)

(c) 切边、冲孔、吊切边、整形(OP20)

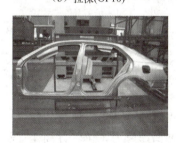
(d) 切边、吊切边、侧翻边、冲孔、整形(OP30)

(e) 切边、冲孔、吊冲孔、吊翻边(OP40) (f) 切边、冲孔、吊冲孔、吊翻边(OP50)

图 7.3 左侧围外板的冲压工艺流程

7.3　车身覆盖件拉深件设计

覆盖件图是按覆盖件在汽车上的装配位置设计和绘制的,是按照其在主图板上的坐标位置单独取出来,按原坐标位置绘制的三面投影图。由于车身覆盖件形状复杂,成形过程中的坯料变形也很复杂,而且拉深成形是冲压工艺的关键核心工艺,若简单地按覆盖件图或直接将图样展开来确定坯料的形状和尺寸,则不能保证车身覆盖件冲压时顺利成形。因此,在设计车身覆盖件冲压工艺时,要先进行拉深件的设计,即根据覆盖件图并按拉深位置设计出拉深件图,再将拉深件图展开以确定坯料的形状和各部位尺寸,制定冲压工艺和模具设计方案。拉深件图的主要设计内容有拉深方向的选择、压料面与工艺补充的设计等。

1. 拉深件形状构成及其变形特点

为了便于拉深工艺的设计,先研究拉深件形状构成及其变形特点。

(1) 拉深件的形状构成如图 7.4 所示,有压料凸缘 AB（IJ）、凹圆角 BC（HI）、侧壁 CD（GH）、凸圆角 DE（FG）、底部 EF（FE）五部分。

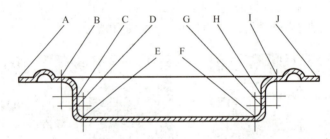

图 7.4　拉深件的形状构成

(2) 各组成部分的变形特点

① 在压料凸缘处,径向是拉应力状态;切向视拉深凹模洞口的形状而定,当为直线时无切向力,为凸曲线时有压应力,为凹曲线时有拉应力,变形特点取决于应力状态。

② 在凹圆角处,变形基本与压料凸缘处相似。

③ 在侧壁上,材料经压料凸缘和凹圆角的变形后,根据侧壁形状的不同会出现不同的应力状态。若不考虑临界影响,则直壁形状时只呈单向拉深状态,属于传力区;当侧壁为凸曲面时会出现双向拉应力,使拉深件继续产生类似于胀形的变形;当为凹曲面时,出现切向拉应力、径向压应力,拉深件的变形类似于缩径。

④ 在凸圆角处,变形与侧壁上相似。

⑤ 若底部是平面,则基本不变形;若底部是曲面或带有形状复杂的反拉深部分,则应对变形情况做具体分析。

从上述各组成部分的应力应变情况来看,车身覆盖件的拉深变形情况很复杂,成形一般以拉深变形性质和胀形变形性质的复合变形实现,但在多数情况下拉深性质的变形是主要变形形式。

2. 拉深方向的选择

确定拉深方向是确定拉深工艺方案时先遇到的问题,它不仅决定拉深出的覆盖件的质量，而且影响工艺补充部分及拉深后的工序（如整形、修边、翻边）方案。确定拉深方向时必须考虑以下几点。

（1）保证拉深凸模进入凹模。此类问题主要出现在某个部位或局部（侧壁）成凹形或有反拉深处。为了使凹形或反拉深的凸模进入凹模，只能使拉深方向满足上述要求，故覆盖件本身形状具有的局部凹形或反拉深处的要求决定了其拉深方向。图7.5所示为覆盖件上的侧凹形决定拉深方向示意。图7.5（a）所示的拉深方向不合理，凸模不能全部进入凹模拉深，会形成"死区"，无法成形出所要的形状。如图7.5（b）所示，若将同一个覆盖件旋转一定角度，则凸模能全部进入凹模，成形出零件的全部形状。

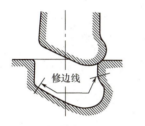 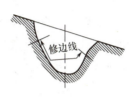

（a）凸模不能全部进入凹模拉深　　（b）凸模能全部进入凹模

图7.5　覆盖件上的侧凹形决定拉深方向示意

（2）保证凸模与坯料有良好的拉深初始接触状态，以减少坯料与凸模的相对滑动，有利于毛坯的变形，并能显著提高冲压件的表面质量。

3. 压料面与工艺补充的设计

工艺补充是指为了顺利拉深成形出合格的制件，在冲压件的基础上添加的材料，用来满足拉深、压料面和修边等工序的要求。 由于工艺补充仅是冲压成形需要的，而不是零件需要的，因此在拉深成形后的修边工序中要切除工艺补充。

（1）工艺补充的作用及对覆盖件拉深成形的影响

大多数覆盖件需要添加工艺补充，以设计出能拉深成形的冲压件，这是覆盖件冲压工艺设计的重要内容，也是与普通简单件拉深工艺设计的主要不同。

工艺补充分为以下两大类。

① 内工艺补充，即零件内部的工艺补充，通过填补内部孔洞来创造适合拉深的良好条件。内工艺补充不增加材料消耗，而且冲内孔后仍能适当利用。

② 外工艺补充，即在零件沿外轮廓边缘展开（含翻边展开部分）的基础上添加的工艺补充部分。外工艺补充包括拉深部分的补充和压面料两部分。它是为了选择合理拉深方向，并创造良好的拉深条件而增加的，能增加零件的材料消耗。

工艺补充的合理性是衡量覆盖件冲压工艺设计先进性的重要标志，直接影响拉深成形时工艺参数、坯料的变形条件、变形量、变形的分布、表面质量、破裂与起皱等缺陷的产生等。

（2）工艺补充的设计原则

① 内孔封闭补充原则。内孔封闭补充原则是先对零件内部的孔进行封闭补充，使零件变成无内孔的冲压件，若内部带有反拉深的局部成形部分，则要进行变形分析，这部

分的成形一般属于胀形变形量。如图 7.6（a）所示，若工艺补充部分不开工艺孔，则会因胀形变形量大而产生破裂。试验研究后，确定预先冲制的工艺孔的形状、尺寸，改变拉深成形时的变形分布和变形量，使得拉深能够顺利进行。图 7.6（b）所示为开工艺切口。

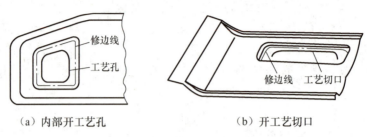

图 7.6　内孔封闭补充原则实例

② 简化拉深件原则。覆盖件的结构形状越复杂，拉深成形中的材料流动和塑性变形越难控制。零件外部的工艺补充应有利于拉深件的结构、形状简单化。简化拉深件原则实例如图 7.7 所示。

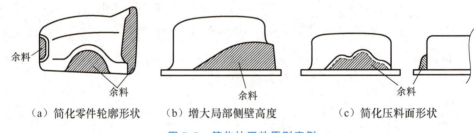

图 7.7　简化拉深件原则实例

在图 7.7（a）中，工艺补充（余料）简化了零件轮廓形状，也使压料面的轮廓形状简单，毛坯变形在压料面上的分布比较均匀，有利于控制坯料的变形和塑性流动。

在图 7.7（b）中，工艺补充（余料）增大了局部侧壁高度，使拉深件深度变化比较小，降低了塑性流动的不均匀性。

在图 7.7（c）中，工艺补充（余料）简化了压料面形状，有利于坯料的均匀变形和均匀流动。

③ 保证良好的塑性变形条件。有些覆盖件的深度和曲率较小，但轮廓尺寸较大（如发动机盖板），只有保证坯料在拉深成形过程中有足够的塑性变形量，才能保证有较好的形状精度和刚度。如图 7.8 所示，侧壁斜面较大的拉深件成形时，若选择图 7.8（a）所示的工艺补充，则因为拉深件没有直壁，凸模上的 A 点一直到下极点才与拉深坯料接触。如果压料面上的进料阻力小，则在拉深过程中会在斜壁部分形成波纹，虽然成形结束时凸模 1 与凹模 2 最后是镦死的，但也不可能将波纹压平。此时若选择图 7.8（b）所示的工艺补充，使拉深件增加一段直壁 AB，则凸模 1 上的 A 点进入凹模 2 后，将拉深坯料拉入凸模与凹模之间形成的垂直间隙中，一直到 B 点。在拉深直壁 AB 的过程中，凸模 1 对坯料的拉深能清除波纹，而且能增大拉深件的刚度。一般直壁 AB 取 10～20mm。

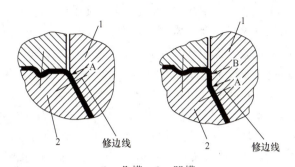

1—凸模；2—凹模

图 7.8 工艺补充对变形的影响

④ 外工艺补充尽量小。因为外工艺补充不是零件本体，拉深后被切掉而成为废料，所以应在保证拉深件具有良好拉深条件的前提下，尽量减小这部分工艺补充，以减少材料浪费，提高材料利用率。

⑤ 对后序工序有利原则。计划工艺补充时要考虑对后序工序的影响，要有利于后序工序定位的稳定性，尽量实现垂直修边等。必须在确定拉深件工艺补充部分时，考虑拉深件修边时和修边之后的工序定位，一定要保证定位可靠，否则会影响修边和翻边的质量。

⑥ 成双拉深工艺补充。对有些零件进行拉深工艺补充时，需要增加很多材料，或者单个拉深冲压方向不易选择且变形条件不易控制等。此时，若零件不是很大，则可以将两个零件通过工艺补充设计成一个拉深件，称为成双拉深法。在设计成双拉深的工艺补充时，要考虑两个零件中间连接部分的工艺补充，即先使两个零件合成一个零件，再按上述原则对周围部分进行工艺补充设计。

(3) 常见工艺补充。

常见工艺补充如图 7.9 所示。

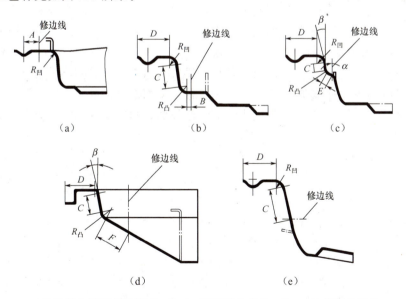

A—修边线与压料筋的距离；$R_凹$—凹模圆角半径；$R_凸$—凸模圆角半径；
B—修边线与凹模圆角半径的距离；α—修边方向与修边表面的夹角

图 7.9 常见工艺补充

图7.9（a）所示的修边线在拉深件的压料面上，垂直修边。压料面本身就是覆盖件的凸缘面。考虑到使用拉深模时，要经常调整压料面，并且由于拉深筋的磨损而需要打磨拉深筋槽，为了不影响修边线，修边线与压料筋的距离 A 应为25mm。

图7.9（b）所示的修边线位于拉深件的底面，垂直修边。修边线与凹模圆角半径 $R_{凹}$ 的距离 B 应保证不因凸模圆角的磨损而影响修边线。一般 $B=3\sim 5$mm。凸模圆角半径 $R_{凸}$ 应根据拉深深度和斜线形状确定，一般取 $3\sim 10$mm，对于拉深深度小和直线部分取下限，对于拉深深度大和曲线部分取上限。$R_{凹}$ 对拉深坯料的进料阻力影响极大，应适当确定其半径。当 $R_{凹}$ 也是工艺补充的组成部分时，一般取 $8\sim 10$mm。当凹模圆角部分本身就是覆盖件的组成部分时，首先要保证拉深成形工艺的要求，由此增大的圆角用之后的整形工序整压。同时考虑到修边模的强度，一般取 $C=10\sim 20$mm，$D=40\sim 50$mm。

图7.9（c）所示为修边线在拉深件翻边展开斜面上，垂直修边。修边方向与修边表面的夹角 α 应不小于50°。α 过小会使修边刃口变钝，修边处易产生毛刺。图7.9（c）中的其他参数如下：$\beta=6°\sim 12°$，$E=3\sim 5$mm，$R_{凹}=4\sim 10$mm，$C=10\sim 20$mm，$D=40\sim 50$mm。

图7.9（d）所示为修边线在拉深件的斜面上，垂直修边。修边线是按覆盖件翻边轮廓展开的，而且翻边轮廓外形复杂，若使拉深件轮廓平行于修边线，则不利于拉深成形。在这种情况下，应尽量使拉深件外轮廓形状补充成规则形状，修边线与 $R_{凸}$ 的距离 C 是变化的，一般只控制几个最小尺寸：$F=5\sim 8$mm，$\beta=6°\sim 12°$，$R_{凹}=3\sim 10$mm，$C=10\sim 20$mm。

图7.9（e）所示为修边线在侧壁上，水平或倾斜修边。修边线与 $R_{凹}$ 的距离 C（侧壁深度）应根据压料面形状的需要确定，不可能与修边线完全平行。一般只控制几个最小尺寸：$C>12$mm，$R_{凹}=4\sim 10$mm，$D=40\sim 50$mm。

（4）压料面形状的确定

压料面是工艺补充的一个重要组成部分，对覆盖件的拉深成形起重要作用。在凸模拉深坯料前，压边圈将坯料压紧在凹模压料面上。拉深开始后，凸模的作用力与压料面上的阻力共同形成坯料的变形力，使坯料产生塑性变形，实现覆盖件的拉深成形过程。对压料面形状的要求是，压边圈将拉深坯料压紧在凹模压料面上，形成的压料面形状没有皱纹和折痕，以保证凸模对拉深坯料有良好的拉深条件，否则在拉深过程中使拉深件形成波纹和皱纹，产生破裂。因此，要求压料面由平面、圆柱面、圆锥面等组成。确定压料面形状必须考虑以下几点。

① 降低拉深深度。若压料面就是覆盖件本身的凸缘面，则压料面形状是既定的，也就不存在降低拉深深度的问题了。压料面成一定的弯曲形状（拉深坯料在压边圈和凹模压料面压紧下成一定的弯曲形状）是降低拉深深度的主要方法。

为了降低拉深深度，并使拉深坯料服帖地压紧在料面上，应使压料面局部形成倾斜角，如图7.10所示。虽然平的压料面[图7.10（a）]的压料效果最佳，但全部压料面都是平的不多见，一般都是图7.10（b）所示的压料面形状，即锥形或碗口形。图7.10所示的向内倾斜的压料面对材料的流动阻力较小，可应用于塑性变形较大的深拉深件拉深。为了保证压边圈的强度，倾斜角 φ 应小于60°。在特殊情况下，压料面向外、向下倾斜，如图7.10（c）所示，这是由覆盖件本身的凸缘面决定的，其压料效果最差，不但凹模表面磨损严重，而且易产生破裂，尽量少采用。

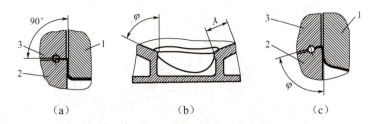

1—凸模；2—凹模；3—压料圈；φ—倾斜角

图 7.10　压料面局部形成倾斜角

② 凸模对拉深坯料有拉深作用。这是确定压料面形状的一个重要因素。有时为了降低拉深深度而确定的压料面形状，虽然满足了拉深坯料的弯曲形状，但是凸模对拉深坯料不起拉深作用。应该使压料面任一断面的曲线长度小于拉深件内部（凸模表面）相应断面的曲线长度。通常认为，只有覆盖件冲压成形时各断面上的伸长变形量为 3%～5%，才能有较好的形状冻结性，并且最小伸长变形量不应小于 2%。

7.4　车身覆盖件冲压模具

车身覆盖件冲压成形所用的模具有三种：拉深模、修边模和翻边模。其中拉深模设计、制造的合理性直接影响车身覆盖件成形质量和生产效率。

7.4.1　车身覆盖件冲压模具的特点

车身覆盖件冲压模具的设计、制造和调整是保证覆盖件质量的重要因素，是车身覆盖件冲压生产中的重要环节之一。车身覆盖件冲压模具的结构如图 7.11 所示。

与一般薄板冲压模具相比，车身覆盖件冲压模具具有以下特点。

1. 模具的形状和结构更复杂

车身覆盖件多为复杂的空间曲面立体零件，且力求一次完成成形，使得模具结构和形状复杂。

2. 模具的制造难度更大，要求更高

车身覆盖件对模具工作表面的加工度和表面粗糙度要求高。要求模具表面光整、棱线清晰；表面粗糙度 Ra 一般不能大于 $0.40\mu m$；型面加工后不能产生漫反射。

3. 需要多套模具且各模具间依赖关系大

车身覆盖件通常需要多套模具冲压成形。不仅模具的形状都应符合同一个主模型的要求，而且在设计和制造中有一定的依赖关系，既不能同时加工，又不能按冲压工序的顺序加工，这就要求在确定模具设计和制造工艺时综合考虑，制定出合理的模具加工路线。

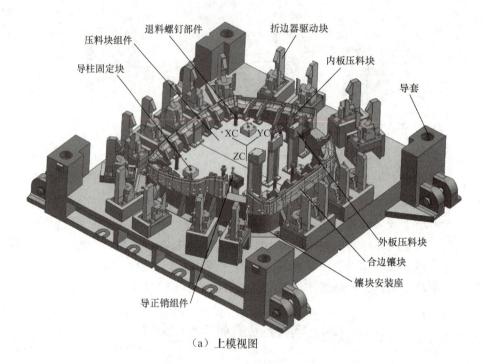

(a) 上模视图

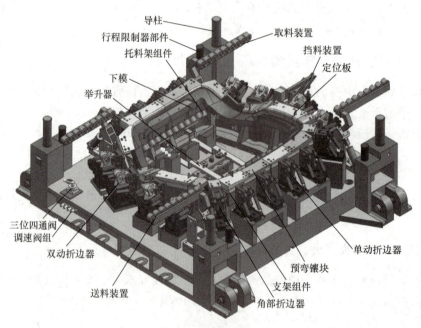

(b) 下模视图

图 7.11 车身覆盖件冲压模具的结构

4. 模具调试更加重要和复杂

模具调试是大规模生产顺利进行的前提条件。国外汽车制造企业对大型复杂覆盖件成形模具的调试一般需要 1~2 个月，要使模具达到最佳工作状态，需制定出合理的工艺参数（如最大压料力和最小压料力等）。

7.4.2 车身覆盖件拉深模

车身覆盖件拉深模的结构与拉深使用的机床有密切关系。目前生产以单动拉深模和双动拉深模为主,因为双动拉深模压紧力大、拉深深度大、卸料板为刚性,所以应用更多。

1. 单动拉深模

一般浅拉深或形状对称的拉深件在单动压力机上采用单动拉深,凸模安装在下工作台面上,称为倒装拉深模。

2. 双动拉深模

当覆盖件拉深形状复杂、深度较大时,单动拉深模不能满足要求,必须采用双动压力机进行双动拉深。

覆盖件拉深模结构取决于所用双动压力机。为实现双动拉深,双动拉深模结构较简单,主要由三大件或四大件组成,图 7.12 所示为双动拉深模的组成(四大件)。凸模 1 通过固定座 4 安装在双动压力机的内滑块上,压边圈 3 安装在双动压力机的外滑块上,凹模 2 安装在双动压力机的下工作台面上。凸模 1 和凹模 2 分别与压边圈 3 之间采用导板导向。由于凸模安装在上方,因此称为正装拉深模。

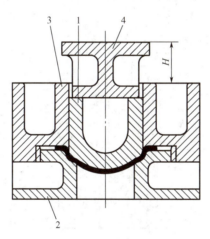

1—凸模;2—凹模;3—压边圈;4—固定座;H—内、外滑块闭合高度差
图 7.12 双动拉深模的组成(四大件)

双动拉深模内、外滑块闭合高度差 H 与双动压力机结构有关。为便于安装,当拉深模在普通双动压力机上使用时,$H=350\sim500\mathrm{mm}$。

根据导向方式的不同,双动拉深模主要分为凹模与压边圈导向的双动拉深模、凸模与压边圈导向的双动拉深模、凸模和凹模分别与压边圈采用导板导向的双动拉深模三种结构形式。

(1)凹模与压边圈导向的双动拉深模(图 7.13)。凹模与压边圈之间没有背靠块(凸台与凹槽)进行导向,并在凹模与压边圈的导向面之间设置防磨导板。一般防磨导板安装在背靠块凸台上,有时背靠块凸台和凹槽上都安装。这种双动拉深模多用于拉深断面形状较复杂、模具型面倾斜易产生侧向推力的场合。

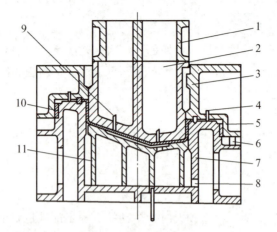

1—凸模固定板；2—凸模；3—压边圈；4—侧定位装置；5—背靠块；6—限程块；7—凹模；
8—排油孔；9—气孔；10—防磨导板；11—顶件板

图7.13 凹模与压边圈导向的双动拉深模

（2）凸模与压边圈导向的双动拉深模（图7.14）。在凸模与压边圈的导向面之间设有防磨导板，以提高导向面的耐磨性和导向精度。防磨导板多安装在凸模上，也有安装在压边圈上及凸模和压边圈都安装的。因为凹模与压边圈之间没有导向，所以这种双动拉深模仅适用于断面形状较平坦的浅拉深。

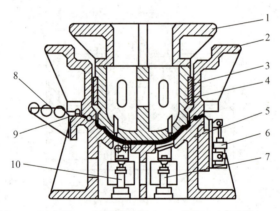

1—凸模固定板；2—压边圈；3—防磨导板；4—凸模；5—凹模；6—隐式定位器；
7—毛坯导向装置；8—送料用辊式滑槽；9—前定位装置；10—举升器

图7.14 凸模与压边圈导向的双动拉深模

3. 拉深模的主要工作零件结构

车身覆盖件拉深模的主要工作零件有拉深凸模、拉深凹模及局部形状成形所用的凸模镶块、凹模镶块等。

（1）拉深凸模结构。拉深凸模是拉深成形中的重要工作零件，其工作面形状与覆盖件内部形状相同。双动拉深模的凸模结构有以下两种类型：一种是凸模加垫板直接与压力机的内滑块连接的整体式结构；另一种是凸模先与固定座连接，固定座加垫板后，再与压力机内滑块连接的分体式结构。

由于覆盖件轮廓尺寸较大，凸模尺寸也较大，因此一般采用实型铸造成形，且为中空的壳形结构。为提高硬度和耐磨性，延长使用寿命，常采用合金铸铁（如铬钼钒铸铁、钼钒铸铁）铸制，并对凸模部分进行表面火焰淬火热处理。

覆盖件拉深件的形状包括装饰棱线、肋条、凹坑、凸包等局部形状，一般是在拉深模上一次成形的；拉深件中的局部反拉深形状也是在拉深凸模上成形的。因此，凸模工作面上必须具有成形这些特殊局部形状作用的凸模和凹模的局部形状。为防止局部形状成形时变形和破裂，应增大成形局部形状用的凹模或凸模处的圆角半径。

（2）拉深凹模结构。拉深凹模的作用是形成凹模压料面、凹模拉深圆角及凹模洞口，与拉深凸模配套完成覆盖件的拉深成形。

由于拉深件上的装饰棱线、肋条、凹坑、加强肋及装配凸包、凹坑等一般是在拉深模上一次成形的，因此凹模结构除了有压料面和凹模圆角之外，在凹模型腔中还装有局部成形或反拉深用的凸模或凹模结构。拉深凹模结构分为闭口式拉深凹模结构和通口式拉深凹模结构，前者应用较多。

① 闭口式拉深凹模结构。当拉深件形状圆滑、拉深深度小、没有直壁或直壁很短时，不需要顶出器，用顶件板或手工撬开方式即可取出拉深件。显然，这种凹模结构加工制造比较容易，应用较广。

当拉深件拉深深度较大、直壁较长时，需采用活动顶出器或压料圈将拉深件取出。当有装饰肋且较深时，若将成形装饰肋的凹模部分设计成整体，则加工装配比较麻烦。此外，考虑到拉深后采用机械手取件，常将凹模型腔用于成形装饰肋的凹模设计成镶入式并兼作顶出器，下面用弹簧托起顶出器，这样取件就容易了。闭口式拉深凹模结构适用于拉深件形状不太复杂，坑包、肋棱不多，镶件或顶出器安装孔轮廓简单，能够直接在凹模型腔立体曲面上划线加工的情况。

② 通口式拉深凹模结构。当拉深件形状比较复杂，坑包、肋棱较多，要求棱线清晰时，常采用通口式拉深凹模结构。

通口式拉深凹模的型腔是贯通式的，下面加装底板，反拉深凹模底部固定在底板上形成凹模芯。通口式拉深凹模结构的优越性主要体现在冲模制造工艺上。采用通口式拉深凹模结构便于在凹模的支持面上划线；凹模的内形可用插床准确加工，加工后的凹模、反拉深凸模和顶出器（如有时）可以一起安装在凹模座上，用仿形铣床加工。

7.4.3　车身覆盖件修边模

覆盖件修边一般是冲压成形不可缺少的重要工序，通常在拉深成形后进行。覆盖件修边模是用于分离拉深、成形、弯曲后的工件边缘及中间部分的冲裁模，与普通落料模、冲孔模有很大区别，主要体现在覆盖件的修边线多为较长的不规则轮廓，工件经拉深变形后形状复杂，模具刃口冲切的部位可以是任意空间曲面，而且冲压件往往有不同程度的弹性变形，冲裁分离过程通常存在较大的侧向力等。因此，对覆盖件修边模的设计制造提出了更高的要求。修边模可分为垂直修边模、带斜楔机构的修边模、组合修边模等。

7.4.4　车身覆盖件翻边模

覆盖件翻边一般是冲压成形的最后工序，翻边质量直接影响汽车整车的装配精度和质量。翻边除了要满足覆盖件的装配尺寸要求外，还要改善修边工序造成的变形。

1. 覆盖件翻边模的种类

覆盖件翻边模有垂直翻边模、斜楔翻边模、垂直斜楔翻边模三种。

（1）垂直翻边模。翻边凹模刃口沿上下方向垂直运动。

（2）斜楔翻边模。翻边凹模刃口沿水平或倾斜方向运动，需要斜楔机构将压力机滑块的垂直方向运动转换为凹模刃口沿翻边方向运动。

（3）垂直斜楔翻边模。凹模刃口既有上下垂直方向运动，又有水平或倾斜方向运动。

2. 覆盖件翻边模的典型结构

覆盖件翻边通常包括轮廓外形翻边和窗口封闭内形翻边。由于翻边边缘呈不规则立体结构，仅靠一个方向的运动完成翻边是不可能的，因此翻边模一般由多组沿不同方向运动的凹模组合组成。各组凹模的局部结构也像修边模一样采用镶块式结构。

（1）轮廓外形翻边凹模镶块结构（图7.15）。左边倾斜方向运动的凹模镶块必须先进行翻边，向下方运动的凹模镶块再进行翻边，避免两者发生干涉，且在交接处经过两次翻边成形，消除拐角处压缩变形造成的积瘤，获得较好的翻边质量。

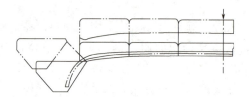

图7.15 轮廓外形翻边凹模镶块结构

（2）轮廓外形翻边凸模镶块扩张结构（图7.16）。翻边特别是水平翻边或倾斜翻边后，因为翻边凸缘的妨碍，可能取不出工件，所以通常采用翻边凸模镶块扩张结构，即在翻边凹模翻边时，翻边凸模扩张成一个完整的刃口形状，在翻边完成后，翻边凸模缩小，让开翻边后的凸缘，取出工件。翻边凸模镶块扩张结构的动作一般由斜楔机构实现。

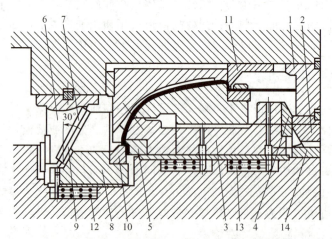

1—斜楔座；2，6—斜楔；3，8—滑块；4—楔形块；5—翻边凸模镶件；7，9—防磨板；
10—翻边凹模镶件；11—凸模镶件；12，13—弹簧；14—限位块

图7.16 轮廓外形翻边凸模镶块扩张结构

7.5　汽车车身焊接方法分类

焊接是用加热、加压、加热＋加压的方法，在使用或不使用填充金属的情况下，使两块金属连接在一起的加工工艺方法。如今焊接工艺是自动化与高速化的，并发挥出大量生产的优越性，其内容随大量生产的规模与零部件的种类变化。

常用车身焊接方法有电阻焊、CO_2气体保护焊、激光焊。其中，电阻焊应用最多；激光焊近年来发展迅速，在汽车车身制造中得到越来越多的应用。

7.5.1　电阻焊

电阻焊又称接触焊，是各种焊接方法中效率较高、较适合大批量生产的薄板件焊接。电阻焊的原理是将工件置于两电极之间并加压，在焊接处通以电流，利用工件电阻产生的热量局部加热熔化形成熔核，然后断电冷却，并在压力的继续作用下形成牢固的结合点。

电极压力和焊接电流是形成电阻焊接头的基本条件。电阻焊按接头形式不同分为搭接电阻焊和对接电阻焊，搭接电阻焊按工艺方法不同又分为点焊、缝焊和凸焊；对接电阻焊又分为电阻对焊和闪光对焊。

1. 点焊

点焊是具有代表性的电阻焊，多使用固定摇臂式点焊机、压力机式点焊机、移动式点焊机。由于点焊具有焊接过程简单、不产生弧光、易实现机械化和自动化等优点，因此是车身制造中应用广泛、主要的焊接方法。

点焊中的主要质量问题有未焊透、焊穿、飞溅、压痕、缩孔及裂纹等，它们直接影响汽车的安全性、可靠性和使用寿命，可采取以下措施解决。

（1）焊件焊前表面清理。避免氧化膜及污物等增大焊接时的接触电阻。焊件表面清理有机械清理和化学清理两种方法。机械清理包括喷砂、用铜丝刷、砂轮或砂纸抛光等，完工后用高压空气吹去残留在焊件上的砂粒和灰尘；化学清理包括酸洗、碱洗和钝化等。

（2）保证板件装配质量。要避免车身覆盖件装配时间隙过大或板件间位置错移，否则会造成板件焊后翘曲变形或应力过大，增强了飞溅的倾向性，熔核尺寸和接头强度的波动增大，焊接区的变形也会增大。一般装配间隙不应大于0.5～0.8mm；对于尺寸小且刚度大的焊件，装配间隙应为0.1～0.2mm。

（3）合理选择焊点间距。在保证连接强度的条件下，焊点间距尽量大一些。

（4）合理调节不同厚度板和多层板的焊接电流。车身点焊时，还需解决不同厚度板的焊接问题。如在客车生产中将车身外蒙皮焊在骨架上，一般骨架零件的厚度比蒙皮零件的厚度大，厚度不同将造成两焊件电流场分布不对称，熔核偏向厚的焊板，不能形成实际有效的熔核。在焊接两个厚度不同的焊件时，焊接规范应由薄板决定，再按厚板或平均厚度修正，稍微增大电流，提高薄板发热量。

在实际生产中，如厚度差别太大，则焊点约会在两焊件厚度之和的一半位置上形成，如图7.17（a）所示，焊点不能把焊件连接起来。为解决此问题，可采用硬规范，在薄板一侧使用小直径电极,同时增大与厚板接触的电极直径,使向厚板方向的散热大于向薄板方向的散热,此时熔核向薄板方向偏移,如图 7.17(b)所示,两焊件连接可靠。此外,还可考虑从结构上解决,在薄板上冲工艺凸点,以减少薄板的散热及增大薄板一边的电流密度。

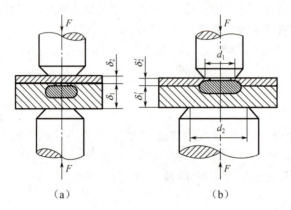

δ_1,δ_2,δ_1',δ_2'—焊件厚度;d_1,d_2—电极直径

图 7.17　焊件厚度不同的点焊情况

在车身制造中,有时还会遇到三层板焊接情况。当中间为厚板时,焊接规范由薄板决定,同时应适当增大焊接电流;当中间为薄板,厚板将薄板夹在中间时,焊接规范由厚板决定,同时应适当减小焊接电流和缩短焊接时间。

2. 缝焊

缝焊的原理与点焊基本相同,只是用旋转的滚盘状电极代替点焊的柱状电极,焊件置于两滚盘电极之间,靠滚盘转动带动焊件移动。当通以焊接电流时,形成类似于连续点焊的焊缝。缝焊的焊接过程与点焊相同,也存在加压、通电加热熔化和冷却结晶三个阶段。

3. 凸焊

凸焊是点焊的一种变型,不同之处是预先在板件上加工出凸点,或用焊件上能使电流集中的型面、倒角等作为焊接时的接触部位,焊接时靠凸点接触,增大单位面积上的压力和电流密度,以将板件表面氧化膜压破,集中热量,减小分流,可一次在接头处形成一个或多个熔核,提高了生产率,并减小了接头的翘曲变形。车身制造中,可将有凸点的螺母焊在薄板上。

7.5.2　CO_2气体保护焊

CO_2气体保护焊是用CO_2作为保护气体,利用焊丝与工件间产生的电弧熔化金属,并采用光焊丝作为填充金属的电弧焊接方法。

1. CO_2气体保护焊设备的组成

如图 7.18 所示,CO_2气体保护焊设备主要由电源控制箱、焊枪、送丝机构、低压干燥器、CO_2气瓶等组成。

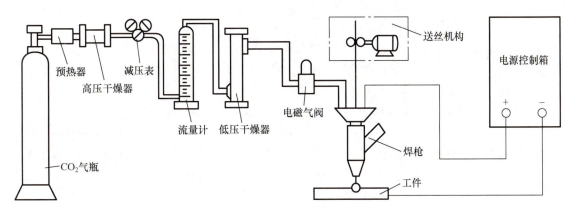

图 7.18　CO_2 气体保护焊设备的组成

2. CO_2 气体保护焊的焊接原理

如图 7.18 所示，焊丝由送丝机构送入焊枪导电嘴，进入焊接区，与焊件接触并引燃电弧；此时 CO_2 气瓶中的 CO_2 气体经预热、干燥和减压后，提前以一定的流速由喷嘴喷出，使电弧及熔池与空气隔离，防止空气对熔化金属的氧化。焊丝不断地熔化到焊件的熔池里，形成连续的焊缝，焊接完成后停止 CO_2 气体的供应。

由于 CO_2 气体保护焊具有焊接质量高、适用范围广、生产率高、成本低、操作性能好、抗锈能力强、易实现机械化和自动化等优点，因此在汽车车身尤其是客车车身的制造中得以广泛应用。CO_2 气体保护焊的缺点如下：受风的影响大，露天作业受到一定限制；弧光和热辐射较强；不能采用交流电。

7.5.3　激光焊

激光焊属于特种焊的范畴，近年来发展迅速，尤其在汽车车身制造中得到越来越多的应用。

激光技术采用偏光镜反射激光产生光束，集中在聚焦装置中产生巨大能量束，若将焦点靠近工件，则会在几毫秒内使金属熔化和蒸发，适用于焊接工件。激光焊设备的关键是大功率激光器，主要有以下两大类：一类是固体激光器；另一类是气体激光器，又称 CO_2 激光器。

激光焊

激光焊有如下特点。

（1）被焊接工件变形极小，几乎没有连接间隙，焊接深度与宽度比大，焊接质量比传统焊接方法好，是技术性非常强的先进制造工艺方法。

（2）具有减少零件和模具、减少点焊、优化材料用量、减小零件质量、降低成本和提高尺寸精度等优点。

（3）用激光焊技术，工件之间的接合面宽度可以减小，既降低了板材使用量，又提高了车体的刚度。零部件的焊接部位几乎没有变形，焊接速度快，而且不需要焊后热处理。

（4）激光焊十分灵活，与只能进行单调焊接的点焊相比几乎无所不能。激光焊既可焊接连续的焊缝，又可焊接断续的焊缝，可以在计算机控制下沿任意轨迹焊接。与点焊工艺不同，激光焊可以使两块钢板达到分子结合，也就是焊接后的钢板硬度相当于一整块钢板，从而将车身强度提升30%，车身的结合精度也大大提高。

由于激光焊具有许多优点，因此在现代汽车工业中，已被许多汽车制造企业和配件供应商采用。激光焊主要用于车身拼焊、焊接和零件焊接，如前风窗玻璃框架、车门内板、车身底板、中立柱、顶盖、侧围等。

在车身框架结构的焊接过程（如车身顶盖与侧围的焊接）中，传统点焊已经逐渐被激光焊替代，广泛应用于变速器齿轮、气门挺杆、车门铰链等的焊接。其中钢板激光拼焊是将汽车车身零部件所需的各种厚度、材质的钢板，经过剪切下料、激光拼焊后冲压成形为车身零件（如立柱、门槛、前后纵梁、车门等车身件），车身结构更合理，且提高了车身强度，减轻了车身质量。激光拼焊示意如图7.19所示。

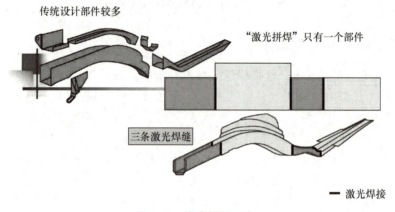

图7.19　激光拼焊示意

7.5.4　塑料焊接

超声波塑料焊接是将高频率机械振动通过工件传到接口部分，使分子加速运动，分子摩擦转换成热量，使接口处塑料熔化，从而使两个焊件以分子连接方式结合为一体的技术。因为这种分子运动是在瞬间完成的，所以绝大部分超声波塑料焊接可以在0.25～0.5s内完成。超声波塑料焊接适用于焊接面积较小、结构规则、热塑性好的塑料件。

振动摩擦塑料焊接是使工件在加压情况下相互摩擦，能量沿熔接部位传导，并且在特别设计的部位使塑胶因摩擦生热而熔化，熔化后在继续加压的状态下冷却固化，固化后的接口强度与本体塑胶强度相近的技术。超声波塑料焊接已成功应用于汽车保险杠、仪表板和仪表盘、制动显示灯、方向指示器、汽车门板及其他与发动机有关的零部件制造工业中。近年来，使用金属的许多零部件也开始用塑料替代，如进气管、仪表指针、散热器加固、油箱、滤清器等。振动摩擦塑料焊接适用于焊接面积较大、结构复杂的工件，并且对塑料类型没有特殊要求。

7.5.5　中频电阻焊

传统的普通交流中频电阻焊存在焊接质量不稳定、飞溅多、焊接质量缺乏有效控制、需要单相大容量电源等问题。随着汽车工业的发展，车身大量采用高强度钢、镀锌钢、多层钢甚至铝合金板材，柔性自动化焊接生产线中大量使用焊接机器人。近年来，中频电阻焊逐渐成熟，形成成套的中频电阻焊技术和相应的设备，应用于车身焊接生产。

在车身装焊生产线上，中频电阻焊用于悬架式点焊钳或机器人点焊钳。中频点焊大量用于镀锌钢板、高强度钢的焊接，如速腾、宝来等生产线规定，凡是高强度钢板、镀锌钢板必须采用中频点焊。

7.5.6 等离子弧焊

等离子弧焊（plasma arc welding，PAW）是以等离子弧为热源的焊接方法。气体由电弧加热产生离解，在高速通过水冷喷嘴时受到压缩，增大能量密度和离解度，形成等离子弧。等离子弧焊主要用于汽车燃油箱两个半圆边缘的焊接。等离子弧焊有以下四个优点：第一，焊接强度增大 30%；第二，车体表面更加美观，避免了焊接变形；第三，加快了生产速度，增强了车身的防腐性；第四，设备费用及维护费用大大降低。

7.5.7 TCP 自动校零技术

焊接机器人的工具中心点（tool center point，TCP）就是焊枪的中心点，工具中心点的零位精度直接影响焊接质量的稳定性。但在实际生产中，焊枪与夹具之间会发生不可避免的碰撞等，导致工具中心点位置偏离。通常手动对机器人工具中心点校零，全过程需要 30min，影响生产效率。工具中心点自动校零是应用于机器人焊接中的一项新技术，硬件设施由一个梯形固定支座和一组激光传感器组成。当焊枪以不同姿态经过工具中心点支座时，激光传感器记录下的数据传递到中央处理器（central processing unit，CPU），与最初设定值进行比较与计算。当工具中心点偏离时，机器人自动运行校零程序，调整每根轴的角度，并在最短的时间内恢复工具中心点零位。

7.5.8 焊缝自动跟踪技术

焊接机器人缺少对工件的自适应能力，用激光视觉传感器系统可以弥补这种缺陷。它能够自动识别焊缝位置，在空间中寻找和跟踪焊缝、寻找焊缝的起点和终点，实现焊枪跟随焊缝位置自适应控制。但该系统不太适合汽车底盘零件的焊接，因为汽车底盘零件机器人系统的夹具允许机器人工作的空间范围很小，不允许焊枪头上附带激光跟踪头焊接，所以只能使用电弧电压跟踪传感，寻找焊缝起点、终点及弧长参考点，焊接过程中根据弧长的变化，用电弧传感器进行电压自适应控制。同时这种系统只能应用于角接接头形式，对于汽车底盘零件的大量薄板搭接焊缝，因无法寻找弧长参考点而无法应用。

焊缝自动跟踪技术

焊接工艺卡如图 7.20 所示。

焊接工艺卡	工序号	013/014	部件图号	P356.A6100013/014	定员	1/1	关键工序	1/1	（版本）第1页
	工序名称	左右前侧门内板及窗框总成	部件名称	左右前侧门内板及窗框总成	作业时间	232/232		共6页	

工位上料顺序：① ③ ② ④

左右对称

装配图（爆炸图）

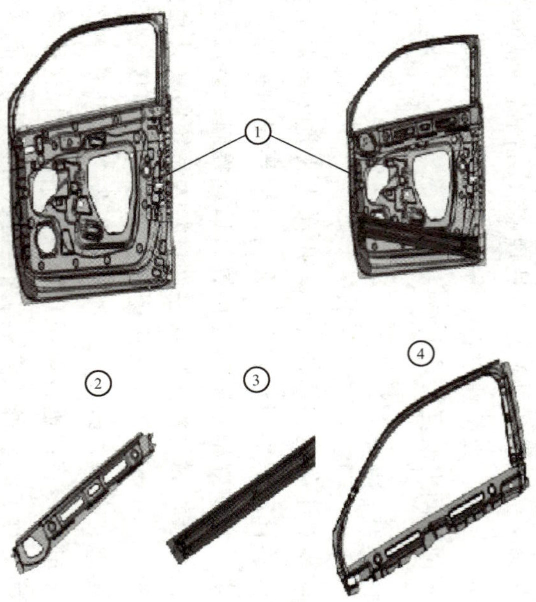

零部件明细

序号	图号	名称	料厚	数量	序号	图号	名称	料厚	数量
1	P356.A6100015016	左右前侧门内板总成	—	1/1	11				
2	P356.A6100047048	左右前侧门窗外加强板	0.8	1/1	12				
3	P356.A6100049050	左右前侧门防撞板	1.2	1/1	13				
4	P356.A6100031032	左右前侧门窗框总成	—	1/1	14				
5					15				
6					16				
7					17				
8					18				
9					19				
10					20				

序号	作业内容	控制特性	特性要求	检查频度/检查频次	检查手段
1	指定使用保护用具穿着确认				
2	检查工件是否有油污、缺附等	焊点处应形成熔核，并留在其中一块被分离的板材上		每天开工前一次	剥离试验合格
3	将工件1~4放入夹具	焊接强度			
4	夹紧夹具				
5	用1FSC30~2515型悬挂焊钳对ABC区域进行点焊		使用前确保仪器正常工作	关键	大电流压力测试仪
6					
7	打开夹具	焊接参数		关键1次/2周	
8	卸件				
9					
10					

工装

名称	编号
左右前侧门内板及窗框总成	P356.A 61000 13/014

设备/工具

名称	规格型号	数量
悬挂焊机	DN3-160	2
悬挂焊钳	1FSC30-2515	2
悬挂焊钳	1FSX25-2405	2

辅料

名称	规格	数量

标准化审核		会签		批准	
标准化日期		会签日期		批准日期	

编制		审核		校对	
编制日期		审核日期		校对日期	

图7.20 焊接工艺卡

7.6 汽车车身装焊

7.6.1 车身装焊的工艺特点及程序

1. 车身装焊的工艺特点

（1）车身薄板冲压件的材料多为具有良好焊接性能的低碳钢。焊接是车身制造中应用广泛的工艺方法。

（2）车身制造中应用最多的是电阻焊，有时全部采用电阻焊；其次是 CO_2 气体保护焊，主要用于车身骨架总成的焊接。

（3）车身的装焊面几乎都沿空间分布，焊接难度大，要求使用的装焊夹具定位迅速、准确，质量控制手段完善，应用先进的自动化生产线和大量焊接机器人，以满足大批量生产的要求。自动化生产线上的焊接机器人如图 7.21 所示。

图 7.21　自动化生产线上的焊接机器人

（4）车身薄壁板件或薄壁杆件刚性很差，装焊过程中必须使用多点定位夹紧的专用装焊夹具，以保证各零件或合件在焊接处的贴合效果及相互位置，特别是门窗、孔洞的尺寸等。

（5）为便于制造，设计车身时，通常将车身划分为若干分总成，各分总成又划分为若干合件，合件又由若干零件组成。车身装焊的顺序是上述过程的逆过程。

（6）在冲压过程中，除了要保证车身刚性外，合理的焊接工艺也是保证车身整体刚性的重要手段。在现代汽车制造中，先进的焊接工艺是保证车身安全性的重要手段。

（7）车身装焊的方式与生产批量密切相关。对于单件小批量生产，一般采用手工方式和少量装焊夹具，在一个或多个工位上完成全部装焊工作；对于大批量生产，装焊工作转为使用大量装焊夹具、焊接机器人及完善的质量控制手段保证的自动化生产线。

2. 汽车白车身的装焊程序

汽车白车身主要由底板、前围、后围、左右侧围、顶盖、车门等分总成组成，各分总成又由许多合件、组件及零件（大多为冲压件）组成。

汽车车身在装焊过程中的最大特点是具有明显的程序性。车身按位置的不同分为上、下、左、右、前、后六大部分，车身壳体是唯一总成。

装焊时，先在装焊夹具上定位焊接底板分总成，作为焊接其他总成的基准；然后焊接车前钣金件、侧围、车身后部；最后焊接顶盖。为减小焊接工作量及模具、夹具和检具的使用量，要求对车身进行工艺分块时尽量扩大范围，如现代汽车侧围都是经整体冲压而成的。

构成车身的主要零件有 200～300 种，主要工序如下。

（1）地板总成。点焊部位有 400～600 处，是车身的基础件。焊接是在专用多点焊机上进行的。

（2）车身本体总成。在地板总成上安装车身侧框架与顶盖，形成整体车身，保证装配精度是个极复杂的问题。

（3）增补焊接。对已完成上述装配工序但尚未完全焊好的车身总成，继续用点焊全部焊好。在此过程中几乎不使用夹具，逐渐采用机械手操作。

（4）软钎焊与焊缝平整。为了覆盖汽车外护板上面的焊缝，采用软钎焊填补，并将填满后的焊缝熨压平整。常用此法修饰顶盖与支柱、顶盖与后翼子板之间的焊缝。

（5）钣金装配。钣金装配是安装车门、发动机罩、行李箱盖的最后工序，集中表现出各种装配部件与各种分总成在车身上的相对精度，必须进行调整。此处可显示出车身制造技术的水平。

7.6.2 车身装焊夹具

1. 车身装焊夹具的种类、基本要求、结构特点

车身装焊夹具

单独的板件刚度很差，需要利用一定的工具和装置进行定形、定位并夹紧，然后焊接板件形成整体，这些工具和装置通常称为装焊夹具。它有利于保证车身的质量要求，提高劳动生产率，减轻劳动强度。

（1）装焊夹具的种类及作用。装焊夹具种类繁多，按用途可分为以下几种。

① 装配夹具。装配夹具的作用是按照车身图样和工艺要求，准确地固定焊件中各零件或部件的相互位置，只在上面对焊件进行点固焊接（点定焊），而并不完成所有焊接工作。

② 焊接夹具。焊接夹具的作用是使已点固的焊件能够顺利完成所有焊缝的焊接，具有防止焊接变形，并使各种位置的焊缝都尽可能地调整到最有利于施焊位置的特点。

③ 装焊夹具。装焊夹具的作用是完成整个焊件的全部装配和焊接工作，兼具装配夹具和焊接夹具的功能。

按施用对象不同，装焊夹具可分为合件装焊夹具、分总成装焊夹具和车身总成装焊夹具。

（2）装焊夹具的基本要求。

① 保证焊件焊后获得正确的几何形状和尺寸。装焊夹具必须使零件或部件装配时获

得正确的位置和可靠的夹紧,且焊接时能够防止焊件变形。

② 使用安全可靠。装焊夹具必须具有足够的强度和刚度,能承受重力和由焊件变形引起的各方向的力。

③ 便于施工操作。装焊夹具应使装配和焊接过程简化,操作程序合理,工件装卸方便。采用结构良好且便于操作的翻转式装焊夹具,定位、夹紧和松开应省力且快捷,使焊缝位置利于施焊,具有供焊枪、焊钳、焊剂进出和移动的空间及工人自由操作的位置,且便于进行中间质量检查。

④ 制造简单,维修方便。装焊夹具零部件应易加工制作,尽量实现标准化和通用化;应便于易损零部件的修理或更换。

⑤ 成本和能耗低。尽量降低制造时的投资费用,减少使用时的能源消耗。

(3) 装焊夹具的结构特点。

① 定位元件工作面复杂,精度要求高,设计制造难度大,位置分散。车身制件多为空间曲面的覆盖件,形状复杂,刚性差,易变形。为保证车身形状正确,装焊夹具定位元件的工作表面必须与车身制件上相应的待定位表面形状一致。定位表面一般应选取车身各重要部位和便于测量的部位。因此,装焊夹具定位元件的工作表面的确定是选择夹具结构的关键,几何形状和尺寸必须正确,以保证车身的形状精度和尺寸精度符合设计要求。

② 夹紧机构常采用一些手动、气动或液压的快速夹紧装置,使装配焊接时操作方便,装夹时间短、速度快,能"快夹快松"。通常逐个将车身制件放入装焊夹具,装焊后将已焊成整体的车身装焊件从夹具中整体取出。

③ 车身总成装焊夹具(主焊台)是保证车身装焊质量的关键装备,结构复杂。在制造和使用过程中,应能方便使用调整样架和其他方法进行检验、调整和校正,以保持形状精度和位置精度。

④ 装焊夹具具有很好的刚度、强度及较轻的质量。

2. 常用车身装焊夹具

(1) 合件、分总成装焊夹具。图 7.22 所示为车门装焊样板夹具,是用铝合金制造的。门支柱靠外形及限位器固定座定位,内盖板靠三面翻边定位。用手压紧零件,在固定式点焊机上进行焊接。样板中部开有孔洞,以便进行点焊和减轻样板质量。

图 7.22 车门装焊样板夹具

大、中型客车的前、后围、两侧围及顶盖、地板六大骨架总成的装焊夹具都属于分总成装焊夹具，体积较大，结构简单。夹具体几乎都用型材焊制而成，上面布有许多螺旋夹紧器或快速铰链式夹紧器。工件大多用曲面外形定位，各梁必须在焊接部位夹紧。夹具装在两铰链支座上，可以旋转并固定在任何角度，以使焊接部位的位置最有利。

(2) 车身总成装焊夹具。车身总成装焊夹具尺寸大，结构复杂，精度要求高，按照定位要求方式的不同分为一次性装配定位的总装夹具和多次装配定位的总装夹具两种。

① 一次性装配定位的总装夹具。这种总装夹具的特点是车身总成的主要装配焊接工作是在一台总装夹具上完成的，装焊车身时只进行一次定位和夹紧，容易保证车身装焊质量。

工作时，组成车身的零件、合件、分总成等依次装到总装夹具上定位和夹紧，直至车身总成的主要装配焊接工作完毕后，再从夹具上取下来。

根据车身生产批量，可使用单台夹具或多台夹具。单台夹具可采用固定式的；多台夹具可配置在车身装焊生产线上，随生产线移动，称为随行夹具。

② 多次装配定位的总装夹具。这种总装夹具的特点是车身总成要经过两台或两台以上不同的总装夹具装焊完成。车身每通过一台总装夹具就要被定位一次，要求不同夹具上的定位面一致，以减小装配误差。这种总装夹具制造简单，夹具较少，且不存在水、气和电源的连接问题，但增加了定位夹紧次数，易产生装配误差，质量稳定性较差。

多次装配定位的总装夹具适用于装焊有骨架的驾驶室总成，如在第一台夹具上完成内骨架的装焊，在第二台夹具上完成外覆盖件的装焊，两台夹具均以底板上的悬置孔和门框为定位基准。

7.6.3　辅助工具

辅助工具主要包括调整样架（简称样架）和检验夹具（简称检具）等，也是装焊过程中不可缺少的工艺装备。

1. 调整样架

调整样架的作用是保证装焊夹具有统一、精确的定位。它可以放到固定式装焊夹具的各工位及各随行装焊夹具上，使各夹具和各工位的定位块具有相同的空间位置，以保证各装焊夹具上装焊的车身具有正确、一致的形状。此外，调整样架也可用于分析车身装焊质量，校正夹具上定位元件的磨损，以便重新复制夹具。

一般调整样架用Q235钢轧制的型钢组焊而成。它根据主模型框架的尺寸，装配有精确的基准块，与夹具定位元件相应的基准块对应，这些基准块的空间位置由三坐标测量仪检验校准。

2. 检验夹具

检验夹具的作用是检测车身零部件的装焊质量和整个车身的质量，是检测车身轮廓形状、尺寸和孔位尺寸的综合性专用检测工具。检验夹具具有精确、高效的特点，是车身装焊过程中必不可少的检测工具。例如，在离开装焊生产线之前，可使用检验夹具对车身的几何形状进行激光检测，输出检测数据，实现在线检测，使制造质量得到严格控制。

7.7 汽车车身涂装工艺

汽车车身涂装是指将涂料均匀涂覆在车身覆盖件表面并干燥成膜的工艺。车身涂料涂覆在车身表面时，生成坚韧、耐磨、附着力强、具有各种颜色、防锈、耐潮湿、耐高温等功能的涂膜。某些特殊涂料还能起防振、消声、隔热作用，对汽车车身起着重要的保护作用和装饰作用，不仅延长了汽车车身的使用寿命，而且提高了汽车的使用效果。涂料工业的发展水平在一定程度上反映了一个国家的国民经济发展水平；高产值、高附加值的汽车涂料，代表着涂料工业的最高水平和发展方向。美国、日本和西欧国家的涂料工业较发达。

机械手辅助涂装

车身涂装工艺主要有以下三个基本体系。

(1) 涂三层烘三次体系。

涂三层烘三次体系是指涂层有底漆涂层、中间涂层、面漆涂层，且三层先后分别烘干一次。该体系一般用于外观装饰性要求高的轿车、旅行车和大客车等乘用车车身。涂层的总厚度一般为 70~100μm。

该体系的工艺流程如下：碱性脱脂→锌盐磷化→干燥（120℃/10min）→底漆涂层［喷涂溶剂型环氧树脂底漆，膜厚为 15~25μm，烘干（150℃/30min）］→干打磨或湿打磨→晾干→中间涂层［静电自动喷涂溶剂型三聚氰胺醇酸树脂漆，膜厚为 20~30μm，烘干（150℃/30min）］→湿打磨→晾干→面漆涂层［喷涂三聚氰胺醇酸树脂系面漆（金属闪光色用丙烯酸树脂系），膜厚为 35~45μm，烘干（130~140℃）/30min］。

(2) 涂三层烘两次体系。

涂三层烘两次体系是指涂层仍有三层，但底漆层不单独烘干，待涂完中间层后烘干一次，涂面漆层后再烘干一次，共烘干两次。该体系一般用于外观装饰要求不高的旅行车车身、大客车车身及轻型载重汽车的驾驶室等。涂层的总厚度一般为 70~100μm。

该体系的工艺流程如下：碱性脱脂→锌盐磷化→干燥（120℃/10min）→底漆涂层［电泳底漆，膜厚为 15~25μm，不烘干（仅晾干水分）］→中间涂层［静电自动喷涂与电泳底漆相适应的水性涂料，膜厚为 20~30μm，预烘干（100℃/10min）；与底漆一起烘干（160℃/30min）］→面漆涂层［喷涂三聚氰胺醇酸树脂系面漆（金属闪光色用丙烯酸树脂系），膜厚为 35~45μm，烘干（130~140℃）/30min］。

(3) 涂两层烘两次体系。

涂两层烘两次体系是指涂层只有底漆涂层和面漆涂层，无中间涂层，两层分别先后烘干。该体系一般用于中型、重型载货汽车的驾驶室。涂层的总厚度为 55~75μm。

该体系的工艺流程如下：碱性脱脂→锌盐磷化→干燥（120/10min）→底漆涂层［电泳底漆，膜厚为 20~30μm，烘干（160℃/30min）］→干打磨或湿打磨→晾干→面漆涂层［喷涂三聚氰胺醇酸树脂系面漆（金属闪光色用丙烯酸树脂系），膜厚为 35~45μm，烘干（130~140℃）/30min］。

车身涂漆工艺因汽车级别而异。例如，货车与轻便汽车需涂底漆、面漆，轿车需涂头道底漆、二道底漆、面漆。

7.7.1 车身用涂料

1. 车身用涂料的特性

根据汽车特殊使用条件及高速率、大批量的流水作业要求，车身用涂料一般应具备下列特性。

(1) 漂亮的外观。要求漆膜丰满，光泽华丽柔和，色彩多种多样并符合潮流。现代汽车上多使用金属闪光涂料和含有云母珠光颜料的涂料，使外观看上去更加赏心悦目，给人以美感。

(2) 极好的耐候性和耐蚀性。要求适用于各种温度、曝晒及风雨侵蚀，在各种气候条件下保持不失光、不变色、不起泡、不开裂、不脱落、不粉化、不锈蚀。要求漆膜的使用寿命不低于汽车本身的使用寿命，一般应在 10 年以上。

(3) 极好的施工性和配套性。因为汽车漆一般为多层涂装，单层涂装达不到良好性能，所以要求各涂层之间附着力好、无缺陷；要求涂料本身性能适应汽车工业现代化的涂装流水线。

(4) 极好的力学性能。为适应汽车的高速、多振和应变，要求漆膜的附着力好、坚韧、耐冲击、耐弯曲、耐划伤、耐摩擦等。

(5) 极好的耐擦洗性和耐污性。要求车身用涂料耐毛刷、肥皂、清洗剂清洗，与其他常见污渍接触后不残留痕迹。

(6) 良好的可修补性。

(7) 良好的经济性。由于汽车涂料用量大，因此要求涂料货源广、价格低，并能逐步实现低污染，便于进行"三废"处理。

2. 车身用涂料的组成

车身用涂料品种繁多，成分各异，一般根据成膜情况分为以下三种物质。

(1) 主要成膜物质。主要成膜物质是使涂料黏附在制件表面成为涂膜的主要物质，是构成涂料的基础，通常称为基料和漆基。在涂料原料中，作为主要成膜物质的是油料和树脂，称为固着剂。以油为主要成膜物质的涂料，称为油性涂料或油性漆；以树脂为主要成膜物质的涂料，称为树脂涂料或树脂漆，如以酚醛树脂或改性酚醛树脂为主的成膜涂料，称为酚醛树脂涂料或酚醛树脂漆；以油和一些天然树脂合用为主的成膜涂料，称为油基涂料或油基漆。

(2) 次要成膜物质。次要成膜物质是涂膜的组成部分，主要是一些添加剂。但它不能离开主要成膜物质单独构成涂膜，不像主要成膜物质那样，既可单独成膜，又可与次要成膜物质共同成膜。次要成膜物质给予涂膜一定的遮盖力和着色力，增大涂膜厚度。如颜料是次要成膜物质，在漆膜中能增强涂膜性能，使涂料品种更加丰富。

(3) 辅助成膜物质。辅助成膜物质是对涂料变成涂膜的过程或对涂膜性能起辅助作用的物质，不能单独成膜。辅助成膜物质包括稀料（挥发剂）和辅助材料（催化剂、增韧剂、乳化剂和稳定剂等）两大类。

以上三种物质按在涂膜中存在的状态分为固体成分（不挥发成分）和稀料成分（挥发成分）。固体成分是涂料中能最后存在于涂膜中的成分，包括油、树脂、颜料和辅助材料；稀料成分存在于涂料中，在涂料变成涂膜的过程中挥发，不再存在于涂膜中，包括溶剂、稀释剂和助溶剂等。

涂料中没有着色颜料或体质颜料且呈透明状的涂料称为清漆。涂料中有着色颜料或体质颜料且呈有色或不透明状的涂料称为色漆。

7.7.2 涂漆工艺设计

必须在充分理解各工序目的与作业内容的基础上，设计出符合产品质量要求的涂漆工艺。

1. 前处理

汽车涂漆之前，无论是零部件、大件工件还是整车，都要先将金属表面的油污、锈蚀等杂物彻底清除干净后，再涂头道底漆（有防锈作用的底漆），使漆膜直接附着于金属表面，起到防锈作用，提高漆膜的附着能力，使漆膜真正起到防锈和保护金属的作用。中华人民共和国交通运输部对汽车生产企业和改装企业等的涂装要求如下：凡汽车用金属零部件、客车的整车外壳件、载重汽车的驾驶室等金属件，其厚度在 2mm 以下的，必须经过磷化处理后方可进行涂漆。根据该规定，各种汽车制造或改装所用厚度在 2mm 以下的型材、蒙皮等金属制件，除应先除油、除锈外，还必须经过磷化，使表面形成一层薄且均匀细致的磷化膜，方可涂头道底漆。反之，由于金属工件较薄，不经过磷化就涂底漆易使漆层下面的金属产生锈蚀，日积月累，锈蚀不断扩大，最后顶破漆膜，使漆层失去保护金属的作用。严重时会蚀透金属层，损坏制件，大大缩短制件的使用寿命。而对厚度在 2mm 以上的金属制件，如底盘（大梁）、前后金属保险杠等，可不经过磷化处理，只要将表面的锈蚀、油污等清除干净，就可直接进行涂漆。

前处理是指在车身金属基体表面上形成磷化膜，以提高防锈能力及与底漆的结合能力的工序。前处理包括脱脂、磷化、清洗等内容。

对于汽车涂装来说，汽车行业常用的磷化处理工艺有高温磷化工艺、中温磷化工艺、低温磷化工艺、超低温磷化工艺、简易磷化工艺、"四合一"磷化工艺、磷化醮漆流水线工艺、磷化喷漆流水线工艺、磷化电泳涂漆工艺等。

磷化膜可分为磷酸锌系磷化膜与磷酸铁系磷化膜，后者虽具有处理费用低、与涂料的结合能力强、表面质量好等优点，但防锈能力差。由于汽车覆盖件以防锈为主要目的，因此多采用前者。

大量生产时，零件涂漆表面的脱脂、清洗、防锈等前处理，多采用浸渍式和喷淋式的前处理自动线。喷淋式磷酸锌处理规范的实例见表 7-4。

表 7-4 喷淋式磷酸锌处理规范的实例

工序名称	处理时间/min	温度/℃	压力/(kg/cm^2)
预备清洗	1.0	(50~55)±3	1.2
脱脂	2.0~3.0	55±3	1.5~2.5
第一次水洗	1.0	室温	1.0~2.0
磷化	2.0~3.0	55±3	<1.5
第二次水洗	1.0	室温	1.0~2.0
第三次水洗	1.0	室温	1.0~2.0

2. 前处理的沥水干燥

一般在循环热风炉内使前处理后的水分蒸发干燥。干燥条件应使车身表面水分充分蒸发，炉温一般为 80～120℃，干燥时间一般为 10～30min。虽然关于前处理是否需要干燥众说纷纭，但是通常认为充分烘干水分有助于电泳涂漆，漆膜性能也好。

3. 电泳涂漆

电泳涂漆

电泳涂漆的作用是防锈。与喷涂相比，电泳涂漆可使钢板接合部与车身各处都有漆料附着，显著提高防锈能力。此外，漆膜厚度也可通过调整通电时间和电压来控制。

4. 烘干电泳

涂漆后必须烘干。烘干条件虽因涂料种类而异，但一般高于面漆烘干温度，常为 150～170℃，保温 30min。

5. 涂防声胶

涂防声胶的目的在于缓和汽车行驶时从发动机与路面上发生的振动与噪声，防止从路面上带起的沙砾、石块、水、泥、尘埃、热气等对车身造成撞击与侵袭。胶膜厚度一般为 2～3mm。涂胶部位包括地板内面、车轮上方拱形地板、翼子板内面等，有时也包括发动机罩与车门内面。可用自动喷涂装置为地板内面涂胶，使用手提式空气喷枪或无气喷枪喷涂其他部位。

6. 刮、喷腻子

用腻子填平并修整车身外护板上的凹坑、锉纹与划痕，可用刮与喷两种方式。对于程度特别严重的缺陷，应先用砂轮或锉刀修整。

7. 涂密封胶

汽车车身上有许多钢板接合缝和间隙，应在这些部位涂上密封胶，防止汽车行驶时水、风、尘埃的侵入。此外，还可将钢板接合缝遮盖起来，使车身更美观。不宜在涂密封胶之后立刻喷涂二道底漆或面漆，应待密封胶烘干之后喷涂。

8. 喷涂二道底漆

在喷漆线前面的准备室内，用压缩空气吹掉附着在车身上的灰尘，并用抹布擦拭，用汽油喷洗车身表面。喷涂二道底漆的目的在于防止面漆涂料被头道底漆吸收。采用自动静电空气喷涂二道底漆。

9. 烘干

喷漆后停放约 10min，再送入烘干炉。若不停放立即送入烘干炉，则容易产生气孔、流淌等。烘干炉一般多为热风循环炉，烘干温度常为 140～150℃，保持 30min。

10. 二道底漆水磨

水磨是以砂纸、转动砂轮或摆动砂轮研磨涂漆表面，以去除尘粒和其他附着物，使表面平整；此外，还可在漆膜表面留下微细划痕，增大了表面积，提高了面漆的附着能力。也有简单采用干磨方法的，如载货汽车。

11. 沥水干燥

沥水干燥是在炉温为 100～120℃ 的热风烘干炉中，保持 10～15min。

12. 面漆喷涂

面漆喷涂是车身涂漆的最终工序，一般多用空气喷涂，也有采用静电涂漆及自动化涂漆的。涂金属漆时，为了保持金属光泽，防止铝粉变色，有时不等金属涂漆干燥就在其上再涂一层透明漆，称为湿碰湿法。

面漆喷涂

13. 烘干

烘干与二道底漆的烘干工艺相同，烘干温度为 140～150℃，保持 30min。

14. 成品车的防护涂漆

成品车的防护涂漆的目的在于短期保护向用户运送或保管中的成品车，涂漆方法有空气喷涂和无气喷涂两种。

7.7.3 喷漆室

喷涂时，使雾化的喷漆涂料在零件表面上形成液态皮膜。与此同时，从涂漆表面上溅出和未能到达涂漆表面的涂料微粒，在喷漆室内集结成涂料云雾。只有迅速排出这种云雾，并控制喷漆室的温度与湿度，除去尘埃，才能得到良好的漆膜质量，并保证相关人员的健康。喷漆室的设计要点是空气的供应与废气的净化。其必须具备充分的排气能力，垂直气流风速应为 0.3～0.6m/s。例如，长度为 40m、宽度为 5m 的喷漆室的净化空气供应量应为 $2.5 \times 10^5 \mathrm{m}^3/\mathrm{h}$，而且全部空气应从喷漆室上部均匀输入。

7.7.4 烘干炉

涂料的干燥条件可分为常温干燥型与烘烤干燥型两类。从提高生产效率出发，前者也采用强制干燥。汽车工业所用涂漆烘干炉有红外线炉、远红外线炉和热风烘干炉等，它们在炉温条件（升温速度、最高温度、温度分布），设备费用、热源费用、炉内气氛，操作性能，安全性能等方面各具优点与缺点，应该充分分析所用涂料的性质，被涂工件形状、生产规模等条件，合理选用。

1. 红外线炉

红外线炉使用的红外线热源大多是钨丝灯泡，其放射能量的 90% 为红外线，可见光约为 10%。红外线的波长范围为 0.77～1000μm，透过灯泡玻璃射到被加热工件上的波长约为 4μm。其反射吸收效率因被加热物体的材料、形状、颜色、反射率等而异。红外线炉可分为开放式与密封式两类,应根据工件形状、尺寸与生产规模选用。在汽车车身涂漆方面,红外线炉主要用在公共汽车、各种变型车等生产量较少的汽车上,以及漆膜的强制烘干。

2. 远红外线炉

远红外线炉是在热风烘干炉内部装设辐射板,使炉内工件同时受到热风和热辐射线加热的烘干炉。辐射板是以热风、电热体、蒸汽为热源,加热至150~350℃,发射出波长为6~8μm的热辐射线。远红外线加热的特征如下:能量分布均匀,使工件均匀加热;辐射波长较大,不受工件表面组织和颜色的影响,可均匀加热;能进行辐射效率与热效率高的表面烘干,减少漆膜起皱,并可缩短除尘时间;由于大部分热量由辐射板直接供给漆膜表面,因此所需热风量小,产生尘埃与工件进出口处的热量损失也少。

3. 热风烘干炉

热风烘干炉所用热源有城市煤气、天然气、液化气、煤油、重油等燃料,以及蒸汽、电热等能量;加热方式有直接加热式与间接加热式;生产方式有使用输送机连续作业的隧道式、驼峰式,以及周期作业的开闭炉门式。

7.7.5 研磨工序

水磨工序不需要特殊设备,但是为了能够准确判断前道工序的疵病并加以修整,需要配备足够的照明装置。在干磨场地应设置排气装置,使粉尘不致伤害工人。大量生产时,采用自动研磨机进行车身外护板研磨。

7.7.6 涂漆方法

1. 空气喷涂

空气喷涂是一种常用涂漆方法,用压缩空气将涂料雾化进行喷涂。喷漆量、漆束形状、漆束直径、漆粒尺寸、空气压力等根据涂料的种类与黏度适当调整。其优点如下:能够任意选择喷漆条件,比较容易操作,适合重视喷涂质量的工件。其缺点如下:涂料利用率低,空气中容易携带水与油。

2. 无气喷涂

无气喷涂是一种对涂料自身施加压力,使之从特殊喷嘴中喷出雾化的方法。其优点如下:超喷少,涂料损失少;排气装置简单;一次喷涂即可得到较厚的漆膜;漆雾散射量小,环境卫生好。无气喷涂可分为冷态无气喷涂和热态无气喷涂两种方式。前者只对涂料施压,使之从特殊喷嘴喷出,涂料输送压力与二次压力之比为1:20~1:16;后者对涂料加热并施加压力,涂料比前者更易雾化,涂料输送压力与二次压力之比为1:10~1:8。

3. 自动喷涂

自动喷涂是自动进行空气喷涂与无气喷涂的方法,具有提高劳动生产率、节省人力、稳定涂漆质量等优点。但是,对于汽车车身等形状复杂的涂漆件,自动喷涂后还应用手工喷涂修整。

4. 淋涂

淋涂是指将被涂工件由输送机运至装有许多涂料喷嘴的涂漆室内，涂料由喷嘴喷出，沿工件表面流淌，形成漆膜。滴下的过剩涂料由滴料槽回收，并循环使用。淋涂的优点如下：不需要像浸涂一样的大容量槽，也不必装入大量涂料；涂料无超喷且能循环使用，损耗少；不因空气排出受阻而发生浸不上漆的现象。

5. 浸涂

浸涂是指将被涂工件浸入涂料，取出后过剩涂料因受重力作用滴落，而在工件表面形成漆膜。在汽车工业中，浸涂适用于不要求外表美观的部分和车身地板的防锈涂漆。浸涂的优点如下：比喷涂的涂料损失少；实现连续作业后，可提高效率，节省人力；涂漆质量不因操作而异，稳定均匀。其缺点如下：不适合处理在结构上滞留涂料的零件和具有许多不能浸漆部位的零件；容易出现流淌痕迹等缺陷，不适合处理有外观要求的工件；锐角部位容易发白，闭合断面难以涂漆；必须一次购入大量涂料。

汽车工业大量生产中的浸漆主要使用水溶性涂料，因为涂料成本低，不散发有害溶剂蒸气，无火灾危险。其适当的条件如下：黏度低，不挥发成分多；不在与空气的界面上形成皮膜；颜料沉淀量小；长期使用时质量稳定。

浸漆的辅助装置包括消除滴淌痕迹的离心除滴装置、静电除滴装置，以及使浸漆槽中涂料均匀的搅拌器、循环装置。

6. 静电涂漆

静电涂漆是指对空气喷涂或无气喷涂雾化的涂料微粒施加约 60000V 的电压，使之带电，以对接地的工件涂漆。静电涂漆提高了涂料的微粒化程度与漆膜涂敷率，减少了喷漆尘雾，改善了涂漆环境。然而，由于采用高压电，因此被涂工件、操作者及四周器物都需要采取接地等安全措施。

7. 电泳涂漆

电泳涂漆是一种巧妙利用高分子电解质的电泳运动与析离现象的涂漆方法，以被涂工件为阳极，悬挂在被碱中和的稀释水溶性涂料中；以电泳槽为阴极或另设阴极。通电后，在电泳作用下，漆膜成分在阳极沉积，在析离现象作用下脱去漆膜中的水分，形成不溶于水的漆膜，水洗、干燥后即可，涂层质量均匀。

消除由电泳现象产生并在槽内聚集的碱性中和剂的方法有离子隔膜渗析法和酸性涂料补给法，有机胺络合物是应用广泛的碱性中和剂，也有使用在低电压下涂料仍保持良好附着性（电镀能力）的不挥发性强碱（苛性钾）的。

8. 粉末涂漆

粉末涂漆是指使合成树脂呈粉末状态进行涂漆。其优点如下：可使用高分子合成树脂，可得到厚的漆膜，节省自干停放时间，边缘部位被覆性好，涂料可回收。其缺点如下：薄层涂漆困难，漆面平滑性较差，烘干温度高。

9. 电子束漆膜硬化法

电子束漆膜硬化法是一种利用电子束能量硬化漆膜的方法，所用涂料是将不饱和聚酯树脂或乙烯树脂等溶解在苯乙烯、醋酸乙烯、甲基丙烯酸甲酯等聚合单体内形成的。其特点如下：反应可在以秒为单位的时间内完成，设备以紧凑为宜；触媒（游离基引发剂、反应促进剂）稳定，涂料适用期长；无加热工序，温度上升得少，不易产生气泡、微细裂纹、皱纹等缺陷；不使用溶剂，不存在太多污染问题。

7.8 汽车车身涂装工艺发展

7.8.1 轻量化车身结构及材料对涂装的新要求

作为汽车四大制造工艺中附加值最高的环节，涂装工艺的重要性不言而喻：通过喷涂为工件提供一层涂膜，能够实现保护（增强汽车耐候性、耐蚀性、耐擦伤等性能），装饰，提升汽车价值等功能。

由于商用车和乘用车的需求增加，因此汽车涂装市场将在未来几年内保持稳定增长势头。

对粉末涂料的高需求将成为全球工业涂装设备市场的重要增长力。由于法规严格，因此工业部门都采用更环保的涂层。在汽车工业中，粉末涂料也用作底涂层及精加工。粉末涂料具有强耐久性及对紫外线辐射的强耐受性，在汽车工业中的需求增加。图7.23所示为粉末喷涂实例。

图7.23 粉末喷涂实例

1. 汽车车身涂装前沿趋势

如今智能化、自动化、绿色环保等趋势在全球制造业大行其道，汽车涂装行业也在不断摸索转型升级中。

（1）智能化、数字化、自动化深度融合。

涂装车间是汽车整车企业投资最多、能耗最大的车间，打造智能、高效和绿色的现代化汽车是广受关注的问题。从涂装车间的工程设计、工艺设计、涂装生产线运行、管理等环节到满足客户市场需求的涂装产业链，都应采用数字化技术进行控制，以打造出高效、低碳的绿色涂装车间。

以机器人在涂装车间的应用为例,由半自动喷涂线延伸到汽车车身全自动面漆喷涂线,实现30台/小时的双底色面漆喷涂线,配置46个机器人,它们智能化运行能识别、检测、开关门、喷涂等工序。

机器人自动化喷涂具有漆膜质量高、涂料利用率高、质量稳定、可连续生产等特点。新一代涂装多轴机器人与传统工业机器人相比,工作效率和喷涂质量大幅提升。例如,图7.24所示为六轴自动喷涂静电机器人,它利用高压静电发射,转速为30000～50000r/min。一条生产线可喷涂20～30种颜色,通过弹夹形式自动更换喷涂颜色,可在15s内实现自动换色,模块化、精确化的工艺流程使喷涂效率显著提高。

图7.24 六轴自动喷涂静电机器人

(2) 绿色涂装势在必行。

根据"清洁生产"和"绿色涂装"理念,将挥发性有机化合物(volatile organic compounds,VOC)排放量、总能耗、CO_2排放量、新鲜水耗用量、废水排放量、涂料有效利用率、涂装一次合格率、废弃物产生量、有害物质监控、智能化程度、涂装成本列为汽车涂装、涂料绿化创新和转型升级的生态经济技术指标。

以汽车车身涂装为例,2018—2025年按"中国制造2025"纲领实现汽车涂装生态经济指标的目标值(挥发性有机化合物排放量降到10g/L以下,能耗、水耗和CO_2排放量减少50%以上,涂料利用率提高30%左右等)。其中,应当推动采用绿色涂装工艺技术,各项指标接近或达到欧洲绿色涂装车间水平的涂装线占有率达到90%以上;并采用前沿的绿色涂装工艺技术改造粗放、资源消耗及环境污染型的涂装线,以转型升级为质量可靠、环境友好、数字化、网络化、智能制造型绿色涂装车间。

2. 创新技术层出不穷

近年来,汽车涂装技术及装备制造企业加快研发进程,陆续推出一系列前沿的智能、绿色、高效的涂装产品、技术及解决方案。譬如2018年德国杜尔集团为重庆金康新能源汽车有限公司落成的电动汽车厂提供一款七轴涂装机器人——EcoRP E043i,如图7.25所示,并为其打造具有热回收功能的空气净化系统、数字化软件等的一站式涂装车间。据悉,这款第三代喷漆机器人首次应用于中国汽车企业。凭借高度灵活的七轴运动学特性,EcoRP E043i无须在水平轨道上移动,不仅显著降低了喷漆室的投资成本和维护成本,而且使喷漆室更加简洁。

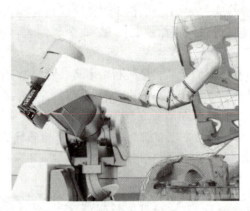

图 7.25　七轴涂装机器人——EcoRP E043i

近几年，德国艾森曼集团携手全球知名汽车零部件制造商，将干冰清洗整套解决方案应用到汽车外饰件表面涂装领域。这项技术使涂装车间在节能减排和降低运行成本方面收益良多，并且实现了清洗自动化，不产生废水，从而满足绿色环保的需求。再如，ABB集团、FANUC公司和川崎公司等机器人制造企业对水性涂料的机器人静电喷涂的内部充电方式展开了大量研究。据悉，采用溶剂性涂料的机器人静电喷涂为内部充电方式，其涂料利用率可达90%以上；采用水性涂料外部充电方式的机器人静电喷涂的涂料利用率为60%，但产生较大污染，无法实现车身带电内喷。如今，随着软件、自动化技术的持续完善，水性涂料内部充电方式的技术不断成熟，涂料利用率可达70%，并且更节能、更环保。

7.8.2　轻量化车身的涂装及涂装替代技术

在世界各国环保法规的约束和促进下，传统汽车车身涂装工艺不断发展完善。随着水性涂料及高固体分涂料、紧凑工艺、全自动喷涂、干式漆雾过滤和热能回收等标志性技术的普及应用，车身涂装车间的能效提高了1倍，挥发性有机化合物排放量达 $2.3g/m^3$，汽车涂装生产的高污染、高能耗状况得到了很大程度的改善。最近几年，汽车大国相继颁布实施旨在控制汽车 CO_2 排放量的法规并不断提高要求，以促进汽车燃油经济性的提高，减小汽车排放对环境的影响。为应对未来化石能源枯竭的危机，各国政府都在大力推进新能源汽车的发展，电动汽车已经进入规模化应用阶段。无论是提高传统汽车的燃油经济性还是普及电动汽车，都面临一个课题——必须进一步减轻汽车质量。采取结构改进及新材料应用等减重措施的轻量化车身设计正在改变车身结构，并集多种材料应用于一身，必然带来涂装工艺和涂装生产方式的变化，传统的单一金属材料车身涂装工艺已经不能完全满足变化的要求。

1. 轻量化车身结构及材料对涂装的新要求

为减轻汽车质量，高强度钢板在车身结构件上的应用已经比较普遍，钢和铝结合车身或全铝车身已经应用多年，奥迪汽车在这方面比较有代表性。用纤维增强塑料及复合材料等制造的翼子板、后尾门、车顶、车门外板等部件在各汽车公司有不同程度的应用。欧洲联盟（简称欧盟）曾资助一个超轻量化汽车项目，采用多种材料的轻量化结构设计，开发出的车身减重达36%（从281kg减到180kg）。车身的材料构成如下：冷成型钢板及热成型钢板占36%，铝板、铸铝板和挤压铝型材占53%，镁板和压铸镁板占7%，纤维增强塑料占4%。

各种不断创新的车身轻量化设计都对涂装提出了新的要求。钢、铝、镁的电化学腐蚀特性不同,传统的锌盐磷化处理工艺已不再适用;应用高强度钢板使车身结构板更薄,但需要提高电泳后的抗腐蚀能力,涂装前处理和防腐涂层要适应多种材料;车身外面板与内结构件之间的连接方式日益多样化,塑料和复合材料与金属材料的喷漆工艺有所不同,要求漆前表面处理、防腐、表面装饰等生产工艺和生产组织方式有更多的选择。

2. 轻量化车身的涂装及涂装替代技术

(1) 轻量化车身的防腐涂装技术

① 薄膜(或紧凑)前处理工艺

钢铝混合车身的前处理通常使用添加了活性氟成分的磷化,生产中,铝的最大适应比率是25%(浸)~40%(喷),全铝车身只能采用专用全喷处理磷化方式。硅烷或锆盐前处理材料,最近几年世界各大汽车公司都有试验和应用。作为磷化前处理的替代技术,新一代技术具有工序少(不用表调和钝化)、处理温度低(室温)、少/无残渣、无磷/无重金属排放等优点,除环保节能外,还具有可同时处理钢铁、镀锌板和铝合金等多种基材的特点,是轻量化车身前处理的最佳处理工艺。这一代可替代磷化的主要技术有硅烷处理技术、锆盐处理技术及锆盐-硅烷复合处理技术,用于阴极电泳前的是锆盐-硅烷复合处理技术。这种前处理工艺与阴极电泳配套时,需要对电泳涂料做必要的配套改进。

② 富锌底漆涂层

美国PPG公司开发了一种可采用多种工艺施工,采用无机黏结技术的锌片底漆,涂膜薄(为$8\sim12\mu m$),电泳附着能力良好。钢结构件采用磷化、锌片底漆(漆厚为$8\mu m$)阴极电泳工艺,涂层耐盐雾可达2000h以上。紧固件及形状复杂的散装、组焊、带锐边车底部件等采用上述工艺涂装的防腐效果更显著。

(2) 模块化车身产品及油漆概念

2010—2012年德国政府组织资助了一个绿色车身技术(green carbody technologies)创新联盟,目标是减少车身制造的能源消耗和资源消耗,多家公司参加了五个创新项目的合作研究。其中一项是高效节能油漆(energy efficient painting),包括无损耗涂装、高效节能烘干室和多材料车身的模块化油漆系统三个子项。

① 无损耗涂装

采用高速摄像和激光多普勒测速仪,利用数字模拟分析涂料液滴生成和涂膜形成过程,通过控制微计量阀振动耦合和相适应的喷墨系统实现涂料雾化和无过喷喷涂。无损耗涂装适合涂装模块化车身,过程和材料的能耗减少至相当于每辆车身90kW/h(研究对象车身涂装基本能耗为每辆车身2100kW/h)。该项目的研发成果为下一步工业化应用奠定了技术基础。

② 模块化产品及油漆概念

绿色车身技术创新联盟项目的多种基材轻量化结构汽车概念,是把车身拆解成模块,有利于不同基材模块采用更适合的涂装工艺,提高了涂装生产的柔性,而且所有外表面装饰件基本都可以水平放置喷涂,消除了传统车身水平面和垂直面外观不一致的现象。这种模块化油漆概念既有利于解决多种基材车身的涂装难题,又可以实现无损耗柔性涂装。采用模块化油漆工艺,外表面件涂装后附装到车身上,不再需要设置车身点修补或整个车身的返修喷涂,车身涂装生产的组织方式,涂装工艺和涂装车间设计更灵活,涂装生产的能源消耗及资源消耗大幅度降低，甚至可以实现车身涂装生产方式的化整为零，整车企业不再需要车身涂装车间。宝马公司发布的第一款电动车——BMW i3，基于车身结构件及表面件的高度非金属化，整车企业已经取消了传统的冲压车间和油漆车间，这是车身模块化技术应用的典型范例。

（3）轻量化车身外表面涂装的替代技术

① 膜技术

众所周知，各种贴膜、装饰条、水转印装饰膜、注射成型透明涂层等涂装和装饰电镀替代技术早已在汽车内、外装配件上获得应用。戴姆勒-奔驰公司多年前就在 Smart 汽车上应用了敷膜塑料表面件。

为满足汽车用户的个性化需求，施工作业容易且灵活的膜技术在整车生产中的应用比率会越来越高，相关研发在欧美国家比较活跃，具有油漆外观、金属外观和其他图案的装饰贴膜，性能越来越好，可采用粘贴、模压、热成型、滚型和注射成型等工艺施工。采用膜技术，塑料外表面件不再需要涂漆。

② 转移涂层工艺

多色车身油漆普遍采用手工上遮蔽、喷涂、烘干、去遮蔽工艺，突出缺点是工序多、能耗高、效率低。奥迪公司开发应用了多色油漆转移涂层工艺，不用遮蔽，不需要线上喷漆，一次通过面漆线实现多色涂装。该工艺的关键是可转移涂层制造和转移施工。将基色漆涂到转移膜上，烘干后，在使用前进行绘制（切割），与无用涂层分离。在车身涂装车间，在第一种基色涂层中间预干燥后，采用一个辅助装置将可转移涂层定位于车身指定位置，去除转移膜，最后喷涂清漆、烘干。应用转移涂层工艺既节省了第二次过线涂漆和烘干，又可以满足更多颜色及样式的选择需求。

综上所述，框架壳结构和模块化是轻量化车身结构的必然发展趋势，高强度钢板、超高强度钢板、铝合金、镁合金、碳纤维复合材料和塑料将成为主要车身材料。传统的磷化+阴极电泳工艺已经不能满足要求，硅烷和锆盐等前处理工艺将普及，需要通过增加富锌底漆涂层或改进电泳涂料进一步提高金属表面的防腐性能。随着车身模块化结构的普及应用，外表面涂装的生产方式会多样化，适应模块化生产的无损耗涂装工艺可能成为表面油漆喷涂的新选择，膜技术会被更多地应用，在不久的将来，整体车身涂装（中涂和面漆）工艺可能会被其他工艺取代。

 "互联网＋" 拓展问题

1. 查找并整理汽车车身冲压工艺、焊接工艺、涂装工艺的新技术、新方法。
2. 查找关于车身粘接技术的工艺实施，并学习加工原理。

思考与练习题

一、名词解释

拉深，电阻焊，CO_2 气体保护焊，激光焊，电泳，磷化处理

二、单项选择题

1. 现代轿车几乎都采用（　　）车身。
   A. 承载式　　　　B. 非承载式　　　　C. 半承载式　　　　D. 薄壳式

2. 车身覆盖件冲压基本工序中，（　　）是车身覆盖件冲压成形的关键工序。
　A. 拉深工序　　　B. 落料工序　　　C. 修边工序　　　D. 整形工序
3. 为保证车身覆盖件拉深工序所需坯料的形状和尺寸，落料工序及落料模的设计应安排在（　　）。
　A. 拉深、翻边调试成功之后　　　B. 拉深、翻边调试成功之前
　C. 整形、修边之后　　　D. 翻边、冲孔之前
4. 直接影响车身覆盖件的成形质量和生产效率的关键模具是（　　）。
　A. 拉深模　　　B. 修边模　　　C. 翻边模　　　D. 落料模
5. 当拉深件形状比较复杂，坑包、肋棱较多，要求棱线清晰时，常采用（　　）。
　A. 通口式拉深凹模　B. 闭口式拉深凹模　C. 两种拉深凹模都可以
6. 车身制造中，应用最广泛的焊接方法是（　　）。
　A. 点焊　　　B. CO_2气体保护焊　　　C. 焊条电弧焊　　　D. 普通气焊
7. CO_2气体保护焊不能直接使用（　　）电源。
　A. 交流　　　B. 直流发电机　　　C. 蓄电池　　　D. 交流整流后的
8. 汽车车身不同厚度钢板采用点焊时，（　　）。
　A. 薄板一侧应使用小直径电极，厚板一侧应使用大直径电极
　B. 薄板一侧应使用大直径电极，厚板一侧应使用小直径电极
　C. 两侧电极直径可以相等
　D. 两侧电极直径对焊接无影响
9. 外观装饰性要求高的轿车、旅行车和大客车等乘用车的车身，常采用（　　）涂装工艺。
　A. 涂三层烘三次体系　　　B. 涂三层烘两次体系
　C. 涂两层烘两次体系　　　D. 涂三层烘一次体系

三、简述题

1. 汽车车身冲压件用钢板有哪些类型？车身冲压件对材料有什么基本要求？
2. 汽车车身制造工艺主要包括哪三大工艺？
3. 车身覆盖件冲压基本工序有哪些？关键工序是什么？
4. 在生产技术准备中，为什么车身覆盖件的落料工序及落料模的设计要安排在拉深、翻边调试成功后？
5. 车身覆盖件冲压成形模具主要有哪些？双动拉深模有哪些优点？
6. 汽车车身常用的焊接方法有哪些？各适用于什么场合？
7. 汽车车身装焊生产线的基本形式有哪些？
8. 汽车车身用底漆、中间层涂料、面漆应具备哪些特性？
9. 汽车车身漆前表面处理的作用是什么？有哪些处理方法？
10. 汽车车身涂装工艺分为哪三种基本体系？简述各体系的工艺流程。
11. 静电喷涂和电泳涂装各有什么特点？

第 8 章 整车装配

教学目标

本章主要掌握整车装配的基本知识，汽车质量取决于装配质量。装配工作的主要内容包括清洗、连接、校正调整与配作、平衡、验收试验。汽车总装配的工艺过程可分为装配、调整、路试、装箱、重修、入库等环节。同时要求学生掌握同步工程、人机工程及尺寸工程等高阶认知的概念，了解和学习相关知识。

教学重点

装配过程中产品结构的装配工艺性的保证，汽车装配的新工艺应用实例。

教学难点

合理制定汽车装配工艺。

8.1 装配的基本知识

汽车装配是汽车制造的最后阶段，汽车质量最终是由装配保证的。装配质量对汽车的使用性能和使用寿命影响很大，即使所有汽车零件都合格，如果装配不当，也难以获得符合质量要求的汽车产品；反之，如果少数零件的加工尺寸有较小超差，则可以采用适当的装配方法使产品合格。只有不断提高装配技术水平，提高劳动生产率，降低产品成本，保证用户对汽车产品的质量要求，才能适应整个汽车工业的发展。

8.1.1 装配的相关概念

1. 装配的概念

装配是指按产品规定的精度和技术要求，将机器的若干零件、组件、部件（总成）进行配合与连接，成为半成品或成品的工艺过程。装配包括零部件的组装、调试、检测、试验、涂装、包装等，是指成为合格产品的全过程。将零件、组件装配成部件（总成）的过程称为部件装配；将零件、组件、部件（总成）装配成最终产品的过程称为总装配。

装配是决定产品质量的关键环节，也是对产品设计、制造过程的验证过程。装配过程中能够发现设计、制造环节中存在的问题，甚至能够发现未来使用阶段存在的隐患。因此，研究装配工艺，选择合适的装配方法，制定合理的装配工艺规程，不仅是保证汽车装配质量的手段，而且是提高生产效率与降低制造成本的有力措施。

2. 装配精度及其意义和内容

装配精度是指产品装配后的实际几何参数、工作性能与理想几何参数和工作性能的符合程度。正确地规定机器和部件的装配精度是产品设计的重要环节之一，它不仅关系到产品质量，而且影响产品制造的经济性。装配精度是制定装配工艺规程的主要依据，也是选择合理的装配方法及确定零件的尺寸公差和技术条件的主要依据。国家有关部门对各类通用机械产品（包括汽车产品）制定了相应的装配精度标准。

装配精度的内容包括零部件间的相互位置精度、相对运动精度和相互配合精度。

(1) 相互位置精度。相互位置精度是指产品中相关零部件间的位置尺寸精度和位置精度。

① 零部件间的位置尺寸精度：相关零部件间的距离尺寸精度，如车床主轴箱的主轴轴线和尾座顶尖孔轴线的等高度；汽车发动机缸体各气缸中心距尺寸精度等。

② 零部件间的位置精度：相关零件之间的同轴、平行、垂直及各种跳动等精度要求，如钻模中钻套轴线对夹具底面的垂直度；汽车发动机缸体各气缸轴线与曲轴主轴承座孔轴线的垂直度等。

(2) 相对运动精度。相对运动精度是指相对运动的零部件间在运动方向和运动速度上的精度。

① 运动方向上的精度：零部件间相对运动的直线度、平行度和垂直度等，如牛头刨床滑枕往复直线运动对工作台面的运动平行度、发动机活塞与曲轴连杆轴颈的运动垂直度等。

② 运动速度上的精度：内传动链的传动精度，即内传动链首末两端件的实际运动速度关系与理论值的符合程度。

(3) 相互配合精度。相互配合精度包括零部件间的配合精度和接触精度。

① 配合精度：配合面间达到规定间隙或过盈要求的程度，关系到配合性质和配合质量，由 GB/T 1800.1—2020《产品几何技术规范（GPS）线性尺寸公差 ISO 代号体系 第 1 部分：公差、偏差和配合的基础》和 GB/T 1800.2—2020《产品几何技术规范（GPS）线性尺寸公差 ISO 代号体系 第 2 部分：标准公差带代号和孔、轴的极限偏差表》确定，如轴和孔的配合间隙或配合过盈的变化范围。

② 接触精度：两个相互接触、相互配合的表面接触点数和接触点分布情况与规定值

的符合程度。它影响接触刚度和配合质量。例如，导轨接触面、曲轴轴瓦与轴颈的接触面、锥体配合面、齿轮啮合等，均有接触精度要求。

3. 装配精度与零件精度之间的关系

机械及其部件都是由若干零件组成的，产品的装配精度与零件特别是关键零件的加工精度有密切关系。零件精度是保证装配精度的基础，但装配精度不仅取决于零件的加工精度，而且取决于装配方法实际达到的精度。采用的装配方法不同，对各零件精度的要求也不同。即使零件的加工精度很高，采用的装配方法不当，也无法保证装配后的产品满足要求。因此，装配精度是由相关零件的加工精度和合理的装配方法共同保证的。

如果装配精度完全靠装配链中各组成零件自身加工精度直接保证，那么对零件的加工精度要求会很高，从而导致零件加工困难甚至无法加工。因此，对于以经济精度加工的相关零部件，通过采取一系列装配工艺措施（如选择、修配和调整等），形成不同的装配方法来保证装配精度。

8.1.2 装配工艺规程

1. 装配工艺规程的相关概念

装配工艺规程是指规定产品的装配工艺过程和装配方法的工艺文件。它是指导装配工作的技术文件，也是制订装配生产计划和技术准备的依据。装配工艺规程对保证装配质量、装配生产效率、缩短装配周期、减轻工人劳动强度、布置装配生产线、缩小装配占地面积、降低成本、新建或改扩建厂房等有着重要影响。

2. 制定装配工艺规程的基本原则

（1）保证和提高产品的装配质量，以延长产品的使用寿命。

（2）合理安排装配顺序和工序，尽量减小钳工手工装配劳动量，缩短装配周期，提高装配效率。

（3）尽量减小装配占地面积，提高单位面积的生产率和利用率。

（4）尽量降低装配工作的成本。

3. 装配工艺规程的内容

（1）制定装配工艺过程，包括制定装配工艺系统图、装配方法和工艺规程卡片。

（2）拟订装配顺序，划分装配工序。

（3）确定装配组织形式。

（4）确定装配设备和工装夹具。

（5）计算装配时间定额。

（6）确定各工序的装配技术条件、质量检查方法和检测工量具。

（7）确定装配零部件的运送方法和运输工具。

4. 制定装配工艺规程的依据及所需的原始资料

（1）产品装配图及重要件的零件图和验收技术标准。这些是制定装配工艺规程的首要依据。

(2) 产品的生产纲领。产品的生产纲领决定了产品的生产类型。生产类型不同，装配的生产组织形式、工艺方法、工艺过程的划分、工艺装备数量、手工劳动的比率等也有很大不同。汽车属于大批量生产的产品，应尽量选择专用装配设备和工具，采用流水线装配方法。有的装配区段还采用机器人，组成自动装配线。

(3) 现有生产条件。当在现有条件下制定装配工艺规程时，应了解本企业现有装配工艺装备、工人技术水平、装配车间面积等。如果是新建企业，则应适当选择先进的装备和工艺方法。

5. 制定装配工艺规程的步骤和内容

(1) 研究分析产品装配图。了解产品的技术要求及验收内容和方法，审核产品图样的完整性、正确性，分析审查产品的结构工艺性。

(2) 确定装配方法与装配组织形式。选择装配方法与装配组织形式，主要取决于产品结构特点（如质量、尺寸及复杂程度），生产纲领和现有生产条件。装配主要分为固定式装配和移动式装配两种。

① 固定式装配。固定式装配的全部装配工作在一个固定的地点或装配台架上完成，可分为集中式和分散式两种，多用于单件小批生产或重型产品的成批生产。

② 移动式装配。移动式装配是指用输送带或移动小车按装配顺序由各装配点完成一部分工作，全部装配点的总和完成了产品的全部装配工作，可分为连续移动和间歇移动两种。移动式装配常用于大量生产时组成流水作业线或自动线，如汽车、拖拉机、仪器仪表、家用电器等产品的装配。

(3) 划分装配单元，确定装配顺序。将产品划分为可进行独立装配的单元是制定装配工艺规程中的重要步骤，对大批量生产结构复杂的产品特别重要。只有划分好装配单元，才能合理安排装配顺序和划分装配工序。

无论是哪级装配单元，都要选定某个零件或比它低一级的单元作为装配基准件。一般选体积或质量较大、有足够支承面的、能够保证装配时稳定性的零件、组件或部件作为装配基准件，如汽车总装配以车架部件作为装配主体和装配基准部件；发动机气缸体零件是发动机总成的装配主体和装配基准件；机床床身零件是床身组件的装配基准件；床身组件是床身部件的装配基准组件；床身部件是机床产品的装配基准部件。

划分好装配单元并确定装配基准零件后，可安排装配顺序。确定装配顺序的要求是保证装配精度，以及使装配连接、调整、校正和检验工作顺利进行。常用装配单元系统图表示装配顺序，它是表示产品零部件间相互装配关系及装配流程的示意图。一般装配顺序是先难后易、先内后外、先下后上，预处理工序要安排在前面。

(4) 装配工序的划分与设计。装配工序确定后，可将工艺过程划分成若干个工序，并进行具体装配工序的设计。划分装配工序的主要目的是确定工序集中与工序分散的程度，通常与工序设计同时进行。装配工序设计的主要内容如下。

① 制定工序操作规范，如过盈配合所需压力、变温装配的温度、紧固螺栓连接的预紧扭矩、装配环境等。

② 选择设备与工艺装备。若需要专用装备与工艺装备，则应提出设计任务书。

③ 确定工时定额，协调各工序内容。在大批量生产时，要平衡工序的节拍，均衡生产，实施流水装配。

(5) 编制装配工艺文件。单件小批生产时，通常只绘制装配系统图，装配时按产品装配图及装配系统图实施。成批生产时，通常需制定部件、总装的装配工艺卡片；写明工序顺序、简要工序内容、设备名称、工装夹具名称及编号、工人技术等级和时间定额等。

(6) 制定产品检验与试验规范。

① 检测和试验的项目及检验质量指标。

② 检测和试验的方法、条件与环境要求。

③ 检测和试验所需工艺装备的选择及设计。

④ 质量问题的分析方法和处理措施。

8.1.3 产品结构的装配工艺性

产品结构的正确性是保证产品质量的先决条件，零件的加工质量是产品质量的基础，装配工艺是产品质量的最终保证。因为装配过程并不是将合格零件简单地连接起来的过程，而是根据各级部装和总装的技术要求，进行校正、调整、平衡、配作及反复检验的复杂过程。若装配不当，即使零件的制造质量都合格，也不一定能装配出合格的产品；反之，若零件的质量不是十分良好，只要在装配中采取合适的工艺措施，也能使产品达到或基本达到规定的要求。

根据汽车装配工艺的需要，对产品结构的装配工艺性有以下基本要求。

1. 产品应能分成若干独立装配单元

装配单元是指装配中能独立装配的部件。将产品划分为装配单元是制定装配工艺规程中的一个重要步骤。只有将产品合理分解为可以独立装配的单元，才能合理安排装配顺序和划分装配工序，组织装配生产。

一般装配单元可划分为五级，即零件、合件、组件、部件和产品。

(1) 零件。零件是组成机器的最小单元，一般预先装成套件、组件、部件后，再安装到机器上。

(2) 合件。合件也称结合件，在一个基准零件上安装一个或多个零件，就构成一个合件。它是最小的装配单元，是结合成的不可拆卸（如焊接件）的整体件及利用"合并加工修配法"装在一起的多个零件。为形成合件而进行的装配工作称为合装（也称套装），如某些发动机连杆小头孔和衬套的装配件等。

(3) 组件。在一个基准零件上安装若干套件及零件，就构成一个组件。为形成组件而进行的装配工作称为组装，如轴及装配在该轴上的齿轮和轴承等。

(4) 部件。在一个基准零件上安装若干组件、套件及零件，就构成一个部件。它是能完成某种功能的组合体，如车床的主轴箱、进给箱。

(5) 产品。产品即成品。

在装配时，以某个零件（或套件、部件）为基础，该零件（或套件、部件）即称为基础件，其余零件或套件及组件或部件按一定顺序装配到基础件上，成为下一级的装配单元。

2. 有正确的装配基准

无论是哪级装配单元，都要选定一个装配基准。如发动机的装配，气缸体是装配基准件，各装配单元在其上都有装配基准。**与工件在机械加工时的定位相同，零件在装配单元上位置正确是靠零件装配基准（如面）间的配合和接触实现的。因此，要使零件正确定位，就应有正确的装配基准，且装配时的零件定位应符合六点定位原则。**

图 8.1 所示为轴承座组件装配基准面的两种设计方案，两种设计方案都以轴承座 2 的两段外圆和法兰端面为装配基准面，装入壳体 1 的两轴承座孔内，限制了五个自由度，绕轴线旋转的自由度由螺钉限制，使轴承座在壳体内有了正确定位。

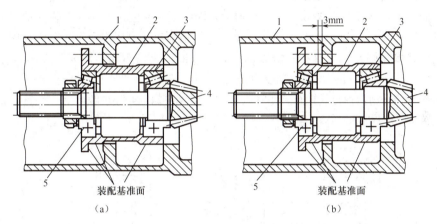

1—壳体；2—轴承座；3，5—圆锥滚子轴承；4—主动锥齿轮轴

图 8.1　轴承座组件装配基准面的两种设计方案

3. 便于装配和拆卸

在装配过程中发现问题或进行调整时，常需要进行中间拆装。正确的装配基准是便于拆装的前提条件。此外，应注意组件的多个表面不应该同时装入基准零件（如箱体）的配合孔中，而应先后依次进入装配。

下面以便于装配和拆卸的实例进行说明。

（1）图 8.1（a）所示的轴承座组件的装配中，轴承座的两端外圆柱表面（装配基准面）同时进入壳体的两个配合孔中，由于不易同时对准两圆柱孔，因此装配较困难。改为图 8.1（b）所示的结构后，轴承座右端外圆柱表面先进入壳体的配合孔中 3mm，并且有良好的导向后，左端外圆柱面再进入配合，装配较方便，工艺性也好。为便于左端外圆柱表面引入壳体内孔，右端外圆柱表面前端应倒角，倒角角度一般为 15°～30°。为减少外圆柱表面与内孔配合时的摩擦，轴承座右端外圆柱表面直径要略小于左端外圆柱表面直径。同理，主动锥齿轮轴两端轴颈直径也可按该原则设计。

（2）图 8.2 所示为两个箱体零件用圆柱销定位的局部结构，圆柱销与下箱体定位销孔为过盈配合。将定位销孔设计成图 8.2（a）所示的不通孔时，因为圆柱销进入时，孔内空气不能逸出，所以会阻碍圆柱销顺利进入。合理的结构如图 8.2（b）所示，将箱体定位销孔钻通，或按图 8.2（c）所示在定位销一侧加工通气平面或钻通气孔。

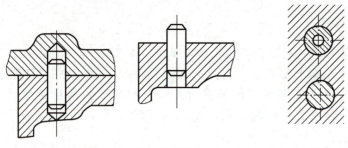

(a) 不通孔过盈配合　　(b) 通孔过盈配合　　(c) 定位销有通气孔或通气平面

图 8.2　两个箱体零件用圆柱销定位的局部结构

（3）装配工艺性不仅要考虑产品制造与装配的方便性，而且要考虑装配中调整、修配和使用中维修拆卸的方便性。图 8.3 所示为轴承外圈装于轴承座孔内和内圈装于轴颈上的三种装配方案。图 8.3（a）所示的结构工艺性差，因为轴承座孔台肩内径等于轴承外圈内径，而轴承内圈外径等于轴颈轴肩直径，所以轴承内、外圈均无法拆卸；图 8.3（b）所示的轴承座孔台肩内径大于轴承外圈内径，轴颈轴肩直径小于轴承内圈外径；或者如图 8.3（c）所示，当轴承座孔台肩直径等于轴承外圈内径时，可在座孔台肩处做出 2～4 个缺口，则轴承内、外圈都便于拆卸。

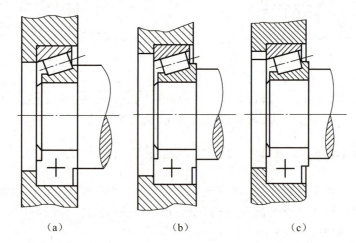

(a)　　　　　　(b)　　　　　　(c)

图 8.3　轴承外圈装于轴承座孔内和内圈装于轴颈上的三种装配方案

4. 正确选择装配方法

装配精度是靠正确选择装配方法和零件制造精度保证的。装配方法对部件的装配生产率和经济性有很大影响。设计结构时，应使结构简单，尽可能采用完全互换装配法，以提高生产率。因此，在装配精度要求不高、零件的尺寸公差采用经济性加工方法保证时，应采用完全互换装配法。只有当装配精度要求较高时，才考虑采用其他装配方法。当采用补偿法（调整装配法和修配装配法）装配时，应合理选择补偿环，补偿环的位置应尽可能便于调节，或补偿环便于拆卸。

5. 尽量减少装配时的修配和机械加工

装配中减小修配工作量，首先要减少不必要的配合面。配合面过大、过多，导致零件机械加工困难,同时装配时的手工修配量增大。装配中减少机械加工工步,否则影响装配工作的连续性,延长装配周期,增大装配车间机械加工设备和占地面积,使装配工作杂乱。此外,机械加工产生的切屑易残留在装配总成中,极易增加机件的磨损,甚至发生严重事故而损坏整台机械产品。对某些装配时需要进行机械加工的结构,设计者可以考虑修改设计,以避免装配时的机械加工。图 8.4 所示为齿轮轴向定位的两种方案。其中,图 8.4(a)所示的中间齿轮与花键轴是用两个锁紧螺钉固定的,装配时需按已加工好的齿轮的螺孔位置钻花键轴上装锁紧螺钉的孔。如改成图 8.4(b)所示的结构,用对开环作轴向定位,则可以避免装配时的机械加工。因此,图 8.4(b)所示的结构工艺性较好。

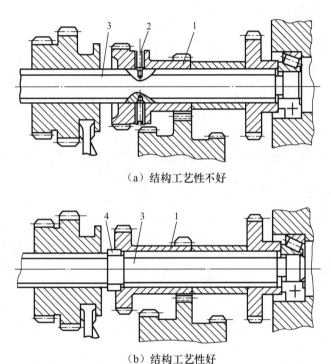

(a)结构工艺性不好

(b)结构工艺性好

1—双联齿轮;2—锁紧螺钉;3—花键轴;4—对开环

图 8.4　齿轮轴向定位的两种方案

8.2　汽车总装配的内容与工艺过程

在汽车所有零件的材料质量,加工质量(包括加工精度、表面质量、热处理性能等)都合格的前提下,汽车的整车质量取决于总装配质量,而总装配质量必须有先进、合理的装配工艺保证,否则难以获得符合质量要求的汽车产品。由于汽车总装配耗费的劳动量很大、占用时间多、场地大,因此对整车生产任务的完成、企业劳动生产率及生产成本与资金周转、市场营销等有直接影响,必须高度重视汽车总装配工作。

8.2.1 总装配的内容

1. 准备物流系统

（1）组织好外协件（协作企业或配套企业生产的零件）、外购件。
（2）有必要的物资储备（合理的安全库存量）。

2. 制订生产计划

（1）按滚动法制订生产计划。
（2）进度跟踪和统计反馈。

3. 制定装配工艺规程

（1）划分装配单元。
（2）制定装配工艺流程。
（3）制定调整、检测标准。
（4）设计装配中的夹具及工位器具。
（5）通过调试（小批量生产）确定保证精度的装配方法。

4. 装配的基本内容

（1）清洗。要求机械产品的精度在毫米级以下。任何微小的脏物、杂质都会影响产品的装配质量。如发动机缸体与气缸盖装配面上的杂质残留，会导致泄漏（漏气、漏水等）。尤其是对轴承、密封件、精密偶件、相互接触或相互配合的表面及有特殊清洗要求的零件，清洗对保证和提高装配质量、延长产品的使用寿命有着重要意义。

零件的清洗方法有擦洗、浸洗、喷洗和超声波清洗等。清洗液一般用煤油、汽油、碱液及各种化学清洗液。同时要采取措施，保证清洗过的零件具有一定的防锈能力，防止出现装配前因清洗产生锈蚀。

（2）连接。将两个或两个以上的零件接合在一起的工作称为连接。连接方式一般有可拆卸和不可拆卸两种。常见可拆卸连接有螺纹连接和销连接，其中用得最多的是螺纹连接。可拆卸连接的特点是相互连接的零件可多次拆装且不损坏任何零件。

汽车结构中广泛采用螺纹连接，对螺纹连接的要求如下：螺栓杆部不产生弯曲变形，螺栓头部、螺母底面与被连接件接触良好；被连接件均匀受压，紧密贴合，连接牢固；根据被连接件的形状、螺栓的分布情况，应按一定顺序甚至规定力矩逐次（2~3次）拧紧螺母，例如气缸盖与气缸体的连接、曲轴主轴承盖与钢铁的连接等。

① 螺纹连接的质量对装配质量影响很大。若拧紧顺序错误，施力不均，则会使零件发生变形，降低装配精度，并造成漏油、漏水、漏气等，如缸体与缸盖的连接。运转机件上的螺纹连接，若拧紧力达不到规定值，则会在热态或运转过程中松动，影响装配质量，严重时会造成事故，如连杆与连杆盖的连接等。

② 过盈配合连接。常见不可拆卸连接有过盈配合连接、焊接、铆接、黏接等。不可拆卸连接的特点是连接后不再拆开，拆开后会损坏零件。其中过盈配合连接常用于轴与孔，连接方法有压入法（用于过盈量不太大时）、热膨胀法和冷缩法（用于过盈量较大或

重要、精密的机械)。

(3) 校正、调整与配作。

① 校正是在装配过程中通过找正、找平及相应调整,确定相关零件的相互位置关系。

② 调整是调节相关零件的相互位置,除配合校正过程所做的调整之外,还有各运动副间隙(如轴承间隙、齿轮啮合间隙等)的调整。

③ 配作。配作是指配钻、配铰、配刮、配磨等在装配过程中附加的一些钳工和机加工工作。例如,连接两零件的销钉孔,就常采用先找准两零件位置后钻铰销钉孔,再打入定位销钉,以保证其相互位置的确定。

配作是在校正、调整的基础上进行的。虽然调整、校正、配作有利于保证装配精度,但会影响生产率,不利于生产流水线装配作业。

(4) 平衡处理。对于转速高、运转平稳性要求高的机器(如内燃机、发动机),为了防止在使用过程中由旋转件质量不平衡产生的离心力引起振动,装配时必须对所有旋转零件进行平衡检验,必要时还要进行整机的平衡检验。

旋转体机件有静平衡和动平衡两种检验方法。对于盘状旋转体零件,如带轮、飞轮等,通常只进行静平衡检验;对于长度大的旋转机件,如发动机曲轴、汽车传动轴等,必须进行动平衡检验。发动机曲轴的动平衡检验是在动平衡机上进行的,以检测出曲轴运转中的不平衡质量。

不平衡的质量可采用以下方法平衡。

① 加重法。加重法是指用补焊、黏接、螺纹连接等方法加配质量的方法。例如汽车传动轴多由无缝钢管制造,由于其承受很大的转矩,不允许采用减重法钻孔方式平衡质量,因此对另贴在传动轴质量小的方向上的薄钢板实施焊接。

② 减重法。减重法是指用钻、镗、铣、磨等机械加工方法去除质量的方法。例如曲轴的不平衡质量是根据检测出的不平衡质量,在曲轴某方向的曲柄上钻孔的方式去除多余质量的。

③ 调节法。调节法是指在预制的槽内改变平衡块的位置和数量的方法。例如在曲轴车床上车削曲轴连杆轴颈时,在偏心卡盘上不平衡的方向安装可调整位置和数量的平衡块,以平衡曲轴偏心车削时的不平衡质量。

(5) 验收试验。产品装配好后,应根据质量验收标准进行全面检测、试验和验收。满足各验收项目要求后,允许入库。

8.2.2 装配作业的组成

在汽车制造过程中,装配作业用于将动力-传动系统部分、车内总成部分、车外总成部分及电子装置部分等装成整车。装配作业由总装配线和汽车行驶性能检查调整线两部分组成。表8-1和表8-2所列分别为装配作业的组成和总装配线上各装配部分的代表性部件。

表8-1 装配作业的组成

总装配线				整车检查调整线
动力-传动系统部分	车内总成部分	电子装置部分	车外总成部分	

表 8-2 总装配线上各装配部分的代表性部件

部件名称	代表性部件
车内总成部分	仪表板、座椅、加热与冷却装置、车顶内饰件、车门内饰件
动力-传动系统部分	发动机、变速器、传动轴、前悬架系统、后悬架系统、转向系统、散热器、车轮
电子装置部分	电子燃料喷射装置、电子防滑控制器、电子自动变速器、座椅安全联锁装置
车外总成部分	散热器护棚、前照灯、风窗玻璃、门窗玻璃、保险杠、后组合灯、反射镜

装配生产方式因汽车的种类、生产量和企业位置条件等而异，各具特点。因产量关系，轿车装配多采用同型汽车专用生产线的方式。由于同型轿车拥有多种规格，总装配线上的待装部件种类繁多，因此采用电子计算机发出装配部件的指示，并同步供应装配汽车所需的各类部件。此外，总装配线的特征是改变装配汽车的投入顺序，使不同规格汽车的装配时间达到平衡。货车、客车与特殊用途车的装配常根据产量，采用多种车型混合生产的方式，即在一条生产线上装配不同型式的车辆。这种生产方式的特征是能够根据车型变动来供应部件，所用设备的附件也能共用或相互交换。

8.2.3 总装配的工艺过程

1. 总装配的技术要求

（1）装配的完整性。按工艺规程，所有零部件和总成必须全部装上，不得出现漏装现象。

（2）装配的完好性。按工艺规程，所有零部件和总成不得出现凹痕、弯曲、变形等机械损伤及锈蚀现象。

（3）装配的牢固性。按工艺规程，螺栓等连接件必须达到规定的转矩要求，不得出现松动及过紧现象。

（4）装配的润滑性。按工艺规程，润滑部位必须加注定量的润滑油或润滑脂。

（5）装配的密封性。按工艺规程，气路、油路接头不允许出现漏气、漏油现象，气路接头处必须涂胶密封。

（6）装配的统一性。变型车应按生产计划配套生产，不允许出现误装、错装现象。

2. 装配工序与车间平面布置

（1）装配工序。

装配工序包括总装配工序与性能检修工序两部分。总装配工序一般采用流水作业方式，由各种输送机构成的主装配线及其附属的分装配线组成。性能检修工序的作用在于检查、调整汽车，使之具备各种行驶性能，通常是一条由各种检查机器按工艺顺序排列的生产线。

图 8.5 所示为装配工艺过程。由于受到装配车间空间和汽车装配流动方向的限

制，因此有时地板下面动力系统部分的装配先于车外前部总成部分的装配。此外，基于相同理由，可将车外前部总成部分的装配工序与性能调整工序混合。电子装置部分的装配一般分散到各工序中，在作为总装配最后工序的性能综合调整工序中接通全部线路。

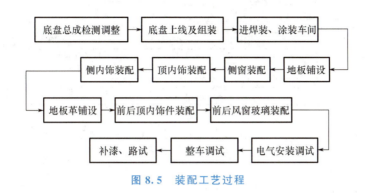

图 8.5　装配工艺过程

（2）装配车间的平面布置。

装配车间的平面布置取决于企业位置条件、生产能力、部件供应方式、汽车构造等因素。根据装配作业内容，装配车间可由前内饰线、车轮部分装配线、后内饰线，以及附属于它们的分装线和检查调整线组成，如图 8.6 所示。布置装配车间时，还应考虑汽车装配的流动方向、部件的供应方法、车间外面各种油脂类储罐的配置等。货车装配车间的特点是车轮部分装配线较长，以适应汽车构造的要求。货车装配车间的平面布置如图 8.7 所示。

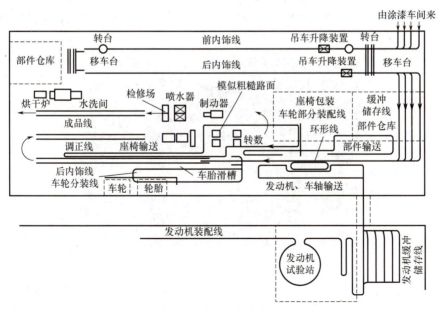

图 8.6　装配车间的组成

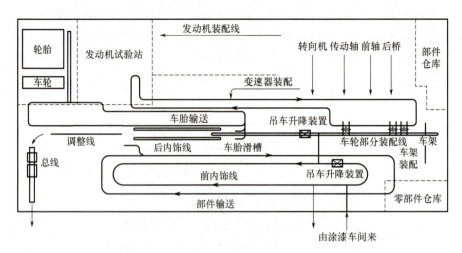

图 8.7 货车装配车间的平面布置

3. 总装配的工艺路线

随着汽车工业和零部件工业的发展，我国汽车装配技术水平有了很大的提高。我国越来越重视直接影响汽车产品质量、使用寿命、汽车装配及出厂试验，促进了汽车产品装配、试验工艺及装备技术水平的提高。

（1）总装配线的构成。总装配线一般是指由输送设备（空中悬挂输送设备和地面输送设备）和专用设备（如举升、翻转、润滑油加注、助力机械手、检测、螺栓螺母的紧固设备等）构成的有机整体流水线。

① 强制流水线装配。强制流水线装配是指将车架反放在装配线上，先装上前桥、后桥及传动轴等总成，再翻转车架装配其他总成与零件的方法。车架及底盘装配的常用底盘翻转器如图 8.8 所示。

图 8.8 车架及底盘装配的常用底盘翻转器

② 悬链式输送系统。总装配中，主要总成均由悬置在空中的输送链运输至装配地点、工位，如前桥输送链、后桥输送链、发动机输送链、驾驶室输送链、车轮输送链等。

③ 地面输送链式输送系统。地面输送链式输送系统由高出地面的桥式链或与地面齐平的板式链等组成。总装配中，主要总成（部件）均由地面输送链运输至装配地点、工位。输送链由调速电动机驱动，速度由减速器控制。

④ 汽车检查、调整线。对于总装配线上装配完成的汽车，根据 GB 38900—2020《机动车技术检验项目和方法》规定的项目，检查其主要性能与机能，并做必要的调整。

前轮定位：把前轮装在转鼓上，使其回转状态与行驶中的相同。随着车轮定位的改变，车轮将在转鼓上发生侧滑，可以根据侧滑量测定前束与前轮的外倾角，从而求得包括轮胎扭转角在内的平均定位值，以确定转向盘的正确安装位置。

转向角：在每个前轮上装一个转盘，以检查转向角，并用主销后倾角规检查主销后倾。

前照灯焦点：在汽车前一定距离处设置光屏，其上开有上、下、左、右四个受光口。旋转调整对光螺钉，使前照灯焦点恰好位于受光口处。此后，进一步检查光照度是否符合规定值。

模拟粗糙路面与转鼓：把汽车装在转鼓试验台上，以汽车本身的动力驱动转鼓，进行不改变汽车位置的行驶试验，在转鼓上施加相当于受试汽车惯性的等值惯性矩。这项试验可以检查在不同车速下速度计读数的精度，以及测定加速度值和从某速度开始至停车时的滑行时间。

制动力：把车轮放在两只滚轮上转动，通过踏板力计，按规定的踏力操作制动器，检查制动力。

防雨性：从汽车的上、下、左、右方向喷水，检查汽车在暴雨环境下的漏水情况。应将汽车装在输送机上向前移动，以使其各处都受到水柱喷射。在喷水区前后设空气帘幕，防止水花飞溅到汽车内部。

(2) 主要装配设备与工艺装备。先进的装配工艺需要先进的装配设备、工艺装备及工艺装备设计制造水平，这是汽车装配技术水平的标志。

汽车装配设备和工艺装备主要分为六大类：输送设备、加注设备、螺栓紧固设备、专用装配设备、检测设备、质量控制设备。下面以轿车（承载式车身）工艺装备为例进行说明。

① 输送设备。典型轿车装配线包括内饰、底盘、最终装配三大主线和一些离线的模块分装线（如车门、仪表板、动力总成合装等）。

② 加注设备。在轿车装配中，防冻液、制动液、助力转向液、制冷剂等普遍采用具有抽真空、自动检漏、自动定量加注等功能的加注机，燃油、洗涤液、机油等采用普通定量加注机。

③ 螺栓紧固设备。关键部件的螺栓一般采用电动拧紧机，可以有效地控制拧紧力矩，监控拧紧过程。

④ 专用装配设备。专用装配设备包括大量使用的助力机械手和机器人，既降低了工人的劳动强度，又保证了装配质量，适用于拆装车门、安装前后悬架、安装天窗、安装仪表板、安装座椅、安装轮胎、对风窗玻璃自动涂胶等。

⑤ 检测设备。检测设备一般包括侧滑试验台、转向试验台、前照灯检测仪、制动试验台、车速表试验台、尾气分析仪、底盘检查等。

⑥ 质量控制设备。较常见的质量控制设备是声光多媒体多重自动化控制系统。其最大优点是一旦发生问题，操作人员可以在工作站拉一下绳索或者按一下按钮，触发相应的声音和点亮相应的指示灯，提示监督人员立即找出出现故障的位置及故障原因，大大减少了停工时间，并提高了生产效率。

(3) 汽车总装生产线。

〔例 8-1〕 客车总装配工艺流程。

客车总装配中的每个工序的作业内容（可称为工序内容）主要包括拿取零部件（或分总成、总成）和装配工具，安放零部件（或分总成、总成）并使其就位，连接紧固，检查与调整等，有时还需加注油液。

(1) 客车总装配的概念。

客车总装配通常以涂装完工的车身总成为装配基础件，在多工位的流水生产线上，按装配顺序从一个工位向另一个工位移动，并在每个工位上，按工艺技术规范完成一定的装配作业，最终完成客车的总装配。

根据产品的结构特点，拟定合适的装配顺序，前工序的作业不能影响后工序的操作，后工序的作业不能影响前工序的装配质量。

根据结构特点和装配工艺要求，将客车分解成若干装配单元。在流水线上，依次将这些装配单元安装到车身上。装配单元在总装生产线外完成预装配，将客车总装配分解为预装配作业（在装配线外作业）和总装配主生产线作业（在总装配流水线上作业）两部分，大大减小了流水线上的装配工作量，提高了劳动生产率。

(2) 客车总装配的工艺流程。

客车总装配的工艺流程是客车制造工艺流程的重要组成部分，与客车结构、生产纲领等有密切关系。客车总装配的工艺流程有以下三种类型。

① 当前应用较广泛的客车总装配工艺是将车身与底盘分开制造，在客车总装配中，将涂装完成的车身总成与底盘总成合装（扣合），再在装配流水线上依次进行内、外饰装配。其工艺流程如下：（车身与底盘）扣合→连接件焊装→裙板→木地板→电缆敷设→地板敷层→制冷机→顶盖内饰板→侧壁内饰板→仪表板→驾驶人侧窗→乘客门→安全门→行李架→前、后风窗玻璃→侧窗玻璃→前、后保险杠→前照灯→乘客座椅→驾驶人座椅→导游座椅→通电检查→加油、加水→调试→淋雨试验→检测→出厂。

② 对于采用格栅底架的全承载车身式客车，通常在总装配流水线上的前几个工位，分别将发动机、离合器、变速器、前桥、后桥、悬架等底盘总成安装在涂装完工的车身总成上，再进行内、外饰装配。与第（1）工艺流程相比，总装配流水线上的工作量大大增大，装配的困难也增大了许多。除增加了底盘各总成及其附件的装配工序之外，后序的内、外饰装配基本与第（1）种工艺流程一致。

③ 在底盘总成上焊装车身，并将两者一起送入整车涂装工序，涂装完成后，进入客车的总装配流水线。其工艺流程如下：电缆敷设→制冷机→木地板→地板敷层→顶盖内饰板→侧壁内饰板→仪表板→驾驶人侧窗→乘客门→安全门→行李架→侧窗玻璃→前、后风窗玻璃→前、后保险杠→前照灯→乘客座椅→驾驶人座椅→导游座椅→通电检查→加油、加水→调试→淋雨试验→检测→出厂。

三种工艺流程中的各工序是指各工序的开始，并不是说一个工序结束后便可进入下道工序。有些工序可以交叉进行，有些工序的顺序可以调换，应根据实际情况确定客车总装配工艺流程及工位。

〔例 8-2〕 车身安装工艺。

车身安装一般是指在汽车制造企业生产的货车底盘上，安装适合不同用途车身的工序。装好车身的成品车可大致区分为以下两类：一类是运输一般货物用的普通车厢货车或大篷货车；另一类是安装特种车身、器具的特殊用途车，或装有特殊机械具有其他功能的特殊装备车。普通货车的车厢大多是在专门的车身（厢）制造企业内安装的。此外，从广义上说，客车车身安装也属于车身安装。

(1) 车身安装的特征。

随着汽车运输的现代化和汽车用途的扩大，近年来特种用途车和特殊装备车的需求量急剧增大。

① 大量生产困难。

车身安装企业需按指定规格生产，原因在于：用户强烈要求适合使用情况的专用特种规格车，必须适应各底盘制造企业生产的种类繁多的底盘结构，自动倾卸车与搅拌车等必须装备动力输出机构，用户也常对漆色与公司名称标牌等细节有规定。为此，车身安装企业通常采用多品种少量生产的方式。

② 与底盘制造企业的联系。

最近，从货车底盘设计阶段开始，汽车制造企业就致力于生产出方便车身安装的底盘，以提高汽车的性能。此外，还在安全与公害问题方面采取必要措施。由于装好车身的汽车必须符合《道路运输车辆技术管理规定》等法规的规定，因此底盘制造企业与车身安装企业之间的紧密联系日益重要。

③ 努力标准化。

在设计与制造方面进行的合理化努力的过程中，应逐渐做到设计规格与零部件的标准化。例如，陆续制定并标准化各种团体规格，如货车车架宽度规格，动力输出口的形状与尺寸规格，客车车身各部分的构造、部件与材料规格（客车车身规格），货车车身小型零件规格（车身工业协会规格）等。

(2) 车身安装的生产方式。

车身安装的基本工序有底盘改装作业，车身的钣金、焊接作业，机构部分的机械加工和装配作业，车身与机构的安装作业，车身涂漆作业五种。各工序的生产方式如下。

① 车身安装，一般采用汽车底盘自行走动的流水生产方式。

② 对于车身与附属装置等可以标准化的部件（如搅拌车的转鼓，油罐车的油罐、车厢、驱动装置等），尽量批量生产。

③ 安装部分必须制成能与各种底盘适应的形式，但这样做有时会成为装配作业流水化的障碍。

车身安装作业顺序如图 8.9 所示。在大量生产的情况下，预先制成车身与功能部件的总成，底盘运进并改造完成后，将这些总成装到底盘上。这是一种可缩短停留时间的生产方式。在这种情况下，确保底盘数量及搬运计划的执行成为提高生产率的关键。为此，必须进行严密、细致的生产管理。

(3) 车身安装的生产规模。

车身安装的生产规模差异很大，从仅把车身安装作为汽车翻造过程的一个组成部分（如小型货车、客车、一部分自动倾卸车等）的产量为 10000 辆/月的生产水平起，至由汽车制造企业供应底盘的比较大型汽车的车身安装，产量为 50~100 辆/月止。此外，在一车一样的情况下，由于车身具有特殊性，因此可能每月只生产几辆。对属于大批量生产的厢式货车之类的汽车，正积极进行车厢的标准化与单一化，以提高生产率，降低生产成本。

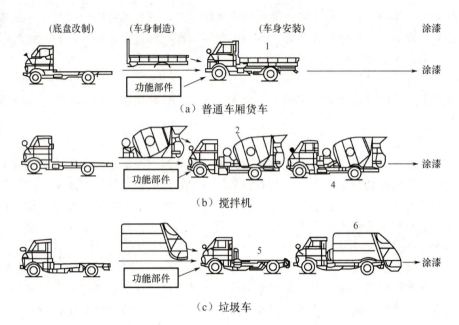

1—车厢装配；2—转鼓总成装配；3—泵的装配；4—动力输出装置、驱动装置与其他部件装配；
5—动力输出控制装置、副车架装配；6—车身装配

图 8.9　车身安装作业顺序

8.3　汽车总装工艺技术的发展展望

在汽车主机企业平台车型增加、多车型混线生产要求出现、人力成本提高和生产交货期缩短的压力下，汽车总装企业对先进装配技术和自动化设备的敏感性大大提高。各汽车企业都在提升总装工艺技术水平，采用更先进的装配设备来提高产品质量，以满足新兴市场的需求及提高市场竞争力。汽车总装工艺作为汽车制造的重要环节，在规模、质量、即时性、成本及产品先进性等方面都影响着市场竞争力。汽车总装工艺技术正向模块化、自动化、柔性化、人性化及智能数字化的趋势发展。随着市场竞争日趋激烈，这些技术从企业竞争的优势技术向必备技术转变。

8.3.1　总装工艺技术

1. 模块化

汽车装配线

汽车总装工艺采用模块化设计，可以对不同车型的众多零部件进行通用标准化生产，同时可以灵活地搭载其他新技术。制造过程中，总装模块化可以减少总装工位线长度和主线装配工时，提高装配效率和装配线的柔性化程度，缩短汽车生产周期。模块化主要有电子控制系统模块化和产品结构模块化两种趋势。

（1）电子控制系统模块化。

随着车联网的科技发展及对信息娱乐需求的增加，出现电子控制单元（Electronic Control Unit，ECU）集成和标准化趋势，电子控制单元群的"标准件"功能成为各车型

通用的模块，将各种功能细分的电子控制单元整合起来，实现全车范围内的电子控制系统模块化。比如对传动控制、车身控制、安全控制、驾驶辅助控制、动态底盘控制和多媒体移动互联网服务等标准系统进行模块化大集成。

（2）产品结构模块化。

将产品多功能结构与各种零部件组合，把汽车各子系统与相关零部件组装成大总成模块，可以显著缩短生产线长度、加快生产节奏、优化装配工艺和降低制造成本。

汽车装配过程

总装工艺的模块化应用主要有前端模块化、车门模块化、底盘动力模块化、顶棚集成化、油箱集成化、仪表板模块化、前后保险杠模块化及车轮模块化等。产品结构模块化中较具代表性的是底盘动力模块化，它融合了各种先进的装配工艺技术。以某横置发动机模块化平台——MQB 底盘动力模块为例，简要说明底盘平台高度柔性化和集成化的模块化趋势。

① 将多种柔性托盘组合形成底盘合车工装。多种柔性化的扳倒式定位销、伸缩式定位销及限位块式定位销的运用，可以满足多种组合动力模块的装配支撑，满足不同轴距、不同底盘结构车型的合装，方便底盘的自动化装配，避免下车体装配人机性差的问题。

② 底盘动力模块化集成程度高。除常规的前悬模块和后悬模块外，几乎全部下车体附件（如排气管总成、油箱总成、隔热垫、操纵机构及燃油管路）集成在大托盘工装上，显著减少了底盘主线工位数和装配工时。

③ 底盘标准件自动拧紧技术应用。底盘标准件自动拧紧设备将紧固件及拧紧套筒集成在大托盘工装上，柔性化设置高精度电动拧紧工具及多关节机器人，利用信息化网络系统完成标准件装配的力矩控制和质量监测，是网络化智能装配制造技术在汽车装配生产线上的典型应用。

2. 自动化

受人力成本提高、产品流行周期缩短及生产节奏的影响，汽车总装企业对自动化的需求日益增加。使用自动化设备可以显著提高产品的质量和装配稳定性。自动化工序内容如下。

（1）前后风窗和全景天窗的涂胶工序采用涂胶机器人，避免了人工打胶的断胶现象，同时胶型质量可靠稳定，配合风窗装配机器人全自动化装配，提高了汽车密封性。

（2）车轮模块通过轮胎自动分装线完成分装，并通过自动输送线运输至装配工位。自动化分装系统能根据汽车配置自动识别不同规格的轮胎，自动完成轮胎装配和动平衡检测，有效地保证了轮胎分装的品质与生产的稳定性。采用机器人装配轮胎至车身及车轮螺母自动化拧紧技术，满足了可变多轴拧紧及螺栓组半径变径的柔性化装配需求，提高装配柔性度的同时，提升了产品质量。

（3）各种需助力设备辅助装配的模块化工序，采用自动化的机械手装配代替人工装配，可以保证定位装配精度，对内饰质量的尺寸链控制和造型效果的感官质量有很大的提升；且自动化机械手可以集成拧紧设备紧固标准件，大大提高了装配质量、节省了人力成本。

3. 加注设备真空化及智能化

制动液、冷却液、动力转向液及空调冷媒等加注设备向抽真空加注、自动检测及自动定量加注等功能集成设备趋势发展，出现了油液二合一以上的集成加注设备的应用。多合一加注设备如图 8.10 所示。

图 8.10　多合一加注设备

4. 力矩控制智能化

力矩拧紧广泛采用高精度电动拧紧设备，拧紧技术也从传统的扭矩法转向扭矩＋转角法或屈服强度法，从控制力矩间接控制拧紧质量转向直接控制预紧力，具备在线动态力矩控制与监测功能；企业联网形成力矩数据化网络系统，实时监控拧紧质量、数据存储和追溯、数据信息分析处理等，进行统计过程控制（statistical process control，SPC），稳定和提高控制制造过程的能力。将网络化通信模块与单片机控制器结合，进行信息的交互，设计成一体式智能网络装配控制模块，完成力矩装配的零出错控制。

5. 工装柔性化

总装工序中，部分装配工序由于装配空间狭小或零附件复杂等，使得装配人员出现非常规作业姿势，装配人机性很差。其解决方法如下：一方面通过采用自动化机器人代替人工装配，另一方面需要在工装或作业手法上进行柔性化设计来提高装配人机性。具体案例如下。

（1）底盘线下车体附件的装配需要人员在车底下装配，出现人员下蹲及身体弯曲等不良作业动作。解决方法是对车身吊具进行人机性设计，如图 8.15 所示，使用高度可调及车身可旋转的 C 形钳吊具，确保人员可以站立或以较佳姿势进行装配。

图 8.11　人机性车身吊具

（2）内饰线等工序出现人员装配位置与车身悬挂高度不吻合，人员需下蹲或以身体弯曲的姿势完成装配作业。采用 Z 形高度柔性可调的车身托盘（图 8.12），可以保证在不同的工位将车身定位在合理的高度，方便人员站立装配。另外，如车体内采用坐式机械手，则人员可以坐着完成作业，减少下蹲及身体弯曲造成的身体机能劳损。

图 8.12　Z 形高度柔性可调的车身托盘

6. 随行配料系统物流

汽车总装企业在多车型混线生产的趋势下，线旁储料空间不足及物料种类繁多限制了生产线的柔性化和物流效率。有效的解决方式是采用随行配料系统物流，如图 8.13 所示。

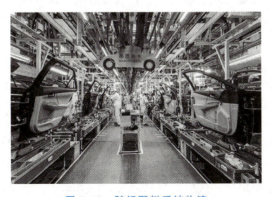

图 8.13　随行配料系统物流

随行配料系统是指单量分向准时化配送的物流方式，将拣料与装配分开，使各自作业更加专业化和模块化，有利于消除员工不必要的非增值操作，有效防止总装装配线的错/漏装问题，提高装配质量；同时配合随车配料投放形式，减小线边物料摆放空间约束，且采用自动导引小车运输代替人工物流，满足准时要求及多车型混线物流配送要求，是一种普遍采用的物流方式。

8.3.2 同步工程

汽车总装工艺开发过程中,同步工程的作用越来越明显。产品项目开发中已经减少了样车试制及验证的数量和时间,提高了虚拟仿真在产品设计中的比重。一般要求在产品前期虚拟仿真中发现制造问题,提前解决,减少工厂的技术改造及产品设备费用。

装配仿真分析

1. 装配仿真分析

汽车总装的同步工程在新车产品开发之初介入,对产品结构装配性及设备操作性进行虚拟仿真分析,提前在设计阶段发现和解决装配工艺问题。

2. 工时分析

产品数据设计至冻结前后,利用三维仿真分析软件中的工时分析模块,配置主机厂生产线的实际相关信息,分析装配人员的操作工时和作业强度,优化工序流程和作业内容,降低人员劳动强度。同时进行生产线工时线平衡分析,提前发现和解决工时均衡及工位瓶颈等问题。

3. 工艺流程设计

合理、经济与科学的生产工艺流程设计对缩短汽车生产主线长度、降低能耗及提高生产线柔性有很大帮助。在企业规划之初,利用虚拟仿真技术对工艺流程进行设定和虚拟验证,以及数字工厂规划和仿真,提前发现生产隐患和降低不必要的技术改造费用。

8.3.3 装配新工艺的发展展望

汽车装配的新工艺和新技术随着市场、技术及政策导向等因素的推动而不断进步,缩短生产周期、提高整车质量、降低制造成本及提高市场竞争力等都是汽车制造企业追求的目标,在经历平台化、通用化及整车模块化开发与设计后,现代汽车制造业出现了较明显的发展趋势。

(1) 产品结构通用化和模块化技术简化了装配关系,逐步改变了传统汽车制造企业的装配策略与工艺设计的理念,实现零部件全球采购和全球供货。该技术势必会革新汽车制造业中的供应链关系和零部件配套模式。

(2) 模块化和柔性化等制造工艺的普及逐步形成了新的制造形态,一些高级汽车制造企业完成了从平台化到模块化生产方式的过渡,甚至达到了可扩展整车平台模块化生产方式的高度,具备在多个模块化扩展性开发基础上,垂直形成"多种汽车平台"和"高低端多层级模块群"的可行性,同步设计出同品牌系列中功能及性能不同的高低端多级车型产品,实现效率更高、规模更大的设计和生产。

(3) 虽然数字化、自动化及智能化等优势技术在开发前期需要投入较多成本,但随着优势技术不断转化为实际效益,新车型开发和制造的成本大幅度降低,投资回报率有明显优势,已逐步形成了新的制造形态。随着"工业4.0"的到来,这些优势技术必将爆炸式地发展,推进汽车制造业新一轮的"智造"技术革命。

(4) 随着科技的发展、产品思路和技术层面的进化及移动互联技术对消费结构的影响，汽车制造企业的角色逐渐转换为移动出行和产品服务的提供商，必将推动整车制造工艺技术的革新。

 "互联网+" 拓展问题

1. 收集整理对汽车总装技术的进展，配合图片说明对应工艺技术的优势。
2. 了解尺寸工程在汽车装配工程中的应用与尺寸工程解决的问题。

思考与练习题

一、单项选择题

1. 在机械结构设计上，用调整装配法取代修配装配法，可以使修配工作量从根本上（　　）。
   A. 增大　　　　B. 减小　　　　C. 既不增大又不减小
2. 机械结构的装配工艺性是指机械结构能保证装配过程中相互连接的零件不用或少用（　　）。
   A. 机械加工　　B. 修配　　　　C. 修配和机械加工
3. 将装配尺寸链中组成环的公差放大到经济可行的程度，再按要求进行装配，以保证装配精度，这种装配方法是（　　）。
   A. 完全互换法　B. 修配装配法　C. 调整装配法　D. 选择装配法
4. 组成汽车的最小单元是（　　）。
   A. 零件　　　　B. 合件　　　　C. 部件　　　　D. 组件
5. 汽车的整车质量最终是通过（　　）保证的。
   A. 装配　　　　B. 零件的加工精度　C. 设计方案　D. 材料性能

二、简述题

1. 什么是装配？装配工作的基本内容有哪些？
2. 举例说明装配精度与零件精度之间的关系。
3. 装配工作法有哪些？
4. 简述汽车车身安装的基本工序。
5. 汽车车身安装的质量保证要点有哪些？

第9章 汽车轻量化制造工艺

教学目标

本章主要介绍汽车轻量化制造工艺，并选取了汽车常用的两种材料——铝合金和塑料进行了具体的制造工艺讲解，包括铝合金部件的粉末冶金制备工艺和长纤维增强塑料的加工工艺。需要掌握汽车轻量化的新型生产工艺的原理，主要包括激光拼焊板技术、连续变截面轧制板技术、液压成型技术、辊压成型技术、低（差）压铸造成型技术、复合材料直接在线混合成型技术、超高强度钢热成型技术、新型连接技术等。

教学重点

铝烧结成型件的制备工艺，快速凝固粉末铝合金材料的加工工艺，聚氨酯的纤维喷涂，片状模塑材料的冲挤，玻璃纤维毡增强热塑性塑料的冲挤加工，长纤维增强热塑性塑料杆状颗粒的冲挤加工，长纤维增强热塑性塑料直接加工工艺。

教学难点

熔体纺丝工艺，喷射成型和复合喷射成型技术。

9.1 汽车轻量化概述

9.1.1 汽车轻量化的评价方法及思路

如今庞大的汽车数量已经导致全球环境污染和能源消耗问题。研究表明，汽车质量每减小100kg，可节省燃油 0.3~0.5L/(100km)，减少 CO_2 排放 8~11g/(100km)。由此可见，汽车轻量化是降低能耗、减少排放的有效措施之一。

汽车轻量化研究作为现代汽车研究的重要课题，并不是单纯地对汽车体型进行相应的简化。首先，在进行轻量化研究的过程中，要保持汽车原有性能不受影响和破坏，适度地、有目的地减小汽车的质量。其次，应该充分考虑汽车正常行驶的安全性、耐磨性、耐振性、舒适性，保证汽车本身的造价降低或维持不变的状态，避免给客户带来经济负担。汽车轻量化技术作为一种全新技术，主要由合理设计汽车结构和使用轻量化材料两个部分组成。汽车结构设计轻量化技术是保证汽车现代化结构的主要技术，不仅注重外形，而且注重性能。现阶段，结构设计轻量化一般采用前轮驱动、高刚性结构、超悬架结构等来达到相应的轻量化目的。在选材方面，可以运用材料替代或者采用新材料达到汽车轻量化的目的。

1. 汽车轻量化指数

汽车轻量化的评价方法一般有车身轻量化指数、整车轻量化指数及名义密度等。用整车轻量化指数表示汽车轻量化更加精确全面，其表达式为

$$E = \frac{M}{V} \times \frac{Q}{P}$$

式中，Q 为百公里综合油耗，单位为 L/(100km)；M 为整备质量，单位为 kg；V 为汽车的名义体积，名义体积 = 车长 × 车宽 ×（车高 − 离地间隙），单位为 m^3；P 为发动机最大功率，单位为 kW。

2. 汽车轻量化思路

大众汽车公司采取的汽车轻量化思路如图 9.1 所示。

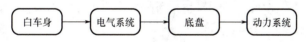

图 9.1　大众汽车公司采取的汽车轻量化思路

该思路是从汽车整体出发，考虑汽车的轻量化问题。首先对白车身和电气系统进行轻量化，使底盘零部件的承载减小，使得零部件轻量化。此时整车质量明显减小，所需发动机、传动系统也需要重新匹配，从而实现整车全面、彻底的汽车轻量化。

9.1.2　汽车轻量化材料

随着汽车工业的不断发展和进步，实现现代化的汽车轻量化，保证汽车设计的安全性能成为汽车领域的重要问题。要促进现代汽车轻量化发展，必须采用轻质化、高性能替代材料和新成型工艺，使汽车设计更加符合现代化需求。在汽车领域，采用的主要轻量化材料如下：①密度小、强度高的轻质材料，如铝镁合金、塑料聚合物材料、陶瓷材料等；②同密度、同弹性模量且工艺性能比较好的界面厚度较薄的高强度钢；③基于新材料加工技术形成的轻量化材料，如金属基复合材料板、激光焊接板等。

9.1.3　汽车轻量化制造工艺

应用在汽车轻量化中的新型生产工艺主要包括激光拼焊板技术、连续变截面轧制板技

术、液压成型技术、辊压成型技术、低（差）压铸造成型技术、复合材料直接在线混合成型技术、超高强度钢热成型技术、新型连接技术等。

1. 激光拼焊板技术

在设计汽车零部件的过程中，可以使用激光拼焊板技术进行轻量化处理，对底板、侧围、尾门内板等进行处理，可以有效地对不同强度、不同厚度的高强度钢板进行有效的焊接，保证不同焊接之间的整体性，提升材料的使用效率，减少浪费。激光拼焊板技术具有以下优势：第一，对不同强度、不同厚度的高强度钢板进行无缝焊接，有效减小了汽车的质量，提升了车身强度，从而改善整车性能；第二，改善了以往的加工流程，减少了模具，降低了生产成本；第三，突出工艺特性，强化耐腐蚀性效果。随着时代的发展和科学技术的进步，激光拼焊板技术取得巨大进展，但是在运用的过程中仍存在一系列问题，所以重视激光拼焊板技术的研究和分析对实现汽车轻量化有重要意义。

激光拼焊板工艺流程如图9.2所示，先对不同厚度、不同强度或不同材料处理的板材料进行冲压，再进行焊接成型。

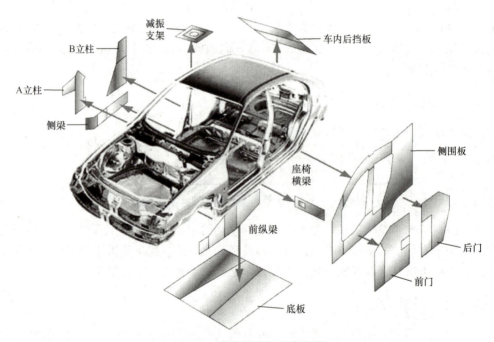

图9.2　激光拼焊板工艺流程

与传统激光焊接相比，激光拼焊板技术具有如下优点。

（1）减小了冲压件的搭接边宽度，从而减小了钢板使用量，汽车质量也有所减小。

（2）可使零件结构优化，充分发挥不同厚度、不同强度的材料的特性，满足零部件不同部位的强度和刚度需求，同时满足了轻量化需求。

2. 连续变截面轧制板技术

汽车工业中，传统冲压工艺方法大多采用厚度相等的钢板单件成形，再将单件焊接成整体。但是，从车身受力分布情况分析，各部件受力不均匀，针对这种特点，在受力比较集中的部位应采用比较厚的钢板，而受力

连续变截面轧制板技术

小的部位应尽可能地采用较薄的钢板,以减小汽车质量。连续变截面轧制板技术是纵向周期性连续变化轧制和传统横向轧制的有机结合,其最大优点是在轧制过程中轧辊辊缝能够连续、周期性地按预先设定好的过渡区曲线形状变化。自动调整轧辊间隙,使轧制出的钢板厚度连续变化。

连续变截面轧制板工艺流程如下:选材—周期性变厚度(Periodic Longitude Protile,PLP)带材轧制—退火—平整—(矫直—防锈涂油—高精度剪切)—分拣产品。连续变截面轧制板技术的减重效果比激光拼焊板技术好,而且力学性能变化连续、适应性强,过渡区不存在压力峰值等。

3. 液压成型技术

管件液压成型是将管坯放入模具,将高压液体充入管坯空腔,同时辅以轴压补料,使其直径增大至贴靠凹模的成型过程。由于内部压力可达 400MPa,因此在欧洲又称内高压成型技术,在美国称为管件液压成型技术。

液压成型技术适用于汽车领域的沿构件轴线变化的圆形、矩形截面或各种异形截面空心构件。与传统冲压焊接工艺相比,液压成型技术具有成型精度高、可节约材料、减少成型件和后续机械加工与焊接量、提高成型件的强度与刚度、减少模具、降低生产成本等优点。液压成型技术在底盘部件中应用较多,如前副车架主管、扭力梁、控制臂等,车身结构件主要应用于 A 柱、B 柱等。

液压成型技术以液态物质作为施力介质,使坯料在施力介质的作用下,贴合凸模面或凹模面而成型。其工艺流程如下:合模—封口—快速加入油液—停止—施加轴向力—脱模取出。

4. 辊压成型技术

辊压成型技术使用顺序配置的多道次成型轧辊,不断地对卷材、带材等金属板带进行横向弯曲,以制成特定断面的型材。辊压成型技术的优势在于能够加工其他工艺无法实现的复杂形状。辊压成型技术的优势是合理设计型材的几何断面,提高承载能力,减小零件质量。凯迪拉克 ATS 车地板有 8 件采用超高强度钢辊压成型;奔驰 B 级车地板的多个零件采用辊压成型技术(图 9.3),材料利用率超过 90%。

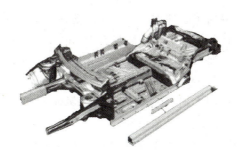

图 9.3 奔驰 B 级车辊压件

2005 年瑞典开发了三维辊压成型技术,2011 年开发完成世界上第一条三维辊压成型生产线,通过伺服电动机驱动,可以实现轧辊上下移动、水平移动及转动,生产宽度可变、深度可变的零件。德国 DATAM 公司也完成了三维辊压成型生产线的开发,用于生产商用车大梁及乘用车边梁。2014年，我国北方工业大学与一汽轿车股份有限公司联合开发出我国自主研发的首套高强度钢三维辊压成型生产制造控制系统。

5. 低（差）压铸造成型技术

低（差）压铸造成型技术的主要优势在于获得较高工艺品质的同时，可以生产一体化设计的中空、薄壁、复杂构件。除车轮和缸盖外，其主要用于汽车悬架系统、转向系统、行驶系统的轻量化构件生产，已在国外高端汽车的上述系统的铝合金构件生产上得到批量应用，达到了极好的轻量化和提高驾乘性能的效果。路虎揽胜轻量化全铝悬架如图9.4所示。

图 9.4 路虎揽胜轻量化全铝悬架

6. 复合材料直接在线混合成型技术

为解决传统注塑和模压成型效率低、成本高和能耗高等问题，20世纪90年代初期，德国、美国和法国分别开展了长纤维增强热塑性复合材料直接在线模塑成型技术的研究，研发出了流程短、效率高、能耗低和成本低的成型工艺与装备，如在线注射成型和在线模压成型。在线注射成型适用于制造小型件和复杂零部件，在线模压成型一般用于尺寸较大、形状简单的产品。长纤维增强热塑性复合材料在线模压产品已被宝马、奔驰、奥迪、马自达等汽车企业广泛应用于后背门内板、仪表板骨架、前端模块、底护板、备胎舱支架、发动机气门室罩盖、油底壳等汽车关键零部件。在线模压成型可以将产品减重30%以上，是实现汽车轻量化的有效手段之一。

7. 超高强度钢热成型技术

热冲压成型技术

为提高乘用车主动安全性，越来越多地在主要安全件（A柱、B柱、C柱和前保险杠防撞梁、车门防撞杆及保险杠防冲柱等）中采用超高强度钢，其抗拉强度和屈服强度可分别达到1500MPa和1200MPa。因此超高强度钢在汽车车身中的运用提高了车身整体安全性，在碰撞中对车内人员起到了很好的保护作用。超高强度钢可以在保证安全性的前提下，减小汽车中钢材的用量，从而减小汽车质量。

热成型技术包括奥氏体化处理、从加热炉转移到压机、热成型工序及淬火、剪边处理。奥氏体化处理在有保护气氛的加热炉中进行，首先板材在900~950℃下保温3~10min，全奥氏体化后转移至热成型压机中成型，然后自然冷却到80℃左右从压机中取出，最后进行剪边处理和表面清洁。

8. 新型连接技术

新型连接技术包括激光焊和激光钎焊、搅拌摩擦焊和搅拌摩擦点焊、锁铆和自锁铆、热熔自攻螺钉及胶粘连接等技术（表9-1），使用上述先进连接技术将轻量化构件连接成零部件总成或车身，以达到较好的刚度和结构强度。

搅拌摩擦焊1

胶粘连接在汽车工业中不仅可以连接不同的材料（如非金属与金属、复合材料），而且可以提高抗冲击性、耐疲劳性、结构韧性和耐腐蚀性，可以增强隔热减振、紧固防锈，取代某些部件的焊接和铆接等传统工艺，达到减轻质量、简化组装工序、提高产品质量等目的。新型连接技术的应用如图9.5所示。

搅拌摩擦焊2

表9-1 新型连接技术

新型连接技术	对应的零部件	关键技术	适用材料
激光焊和激光钎焊	车顶、侧围板、地板拼焊、底盘、车桥壳轴头、差速器、行李箱盖等	（1）激光焊接夹具柔性化控制技术； （2）大功率光纤激光器技术	钢、铝合金、镁合金等同种或异种材料的连接
搅拌摩擦焊和搅拌摩擦点焊	车身覆盖件、发动机罩盖、车门、转向节、副车架、变速器壳体、离合器壳体、车身地板等	（1）高效、可靠、成本低的搅拌摩擦焊及搅拌摩擦点焊工艺和装备开发； （2）复杂形状零件搅拌摩擦焊技术； （3）异种材料（钢-铝、铝-镁、钢-镁）的搅拌摩擦焊接头性能的稳定性和耐腐蚀性技术； （4）薄板搅拌摩擦焊和搅拌摩擦点焊工艺及装备的开发	
锁铆和自锁铆	内板、加强板	（1）锁铆工艺、锁铆材料及铆钉结构的研究； （2）无铆钉连接和自冲铆钉连接工艺及自动化装备的研究	钢、铝合金、镁合金、复合材料
热熔自攻螺钉	车门内板、车身地板、后板内板，行李箱盖等	（1）热熔自攻螺钉连接工艺与接头防腐； （2）热熔自攻螺钉连接装备的研究； （3）热熔自攻螺钉材料的研究	钢、铝合金、镁合金、复合材料等同种或异种材料连接
胶粘连接	内饰板、底盘部分零部件	（1）非金属复合材料与金属（铝、镁、钢）的连接技术； （2）胶层的抗老化和抗脆化技术	复合材料

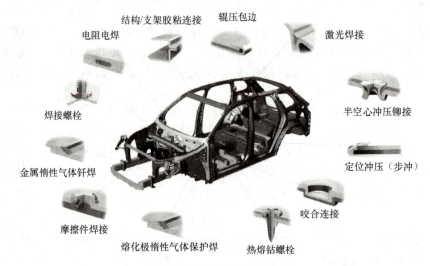

图 9.5　新型连接技术的应用

在轻量化方面，我国自主品牌汽车与欧美国家还有一定差距，新材料和新生产工艺制约着我国轻量化的发展。汽车轻量化是一个基于多学科的优化问题，在减轻汽车质量的同时，应考虑汽车的操作舒适性、安全性、平顺性等。

9.2　铝合金部件的粉末冶金制备工艺

粉末冶金是制取金属粉末或以金属粉末（或金属粉末与非金属粉末的混合物）为原料，经过成形和烧结，制造金属材料、复合材料及各种类型制品的技术。粉末冶金与生产陶瓷有相似之处，均属于粉末烧结技术，因此粉末冶金技术也可用于制备陶瓷材料。粉末冶金技术已成为解决新材料问题的"钥匙"，在新材料的发展中起着举足轻重的作用。粉末冶金技术广泛应用于交通、机械、电子、航空航天、兵器、生物、新能源、信息和核工业等领域，成为新材料科学中具有发展活力的分支。粉末冶金技术具备显著节能、省材、性能优异、产品精度高且稳定性好等优点，非常适合大批量生产。另外，部分用传统铸造方法和机械加工方法无法制备的材料及复杂零件也可用粉末冶金技术制造，因而其备受工业界的重视。

粉末冶金具有独特的化学组成和机械性能、物理性能，而这些性能是用传统熔铸方法无法获得的。运用粉末冶金技术可以直接制成多孔、半致密或全致密材料和制品，如含油轴承、齿轮、凸轮、导杆、刀具等。图 9.6 所示为粉末冶金材料和制品的生产工艺流程。

粉末冶金技术的优点如下。

（1）可以最大限度地减少合金成分偏聚，消除粗大、不均匀的铸造组织。在制备高性能稀土永磁材料、稀土储氢材料、稀土发光材料、稀土催化剂、高温超导材料、新型金属材料（如铝-锂合金、耐热铝合金、超合金、粉末耐蚀不锈钢、粉末高速钢等）时有重要的作用。

（2）可以制备非晶、微晶、准晶、纳米晶和超饱和固溶体等高性能非平衡材料，这些材料具有优异的电学性能、磁学性能、光学性能和力学性能。

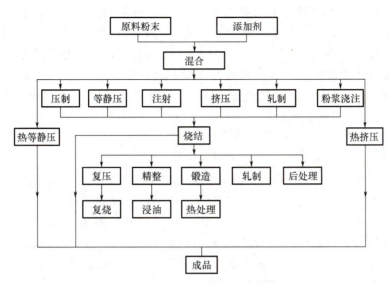

图 9.6　粉末冶金材料和制品的生产工艺流程

（3）容易实现多种类型的复合，充分发挥各组元材料的特性，是一种低成本生产高性能金属基复合材料和陶瓷基复合材料的工艺技术。

（4）可以生产用普通熔炼法无法生产的具有特殊结构和性能的材料及制品，如新型多孔生物材料、多孔分离膜材料、高性能结构陶瓷磨具等。

（5）可以实现近净成形和自动化批量生产，从而有效降低生产的资源消耗和能源消耗。

（6）可以充分利用矿石、炼钢污泥、轧钢铁鳞、回收废旧金属做原料，是一种可有效进行材料再生和综合利用的新技术。

9.2.1　铝烧结成型件的制备工艺

烧结是一种将金属粉末或陶瓷粉末加工成型的方法。在所需最终形状的阴模中压制金属粉末，再加热到接近熔点的温度。此时，在粉末颗粒接触点表面进行熔化，使它们聚合并焊接在一起。烧结坯料的晶粒之间仍有孔隙，这些孔隙可通过随后的锻造缩小或闭合。

1. 粉末的制造

雾化的铝粉末（铝渣）作为粉末冶金制造烧结部件的基础粉末。空气雾化（即通过压缩空气对熔融金属进行雾化）是普遍采用的工艺。熔体喷射成极细液滴和粉末颗粒的急速凝固是一个相对复杂的过程，可通过喷雾压力、金属流速、金属/空气压力比、流量和温度条件确定熔体液滴的尺寸分布和粉末的粒度分布。雾化空气中的氧气会在熔体液滴表面自动形成氧化膜，以防止球化，从而防止不规则形状飞溅颗粒固化。

2. 粉末压制成型

由于铝烧结混合物有很好的可压性，因此在 400MPa 的压力下可以压制到约 95% 的相对密度。在该混合物中加入的高效润滑剂或压制添加剂使粉末颗粒之间及成型生压坯与工具之间的摩擦力最小，并防止工件较多时工具自身过度磨损，从而制造出近终形、均匀且压制密度尽可能大的成型件。由于高压制密度可确保高强度，因此可在烧结时控制生压坯，并确保更好的尺寸稳定性。在较低的压制压力下，铝烧结混合物的热压同样会导致压制密度较大。插入另一道压制工序，生压坯脱蜡后进行再挤压，具有进一步提高密度的优点。再挤压通过在颗粒之间形成新接触点来改进颗粒复合材料，从而提高烧结活性。这样铝烧结材料可达到极小的孔隙率（大于理论密度的97%），以及较高的部件强度。

3. 粉末烧结

在制造铝成型件时，压制品或生压坯的烧结是对材料特性和尺寸精度起决定作用的制造工序。该工序的任务是将粉末压实时通过热激活扩散过程使组件之间形成的接触点转移到较高强度的烧结桥中。批量生产部件要求精确控制关键参数，确定并严格遵守工艺条件（如温度、烧结时间和烧结气氛）是很重要的。由于铝的氧亲和力较强，因此将成型件放入高于 -65 ℃且残余氧含量小于 3×10^{-6} 的干燥氮气保护气氛中进行烧结。由于铝合金烧结时出现液相的体积含量与温度关系密切，因此必须精确控制温度，同样适用于脱蜡和加热至烧结温度的操作。烧结区的温度应为恒定温度 ± 2.5 ℃，且温度分布应较好。烧结温度取决于合金的化学成分，对于文中涉及的所有合金，烧结温度应为 550～620℃。

实践中，进行铝烧结的连续式带炉已被证明具有特性温度、保护气体供给及较高的吞吐量，其集成有一个对冲压部件进行完全脱蜡的燃烧室（在实际烧结过程开始前）和一个用于迅速冷却烧结件的冷却区。在 T4 和 T6（热处理的人工时效方法）后进行热处理时，将热铝烧结件直接放入水中进行淬火也是非常节能且有效的方法。

4. 烧结锻造

烧结件中始终存在的残余孔隙限制了其在动态高负荷应用中的使用。烧结锻造综合了粉末冶金工艺与模锻技术，可制造出相对密度接近 100% 的部件。

锻模中对作为锻造毛坯的烧结成型件进行最后的热成型，对烧结毛坯连杆进行模锻时，塑性材料流动会使材料的密度增大，从而改善机械材料特性，特别是动态材料特性。在对连杆末端的抗磨强度和弯曲刚度提出要求时，要确保毛坯具有足够高的可锻性，这种材料特性组合可通过材料成分和烧结锻造工艺实现。强度特性、抗拉强度和疲劳强度的优化组合可在 400℃ 的锻造温度和 700MPa 的压力下实现。

5. 铝烧结成型件的再加工

应对铝烧结成型件进行全面校准，以提高尺寸精度和形状精度。同时，应根据相应工具的标称尺寸，使用精整压力机修正部件在烧结期间出现的烧结变形，提高表面特性，如烧结件的粗糙度。烧结后，由于铝烧结成型件的密度和强度较低，因此最好进行与烧结钢成型件类似的校准。校准或再挤压时，通过塑性流动提高铝烧结成型件的烧结密度，以提高强度。

尽管对于所有应用来说，铝烧结部件处于 T1（烧结）状态，已满足强度和硬度的应力条件，但通常还应对可硬化的铝烧结合金实施热处理或退火处理。与通过熔融金属技术制造的铸铝合金相似，相应的铝烧结部件也可以通过有目的地进行热处理提高屈服强度，并提高断裂伸长率和拉伸强度。在固熔退火（均质化）后进行快速冷却（淬火），再进行热时效（回火），即可达到最高的部件强度。硬化处理的铝烧结材料在应力最大、温度约为120℃时具有较稳定的机械特性。

6. 铝烧结成型件应用示例

铝烧结成型件和粉末冶金部件应用广泛，特别是汽车行业，对低成本、轻量化部件的关注日益增加，看到了使用这种产品的新的可能性。铝的特性和粉末冶金制造技术的优点实现了轻量化部件在技术、经济和环保方面的新的可能性。用于制造汽车的铝烧结成型件如图9.7所示。

图 9.7 用于制造汽车的铝烧结成型件

9.2.2 铝合金高性能材料的制造

近年来开发了多种制造粉末冶金高性能材料的方法，如高压气体雾化法、喷雾成型法及熔体纺丝法。

提高材料特性可采取以下措施：提高材料的合金含量；增加新的合金元素；建立更均匀的微观结构；形成纳米或准晶体结构。在技术上，这些措施只能通过合金熔融快速凝固法借助上述工艺实现。

气体雾化时应采用快速凝固技术，高度饱和且极度过热的熔融金属是通过冷却气体（氮气、空气）雾化的。此外，形成的熔滴通过冷却气体进一步淬火，从而使粉末颗粒中的饱和度状态保持不变。同时，弥散体会形成金属间化合物，要求材料具有热拉强度。粉末的预压将通过冷等静压实现，再通过挤压进行完全固化。在这个过程中，相邻的粉末颗粒被相互剪切，并由此焊接到裸露的新表面上。如果需要，可以加上其他中间步骤，例如将螺栓封装到纯铝套管中，脱气、热压和开封，颗粒表面消除了气态杂质及水分（如吸附的水），使螺栓特性略微提高一些。快速凝固气体雾化技术及快速凝固粉末的冷等静压和挤压已充分开发，且其设备可用于大规模生产。

喷射成型可以看作雾化的一种特殊情况。雾化过程本身与快速凝固技术是相同的，其产生的大部分（约80%）颗粒也与快速凝固技术一样完全凝固，这些颗粒通过气流流向旋转、可下降的转盘，并在转盘上被收集。离子束中仍为液态或部分液态的颗粒用于制造转盘或销轴表面的离子复合物。喷射块中可达到的密度为所涉及材料理论密度的97%以上。附加喷嘴可以将固体颗粒注入雾化射流，以制造复合材料。

快速凝固的另一种工艺是熔体纺丝，如图9.8所示。高度饱和合金的熔化射流在由铜制成的旋转滚筒上浇注,在冲击时刻发生一次自发凝固,立即产生纳米晶结构,可制备符合要求的、具有最佳特性的材料。熔体纺丝后,材料以薄膜的形式存在,对其进行碾碎、预压和挤压,加工出高质量的半成品。

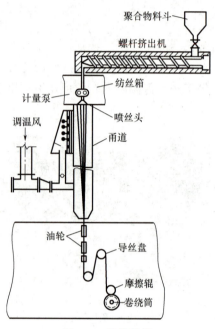

图 9.8 熔体纺丝

快速凝固铝材在汽车上的应用如下:一个是控制活塞,可调节自动变速器控制单元或凸轮轴控制装置中的机油流量。与传统铝合金 6061 相比,PLM-432 型耐磨材料具有成本优势;同时,粉末冶金材料取消了 6061 要求的化学磨损保护层,因此这种工艺在环保方面具有优势。另一个是 PLM-905 合金材质的气门弹簧座。用这种材料取代钢质部件可以达到减轻气门机构质量的目的,通过提高发动机转速,提升了功率,降低了油耗。

1990 年左右就有了铝合金粉末冶金材料,因其具有特有的性质,越来越多地被批量应用,不仅涉及烧结部件,而且涉及由半成品制造的产品——高性能铝合金材料。特别是快速凝固材料,提供了更好的特性组合,大大优于传统铝合金材料。此外,由于粉末冶金铝材可以替代钢材,因此可大幅减重,实现减少 CO_2、碳氢化合物等的目标。因此,这些材料在未来几年将有越来越多的应用。未来主要开发目标是轻金属纳米管,以达到进一步改进特性的目的,这些新材料只能通过粉末冶金工艺实现。

9.3 复合材料与汽车轻量化

9.3.1 塑料与汽车轻量化

数据显示,汽车行业已经成为塑料需求增速最快的领域之一。

我国自主品牌汽车塑料件约占汽车零部件的 7%~10%,虽然已取得巨大进步,但是与汽车发达国家相比还有一定的差距。德国、美国、日本等汽车发达国家的汽车塑料用量已达到汽车自重的 10%~15%,甚至有些达到了 20% 以上。不同品种的塑料用量使用范围不尽相同，居于前列的有聚丙烯（PP）、聚氨酯（PUR）、聚氯乙烯（PVC）、热固性复合材料、ABS 塑料、尼龙（PA）和聚乙烯（PE）等。在汽车上，塑料的应用按零件种类分为三大类：内饰件、外饰件和功能件。

汽车内饰件特别强调手感、安全性、舒适性和可视性。汽车内饰件通常采用 50%左右的塑料为原材料制作，并且对不同部位的内饰件有不同的材料属性要求，如用可吸收冲击能量和振动能量的弹性体及发泡塑料制作仪表板、头枕、座椅等。并且采用的塑料具有不会产生反光、没有异味、不产生致使车窗玻璃变模糊的物质、表面易去污、阻燃性好等特性。塑料在汽车内饰件中的主要应用有仪表板、座椅、转向盘、顶棚、发动机罩和地毯等。

塑料以其加工性优良、使用性能优异、可降低成本、可减轻汽车质量等优势，越来越多地代替金属用于汽车外饰件的制造。外饰件的塑料除了要具有内饰件塑料的功能外，还要能够承受巨大的载荷，在具有良好的抗紫外线和耐化学腐蚀的同时，还要满足美观要求。汽车外饰件主要包括车身面板、保险杠、散热器格栅。

随着汽车轻量化发展，人们常常会采用塑料加工汽车功能件，主要有发动机周边部件、燃油系统、汽车底盘等。这些功能性器件体积较大，如果采用金属材料制造则会大大增大车身质量，普通塑料及复合塑料在满足这些器件的制造工艺的同时，可极大减小器件的质量，减轻车身的负担，减少油耗。虽然用塑料制作的发动机部件比金属部件成本低、质量轻、噪声小，但是要求塑料件耐高温（175℃）、刚性大、尺寸稳定性好、耐腐蚀。因此，发动机部件使用的塑料主要是尼龙 66、聚苯硫醚（PPS）、聚酯等。塑料以其质量轻、设计灵活、制造成本低、性能优异、功能广泛等特点脱颖而出，成为汽车制造中的替代材料。但是塑料也会带来严重的环境问题，如塑料难降解，会给海洋、土地、野生动物等带来严重的危害。随着汽车轻量化的发展，汽车塑料用量必然增大，对塑料提出了更高的要求。很多汽车企业对塑料采用回收再利用的技术，极大降低了塑料对环境的危害。

由于塑料制品强度等性能不足，因此正逐步被玻璃纤维增强塑料制品和碳纤维增强塑料制品取代。纤维增强复合材料具有质量轻、强度高的特点，越来越多地应用于汽车、航空航天等领域，替代金属等传统材料已经是大势所趋。近年来倡导节能减排和轻量化，纤维增强复合材料在汽车、航空航天等需要减重增效的领域"大显身手"，提高了相关终端产品的综合性能。

9.3.2 碳纤维增强复合材料

1. 碳纤维增强复合材料在汽车工业中的应用

由于碳纤维增强复合材料有足够的强度和刚度，因此是制造汽车车身和底盘等主要结构件的理想材料。碳纤维增强复合材料是汽车轻量化的理想选择，可使汽车车身和底盘减轻 40%~60%的质量，相当于钢结构质量的 1/6~1/3。碳纤维增强复合材料在碰撞中的能量吸收能力是钢或铝的 4~5 倍，用于车身结构部件时具有良好的碰撞安全性。碳纤维增强复合材料的优势如图 9.9 所示。表 9-2 所示为碳纤维增强复合材料汽车零部件轻量化实例。表 9-3 所示为碳纤维增强复合材料与钢制汽车零部件的减重效果比较。图 9.10 至图 9.13 为碳纤维增强复合材料在汽车不同部位的应用实例。

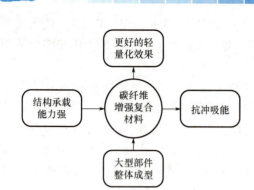

图 9.9 碳纤维增强复合材料的优势

碳纤维增强复合材料的发展机遇如下。

(1)"轻量化中国"对"轻量化材料"提出了更高要求。

(2)碳纤维增强复合材料是《中国制造2025》十大领域不可或缺的战略性轻量化材料。

(3)碳纤维增强复合材料可大力推进《中国制造2025》五大工程的智能化制造。

(4)新能源汽车碳纤维增强复合材料轻量化技术是世界各国的共同发展目标。

表 9-2 碳纤维增强复合材料汽车零部件轻量化实例

汽车制造企业	车型	汽车零部件
通用汽车公司	科迈罗、庞蒂亚克火鸟、EV1	车顶、后门和侧门
福特汽车公司	野马	发动机罩
	林肯大陆	盖板、发动机罩和前防护板
上海大众汽车有限公司	Polo、高尔夫、Lupo	上、中扰流板
北京吉普汽车有限公司	切诺基	后举开门总成和前散热器罩
中国第一汽车集团有限公司	重型平头车	前保险杠
中国第二汽车集团有限公司	中型平头车	翼子板

表 9-3 碳纤维增强复合材料与钢制汽车零部件的减重效果比较

零部件名称	钢/kg	碳纤维增强复合材料/kg	质量减轻/kg
车身	209	94	115
车架	128	94	34
前端	44	13	31
发动机罩	22	8	14
罩盖	19	6	13
保险杠	56	20	36
车轮	42	23	19
车门	71	28	43
其他	31	16	15
共计	622	302	320

图 9.10　兰博基尼发动机罩

图 9.11　碳纤维增强复合材料座椅

图 9.12　碳纤维车轮轮毂

图 9.13　全碳纤维车身的一级方程式赛车

2. 碳纤维增强复合材料的典型制备工艺

(1) 非连续纤维复合材料成型工艺

非连续纤维复合材料成型工艺是指用树脂糊浸渍短切纤维形成的片状模压成型材料,将片状模塑料(sheet molding compounds,SMC)按制品尺寸形状及厚度等要求裁剪,然后将多层片材叠合后放入金属模具中进行加热加压,制成制品的工艺。

(2) 树脂传递模塑

树脂传递模塑(resin transfer molding,RTM)是指低黏度树脂在闭合模具中流动、浸润增强材料并固化成形的工艺,属于复合材料的液体成型或结构液体成型技术。其具体方法是在设计好的模具中,预先放入经合理设计、剪裁或经机械化预成型的增强材料,模具需有周边密封和紧固,并保证树脂流动顺畅;闭模后注入定量树脂,待树脂固化后脱模,得到所期望的产品。

(3) 连续纤维复合材料成型技术

① 缠绕成型(图 9.14)。缠绕成型是将浸过树脂胶液的连续纤维(或布带、预浸纱)按照一定规律缠绕到芯模上,再经固化、脱模获得制品。缠绕成型主要适用于制备汽车传动轴和驱动轴等管材类的部件,宝马 M3 车用碳纤维复合材料传动轴(图 9.15)比纯钢结构质量减轻 40%。

图 9.14 缠绕成型

图 9.15 宝马 M3 车用碳纤维复合材料传动轴

② 拉挤成型。拉挤成型是将浸渍树脂胶液的连续纤维束、带或布等，在牵引力的作用下，通过挤压模具成型、固化，连续不断地生产长度不限的型材，主要适合生产各种断面形状的型材，如棒，管，实体型材（工字形、槽型、方形型材）和空腹型材（门窗型材、叶片等）。连续纤维复合材料拉挤成型工艺流程如图 9.16 所示。

拉挤成型

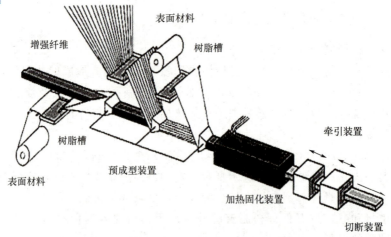

图 9.16 连续纤维复合材料拉挤成型工艺流程

〔例 9-1〕全球率先采用碳纤维制成的前端碰撞缓冲构件的量产轿车——奔驰 SLR 级车如图 9.17 所示。奔驰 SLR 级车的车身壳体、车门和发动机罩均由耐腐蚀的碳纤维复合材料制成，主体结构的质量降低约 30%。碳纤维梁用螺栓固定于发动机悬置件的铝质结构上，其前端通过碳纤维增强复合材料制成的横梁和水平夹层板与车身壳体结构的其余部分连接。

图 9.17 奔驰 SLR 级车

〔例 9-2〕 雷克萨斯 LFA 跑车（图 9.18）的碳纤维增强复合材料部件在制造过程中采用了如下三种成型工艺：①预浸料形成车身主框架；②采用热固性树脂浸润坯料生产传输轴通道、驾驶室底板、车顶和发动机盖；③使用短碳纤维增强片状模塑料模压工艺。除此之外，雷克萨斯公司还将碳纤维用于制造车底分流器、速度控制尾翼和内饰件，有助于减小更多车身质量。

图 9.18 雷克萨斯 LFA 跑车

3. 碳纤维增强复合材料在汽车工业中的应用前景

(1) 碳纤维增强复合材料在汽车工业中的应用方向。

碳纤维增强复合材料在汽车工业中的应用方向包括车身内、外装饰部件，新能源汽车整体车身和部件，结构承载部件，商用货车车厢、传动轴、碳纤维车轮。

(2) 碳纤维增强复合材料在汽车工业中应用需要解决的问题。

首先要解决的是理念问题，复合材料不应作为金属材料的替代材料，重点在于碳纤维增强复合材料在汽车上应用的系统解决方案；复合材料供应企业与汽车制造企业的合作模式——战略合作；发展低成本材料——大丝束碳纤维及其织物；价格有吸引力——70～100元/千克；碳纤维三维立体织物制造技术；高效率、低成本的制造工艺技术；高效率树脂传递模塑、全自动长纤维增强热塑性复合材料技术、碳纤维片状模塑料工艺技术、热塑性连续碳纤维预浸技术；复合材料与金属材料的连接技术等。

"互联网+" 拓展问题

1. 汽车轻量化材料的加工工艺还有哪些？列举1~2个实例进行说明。
2. 轻量化镁合金在汽车工业中的应用有哪些？对相应的加工工艺进行归纳。
3. 如今激光焊接、胶粘连接等连接方式在汽车轻量化过程中被越来越多地提及，与这两种连接方式相比，锁铆铆接的优势是什么？

思考与练习题

1. 轻量化铝合金有哪些应用？概括铝合金车轮轮辋的加工工艺。
2. 总结喷射成型和复合喷射成型的工艺特点。

第10章 电动汽车动力电池的制造工艺

教学目标

本章主要介绍电动汽车动力电池的制造工艺,电动汽车电池作为电动汽车的动力装置,需满足比功率、体积比能量、质量比能量、使用寿命和安全可靠性的要求,本章详细介绍了几种满足以上要求的电动汽车电池的制造工艺。

教学难点

蓄电池是一种电化学储能体系,其能量储存和释放是通过两个电极的电化学反应实现的。本章内容涉及电池生产过程中一系列区别于传统汽车零部件的工艺,这也是本章教学的难点。

教学重点

锂离子制造工艺和超级电容器的制造工艺。

10.1 动力电池的类型与性能比较

进入21世纪以来,能源危机和环境污染已经成为全球关注的两大焦点。过度开发和依赖石油化学资源给人类带来了一系列问题。按现在的消耗速度,多年后石油资源将面临枯竭。而石油消耗最大的领域是交通运输,越是发达的国家,各种汽车(包括载人汽车、货运汽车等)石油消耗量占石油总消耗量的比重越高。大量燃油汽车排放的汽车尾气(碳氧化物、氮氧化物等)严重污染了大气环境,地球的温室效应正使人类生活的环境恶

动力电池

化，因此，世界各国共同承诺了"节能减排"，其中一项极其重要的工作就是开发新能源汽车，包括纯电动汽车（EV）、混合动力电动汽车（HEV），以太阳能为动力的汽车，以生物化学燃料（如甲醇、乙醇等）替代汽油的汽车等。众多解决方案中，纯电动汽车和混合动力电动汽车是最受关注也是最有希望商业化的方案。而实际上混合动力电动汽车已经大规模地成功应用。

纯电动汽车和混合动力电动汽车的开发瓶颈是作为动力使用的蓄电池。如果有一种既安全可靠又经济耐用的动力电池，其行驶单位里程的费用能够与如今的燃油费用相当，甚至更低，汽车的销售价格也与燃油汽车相当，那么纯电动汽车和混合动力电动汽车定将在全球普及，石油的消耗量将大大下降，地球环境也将得到改善。

虽然我国在传统燃油汽车工业上落后于世界领先水平，但在电动汽车等新能源汽车领域与发达国家处于同一条起跑线，借助成本和市场优势，我国有潜力和可能在全球电动汽车市场处于领先地位。我国发展电动汽车产业，将大幅度地减少温室气体排放，降低对石油进口的依赖，不仅有经济意义，而且有重大战略意义。

可以作为车载动力的电池类型很多，主要有阀控式铅酸蓄电池（VRLA）、Cd-Ni 电池、金属氢化物/镍电池（MH-Ni）电池、锂离子（Li-ion）电池、聚合物 Li-ion 电池、Zn-Ni 电池、锌空气电池、超级电容器、质子交换膜燃料电池（PEMFC）、直接甲醇燃料电池（DMFC）等，这些电池均有车载试验，其中有的已经商业化应用，有的离商业化应用还有比较长的距离。各类动力电池的性能比较见表 10-1。各类动力电池的体积比能量和质量比能量如图 10.1 所示。

表 10-1 各类动力电池的性能比较

电池类别	电压/V	质量比能量/(W·h/kg)	体积比能量/(W·h/L)	记忆效应	循环寿命/[(80% DOD) /次]	价格/[美元/(kW·h)]
VRLA	2.0	35	80	无	400	93～100
Cd-Ni 电池	1.2	45	160	有	500～1000	1000
MH-Ni 电池	1.2	70	240	有	500～800	1250
Li-ion 电池	3.6	125	300	无	600～1000	2000
聚合物 Li-ion 电池	3.6	200	300	无	600～1000	2500
Zn-Ni 电池	1.65	75	180	无	300～500	
锌空气电池		135	1000	无	可再生	

对满足纯电动汽车和混合动力电动汽车的动力电池要求如下。

（1）比功率高。

（2）体积比能量和质量比能量高。

（3）工作温度范围宽。

（4）能够在高倍率放电部分荷电下循环使用。

（5）能够深循环使用。

（6）使用寿命长。

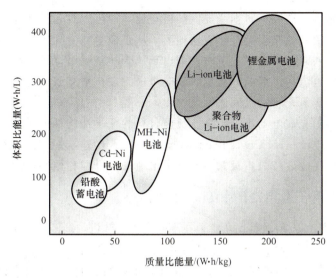

图 10.1　各类动力电池的体积比能量和质量比能量

（7）安全可靠。

（8）价格比较低。

概括起来，电动汽车动力电池最基本的五项要求是能量、功率、安全性、价格和使用寿命，其中安全性是首要的，但动力电池组的价格过高，影响了电动汽车的推广。世界各国在发展电动汽车过程中，这五项基本要求成为制约因素。比较成功的是丰田的全混合动力电池汽车普锐斯（PRIUS）。

10.2　动力锂离子蓄电池的制造工艺

10.2.1　锂离子电池的工作原理

锂离子电池是锂离子（Li^+）在正、负极之间反复进行脱出和嵌入的一种高能二次电池，通常由下述元件组成：①负极，放电时发生氧化反应，应用较多的是碳材料；②正极，放电时发生还原反应，应用较多的是过渡金属氧化物，如钴酸锂（$LiCoO_2$）；③电解液，为离子运动提供运输介质；④隔膜，为正、负极提供电子隔离。通常用铝箔作为正极集流体，用铜箔作为负极集流体。

充电时，正极中的锂离子从钴酸锂等过渡金属氧化物的晶格中脱出，经过电解液这一桥梁嵌入碳素材料负极的层状结构中，在充电过程中，过渡金属被氧化，释放出电子。正极材料的体积因锂离子的移出而发生变化，但本身骨架结构维持不变，负极材料与锂离子发生嵌入反应或合金化反应。放电时，锂离子从碳素材料层间脱出，经过电解液到达正极并嵌入正极材料的晶格中，电极材料的结构得以复原。在放电过程中，负极中的锂被氧化，释放出电子。在循环过程中，正极材料是提供锂离子的源泉。

锂离子电池是以可嵌脱锂的化合物或材料为正、负极材料。正极是锂的过渡金属化合物，如 $LiCoO_2$、$LiNiO_2$ 或层状 $LiMnO_2$、尖晶石 $LiMn_2O_4$ 等；商业化的负极材料主要是

锂电池模组装配生产线

特斯拉新式电池生产线

碳素材料，如石墨等，这些材料本身提供晶格空位，锂可以嵌入晶格也可以脱嵌出来。充电时，外界电流从负极流向正极，相应地锂离子从正极材料中脱出，经过电解液，透过隔膜，到达负极，嵌入碳材料中；放电时，锂离子从碳材料脱出，经电解液和隔膜，嵌入正极材料中，相应地电流从正极经外界负载流向负极。在正常充放电情况下，锂离子在层状结构的碳材料和金属氧化物的层间嵌入与脱出，一般只引起层间距的变化，而不会引起晶体结构的破坏，伴随充放电的进行，正、负极材料的化学结构基本保持不变，因此常称锂离子电池为摇椅式电池（rocking-chair battery）；而且充放电过程中不存在金属锂的沉积和溶解过程，避免生成锂枝晶，极大地改善了电池的安全性和循环寿命。

10.2.2　动力锂离子蓄电池的制造工艺流程

随着锂离子电池的发展，其制造工艺在不断完善、改进，渐渐形成了多种模式，我国由以手工为主的生产线发展到半自动、全自动生产线。经过多年发展，国产锂离子电池生产设备的性能和精度基本可以满足要求。动力锂离子蓄电池制造工艺要结合设备，满足技术、工艺路线的要求。动力锂离子蓄电池制造工艺与锂离子电池的工艺相同，相比之下，只是对产品一致性的问题控制得更严，过程设备的自动化程度更高。锂离子电池的制造工艺因电芯成型方式和装配封装方式的不同而不同。锂离子电池电芯的成型方式有卷绕式和层叠式两种；锂离子电池装配封装方式有圆柱形和方形两种：圆柱形有铝壳圆柱形电池和钢壳圆柱形电池；方形有铝壳方形电池、钢壳方形电池和铝塑复合膜方形电池。

动力锂离子蓄电池的主要生产工艺包括极片制造、电芯制作、电池装配、注液、化成、分选等工序。

1. 极片涂胶（含电解液）方式

极片涂胶方式是将含电解液的胶液涂覆在压光后的极片上，再与隔膜一起卷绕，要在完全干燥的环境下进行。

2. Bellcore 工艺

卷绕式工艺和叠片式工艺

Bellcore 工艺是将正、负极各组分的材料先涂覆在耐高温聚酯薄膜（PET 膜）上，然后剥离压覆在铜、铝网上，与聚偏二氟乙烯膜（PVDF 膜）一起进行热合，经萃取去除造孔剂制成电极对，最后组合成电芯封装（一般采用铝塑复合膜封装）。

3. 卷绕式工艺

卷绕式工艺是由铝箔双面涂覆正极活性物质层的长条形正极片、铜箔双面涂覆负极活性物质层的长条形负极片和夹在其间的长条形隔膜共同卷绕构成的，主要工序如图 10.2 所示。

4. Bellcore 方式＋卷绕式工艺

Bellcore 方式与卷绕式工艺的混合方式是将分切的极片折叠后利用隔膜卷绕成芯。

5. 叠片式工艺

叠片式工艺是由铝箔双面涂覆正极活性物质层的方形正极片、铜箔双面涂覆负极活性

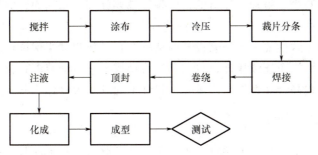

图 10.2 卷绕式工艺的主要工序

物质层的方形负极片和夹在其间的隔膜相互叠加而成,主要工序如图 10.3 所示。

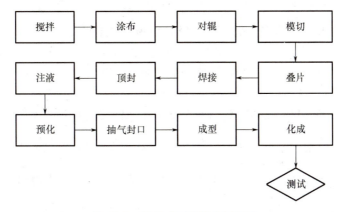

图 10.3 叠片式工艺的主要工序

6. 动力锂离子蓄电池制造工艺的选择分析

根据选择的设备不同,动力锂离子蓄电池的制造工艺可以分为自动生产线和半自动生产线,各有优缺点。自动生产线的优点如下:生产效率高,人员少,适合大规模生产,制作产品品质高。其缺点如下:投资大,建厂慢;产品单一,专一化生产;员工专业化程度要求高,技能要求高。因此,自动生产线适合生产成熟期产品,对后期介入该行业的企业门槛高。采用自动生产线的企业存在一定的风险,投资回报周期长。半自动生产线的优点如下:投资少,建厂快;柔性制造,适合多类型产品生产;对员工技能要求低。其缺点如下:生产效率低,品质控制难,适合小规模生产;人员多。半自动生产线适合生产成长期产品,早期介入该行业门槛低,回报周期短。采用半自动生产线的企业存在的风险是产品成本高。

动力锂离子蓄电池制造工艺的关键是生产工艺,前提条件是单体电池制造技术成熟完善,生产过程的成品率(直通率)高,生产出来的单体电池性能一致性高。

制造过程对环境的要求如下:锂离子电池制造过程的水分控制与品质息息相关,这是由如今锂离子电池有机电解液体系的特点决定的。水分控制不好,电池性能下降,鼓胀率大大提高。水分控制要求是电池在注液封口时半成品电池内水分的含量要控制在 6～10 级。制造过程中水分控制的关键点(节点)如下:①涂膜之后压光之前的极片干燥;②成芯后入壳前的电芯干燥;③入壳后注液前半成品的干燥。

另外,制造过程中粉尘的控制也不能忽视。一般来讲,粉尘是造成电池内部微短路的重要原因。车间的灰尘、极片上脱落的粉尘颗粒都要处理。车间内、制造过程中必要工序的除尘是工艺控制的一部分。

为满足产品的一致性要求,提高设备的精度和自动化程度来保证产品的一致性。自动和半自动混料、间歇涂布连续压光、自动和半自动成芯、自动装配、自动注液、化成分容的数据库管理等在提高产品性能、质量和一致性上起到了关键作用。

10.2.3 正、负极片的制造

极片的制造是电池制造中的关键。正、负极片的制造过程无非是形成更好的多孔电极的过程,与电池的性能息息相关。在电池生产的整个流程中,极片制造完成就已经决定了电池80%以上的性能,可见其重要性。在锂离子电池的制造过程中,极片制造是自动化程度最高的部分。

锂离子电池的极片采用膜电极方式,极片较薄,正极片厚度一般为 $80\sim200\mu m$,负极片厚度一般为 $50\sim150\mu m$,一个电极对也不过 $200\mu m$ 左右。极片的活性物质一般以浆料的形式涂覆在集流体上。集流体一般采用铜箔(厚度为 $8\sim15\mu m$)和铝箔(厚度为 $10\sim20\mu m$),也有采用铜网、铝网的。

制造极片的工艺流程如下:混料→涂布→干燥→极片压光→极片裁切→电芯制作。

1. 混料

混料是把电池活性材料和辅料在溶剂中进行高度分散形成非牛顿型高黏度流体,一般正极浆料的黏度为 $5\sim12Pa\cdot s$,负极浆料的黏度为 $1.5\sim5.5Pa\cdot s$。

浆料是由不同密度、不同粒度的原料组成的,且是固液混合相,搅拌难度较大,普通搅拌方式和搅拌设备不能满足要求,一般采用行星式真空高速搅拌。在有些材料搅拌中也采用打蛋机方式。混料的目的是让活性物质、导电剂、黏结剂及其他添加剂充分混合,均匀分散,使各部分充分发挥其作用,做出来的电池性能更稳定。

行星式真空高速搅拌机(图10.4)通过高速分散盘和搅拌浆做公转和自转,使物料受到强烈的剪切和捏合,来分散和混合。混料过程视具体情况而定,有的需加热,有的需冷却。

图 10.4　行星式真空高速搅拌机

一般情况下,浆料的黏度受温度影响,浆料出料时的温度要控制在室温,保持浆料黏度稳定。

(1) 混料工艺流程。混料工艺流程如下：干粉预混（石墨和导电剂）→打胶→导电剂搅拌→活性物质搅拌→真空搅拌→浆料过滤→出料。

(2) 混料过程。正极配方见表 10-2。

表 10-2 正极配方

正极材料	LiCoO₂	LiFePO₄
活性物质/(%)	92～96	90～97
导电剂/(%)	2～4	1～5
黏结剂/(%)	2～4	2～5
固形物含量/(%)	60～70	30～40

同样，负极片的制作过程首先也是混料。负极和膏有水溶液匀浆及有机溶剂匀浆两种工艺。水溶液匀浆用于其他石墨负极材料，由于成本更低，因此使用比较广泛；有机溶剂匀浆主要用于中间相炭微球（mesocarbon microbeads，MCMB）。混料是将负极活性物质（如中间相炭微球或其他石墨）与一定比例的聚偏氟乙烯（PVDF）或羧甲基纤维素钠（CMC）黏结剂和 N-甲基吡咯烷酮（NMP）或 H_2O 溶剂混合，搅拌成负极浆料的过程。负极和膏配方见表 10-3。

表 10-3 负极和膏配方

负极材料	中间相炭微球	负极材料	其他石墨
活性物质/(%)	89～95	活性物质/(%)	93～97
导电剂/(%)	2～4	导电剂/(%)	0～3
聚偏氟乙烯黏结剂/(%)	3～7	SBR-CMC 黏结剂/(%)	3～4
固形物含量/(%)	50～60	固形物含量/(%)	30～40

混料浆料的均匀性对锂离子电池的质量有很大影响，浆料的均匀度决定了活性物质在电极上分布的均匀性，从而影响电池的性能。制浆过程时间过短，浆料不均匀；制浆过程时间过长，浆料过细，电池的内阻过大。

(3) 混料工序的控制重点。

① 黏结剂溶液配制。其包括聚偏氟乙烯（或羧甲基纤维素钠）与 N-甲基吡咯烷酮溶剂（或去离子水）的混合比例和称量；溶液的搅拌时间、搅拌频率和次数（及溶液表面温度）；溶液配制完成后，对溶液的检验［黏度（测试）、溶解程度（目测）及搁置时间］。

② 活性物质。其包括称量和混合时监控混合比例、数量；正、负极的球磨时间；球磨桶内玛瑙球与混料的比例；玛瑙球中大球与小球的比例；烘烤温度、时间的设置；烘烤完成冷却后测试温度；活性物质与溶液的混合搅拌（搅拌方式、搅拌时间和频率）；过筛，全部过 100 目（150 目）筛；测试、检验，对浆料、混料进行固含量、黏度、混料细度、振实密度、浆料密度的测试。

2. 涂布

涂布是把浆料涂覆到集流体上，通过干燥去除溶剂的过程。涂布应用很广泛，在感光相纸、磁盘等生产中都有应用。制造极片时通常采用的涂布方式包括挤出涂布、转移复制涂布和刮刀涂布。

挤出涂布是通过精密计量泵将搅拌均匀具有一定黏度的液体浆料，恒压输送至直线挤压腔体，通过挤压腔体涂覆在集流体（箔材）上。这种方式的涂膜要求浆料黏度低，适合少组分液体浆料多层涂膜。

转移复制涂布在极片制造中应用较广泛，采用箔材集流体自动化程度高的生产线基本使用这种方式，使后段的压光易做到连续辊压压光。转移复制涂布是把浆料先涂在主动辊上，然后转移复制到背辊的箔材上。这种方式的主要目的是实现间隙跳涂，易于后续工序的自控化，同时更易控制单双面面密度，对员工技能熟练程度要求不高，在箔材集流体的单双面敷料均匀性上好控制。该方式的难点是间歇起涂和结束厚度控制。转移复制涂布一般采用两种原理，两种原理的区别是在间歇动作的方向上，一个是垂直方向，另一个是水平方向。

刮刀涂布在早期应用较多，适合连续涂布。这种方式精度高，涂布厚度稳定性好，但后续工序自动化难度大。这种方式对员工技能熟练程度要求高，控制单双面面密度难。

涂布用的浆料为非牛顿型高黏度流体，是剪应力和剪切变形速率之间不满足线性关系的流体。流体流动时所需剪应力随流速的改变而改变。很难根据一个标准方式调整涂布厚度，这也是涂布机涂膜过程中的难点，对员工的熟练程度、经验要求很高。

（1）涂布过程。涂布过程是把浆料涂覆到集流体上的过程，正极涂布到铝箔上，负极涂布到铜箔上，整个过程由涂布机完成。在操作涂膜过程中，浆料黏度的变化、料斗上液面高度的变化、涂膜速度的变化都将影响涂膜的均匀度。所以，拉浆涂膜过程中尽量保持上述各方面参数等不变。

在涂布工艺中，希望通过烘干除去浆料中的全部溶剂，烘干方式直接影响极片的质量。烘干方式有很多种，通常采用热循环风干燥，还有采用微波干燥的。涂布极片干燥的过程中，各参数很重要，如加热温度或时间不够，难以去除残留的溶剂，致使部分黏结剂溶解，造成部分活性物质剥落；加热温度过高则黏结可能发生晶化，也会使活性物质剥落，从而使电池内部短路。烘干的温度和速度极其重要，要严格控制。极片涂布的一般工艺过程如下：放卷→接片→拉片→强力控制→自动纠偏→涂布→干燥→自动纠偏→张力控制→自动纠偏→收卷。

涂布基片（金属箔）由放卷装置放出进入涂布机（图 10.5），基片的首尾在接片台上连接成连续带后，由拉片装置送入张力调整装置和自动纠偏装置，调整片路张力和片路位置后进入涂布装置。极片浆料在涂布装置按预定涂布量和空白长度分段涂布。在双面涂布时，自动跟踪正面涂布和空白长度进行涂布。涂布后的湿极片送入干燥道进行干燥，干燥温度根据涂布厚度和涂布速度设定。干燥后的极片经张力调整和自动纠偏后进行收卷，供下一步工序加工。

（2）涂布工序的控制重点。涂布工序的控制重点是单双面敷料量的一致性、涂膜的均匀性。涂布工序具体控制重点如下：

① 集流体的首检。集流体规格（长、宽、厚）的确认；集流体标准（实际）质量的确认；集流体的亲（疏）水性及外观（有无碰伤、划痕和破损）。

② 敷料量（标准值、上限值、下限值）的计算。单面敷料量（以最接近此标准的极

图 10.5 涂布机

片厚度确定单面的极片厚度）；双面敷料量（以最接近此标准的极片厚度确定双面的极片厚度）。

③ 浆料的确认。是否过稠（稀），流动性是否好，是否有颗粒，气泡是否过多，是否已干结。

④ 极片效果。密度（片厚）的确认；外观有无划线、断带、结料（滚轮或极片背面），是否积料过厚，是否未干透或烤焦，有无露箔或异物颗粒。

3. 极片压光

极片压光是制造多孔电极的最后一道工序，是将涂在集流体上的活性物质等按要求的密度进一步压实制成多孔电极的过程。极片压光不要压得过实，要保持一定的孔隙，留着填充电解液。极片压实密度过大，电子导电性提高，而离子导通性下降；极片压实密度过小，离子导通性提高，而电子导电性下降。极片的压实密度是极片压光控制的要点。

极片压光采用强力轧机。压实过程最好从垂直集流体（箔材）一个方向施压，避免破坏活性物质和集流体的黏结层。所以轧机的辊径越大越好，以减小水平方向延展。为了达到更好的效果，一般采用大辊径的轧机，有条件的还可采用加热轧制。要求压光后的极片压实密度一致，压实密度不一致将影响产品性能的一致性，这是提高产品一致性的关键工序之一，所以轧机的精度很关键。目前轧机可使压光后的极片厚度均匀度达到 ±0.0002mm。

极片压光的控制重点如下：先确认极片是否干燥好，然后确认极片压片后的厚度，以及外观有无变形、起泡、掉料、起层，有无粘机、压叠，最后进行极片的强度检验。

4. 极片裁切

极片裁切在极片制造过程中直接体现着制造过程的自动化程度。极片裁切是将涂膜压光好的大片极片按电池制作要求裁分成一定规格的小极片，极片裁切设备如图 10.6 所示。与下面的电芯制作要求相配合，基本上有两种规格的极片：长条形和类方形，与成芯的两种方式相对应，卷绕式成芯用长条形极片，层叠式成芯用类方形极片。

卷绕式成芯用长条形极片，裁切方式基本采用

图 10.6 极片裁切设备

滚切方式，使用钨钢刀片，采用剪切方式，品质易控，易于自动化。层叠式成芯用类方形极片，裁切方式采用冲切或分切＋冲切的方式，分切＋冲切方式自动化程度高，品质更易控制，效率高，成本低。冲切使用刀模（常采用激光刀模）和模具，前者费用低，但使用寿命短，技术要求不高，容易实现。该工序的关键点是在保证规格尺寸的前提下，控制裁切边的毛刺及不能有脱粉情况。

5. 电芯制作

电芯制作是将正、负极片和隔膜组合成极群组的过程。电芯制作有两种方式：一种是卷绕方式；另一种是层叠方式。这两种方式在极片制造中都可采用，主要是结合这两种工艺（方式）的特点，按动力电池的应用领域、方式和性能要求进行选择。

（1）卷绕方式。卷绕方式是指保持极板与隔膜的定张力，单片正、负极极片与隔膜一起边辅正边卷绕，最后粘贴胶带成芯。卷绕方式的成芯形状有圆柱形和方形两种。

卷绕方式的特点如下：结合整个制造过程自动化程度高，制成电池阻抗（包括内阻）大，相应的工艺设备较成熟完善，生产效率高。圆柱形锂离子电池采用这种方式。在动力电池应用上，采用卷绕方式制成小容量单体电池，通过外并联的方式组成大容量电池，特点是易控制成品率，但工作量大，成本高。

（2）层叠方式。层叠方式是指将正极极片、隔膜和负极极片依次间隔叠摞在一起成芯。叠片的具体方式实用化有三种：之字式、卷绕式和制袋式。

层叠方式的特点如下：是多极结构，电极分布上更符合电化学原理，制成电池阻抗（包括内阻）小，适合制作功率型电池，制造过程自动化程度不高，生产效率低。大容量的方形电池一般采用这种方式。

卷绕方式和层叠方式的优缺点比较见表 10-4。

表 10-4 卷绕方式和层叠方式的优缺点比较

优缺点	卷绕方式	层叠方式
优点	● 工序简单； ● 成本低； ● 生产效率高； ● 制造过程自动化难度小	● 可适用于薄型、大面积电芯，单体电池容量易做大； ● 电化学特性优秀； ● 是多极结构，大电流放电效果好
缺点	● 较难适用于薄型、大面积电芯； ● 是单极结构，大电流放电效果差	● 类方形极片制作复杂； ● 工序复杂； ● 生产效率低； ● 制造过程自动化难度大

10.2.4 电池的装配封装

制成电芯后的电池装配封装是锂离子电池制造工艺具体差异性的关键因素之一。不同的封装方式采用的具体流程不同，主要是封装用的材料和封装方式不同。

封装工艺的主要区别在封口工序上，除圆柱形钢壳采用滚槽机械封口外，其他钢壳

（一般是方形钢壳）和铝壳（包括圆柱形铝壳和方形铝壳）都是用激光焊接进行封口。铝塑膜封装一般采用热熔方式密封铝塑膜进行封口。下面以铝壳/不锈钢壳电池的封装工艺为例，介绍具体封装工艺：成芯卷好的电芯入壳，极耳与上盖焊接，整形扣盖，用激光焊机将壳盖焊在一起。

以上工序控制重点如下：绝缘垫片的放置；折、压合盖帽（铝壳），注意杂物外露和铝壳外观的维护；定盖工位的偏移度；钢、铝壳电池焊接时注意砂孔；焊接铝壳的调试、焊接时抽查的测试；检漏。焊好的电池在注液前要进行真空烘烤，除去残留水分。烘烤时要注意：①烤箱温度、时间的设置；②放氮气、抽真空的时间性效果（目测仪表）及时间间隔。

10.2.5 电池的注液、化成与分容

1. 注液

注液是向电池中注入电解液的过程。注液除采用真空注液方式外，还有极片涂度方式等。电解液为有机电解质，无机盐以 $LiPF_6$ 为主，有机溶剂主要包括碳酸乙烯酯（EC）、碳酸二乙酯（DEC）、碳酸甲乙酯（EMC）和碳酸二甲酯（DMC）。另外，有时根据需要添加少量功能添加剂。

注液工序的控制重点如下：各种型号注液量；干燥室或手套箱内的湿度和室内湿度；电池水分测试及放气和抽真空时间；烘烤前电池在烤箱放置的注意事项；电池注液前后的封口。

2. 化成与分容

化成分为一次封口化成和二次封口化成。圆柱形电池和日本索尼、三洋等公司的软包装电池采用一次封口化成；我国大部分企业采用二次封口化成。二次封口化成的优点是过程环境要求相对不高，电池原材料选择范围大、受限小，因此应用广泛。

电池的化成与分容采用恒流-恒压充电，恒流放电。化成与分容有的采用数据库管理，扫描条形码信息，记录、监控电池性能参数，做到跟踪、可追溯性，无疑对电池质量提供了更好的保障。

化成一般采用 $0.2C$ 电流，终止电压根据电极材料的不同来确定，一般为 $3.9\sim4.1V$。分容一般以 $1C$ 恒流充电，终止电压为 $4.2V$，改为恒压充电，终止电流约为 $0.05C$。一般电池出厂时荷电约为 50%。

液态铝壳/钢壳二次化成的控制重点如下：化成、分容参数的设置；化成时电解液流出后及时擦掉；提前亮灯的点要查明原因；有问题化成点的校对；封口挤压是否使铝电芯变形；封口后及时清洗；夹具头是否清洁，是否有锈蚀；计算机数据查询。

3. 老化包装

电池出厂前要在一定温/湿度下放置 $7\sim60$ 天，以提高产品稳定性。电池出厂前要进行全检和形式试验，检验内容见表 10-5。

表 10-5 电池出厂前检验内容

序号	检验项目	出厂检验	形式试验及检测数量	
			项目	检测数量
1	外观	√	√	全检
2	外形尺寸及质量	√	√	全检
3	电池性能一致性		√	全检
4	内阻	√		全检
5	20℃放电容量	√		全检
6	大电流放电容量		√	3
7	－10℃放电容量		√	3
8	55℃放电容量		√	3
9	荷电保持能力及恢复能力		√	3
10	储存		√	3
11	循环寿命		√	3
12	耐振动性		√	3
13	过充电		√	3
14	过放电		√	3
15	外短路		√	3
16	针刺试验		√	3

注：√表示测试项目。

10.3　超级电容器的制造与检测

10.3.1　超级电容器概述

石墨烯超级电容器

　　超级电容器（super capacitors）是利用电解质材料离子电荷分离，在电极表面物理吸附形成"双电层"来储存电能的装置，也称双电层电容器（electric double layer capacitors，EDLC）。超级电容器是介于传统电容器和充电电池之间的一种新型储能装置，它既具有电容器快速充放电的特性，又具有电池的储能特性。

　　早在1879年，亥姆霍兹就提出了双电层的概念并建立了双电层的物理模型。直到1954年，通用电气公司的贝克尔才在专利中首次发表以多孔碳材料为电极的电容器实物模型专利，指出该电容器具有超高电容，认为能量储存在多孔碳材料的孔洞及表面上，但电容器储能的具体机理并未明确。

　　1966年标准石油公司发表使用双层储能的装置专利，揭示了"电容器的高比电容来源于界面双层"的储能原理。

　　20世纪90年代以后，在能源危机与环境污染日益加剧的严峻形势下，持续发展的观念越来越得到社会的广泛认同，节能和环保成为时代主题，在此背景下，超级电容器焕发出灼灼生机，以"新型"储能器件的面貌出现并引人瞩目。超级电容器被认为是飞机、轮船、火车机车、航天器尤其是电动汽车的"理想辅助动力电源"，在太阳能、风能发电配套、不间断电源（UPS 电源）等新能源储能及智能电网开发应用中，它也具有不可替代的优势，是一种理想的节能环保型"绿色电源"，有关超级电容器的研究也逐渐成为电源研究领域的新热点。

超级电容器可根据需要采用不同工艺来制作不同外形与结构，一般可划分为纽扣型（积层型）和卷绕型两种。纽扣型超级电容器为积层结构，电极内部一般是正极片、隔膜、负极片层层堆叠，类似于三明治结构，外观如图 10.7 所示。纽扣型超级电容器的优点是结构非常简单、质量较轻、体积通常小，串联使用十分方便，可满足对高电压应用的需要；缺点在于体系中电极面积偏小，因此容量较低。

图 10.7　纽扣型超级电容器

卷绕型超级电容器的外观通常为圆柱形，如图 10.8 所示，结构中相对应的极片面积很大，通过正极、隔膜和负极的次序卷绕封装成柱状。它具有内部结构紧凑、电极面积大的优点，能够很大地降低电容器内部阻抗，而且制作时封装工艺相对简单，因此已经成为超级电容器较成熟的制作技术；其缺点是串联时占用空间较大。

10.3.2　超级电容器的材料

超级电容器的核心是正、负电极，隔膜和电解质材料，此外还有集流体、引线、外壳等附件。电极的作用是产生双电层电容/准电容及积累电荷，通常由电极活性物质、导电剂、黏

图 10.8　卷绕型超级电容器

结剂、分散剂等按一定的比例混合均匀涂在集流体上压制而成。电解质材料可分为液体电解质和固体电解质，其中液体电解质根据所用的溶剂不同，可以分为水溶液、非水有机电解质溶液和室温离子液体等；固体电解质可分为无机固体电解质和有机固体电解质两类。隔膜起到机械隔离正、负电极防止短路的作用，常用的有 PP 隔膜、PE 隔膜、PP/PE 复合膜、无纺布、纤维素纸等。

1. 电极材料

超级电容器的电极在制备工艺上与电池电极类似,但对电极的要求与电池完全不同,总体上对电容器电极的要求如下:①具有长期稳定性,对可能发生在电极表面的电化学氧化还原过程具有惰性,一般循环寿命大于 105 次;②比表面积大,为 1000~2000m²/g,使电解液能在更多电极表面上形成双电层电容/准电容以储存能量;③在溶液分解电压以内,对溶液的分解不起显著催化作用;④孔径分布合理,达到比表面积大和电解质内阻小的优化组合,降低等效串联电阻(ESR)值;⑤具有良好的润湿性,使更多电极表面得到利用以形成电极/电解液界面,合适的界面接触角取决于电极表面性质和孔结构;⑥电极内阻低,由电极材料本身和材料颗粒之间的接触情况决定;⑦电极材料应容易制备出力学性能良好的电极构造;⑧电极造成的开路自放电小。

(1)碳材料。

碳材料是能够符合上述要求且成本较低的电极材料,包括活性炭、活性碳纤维、碳气凝胶、碳纳米管、石墨烯等,如图 10.9 至图 10.11 所示。

图 10.9　碳气凝胶

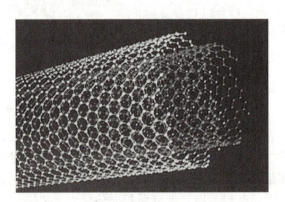

图 10.10　碳纳米管

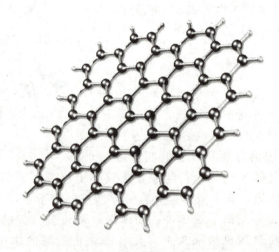

图 10.11　石墨烯

(2) 金属氧化物。

在作为超级电容器的金属氧化物材料中，研究最早的是 $RuO_2 \cdot xH_2O$，用 H_2SO_4 溶液作为电解质，这因为 $RuO_2 \cdot xH_2O$ 电极的导电性好、电极在硫酸中稳定、可以获得很高的比容量，其比容量可达 720~768F/g。但 Ru 价格高，在商品化方面有极大障碍，因此，寻找性能与其相当且价格低的替代材料成为当务之急。

在对廉价的金属氧化物的不断探索与研究中，人们渐渐发现镍、锰、锡、铁、钴等金属的氧化物或氢氧化物在一定条件下可以表现出较好的电容特性，替代贵金属氧化物。研究较多的有金属镍的氧化物，如闪星等人用络合沉淀法制得 $Ni(OH)_2$，经加热分解得到纳米 NiO 粉末作为电极活性物质，其比容量可达 110F/g。另外，金属氧化物的研究热点之一就是金属锰的氧化物，如 Jiang 等人用燃烧法制得含碳的 MnO_2 作为电极活性物质，在含少量水的有机电解质中工作电势窗口可达 2V；闪星等人用 $KMnO_4$ 制得纳米水合物 MnO_2 粉末作为电极活性物质，比容量达 177.5F/g。由于廉价金属氧化物电极材料的能量密度远比碳材料高，而且具有可以与 Ru 等贵金属氧化物相比拟的电容，因此具有很大的发展潜力。

(3) 导电聚合物。

导电聚合物作为电化学电容器的材料，是超级电容器的发展方向之一。导电聚合物除了具有高分子本身特性之外，还因掺杂而具有半导体或导体的特性。导电聚合物材料具有良好的电子导电性，而且比容量大，通常比活性炭材料高 2~3 倍。用导电聚合物作为超级电容器的电极材料，其中最具有代表性的有聚苯胺（PAN）、聚吡咯（PPY）、聚噻吩（PTH）及其相对应衍生物、聚对苯（PPP）、聚并苯（PAS）等。导电聚合物还存在一些缺点，包括力学性能不佳；离子反复进出电极，容易破坏导电聚合物的共轭体系，与金属钌及其氧化物（720F/g）相比，有机聚合物的比电容还不够高，工作电压和储能密度有待提高。

2. 电解质材料

电解质材料在超级电容器中提供阴、阳离子以形成双电层电容/准电容，是超级电容器中的"活性物质"，其提供的阴、阳离子量，阴、阳离子与溶剂在工作电压下的电化学稳定性，阴、阳离子形成双电层的速度决定了超级电容器的各种使用性能，如储能密度、功率密度、温度特性等。因此，从满足不同应用需求的超级电容器的角度来说，电解质材料是值得研究的关键材料。

用于超级电容器的电解质材料一般分为水系电解液、有机电解液、凝胶和固体电解质材料、离子液体。其中水系电解液是最早应用于超级电容器的电解液，优点包括电导率较高、电容器内阻低、电解质分子直径较小、容易与微孔充分浸渍、便于充分利用表面积且价格低。水系电解液可分为酸性电解液（H_2SO_4 为溶剂）、碱性电解液（KOH 溶液为溶剂）、中性电解液（$LiClO_4$、NaCl 和 KCl 溶液为溶剂）。有机/离子电解液包括四氟硼酸四乙基铵（Et_4NBF_4）和四氟硼酸甲基三乙基铵（$MeEt_3NBF_4$）。

3. 隔膜材料

超级电容器正、负极之间的隔膜材料有聚乙烯无纺布、聚丙烯无纺布、聚酯纤维无纺布、人造纤维/麻混合纸、马尼拉麻纤维纸、玻璃纤维纸等。其作用如下：①用于小型超级电容器的无纺布隔膜（扣式）；②用于大型超级电容器的纤维素隔膜（卷绕式或叠层式）。隔膜材料在超级电容器中所起的作用如下：减小短路故障比率，预防由正、负极材料接触导致内部短路；为双电层电容/准电容形成保留足够量的电解质材料；确保充放电过程所需载流子的传输性优异，即减小电阻，特别是等效串联电阻，以在不妨碍离子传递的情况下减小电容器内部电阻。

4. 其他材料

在超级电容器制作过程中还会使用其他材料，如制备电极时使用导电添加剂、黏结剂等，以及制作电容器单体时使用集流体等。

10.3.3 卷绕型超级电容器的制造工艺

卷绕型超级电容器的制造工艺如图 10.12 所示，先将电极活性材料、导电添加剂、黏结剂等在分散剂中混合均匀，成为浆状涂料，浆料均匀涂布于集流体单面并干燥；将浆料涂布于集流体另一面，干燥后裁断成所需宽度的带状电极片；采用压胶或超声波焊接方法将引出正、负极的引线接续至电极片上；按负极片、隔膜、正极片顺序卷绕组装成电芯；在减压条件下注入电解液浸渍电芯，完成后装入外壳，用封口胶封装；采用热收缩法套上印有产品信息的外包装；施加指定电压进行老化后，检测电容器的电气性能。

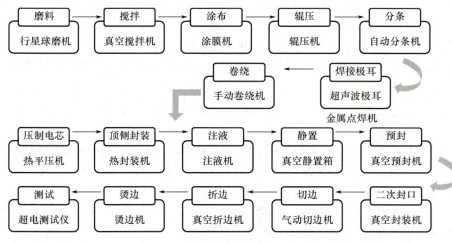

图 10.12　卷绕型超级电容器的制造工艺

10.3.4 超级电容器在汽车上的应用

超级电容器功率密度大、使用寿命长且免于维护；不使用金属化合物电极，避免了重金属污染；无须特别的充电电路和控制放电电路；温度范围广，已经在很多领域得到成功应用，如纯电动汽车及混合动力电动汽车主电源或辅助动力电源、记忆器、计算机、计时器等电子产品的后备电源，以及太阳能、风能发电装置辅助动力电源，还可用于军事、航空航天领域。

1. 在纯电动汽车上的应用

(1) 以超级电容器为单一电源。

以超级电容器为单一电源的纯电动汽车适合在短距离、线路固定的区域运行，如火车站和飞机场的牵引车，煤矿的采煤车、运输车，学校和幼儿园的送餐车，公园的游览车，城市电动公交车等。采用超级电容器为单一电源，可以使纯电动汽车更简单、实用，成本更低，有利于纯电动汽车的大规模推广。

由于超级电容器是动力的唯一来源，因此对比能量的要求较高，普通双电层电容器难以满足要求，一般都需要选用电化学超级电容器，已成功应用于此领域的是无机 $Ni(OH)_2/AC$ 电化学超级电容器，能够获得比双电层电容器高 4 倍左右的比能量。在这种单一电源运行模式中，超级电容器在汽车起动、加速、爬坡、匀速行驶时提供动力，在制动时回收制动能量，很好地达到了节能、环保的要求。

(2) 作为纯电动汽车的辅助动力电源。

超级电容器功率密度大，能承受大电流充放电，非常适合应用于要求输出功率高的纯电动汽车上。从目前的开发情况来看，超级电容器在这方面的应用主要有以下三类：①作为混合动力电动汽车的辅助动力电源；②作为燃料电池电动汽车的辅助动力电源；③作为纯电动汽车的辅助动力电源。在这些应用中，超级电容器要经常承受大电流的冲击，一般选用有机对称型超级电容器，正、负极采用碳材料为电极材料，电解液采用含无机盐或有机盐的有机溶剂，这种超级电容器的平均放电功率可以达到 3000~4000W/kg，充电次数在 50 万次以上。

超级电容器在燃料电池电动汽车上的应用研究取得了很大进展。日本本田公司生产了一款以超级电容器为辅助动力电源的燃料电池电动汽车，超级电容器在汽车起动、加速、上坡时提供峰值功率，在制动或下坡时迅速回收多余的能量。超级电容器模块是由 80 个超级电容器单元和 1 个冷却系统组成的，其中超级电容器的比功率和质量比能量分别达到 1400W/kg 和 3.9W·h/kg，工作温度为 -30~65℃。

〔例 10-1〕辅助动力电源在电动汽车中的应用如图 10.13 所示。

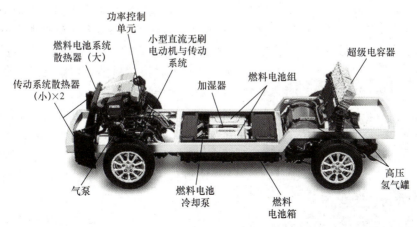

图 10.13 辅助动力电源在电动汽车中的应用

优势分析：为电动机起动提供较大的起动力矩；吸收电动机制动过程中产生的能量；保护蓄电池过放电，延长其使用寿命；提高电动汽车的性能，如加速、制动等；能在短时间内提供和吸收大的功率,而且能量回收率高、充放电次数多、使用寿命长、工作温度区域宽;适合频繁加速和减速的城市交通工况。超级电容器价格比电池低,适合低成本方案。尽管超级电容器比能量较低,但是可以通过研究控制策略,进行合理的能量分配。

2. 在混合动力电动汽车上的应用

混合动力电动汽车作为向零排放的电动汽车发展的过渡产品,已经取得了巨大的发展。从1997年丰田公司第一辆混合动力电动汽车——普锐斯上市,到现在许多公司加入混合动力电动汽车的竞争,它们都先后上市了自己的产品,如本田公司的INSIGHT和CIVIC、福特公司的ESCAPE等。

实际汽车发动机是一种极大的浪费,仅有一小部分功率被充分利用。例如,一辆质量为2t的汽车,要满足其顺利起动、加速、爬坡,需要150kW的功率,而当它以80km/h的速度运行时仅需5kW的功率就可以满足要求,此时大部分功率没有发挥作用,如果仅用蓄电池驱动这种汽车,则要提供较高的功率,对电池的要求也很苛刻,而且会造成60%以上的能量浪费。混合动力电动汽车中的超级电容器的最大优点就是在低转速、大负荷情况下,能量基本不损失,避开内燃机在低转速、大负荷或高转速、高负荷状态下运行,使发动机永远在最佳状态下运行,既节省了油又减少了污染。

超级电容器在混合动力电动汽车上的应用研究已经取得了较快发展,在德国巴伐利亚州政府的支持下,MAN股份公司和西门子、爱普生公司合作制造了欧洲第一辆以柴油发电驱动和双层电容器作为大功率储能装置的城市公交车,与常规柴油机驱动的汽车相比,燃料消耗减少10%~15%,而且舒适性提高,噪声和排放物污染减少。在国内,上海华普汽车有限公司研制出了以超级电容器为辅助动力电源的混合动力电动汽车,其超级电容器由上海奥威科技开发有限公司提供。采用超级电容器后,该汽车节省燃油15%,尾气排放减少30%,制动能量回收率达到5%。

3. 在燃料电池电动汽车上的应用

在诸多电池中,燃料电池被认为是解决汽车能源短缺问题的终极动力电源。燃料电池反应不涉及热功转换,不受卡诺循环的限制,高效且无污染;但在输出功率很小或很大时效率较低,只在中间很窄的一段范围内效率较高。将超级电容器作为辅助动力电源与燃料电池联合使用,可以很好地解决汽车比能量和比功率矛盾的问题。使超级电容器在电动汽车起动和爬坡时快速提供大功率电流,在正常行驶时由辅助动力源(蓄电池)快速充电,在制动时快速储存发电机产生的瞬间大电流,可以降低电动汽车对蓄电池大功率放电的限制要求,使系统同时满足动力性、经济性的要求,并且对蓄电池起保护作用,大大延长了其使用寿命,提高了电动汽车的实用性。

〔例10-2〕纯电动/混合动力电动城市客车如图10.14所示。图10.15所示为混合动力电动城市客车内部能量模块。

优势分析:提高混合电力、燃料电池的动力效

图10.14 纯电动/混合动力电动城市客车

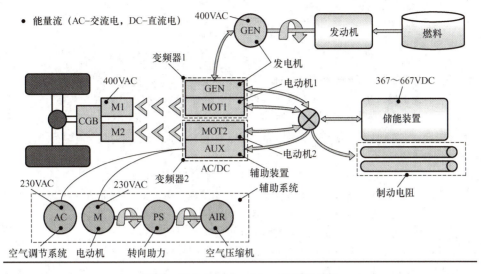

CGB—蓄电池；M_1，M_2—轮边电动机

图 10.15　混合动力电动城市客车内部能量模块

率；电容用于大量"停走"、加速期间或爬坡时；适合作为观光车、市内公交车、机场巴士等；每辆城市客车用 8~12 只 48V 模块；延长电池使用寿命；提供大电流放电及制动能量回收。

 "互联网+" 拓展问题

1. 查找电动汽车其他区别于传统燃油汽车的结构，并总结归纳相应的制造工艺，构建电动汽车制造工艺部分的知识体系。

2. 飞轮电池是 20 世纪 90 年代才提出的新概念电池，它突破了化学电池的局限，用物理方法实现储能。查找并整理飞轮电池的工作原理和制造工艺。

思考与练习题

1. 车载动力电池有哪些类型？举出 1~2 种你认为应用前景好的车载动力电池，并说明其主要制备工序。

2. 说明动力锂离子蓄电池的主要生产工艺流程。

参 考 文 献

奥马尔，2016. 汽车车身制造系统与工艺 [M]. 王悦新，主译. 北京：化学工业出版社.
陈平，蒋佳桉，谭志强，等，2016. 汽车总装工艺技术应用及发展趋势 [J]. 汽车工程师 (3)：55-58.
杜弘，2017. 汽车轻量化材料及制造工艺分析 [J]. 科技资讯，15 (28)：95-96.
亨宁，穆勒，2015. 轻量化加工工艺：成型，加工和处理 [M]. 北京永利信息技术有限公司，译. 北京：北京理工大学出版社.
胡信国，等，2009. 动力电池技术与应用 [M]. 北京：化学工业出版社.
节能与新能源汽车技术路线图战略咨询委员会，中国汽车工程学会，2017. 节能与新能源汽车技术路线图 [M]. 北京：机械工业出版社.
孙贵斌，2015. 客车制造工艺 [M]. 北京：机械工业出版社.
王宝玺，贾庆祥，2007. 汽车制造工艺学 [M]. 3版. 北京：机械工业出版社.
谢冬宁，2017. 新型加工工艺在汽车轻量化中的应用 [J]. 科学技术创新 (32)：178-179.
张志君，2016. 汽车零部件制造工艺及典型实例 [M]. 北京：化学工业出版社.
赵玉涛，2018. 轻合金车轮制造技术 [M]. 北京：机械工业出版社.

附录　AI 伴学内容及提示词

AI 伴学工具：生成式人工智能（AI）工具，如 DeepSeek、问小白、Kimi、豆包、通义千问、文心一言、质谱清言、ChatGPT 等。

序号	AI 伴学内容	AI 提示词
1	第1章　汽车制造工艺过程基础与工艺文件	介绍汽车工艺过程的基本概念
2		介绍工艺规程的制定原则
3		解读工艺路线的制定，以某变速器斜齿轮的加工为例
4		如何确定工序余量？与哪些因素有关？
5		列举哪些新工艺可以有效提高汽车产品的加工效率
6	第2章　毛坯制造工艺与汽车零件加工基础	汽车毛坯的成型工艺有哪些？有哪些主要的轻量化的工艺？
7		汽车零件的尺寸和形状的获得方法有哪些？并列表对比每种方法的应用场景
8		工件定位的六点定位原理是什么？
9		定位元件有哪些？使用的场景有什么区别？
10		如何计算定位误差？计算时要注意哪些问题？
11		发动机配气机构的原理与最新技术进展
12		夹紧装置的作用以及组成
13	第3章　汽车零件结构工艺性与机械加工质量	汽车零件的结构工艺性设计需要注意哪些问题？
14		机械工艺质量包括哪些内容？表面粗糙度的标注有哪些要求？
15		总结机械加工精度的主要影响因素，误差复映规律如何理解？
16		简要总结表面层的物理力学性能和化学性能的影响因素，并汇总成表格
17		零件的表面质量会对哪些力学性能产生影响？并列举用哪些表面处理工艺可以改善质量
18	第4章　尺寸链原理与应用	说明尺寸链的基本概念与应用场景
19		列举尺寸链的计算公式
20		介绍如何采用尺寸链最短的原则建立装配尺寸链，可以以变速器的第一轴装配为例
21		如何保证装配精度？如何理解装配精度？
22		工艺尺寸链解算的关键问题有哪些？如何正确判断封闭环？
23		空间尺寸链如何理解？（尺寸工程是什么，以汽车的车身装配为例解释这个概念）

续表

序号	AI 伴学内容	AI 提示词
24	第 5 章 典型汽车零件的制造工艺	说明汽车连杆制造工艺规程的编制
25		列举汽车主动锥齿轮的加工工艺过程,并编制工艺规程
26		出一套汽车零部件工艺的自测题(包括填空,判断,选择题,并提供正确答案与问题解析)
27	第 6 章 汽车车架、车轮制造工艺	汽车车架的轻量化工艺方法有哪些?
28		钢制车轮的制造工艺?
29		铝合金轿车的车轮制造工艺?
30		举例说明钢制车轮和铝合金的车轮制造工艺的不同
31	第 7 章 汽车车身制造工艺	汽车车身的工艺特征与分类
32		汽车车身冲压的典型工艺包括哪些
33		总结汽车的连接技术的发展与工艺进步,对焊接工艺的仿真模拟可以使用哪些软件完成?
34		汽车涂装的工艺产线的自动化设备有哪些?如何通过工艺调整获得优秀的涂装质量?
35		AI 技术如何应用于汽车车身的制造?数字孪生在汽车产线的具体应用有哪些?列举一些企业的之际应用
36		出一套汽车车身工艺的自测题
37	第 8 章 整车装配	总结汽车总装工艺的技术发展
38		汽车总装的内容与工艺过程有哪些?在装配式如何进行流水线布置?采用哪些辅助工装设备?
39		如何使用 AI 技术布置一套汽车总装产线?具体的技术问题有哪些?
40		出一套汽车总装工艺的自测题
41	第 9 章 汽车轻量化制造工艺	汽车的轻量化材料有哪些?碳纤维用于汽车材料其采用的制造工艺有哪些?
42		汽车轻量化采用的优化方法有哪些?通过哪些软件可以进行轻量化的仿真?
43		列举比较先进的汽车轻量化的工艺方法,并进行与传统工艺的比较分析
44	第 10 章 电动汽车动力电池的制造工艺	列举现有的汽车动力电池的种类和应用情况
45		解读动力电池技术的前言和技术瓶颈
46		列举汽车锂离子电池的主要制造工艺流程
47		什么是超级电容器?可以广泛应用于汽车电池吗?固态电池在汽车领域应用的应用瓶颈?